KB183755

지식
정보
법전 **03**

2025년 법률과 최신판례를 같이보는

민법 지식사전

편저 : 대한법률콘텐츠연구회
감수 : 이병태 법학박사

- 로스쿨 재학생 및 법학도, 법조인, 법률 실무자
변호사·법무사·공무원 및 각종 시험과 자격증 준비생들의 필독서 -

민법(2024년 9월 20일 일부개정), 제50조[분사무소(分事務所) 설치의 등기] ·
제51조(사무소 이전의 등기) · 제52조의2(직무집행정지 등 가처분의 등기) · 제85조(해산등기)
· 제1004조의2(상속권 상실 선고) · 제1112조(유류분의 권리자와 유류분)

최근 개정된 법률을 반영하여 수록!

 법문북스

머 리 말

　민법은 사법관계를 규율하는 근본이 되는 법으로 그 중요성은 크지만 내용의 방대함과 자주 개정됨으로 인해 배우고 익히기가 쉽지 않습니다.

　이 책은 이러한 민법 학습의 특성을 고려하여, 변호사시험을 준비하고 있는 로스쿨 재학생 및 졸업생, 사법시험 등 각종 시험을 준비하고 있는 수험생과 민법에 관심이 있는 일반인들이 민법에 관한 궁금한 내용을 찾아볼 수 있도록 펴낸 책입니다.

　본서는 민법과 최신판례를 수록하였습니다. 법학의 기본은 법조문입니다. 그래서 본서에서는 민법의 전체 조문을 수록하였습니다. 뿐만 아니라 가장 최신의 판례를 수록하여서 법조문이 실제로 적용되는 모습도 파악할 수 있게 하였습니다.

　민법은 24년 9월에 개정된 법률로 갱신하였으며 판례 역시 24년 8월에 판결된 것까지 포함하여 최신 건으로 실어, 최신의 추이에 알맞게 법률을 알 수 있게 하였습니다.

　이 책이 법학을 공부하는 수험생분만 아니라 민법에 관심이 있는 일반인들에게도 민법을 이해하는 데 도움이 되었으면 합니다.

편저자 드림

차 례

관 련 법 령

민법

제1편 총칙

제3편 채권

제4편 친족

제5편 상속

부칙

관련법령

민법

[시행 2025. 1. 31.]
[법률 제20432호, 2024. 9. 20., 일부개정]

법무부(법무심의관실) 02-2110-3164

제1편 총칙

제1장 통칙

제1조(법원) 민사에 관하여 법률에 규정이 없으면 관습법에 의하고 관습법이 없으면 조리에 의한다.

분묘굴이
[대법원 2023. 6. 29. 선고 2022다302039 판결]

【판시사항】

[1] 망인의 분묘를 승계할 제사주재자를 결정하는 방법

[2] 甲과 乙의 고조부모, 증조부모, 조부모, 부의 분묘가 속한 토지 등에서 산업단지 개발사업을 시행하는 丙 주식회사가 위 각 분묘에 관한 수용재결에 따라 손실보상금 지급대상자가 된 甲을 상대로 손실보상금을 공탁한 다음 분묘굴이를 청구한 사안에서, 위 각 분묘는 설치된 후 약 35년 이상이 지났음이 명백하여 관리처분권이 구 관습법에 따른 제사주재자에게 귀속되므로, 공동상속인들 사이의 협의 유무와 무관하게 甲의 형이자 장남인 乙이 제사주재자로서 분묘의 관리처분권을 가지고, 특별한 사정이 없는 한 甲은 위 각 분묘의 관리처분권자가 될 수 없는데도, 甲이 재결의 대상자로서 손실보상금 증액청구의 소를 제기하였다는 사정만으로 甲을 위 각 분묘의 관리처분권자로 보아 분묘굴이를 명한 원심판단에는 법리오해 등의 잘못이 있다고 한 사례

제2조(신의성실) ① 권리의 행사와 의무의 이행은 신의에 좇아 성실히 하여야 한다.
② 권리는 남용하지 못한다.

정산금등·대여금
[대법원 2024. 4. 4. 선고 2022다239131, 239148 판결]

【판시사항】

[1] 유효하게 성립한 계약상 책임을 공평의 이념, 신의칙과 같은 일반원칙에 의하여 제한할 수 있는지 여부(한정 적극)

[2] 공동주택을 신축, 분양하는 내용의 사업과 관련하여 시행대행사인 甲 주식회사, 시행사인 乙 공제회, 시공사인 丙 주식회사 등이 체결한 사업약정의 이익금 정산 조항은 세전수익에서 금융비용(乙 공제회가 투입한 금액에 대해 정산시점까지 약정 비율로 계산한 금액 상당)을 공제한 금액을 기준으로 사업이익을 배분하기로 정하였는데, 위 사업약정에서 예정하였던 사업기간 이후에 발생한 금융비용도 그 전부가 세전수익에서 공제되어야 하는지 문제 된 사안에서,

세전수익에서 乙 공제회가 투입한 금액에 대한 금융비용을 공제하고 남은 금액을 기준으로 사업이익을 배분하는 것은 甲 회사와 乙 공제회의 사업약정에 따른 것인데도, 사업의 시행자와 금융기관의 지위를 겸유하는 乙 공제회가 사업시행자금 집행에 주도적인 역할을 하였다는 등의 사정만을 근거로 공평과 신의성실의 원칙에 따라 위 이익금 정산조항의 효력을 일부 제한하여 금융비용 중 사업약정에서 예정하였던 사업기간 이후에 발생한 금액은 일부만 세전이익에서 공제하는 것이 타당하다고 본 원심판단에 법리오해 등의 잘못이 있다고 한 사례

【판결요지】

[1] 채권자의 권리행사가 신의칙에 비추어 용납할 수 없는 것인 때에는 이를 부정하는 것이 예외적으로 허용될 수 있을 것이나 일단 유효하게 성립한 계약상 책임을 공평의 이념 및 신의칙과 같은 일반원칙에 의하여 제한하는 것은 자칫하면 사적 자치의 원칙이나 법적 안정성에 대한 중대한 위협이 될 수 있으므로 신중을 기하여 가능한 한 예외적으로 인정하여야 한다.

[2] 공동주택을 신축, 분양하는 내용의 사업과 관련하여 시행대행사인 甲 주식회사, 시행사인 乙 공제회, 시공사인 丙 주식회사 등이 체결한 사업약정의 이익금 정산 조항은 세전수익에서 금융비용(乙 공제회가 투입한 금액에 대해 정산시점까지 약정 비율로 계산한 금액 상당)을 공제한 금액을 기준으로 사업이익을 배분하기로 정하였는데, 위 사업약정에서 예정하였던 사업기간 이후에 발생한 금융비용도 그 전부가 세전수익에서 공제되어야 하는지 문제 된 사안에서, 세전수익에서 乙 공제회가 투입한 금액에 대한 금융비용을 공제하고 남은 금액을 기준으로 사업이익을 배분하는 것은 甲 회사와 乙 공제회의 사업약정에 따른 것인데도, 사업의 시행자와 금융기관의 지위를 겸유하는 乙 공제회가 사업시행자금 집행에 주도적인 역할을 하였고, 사업계획변경이나 시공사와 협의 지연 등으로 사업 진행의 지연에 영향을 미쳤으며, 甲 회사를 상대로 부당하게 해지통보를 하였다는 사정만을 근거로 공평과 신의성실의 원칙에 따라 위 이익금 정산조항의 효력을 일부 제한하여 금융비용 중 사업약정에서 예정하였던 사업기간 이후에 발생한 금액은 일부만 세전이익에서 공제하는 것이 타당하다고 본 원심판단에 신의성실의 원칙이나 형평의 원칙에 관한 법리오해 등의 잘못이 있다고 한 사례.

제2장 인

제1절 능력

제3조(권리능력의 존속기간) 사람은 생존한 동안 권리와 의무의 주체가 된다.

제4조(성년) 사람은 19세로 성년에 이르게 된다.

[전문개정 2011. 3. 7.]

제5조(미성년자의 능력) ① 미성년자가 법률행위를 함에는 법정대리인의 동의를 얻어야 한다. 그러나 권리만을 얻거나 의무만을 면하는 행위는 그러하지 아니하다.
② 전항의 규정에 위반한 행위는 취소할 수 있다.

제6조(처분을 허락한 재산) 법정대리인이 범위를 정하여 처분을 허락한 재산은 미성년

자가 임의로 처분할 수 있다.

제7조(동의와 허락의 취소) 법정대리인은 미성년자가 아직 법률행위를 하기 전에는 전2조의 동의와 허락을 취소할 수 있다.

제8조(영업의 허락) ① 미성년자가 법정대리인으로부터 허락을 얻은 특정한 영업에 관하여는 성년자와 동일한 행위능력이 있다.
② 법정대리인은 전항의 허락을 취소 또는 제한할 수 있다. 그러나 선의의 제삼자에게 대항하지 못한다.

제9조(성년후견개시의 심판) ① 가정법원은 질병, 장애, 노령, 그 밖의 사유로 인한 정신적 제약으로 사무를 처리할 능력이 지속적으로 결여된 사람에 대하여 본인, 배우자, 4촌 이내의 친족, 미성년후견인, 미성년후견감독인, 한정후견인, 한정후견감독인, 특정후견인, 특정후견감독인, 검사 또는 지방자치단체의 장의 청구에 의하여 성년후견개시의 심판을 한다.
② 가정법원은 성년후견개시의 심판을 할 때 본인의 의사를 고려하여야 한다.
[전문개정 2011. 3. 7.]

유언효력확인의소
[대법원 2022. 12. 1., 선고, 2022다261237, 판결]

【판시사항】
[1] 후견심판 사건에서 가사소송법 제62조 제1항에 따른 사전처분으로 후견심판이 확정될 때까지 임시후견인이 선임된 경우, 임시후견인의 동의가 없이도 사건본인이 유언을 할 수 있는지 여부(원칙적 적극) 및 아직 성년후견이 개시되기 전인 경우, 의사가 유언서에 심신 회복 상태를 부기하고 서명날인하도록 요구한 민법 제1063조 제2항이 적용되는지 여부(소극)
[2] '의사능력'의 의미 및 의사무능력을 이유로 법률행위의 무효를 주장하는 경우, 그에 대한 증명책임의 소재(=무효를 주장하는 측)

【판결요지】
[1] 가사소송법 제62조 제1항은 후견심판이 확정될 때까지 사건본인의 보호 및 재산의 관리·보전을 위하여 임시후견인 선임 등 사전처분을 할 수 있음을 정하였고, 가사소송규칙 제32조 제4항은 가사사건의 재판·조정 절차에 관한 필요한 사항에 대하여 대법원규칙으로 정하도록 한 위임 규정(가사소송법 제11조) 및 그 취지(가사소송규칙 제1조)에 따라 '가사소송법 제62조에 따른 사전처분으로 임시후견인을 선임한 경우, 성년후견 및 한정후견에 관한 사건의 임시후견인에 대하여는 특별한 규정이 없는 이상 한정후견인에 관한 규정을 준용한다.'고 정하였다.
가정법원은 피한정후견인에 대하여 한정후견인의 동의를 받아야 하는 행위를 정할 수 있고(민법 제13조 제1항), 피한정후견인이 한정후견인의 동의가 필요한 법률행위를 동의 없이 하였을 때는 이를 취소할 수 있다(같은 조 제4항).
한편 민법 제1060조는 '유언은 본법의 정한 방식에 의하지 아니하면 효력이 발생하지 아니한다.'고 정하여 유언에 관하여 엄격한 요식성을 요구하고 있으나, 피성년후견인과 피한정후견인의 유언에 관하여는 행위능력에 관한 민법 제10조 및 제13조가 적용되지 않으므로(민법 제1062조), 피성년후견인 또는 피한정후견인은 의사능력이 있는 한 성년후견인 또는 한정후견인의 동의 없이도 유언을 할 수 있다.

위와 같은 규정의 내용과 체계 및 취지에 비추어 보면, 후견심판 사건에서 가사소송법 제62조 제1항에 따른 사전처분으로 후견심판이 확정될 때까지 임시후견인이 선임된 경우, 사건본인은 의사능력이 있는 한 임시후견인의 동의가 없이도 유언을 할 수 있다고 보아야 하고, 아직 성년후견이 개시되기 전이라면 의사가 유언서에 심신 회복 상태를 부기하고 서명날인하도록 요구한 민법 제1063조 제2항은 적용되지 않는다고 보아야 한다.

[2] 의사능력이란 자기 행위의 의미나 결과를 정상적인 인식력과 예기력을 바탕으로 합리적으로 판단할 수 있는 정신적 능력이나 지능을 말하고, 의사무능력을 이유로 법률행위의 무효를 주장하는 측은 그에 대하여 증명책임을 부담한다.

제10조(피성년후견인의 행위와 취소) ① 피성년후견인의 법률행위는 취소할 수 있다.
② 제1항에도 불구하고 가정법원은 취소할 수 없는 피성년후견인의 법률행위의 범위를 정할 수 있다.
③ 가정법원은 본인, 배우자, 4촌 이내의 친족, 성년후견인, 성년후견감독인, 검사 또는 지방자치단체의 장의 청구에 의하여 제2항의 범위를 변경할 수 있다.
④ 제1항에도 불구하고 일용품의 구입 등 일상생활에 필요하고 그 대가가 과도하지 아니한 법률행위는 성년후견인이 취소할 수 없다.
[전문개정 2011. 3. 7.]

제11조(성년후견종료의 심판) 성년후견개시의 원인이 소멸된 경우에는 가정법원은 본인, 배우자, 4촌 이내의 친족, 성년후견인, 성년후견감독인, 검사 또는 지방자치단체의 장의 청구에 의하여 성년후견종료의 심판을 한다.
[전문개정 2011. 3. 7.]

제12조(한정후견개시의 심판) ① 가정법원은 질병, 장애, 노령, 그 밖의 사유로 인한 정신적 제약으로 사무를 처리할 능력이 부족한 사람에 대하여 본인, 배우자, 4촌 이내의 친족, 미성년후견인, 미성년후견감독인, 성년후견인, 성년후견감독인, 특정후견인, 특정후견감독인, 검사 또는 지방자치단체의 장의 청구에 의하여 한정후견개시의 심판을 한다.
② 한정후견개시의 경우에 제9조제2항을 준용한다.
[전문개정 2011. 3. 7.]

제13조(피한정후견인의 행위와 동의) ① 가정법원은 피한정후견인이 한정후견인의 동의를 받아야 하는 행위의 범위를 정할 수 있다.
② 가정법원은 본인, 배우자, 4촌 이내의 친족, 한정후견인, 한정후견감독인, 검사 또는 지방자치단체의 장의 청구에 의하여 제1항에 따른 한정후견인의 동의를 받아야만 할 수 있는 행위의 범위를 변경할 수 있다.

③ 한정후견인의 동의를 필요로 하는 행위에 대하여 한정후견인이 피한정후견인의 이익이 침해될 염려가 있음에도 그 동의를 하지 아니하는 때에는 가정법원은 피한정후견인의 청구에 의하여 한정후견인의 동의를 갈음하는 허가를 할 수 있다.

④ 한정후견인의 동의가 필요한 법률행위를 피한정후견인이 한정후견인의 동의 없이 하였을 때에는 그 법률행위를 취소할 수 있다. 다만, 일용품의 구입 등 일상생활에 필요하고 그 대가가 과도하지 아니한 법률행위에 대하여는 그러하지 아니하다.

[전문개정 2011. 3. 7.]

장애인차별행위중지등[피한정후견인에 대한 예금 이체·인출 제한 조치가 「장애인차별금지 및 권리구제 등에 관한 법률」에서 금지하는 차별행위에 해당하는지 여부가 문제된 사건]

[대법원 2023. 9. 27. 선고 2020다301308 판결]

【판시사항】

가정법원이 甲 등에 대한 한정후견을 개시하며 甲 등의 예금 이체·인출에 관하여 30일 합산 금액이 100만 원 이상인 경우에는 한정후견인의 동의를 받도록 甲 등의 행위능력을 제한하는 결정을 하였는데, 우정사업본부가 100만 원 미만 거래의 경우 통장, 인감 등을 지참한 후 은행창구를 통해서만, 100만 원 이상 300만 원 미만 거래의 경우에는 한정후견인의 동의서를 지참하더라도 단독으로 거래할 수 없고 한정후견인과 동행하여 은행창구를 통해서만 거래할 수 있도록 제한한 사안에서, 위 제한 조치는 장애인차별금지 및 권리구제 등에 관한 법률이 금지하고 있는 차별행위에 해당하고, 위와 같은 제한에 정당한 사유가 있다고 인정하기 어렵다고 보아 국가에 위자료 지급을 명한 원심판단이 정당하다고 한 사례

【판결요지】

가정법원이 甲 등에 대한 한정후견을 개시하며 甲 등의 예금 이체·인출에 관하여 30일 합산 금액이 100만 원 이상인 경우에는 한정후견인의 동의를 받도록 甲 등의 행위능력을 제한하는 결정을 하였는데, 우정사업본부가 100만 원 미만 거래의 경우 통장, 인감 등을 지참한 후 은행창구를 통해서만, 100만 원 이상 300만 원 미만 거래의 경우에는 한정후견인의 동의서를 지참하더라도 단독으로 거래할 수 없고 한정후견인과 동행하여 은행창구를 통해서만 거래할 수 있도록 제한한 사안에서, ① 민법상 성년후견제도는 헌법 제10조에 근거하여 종래 행위무능력자 보호개념에서 탈피하여 의사결정능력이 충분하지 않은 사람도 자기결정권, 즉 본인의 의사와 잔존능력을 존중하여 가능한 최대한도로 정상적인 사회의 구성원으로 활동할 수 있도록 하는 이념적 기초하에 필요한 한도에서만 후견을 개시하고 능력을 제한하여야 하며, 본인 스스로의 의사로 해결할 수 없을 때 비로소 국가 또는 제3자가 개입하여야 한다는 점을 기본원칙으로 하여 사회에서 배제되거나 격리되지 않고 사회구성원으로 더불어 살아갈 수 있도록 함에 있다는 점, ② 성년후견제도는 2011. 3. 7. 민법 개정으로 신설되어 상당한 준비기간을 거쳐 2013. 7. 1.부터 시행되었고, 피한정후견인의 행위능력 제한 범위는 가정법원 재판에 의하여 결정되도록 규정되어 있어 이와 달리 해석하거나 판단할 여지가 없으며, 한정후견인의 동의를 얻어야 하는 등의 피한정후견인의 행위능력 제한 범위는 후견개시심판문, 후견등기부를 통해서 공시되어 있기 때문에 우정사업본부 소속 직원 등은 위 문서로 피한정후견인의 행위능력 제한 범위를 쉽게 확인할 수 있는 점, ③ 국가와 그 산하 기관은 우선하여 법령을 준수하여야 할 책무가 있을뿐더러 장애인차별금지 및 권리구제 등에 관한 법률(이하 '장애인차별금지법'이라 한다)상 장애인에 대한 차별을 방지하고 이를 실질적으로 해소하기 위한 차별 시정에 가중된 책무를 부담하

는 점, ④ 피한정후견인을 보호하기 위하여 어떤 조치나 제한이 필요한지는 후견사건을 담당하는 가정법원이 심리절차를 거쳐 판단하는 것이지 피한정후견인의 상태를 정확하게 알지 못하는 우정사업본부 등이 임의로 제한하는 것을 정당화할 근거를 찾을 수 없는 점을 고려하면, 장애인에 대한 차별행위는 어떠한 형태로 이루어지든 원칙적으로 허용될 수 없고, 다만 정당한 사유가 입증된 경우에 한하여 예외적으로 허용될 수 있되 차별행위가 허용되는 경우라고 하더라도 차별의 정도는 최소한에 그쳐야 한다고 해석함이 타당하다는 전제하에, 위 제한 조치는 장애인차별금지법이 금지하고 있는 차별행위에 해당하고, 피한정후견인의 행위를 가급적 덜 제한하면서도 거래 안전을 보완할 수 있는 대안이 있음에도 위와 같이 제한한 것은 정당한 사유가 있다고 인정하기 어렵다고 보아 국가에 대하여 甲 등에게 장애인차별금지법 제46조에 따른 손해배상으로 위자료 지급을 명한 원심판단이 정당하다고 한 사례.

제14조(한정후견종료의 심판) 한정후견개시의 원인이 소멸된 경우에는 가정법원은 본인, 배우자, 4촌 이내의 친족, 한정후견인, 한정후견감독인, 검사 또는 지방자치단체의 장의 청구에 의하여 한정후견종료의 심판을 한다.
[전문개정 2011. 3. 7.]

제14조의2(특정후견의 심판) ① 가정법원은 질병, 장애, 노령, 그 밖의 사유로 인한 정신적 제약으로 일시적 후원 또는 특정한 사무에 관한 후원이 필요한 사람에 대하여 본인, 배우자, 4촌 이내의 친족, 미성년후견인, 미성년후견감독인, 검사 또는 지방자치단체의 장의 청구에 의하여 특정후견의 심판을 한다.
② 특정후견은 본인의 의사에 반하여 할 수 없다.
③ 특정후견의 심판을 하는 경우에는 특정후견의 기간 또는 사무의 범위를 정하여야 한다.
[본조신설 2011. 3. 7.]

대여금[지적장애를 가진 사람의 의사능력이 문제된 사건]
[대법원 2022. 5. 26. 선고 2019다213344 판결]

【판시사항】
[1] 의사능력의 의미 및 의사능력 유무는 구체적인 법률행위와 관련하여 개별적으로 판단해야 하는지 여부(적극) / 의사능력이 인정되기 위해서는 법률행위의 일상적 의미분만 아니라 법률적 의미나 효과에 대해서도 이해할 수 있어야 하는지 여부(적극)
[2] 지적장애를 가진 사람에게 의사능력이 있는지 판단하는 기준
[3] 지적장애 3급의 장애인인 甲이 乙 주식회사와 체결한 굴삭기 구입자금 대출약정에 기한 대출금채무를 연체하자 乙 회사가 甲을 상대로 대출원리금의 지급을 구하는 소를 제기하였고, 이에 甲이 대출약정 당시 의사능력이 없었으므로 대출약정이 무효라고 주장한 사안에서, 제반 사정에 비추어 지적장애인인 甲이 대출약정의 법률적인 의미나 효과를 이해할 수 있었다고 보기 어려우므로, 甲은 대출약정 당시 의사능력이 없다는 이유로 대출약정은 무효라고 볼 여지가 많은데도, 이와 달리 본 원심판결에 법리오해 등의 잘못이 있다고 한 사례

【판결요지】
[1] 의사능력이란 자기 행위의 의미나 결과를 정상적인 인식력과 예기력을 바탕으로 합리적

으로 판단할 수 있는 정신적 능력이나 지능을 말한다. 의사능력 유무는 구체적인 법률행위와 관련하여 개별적으로 판단해야 하고, 특히 어떤 법률행위가 일상적인 의미만을 이해해서는 알기 어려운 특별한 법률적 의미나 효과가 부여되어 있는 경우 의사능력이 인정되기 위해서는 그 행위의 일상적인 의미뿐만 아니라 법률적인 의미나 효과에 대해서도 이해할 수 있어야 한다.

[2] 장애인복지법 제2조 제2항 제2호, 장애인복지법 시행령 제2조 제1항 [별표 1] 제6호, 장애인복지법 시행규칙 제2조 제1항 [별표 1] 제6호에 따르면, 특별한 사정이 없는 한 지능지수가 70 이하인 사람은 교육을 통한 사회적·직업적 재활이 가능하더라도 지적장애인으로서 위 법령에 따른 보호의 대상이 된다. 지적장애인에 해당하는 경우에도 의학적 질병이나 신체적 이상이 드러나지 않아 사회 일반인이 보았을 때 아무런 장애가 없는 것처럼 보이는 경우가 있다. 반면 지적장애를 가진 사람이 장애인복지법령에 따라 지적장애인 등록을 하지 않았다거나 등록 기준을 충족하지 못하였다고 해서 반드시 의사능력이 있다고 단정할 수 없다.

이러한 사정을 고려하면, 지적장애를 가진 사람에게 의사능력이 있는지를 판단할 때 단순히 그 외관이나 피상적인 언행만을 근거로 의사능력을 쉽게 인정해서는 안 되고, 의학적 진단이나 감정 등을 통해 확인되는 지적장애의 정도를 고려해서 법률행위의 구체적인 내용과 난이도, 그에 따라 부과되는 책임의 중대성 등에 비추어 볼 때 지적장애를 가진 사람이 과연 법률행위의 일상적 의미뿐만 아니라 법률적인 의미나 효과를 이해할 수 있는지, 법률행위가 이루어지게 된 동기나 경위 등에 비추어 합리적인 의사결정이라고 보기 어려운 사정이 존재하는지 등을 세심하게 살펴보아야 한다.

[3] 지적장애 3급의 장애인인 甲이 乙 주식회사와 체결한 굴삭기 구입자금 대출약정에 기한 대출금채무를 연체하자 乙 회사가 甲을 상대로 대출원리금의 지급을 구하는 소를 제기하였고, 이에 甲이 대출약정 당시 의사능력이 없었으므로 대출약정이 무효라고 주장한 사안에서, 대출약정 이후 甲에 대해 한정후견이 개시되었고, 그 심판 절차에서 이루어진 甲에 대한 정신상태 감정 결과의 내용과 감정 시기 등에 비추어 대출약정 당시 甲의 지능지수와 사회적 성숙도 역시 감정 당시와 비슷한 정도였을 것으로 보이는 점, 대출금액이 소액이라고 볼 수 없고, 위 대출약정은 굴삭기 구입자금을 마련하기 위한 것으로서 굴삭기는 실질적으로 대출금채무의 담보가 되고 대출금은 굴삭기 매도인에게 직접 지급되는데, 이와 같은 대출 구조와 내용은 甲의 당시 지적능력으로는 이해하기 어려운 정도라고 볼 수 있는 점, 대출약정 당시 甲이 제출한 굴삭기 운전자격증은 위조된 것이었고, 甲의 지적능력에 비추어 굴삭기를 운전할 능력이 있었다고 보기도 어려우며, 甲이 자격증을 위조하면서까지 대출약정을 할 동기를 찾기 어려운 등 대출약정의 체결 경위에 합리적인 의사결정이라고 보기 어려운 사정이 있고, 오히려 제3자가 대출금을 실제로 사용하기 위해서 甲을 이용한 것은 아닌지 의심이 드는 점 등에 비추어, 지적장애인인 甲이 대출약정의 법률적인 의미나 효과를 이해할 수 있었다고 보기 어려우므로, 甲은 대출약정 당시 의사능력이 없다는 이유로 대출약정은 무효라고 볼 여지가 많은데도, 이와 달리 본 원심판결에 법리오해 등의 잘못이 있다고 한 사례.

제14조의3(심판 사이의 관계) ① 가정법원이 피한정후견인 또는 피특정후견인에 대하여 성년후견개시의 심판을 할 때에는 종전의 한정후견 또는 특정후견의 종료 심판을 한다.
② 가정법원이 피성년후견인 또는 피특정후견인에 대하여 한정후견개시의 심판을 할

때에는 종전의 성년후견 또는 특정후견의 종료 심판을 한다.
[본조신설 2011. 3. 7.]

제15조(제한능력자의 상대방의 확답을 촉구할 권리) ① 제한능력자의 상대방은 제한능력자가 능력자가 된 후에 그에게 1개월 이상의 기간을 정하여 그 취소할 수 있는 행위를 추인할 것인지 여부의 확답을 촉구할 수 있다. 능력자로 된 사람이 그 기간 내에 확답을 발송하지 아니하면 그 행위를 추인한 것으로 본다.

② 제한능력자가 아직 능력자가 되지 못한 경우에는 그의 법정대리인에게 제1항의 촉구를 할 수 있고, 법정대리인이 그 정하여진 기간 내에 확답을 발송하지 아니한 경우에는 그 행위를 추인한 것으로 본다.

③ 특별한 절차가 필요한 행위는 그 정하여진 기간 내에 그 절차를 밟은 확답을 발송하지 아니하면 취소한 것으로 본다.
[전문개정 2011. 3. 7.]

제16조(제한능력자의 상대방의 철회권과 거절권) ① 제한능력자가 맺은 계약은 추인이 있을 때까지 상대방이 그 의사표시를 철회할 수 있다. 다만, 상대방이 계약 당시에 제한능력자임을 알았을 경우에는 그러하지 아니하다.

② 제한능력자의 단독행위는 추인이 있을 때까지 상대방이 거절할 수 있다.

③ 제1항의 철회나 제2항의 거절의 의사표시는 제한능력자에게도 할 수 있다.
[전문개정 2011. 3. 7.]

제17조(제한능력자의 속임수) ① 제한능력자가 속임수로써 자기를 능력자로 믿게 한 경우에는 그 행위를 취소할 수 없다.

② 미성년자나 피한정후견인이 속임수로써 법정대리인의 동의가 있는 것으로 믿게 한 경우에도 제1항과 같다.
[전문개정 2011. 3. 7.]

제2절 주소

제18조(주소) ①생활의 근거되는 곳을 주소로 한다.

② 주소는 동시에 두 곳 이상 있을 수 있다.

제19조(거소) 주소를 알 수 없으면 거소를 주소로 본다.

제20조(거소) 국내에 주소없는 자에 대하여는 국내에 있는 거소를 주소로 본다.

제21조(가주소) 어느 행위에 있어서 가주소를 정한 때에는 그 행위에 관하여는 이를 주소로 본다.

제3절 부재와 실종

제22조(부재자의 재산의 관리) ① 종래의 주소나 거소를 떠난 자가 재산관리인을 정하지 아니한 때에는 법원은 이해관계인이나 검사의 청구에 의하여 재산관리에 관하여 필요한 처분을 명하여야 한다. 본인의 부재 중 재산관리인의 권한이 소멸한 때에도 같다.

② 본인이 그 후에 재산관리인을 정한 때에는 법원은 본인, 재산관리인, 이해관계인 또는 검사의 청구에 의하여 전항의 명령을 취소하여야 한다.

제23조(관리인의 개임) 부재자가 재산관리인을 정한 경우에 부재자의 생사가 분명하지 아니한 때에는 법원은 재산관리인, 이해관계인 또는 검사의 청구에 의하여 재산관리인을 개임할 수 있다.

제24조(관리인의 직무) ① 법원이 선임한 재산관리인은 관리할 재산목록을 작성하여야 한다.

② 법원은 그 선임한 재산관리인에 대하여 부재자의 재산을 보존하기 위하여 필요한 처분을 명할 수 있다.

③ 부재자의 생사가 분명하지 아니한 경우에 이해관계인이나 검사의 청구가 있는 때에는 법원은 부재자가 정한 재산관리인에게 전2항의 처분을 명할 수 있다.

④ 전3항의 경우에 그 비용은 부재자의 재산으로써 지급한다.

제25조(관리인의 권한) 법원이 선임한 재산관리인이 제118조에 규정한 권한을 넘는 행위를 함에는 법원의 허가를 얻어야 한다. 부재자의 생사가 분명하지 아니한 경우에 부재자가 정한 재산관리인이 권한을 넘는 행위를 할 때에도 같다.

특정경제범죄가중처벌등에관한법률위반(배임)
[대법원 2022. 5. 26., 선고, 2021도2488, 판결]

【판시사항】
법원이 선임한 부재자 재산관리인이 그 관리대상인 부재자의 재산에 대한 범죄행위에 관하여 법원으로부터 고소권 행사에 관한 허가를 얻은 경우, 형사소송법 제225조 제1항에서 정한 법정대리인으로서 적법한 고소권자에 해당하는지 여부(적극)

【판결요지】
법원이 선임한 부재자 재산관리인이 그 관리대상인 부재자의 재산에 대한 범죄행위에 관하여 법원으로부터 고소권 행사에 관한 허가를 얻은 경우 부재자 재산관리인은 형사소송법 제225조 제1항에서 정한 법정대리인으로서 적법한 고소권자에 해당한다고 보아야 한다. 그 이유는 다음과 같다.

[1] 형사소송법은 "피해자의 법정대리인은 독립하여 고소할 수 있다."라고 정하고 있다(제225조 제1항 참조). 법정대리인이 갖는 대리권의 범위는 법률과 선임 심판의 내용 등을 통해 정해지므로 독립하여 고소권을 가지는 법정대리인의 의미도 법률과 선임 심판의 내용 등을 통해 정해진다.

법원이 선임한 부재자 재산관리인은 법률에 규정된 사람의 청구에 따라 선임된 부재자의 법정대리인에 해당한다. 부재자 재산관리인의 권한은 원칙적으로 부재자의 재산에 대한 관리행위에 한정되나, 부재자 재산관리인은 재산관리를 위하여 필요한 경우 법원의 허가를 받아 관리행위의 범위를 넘는 행위를 하는 것도 가능하고, 여기에는 관리대상 재산에 관한 범죄행위에 대한 형사고소도 포함된다. 따라서 부재자 재산관리인은 관리대상이 아닌 사항에 관해서는 고소권이 없겠지만, 관리대상 재산에 관한 범죄행위에 대하여 법원으로부터 고소권 행사 허가를 받은 경우에는 독립하여 고소권을 가지는 법정대리인에 해당한다.

[2] 고소권은 일신전속적인 권리로서 피해자가 이를 행사하는 것이 원칙이나, 형사소송법이 예외적으로 법정대리인으로 하여금 독립하여 고소권을 행사할 수 있도록 한 이유는 피해자가 고소권을 행사할 것을 기대하기 어려운 경우 피해자와 독립하여 고소권을 행사할 사람을 정하여 피해자를 보호하려는 데 있다.

부재자 재산관리제도의 취지는 부재자 재산관리인으로 하여금 부재자의 잔류재산을 본인의 이익과 더불어 사회경제적 이익을 기하고 나아가 잔존배우자와 상속인의 이익을 위하여 관리하게 하고 돌아올 부재자 본인 또는 그 상속인에게 관리해 온 재산 전부를 인계하도록 하는 데 있다. 부재자는 자신의 재산을 침해하는 범죄에 대하여 처벌을 구하는 의사표시를 하기 어려운 상태에 있다. 따라서 부재자 재산관리인에게 법정대리인으로서 관리대상 재산에 관한 범죄행위에 대하여 고소권을 행사할 수 있도록 하는 것이 형사소송법 제225조 제1항과 부재자 재산관리제도의 취지에 부합한다.

제26조(관리인의 담보제공, 보수) ① 법원은 그 선임한 재산관리인으로 하여금 재산의 관리 및 반환에 관하여 상당한 담보를 제공하게 할 수 있다.

② 법원은 그 선임한 재산관리인에 대하여 부재자의 재산으로 상당한 보수를 지급할 수 있다.

③ 전2항의 규정은 부재자의 생사가 분명하지 아니한 경우에 부재자가 정한 재산관리인에 준용한다.

제27조(실종의 선고) ① 부재자의 생사가 5년간 분명하지 아니한 때에는 법원은 이해관계인이나 검사의 청구에 의하여 실종선고를 하여야 한다.

② 전지에 임한 자, 침몰한 선박 중에 있던 자, 추락한 항공기 중에 있던 자 기타 사망의 원인이 될 위난을 당한 자의 생사가 전쟁종지후 또는 선박의 침몰, 항공기의 추락 기타 위난이 종료한 후 1년간 분명하지 아니한 때에도 제1항과 같다. 〈개정 1984. 4. 10.〉

제28조(실종선고의 효과) 실종선고를 받은 자는 전조의 기간이 만료한 때에 사망한 것으로 본다.

제29조(실종선고의 취소) ① 실종자의 생존한 사실 또는 전조의 규정과 상이한 때에 사망한 사실의 증명이 있으면 법원은 본인, 이해관계인 또는 검사의 청구에 의하여 실종선고를 취소하여야 한다. 그러나 실종선고후 그 취소전에 선의로 한 행위의 효력에 영향을 미치지 아니한다.

② 실종선고의 취소가 있을 때에 실종의 선고를 직접원인으로 하여 재산을 취득한 자가 선의인 경우에는 그 받은 이익이 현존하는 한도에서 반환할 의무가 있고 악의인 경우에는 그 받은 이익에 이자를 붙여서 반환하고 손해가 있으면 이를 배상하여야 한다.

제30조(동시사망) 2인 이상이 동일한 위난으로 사망한 경우에는 동시에 사망한 것으로 추정한다.

제3장 법인

제1절 총칙

제31조(법인성립의 준칙) 법인은 법률의 규정에 의함이 아니면 성립하지 못한다.

소유권이전등기
[대법원 2023. 12. 28. 선고 2023다278829 판결]

【판시사항】
고유 의미의 종중의 의의 / 일부 종원의 자격을 임의로 제한하거나 확장한 종중규약의 효력(무효) 및 그로 인하여 이미 성립한 종중의 실재 자체가 부인되는지 여부(소극) / 공동선조의 후손들이 종중을 양분하는 것과 같은 종중분열을 할 수 있는지 여부(소극)

【판결요지】
고유 의미의 종중이란 공동선조의 후손 중 성년인 사람을 종원으로 하여 구성되는 자연발생적인 종족집단으로서 특별한 조직행위를 필요로 함이 없이 관습상 당연히 성립하는 것이고, 종중이 자연발생적으로 성립한 후에 정관 등 종중규약을 작성하면서 일부 종원의 자격을 임의로 제한하거나 확장하더라도 그러한 규약은 종중의 본질에 반하여 무효이고, 그로 인하여 이미 성립한 종중의 실재 자체가 부인되는 것은 아니다. 또한 종중이 종중원의 자격을 박탈하거나 종중원이 종중을 탈퇴할 수 없는 것이어서 공동선조의 후손들은 종중을 양분하는 것과 같은 종중분열을 할 수 없다.

제32조(비영리법인의 설립과 허가) 학술, 종교, 자선, 기예, 사교 기타 영리아닌 사업을 목적으로 하는 사단 또는 재단은 주무관청의 허가를 얻어 이를 법인으로 할 수 있다.

제33조(법인설립의 등기) 법인은 그 주된 사무소의 소재지에서 설립등기를 함으로써 성립한다.

제34조(법인의 권리능력) 법인은 법률의 규정에 좇아 정관으로 정한 목적의 범위내에서 권리와 의무의 주체가 된다.

부당이득금[상호저축은행이 대출 및 수익분배에 관한 약정에 따라 취득한 주식에 대한 유상감자대금이 부당이득으로서 반환되어야 하는지 문제된 사건]

[대법원 2024. 6. 17. 선고 2020다291531 판결]

【판시사항】

[1] 회사의 권리능력 제한 사유인 '회사의 정관상 목적'의 의미와 판단 기준

[2] 민법 제103조에 의하여 무효로 되는 반사회질서 행위의 의미 / 민법 제104조에서 정한 불공정한 법률행위의 성립 요건 및 상대방 당사자에게 폭리행위의 악의가 없는 경우, 불공정한 법률행위가 성립하는지 여부(소극)

[3] 사법상 계약 기타 법률행위가 일정한 행위를 금지하는 구체적 법규정을 위반하여 행하여진 경우, 그 법률행위가 무효인지 판단하는 기준

[4] 상호저축은행은 비상장회사의 주식을 발행주식총수의 100분의 10 이내의 한도 내에서만 매입·보유할 수 있도록 정한 구 상호저축은행법 제18조의2 제1호 및 구 상호저축은행업감독규정 제30조 제1항 제4호의 법적 성질(=단속규정)

【판결요지】

[1] 회사의 권리능력은 회사의 설립 근거가 된 법률과 회사의 정관상 목적에 의하여 제한되나, 그 목적 범위 내의 행위는 정관에 명시된 목적 자체에 국한되는 것이 아니고 그 목적을 수행하는 데 직접 또는 간접으로 필요한 행위는 모두 포함되며, 목적 수행에 필요한지 여부도 행위의 객관적 성질에 따라 추상적으로 판단할 것이지 행위자의 주관적, 구체적 의사에 따라 판단할 것은 아니다.

[2] 민법 제103조에 의하여 무효로 되는 반사회질서 행위는 법률행위의 목적인 권리의무의 내용이 선량한 풍속 기타 사회질서에 위반되는 경우뿐만 아니라, 그 내용 자체는 반사회질서적인 것이 아니라고 하여도 법률적으로 이를 강제하거나 법률행위에 반사회질서적인 조건 또는 금전적인 대가가 결부됨으로써 반사회질서적 성질을 띠게 되는 경우 및 표시되거나 상대방에게 알려진 법률행위의 동기가 반사회질서적인 경우를 포함한다. 그리고 민법 제104조에 규정된 불공정한 법률행위는 객관적으로 급부와 반대급부 사이에 현저한 불균형이 존재하고, 주관적으로 그와 같이 균형을 잃은 거래가 피해 당사자의 궁박, 경솔 또는 무경험을 이용하여 이루어진 경우에 성립하는 것으로서, 약자적 지위에 있는 자의 궁박, 경솔 또는 무경험을 이용한 폭리행위를 규제하려는 데 그 목적이 있는바, 피해 당사자가 궁박, 경솔 또는 무경험의 상태에 있었다고 하더라도 그 상대방 당사자에게 위와 같은 피해 당사자 측의 사정을 알면서 이를 이용하려는 의사, 즉 폭리행위의 악의가 없었다면 불공정 법률행위는 성립하지 않는다.

[3] 사법상 계약 기타 법률행위가 일정한 행위를 금지하는 구체적 법규정을 위반하여 행하여진 경우에 그 법률행위가 무효인지 여부는 당해 법규정이 가지는 넓은 의미에서 법률효과에 관한 문제의 일환으로, 그 법규정의 해석에 따라 정하여진다. 따라서 그 점에 관한 명문의 정함이 있다면 당연히 이에 따라야 하고, 그러한 정함이 없는 때에는 종국적으로 금지규정의 목적과 의미에 비추어 그에 반하는 법률행위의 무효 기타 효력 제한이 요구되는지를 검토하여 이를 정해야 한다.

[4] 구 상호저축은행법(2010. 3. 22. 법률 제10175호로 개정되기 전의 것, 이하 '구 상호저축은행법'이라 한다) 제18조의2 제1호 및 그 위임을 받은 구 상호저축은행업감독규정(2008. 10. 6. 금융위원회고시 제2008-27호로 개정되기 전의 것, 이하 '구 상호저축은행업감독규정'이라 한다) 제30조 제1항 제4호는 상호저축은행으로 하여금 '비상장회사의 주식은 해당 회사 발행주식총수의 100분의 10 이내'의 한도 내에서만 매입·보유할 수 있도록 정하였다. 그런데 위 규정들은 효력규정이 아니라 단속규정으로 보아

야 한다. 구체적인 이유는 다음과 같다.

① 구 상호저축은행법 및 구 상호저축은행업감독규정의 보유 한도를 초과한 주식 취득이 무효라는 규정이나 이를 전제로 하는 규정을 찾아볼 수 없다.

② 구 상호저축은행법과 구 상호저축은행업감독규정이 상호저축은행에 대하여 일정비율을 초과하는 비상장회사 주식의 매입·보유를 제한하는 주된 취지는 상호저축은행의 사기업에 대한 지배를 제한함과 동시에 관련 시장에서 경쟁을 보장하고 상호저축은행의 부실화를 예방하여 자본 충실화를 기하기 위한 것이다. 이러한 규정을 위반하여 사전 승인을 받지 아니한 상호저축은행의 주식 보유행위 자체가 그 사법상 효력까지도 부인하지 않으면 안 될 정도로 현저히 반사회성, 반도덕성을 지닌 것이라고 할 수 없을 뿐만 아니라, 그 행위의 사법상 효력을 부인하여야만 비로소 입법 목적을 달성할 수 있다고 볼 수 없다.

③ 또한 위 규정들을 효력규정으로 보아 이에 위반한 상호저축은행의 주식 보유행위를 일률적으로 무효라고 할 경우 담보권실행으로 인한 주식취득 등 불가피한 사정이 있는 경우에도 그 효력이 부인되어 주식거래의 안전을 해칠 우려가 있을 뿐만 아니라 상호저축은행의 부실화를 방지하고자 하는 법의 취지에 반하는 결과가 될 수 있다.

제35조(법인의 불법행위능력) ① 법인은 이사 기타 대표자가 그 직무에 관하여 타인에게 가한 손해를 배상할 책임이 있다. 이사 기타 대표자는 이로 인하여 자기의 손해배상책임을 면하지 못한다.

② 법인의 목적범위외의 행위로 인하여 타인에게 손해를 가한 때에는 그 사항의 의결에 찬성하거나 그 의결을 집행한 사원, 이사 및 기타 대표자가 연대하여 배상하여야 한다.

손해배상(기)
[대법원 2022. 6. 16., 선고, 2022다204708, 판결]

【판시사항】

[1] 학생에게 부여된 학습권이 학교의 설립·운영 주체 또는 학교교육의 단계에 따라 법적 근거를 달리한다고 볼 수 있는지 여부(소극)

[2] 미성년자인 학생도 학습권의 주체로서 국가의 교육권한과 부모의 교육권 범주 내에서 자신의 교육에 관하여 스스로 결정할 권리를 가지는지 여부(적극) 및 이와 같은 학생의 학습권은 부모의 교육권과 구별되는 독자적인 권리인지 여부(적극)

[3] 사립초등학교를 운영하는 甲 학교법인이 학교를 무단으로 폐교함으로써 학습권 및 교육권이 침해되었다는 이유로 재학생과 학부모 등이 甲 법인과 이사장을 상대로 위자료 지급을 구한 사안에서, 甲 법인 등이 일방적·전격적으로 폐교 결정을 함에 따라 재학생들의 학습권은 물론 학부모들의 학교선택권 등 자녀교육권이 모두 침해되었다는 이유로 甲 법인 등의 위자료 지급의무를 인정한 원심판단을 수긍한 사례

【판결요지】

[1] 헌법은 모든 국민이 능력에 따라 균등하게 교육을 받을 권리를 가진다고 하여 국민의 기본권으로 학습권을 규정하였고(제31조 제1항), 교육에 관한 국민의 권리 등에 관한 기본적 사항을 정한 교육기본법은 모든 국민에 대하여 평생에 걸쳐 학습하고 능력과 적성에 따라 교육받을 권리가 있음과 동시에 의무교육을 받을 권리로 6년의 초등교육

과 3년의 중등교육을 명시하였으며(제3조, 제8조), 사립학교의 설립·운영의 근거로 법인이나 사인(私人)이 법률로 정하는 바에 따라 학교 등을 설립·경영할 수 있음을 규정하였고(제11조 제2항), 학생을 포함한 학습자의 기본적 인권이 학교교육 과정에서 존중되고 보호되어야 함을 규정하였다(제12조). 즉, 학생에게 부여된 학습권은 위와 같은 헌법과 교육기본법의 관련 규정에 근거를 둔 것으로, 이는 학교의 설립·운영 주체가 국공립학교 또는 사립학교인지 여부나 학교교육의 단계가 유아·초등·중등·고등교육 과정인지 여부에 따라 법적 근거를 달리한다고 볼 수 없다.

[2] 학습권의 주체인 학생은 비록 그가 미성년자인 경우에도, 부모와 국가에 의한 교육의 단순한 대상이 아니라 독자적인 인격체로서 국가의 교육권한과 부모의 교육권 범주 내에서 자신의 교육에 관하여 스스로 결정할 권리를 독자적으로 가진다. 따라서 학생의 학습권의 내용·범위가 국가의 교육권한과 부모의 교육권이라는 내재적인 한계 내에서 인정된다고 하여, 학생에게 부여된 학습권이 부모의 교육권에 포함될 뿐 이와 구별되는 독자적인 권리에 해당하지 않는다고 볼 수는 없다.

[3] 사립초등학교를 운영하는 甲 학교법인이 학교를 무단으로 폐교함으로써 학습권 및 교육권이 침해되었다는 이유로 재학생과 학부모 등이 甲 법인과 이사장을 상대로 위자료 지급을 구한 사안에서, 甲 법인 등이 미리 상당한 기간을 두고서 관할 교육청 및 학교 구성원들과 충분한 의견수렴·논의를 거치거나 수년간의 유예기간 동안 점진적 폐교 방식을 채택하지 아니하였고, 관할 교육청으로부터 폐교인가처분이 내려지기도 전에 교직원을 상대로 근로계약종료를 통보하였음은 물론 폐교인가신청에 대한 반려처분이 내려졌음에도 학교를 정상화하거나 학생들의 학습권과 학부모들의 교육권이 침해되지 않도록 적절한 대책을 마련하려는 노력을 하지 아니한 채, 오히려 학생들의 전출을 계속적으로 종용하면서 위 반려처분을 위반하여 일방적·전격적으로 학교에 대한 폐교 결정을 함에 따라 재학생들의 학습권은 물론 학부모들의 학교선택권 등 자녀교육권이 모두 침해되었다는 이유로 甲 법인 등의 위자료 지급의무를 인정한 원심판단을 수긍한 사례.

제36조(법인의 주소) 법인의 주소는 그 주된 사무소의 소재지에 있는 것으로 한다.

제37조(법인의 사무의 검사, 감독) 법인의 사무는 주무관청이 검사, 감독한다.

제38조(법인의 설립허가의 취소) 법인이 목적 이외의 사업을 하거나 설립허가의 조건에 위반하거나 기타 공익을 해하는 행위를 한 때에는 주무관청은 그 허가를 취소할 수 있다.

비영리법인설립허가취소
[대북전단 살포를 이유로 한 법인설립허가취소의 취소를 구한 사건]
[대법원 2023. 4. 27., 선고, 2023두30833, 판결]

【판시사항】
[1] 민법 제38조에서 정한 비영리법인이 '공익을 해하는 행위를 한 때'의 의미 및 이에 해당하기 위한 요건 / 그중 해당 법인의 행위가 직접적이고도 구체적으로 공익을 침해하는지 판단하는 방법 / 법인의 설립허가를 취소할 때 고려할 사항

[2] 甲 사단법인이 접경지역 지원 특별법상 접경지역에서 북한의 지도부나 체제를 비판하는 내용을 담은 대북전단지 등을 대형 풍선에 실어 북한 방향 상공으로 살포하자, 통일부장관이 '위 전단 살포 행위가 접경지역에 거주하는 주민들의 생명·신체의 안전에 대한 위험을 초래하고, 남북관계에 긴장상황을 조성하는 등 공익을 해하였다.'는 등의 이유로 甲 법인에 대한 법인설립허가를 취소한 사안에서, 위 전단 살포 행위가 일방적으로 '공익을 해하는 행위를 한 때'에 해당한다고 쉽게 단정할 수 없음에도, 이와 달리 본 원심판단에 법리오해의 잘못이 있다고 한 사례

【판결요지】

[1] 민법 제38조에서 정한 비영리법인이 '공익을 해하는 행위를 한 때'란 법인의 기관이 직무의 집행으로서 공익을 침해하는 행위를 하거나 사원총회가 그러한 결의를 한 경우를 의미한다. 여기에 법인설립허가취소는 법인을 해산하여 결국 법인격을 소멸하게 하는 제재처분인 점(민법 제77조 제1항) 등을 더하여 보면, 민법 제38조에 정한 '공익을 해하는 행위를 한 때'에 해당하기 위해서는, 해당 법인의 목적사업 또는 존재 자체가 공익을 해한다고 인정되거나 해당 법인의 행위가 직접적·구체적으로 공익을 침해하는 것이어야 하고, 목적사업의 내용, 행위의 태양 및 위법성의 정도, 공익 침해의 정도와 경위 등을 종합하여 볼 때 해당 법인의 소멸을 명하는 것이 공익에 대한 불법적인 침해상태를 제거하고 정당한 법질서를 회복하기 위한 제재수단으로서 긴요하게 요청되는 경우이어야 한다. 나아가 '해당 법인의 행위가 직접적이고도 구체적으로 공익을 침해한다.'고 하려면 해당 법인의 행위로 인하여 법인 또는 구성원이 얻는 이익과 법질서가 추구하는 객관적인 공익이 서로 충돌하여 양자의 이익을 비교형량 하였을 때 공공의 이익을 우선적으로 보호하여야 한다는 점에 의문의 여지가 없어야 한다. 또한 법인의 해산을 초래하는 설립허가취소는 헌법 제10조에 내재된 일반적 행동의 자유에 대한 침해 여부와 과잉금지의 원칙 등을 고려하여 엄격하게 판단하여야 하고, 특히 국가가 국민의 표현행위를 규제하는 경우, 표현내용과 무관하게 표현의 방법을 규제하는 것은 합리적인 공익상의 이유로 비례의 원칙(과잉금지의 원칙)을 준수하여 이루어지는 이상 폭넓은 제한이 가능하나, 표현내용에 대한 규제는 원칙적으로 중대한 공익의 실현을 위하여 불가피한 경우에 한하여 엄격한 요건하에서 허용될 뿐이다.

[2] 통일부장관으로부터 법인설립허가를 받은 甲 사단법인이 접경지역 지원 특별법상 접경지역에서 북한의 지도부나 체제를 비판하는 내용을 담은 대북전단지 50만 장 등을 대형 풍선 여러 개에 실어 북한 방향 상공으로 살포하자, 통일부장관이 '위 전단 살포 행위가 접경지역에 거주하는 주민들의 생명·신체의 안전에 대한 위험을 초래하고, 남북관계에 긴장상황을 조성하는 등 공익을 해하였다.'는 등의 이유로 甲 법인에 대한 법인설립허가를 취소한 사안에서, 북한의 인권문제에 관한 국제적·사회적 관심을 환기시키기 위한 위 전단 살포 행위는 표현의 자유, 결사의 자유에 의하여 보장되는 甲 법인의 활동에 속하는 것으로, 접경지역 주민들의 생명·신체의 안전에 대한 위험 야기, 남북 간의 군사적 긴장 조고, 대한민국 정부의 평화적 통일정책 추진에 대한 중대한 지장 초래 등 통일부장관이 위 처분의 이유로 내세우는 공익은 매우 포괄적·정치적인 영역에 속하는 것이자 그 저해에 관한 근본적인 책임을 甲 법인이나 위 전단 살포 행위에만 묻기는 어려운 것이어서, 위와 같은 甲 법인의 헌법상 기본권에 근거한 활동보다 통일부장관이 위 처분으로 달성하고자 하는 공익을 우선적으로 보호하여야 한다는 점에 의문의 여지가 없는 경우에 해당한다고 보기 어렵고, 위 전단 살포 행위의 태양 및 위법성의 정도, 공익 침해의 정도와 경위를 종합해 볼 때, 위 처분을

통하여 甲 법인의 법인격 소멸을 명하는 것이 공익 침해 상태를 제거하고 정당한 법질서를 회복하기 위한 유효적절한 제재수단으로서 긴요하게 요청되는 경우에 해당한다고 보기도 어려워 위 전단 살포 행위가 일방적으로 '공익을 해하는 행위를 한 때'에 해당한다고 쉽게 단정할 수 없음에도, 이와 달리 본 원심판단에 법리오해의 잘못이 있다고 한 사례.

제39조(영리법인) ① 영리를 목적으로 하는 사단은 상사회사설립의 조건에 좇아 이를 법인으로 할 수 있다.
② 전항의 사단법인에는 모두 상사회사에 관한 규정을 준용한다.

제2절 설립

제40조(사단법인의 정관) 사단법인의 설립자는 다음 각호의 사항을 기재한 정관을 작성하여 기명날인하여야 한다.
1. 목적
2. 명칭
3. 사무소의 소재지
4. 자산에 관한 규정
5. 이사의 임면에 관한 규정
6. 사원자격의 득실에 관한 규정
7. 존립시기나 해산사유를 정하는 때에는 그 시기 또는 사유

이사회결의무효확인청구

[대법원 2024. 1. 4. 선고 2023다263537 판결]

【판시사항】
[1] 법인의 정관에 이사의 해임사유에 관한 규정이 있는 경우, 정관에서 정하지 아니한 사유로 이사를 해임할 수 있는지 여부(원칙적 소극)
[2] 법인이 정관에서 이사의 해임사유를 정한 경우, 해임사유가 발생하였다는 요건 외에 이로 인하여 법인과 이사 사이의 신뢰관계가 더 이상 유지되기 어려울 정도에 이르렀다는 요건이 추가로 충족되어야 이사를 해임할 수 있는지 여부(소극)

【판결요지】
[1] 법인과 이사의 법률관계는 신뢰를 기초로 하는 위임 유사의 관계이다. 민법 제689조 제1항에 따르면 위임계약은 각 당사자가 언제든지 해지할 수 있다. 그러므로 법인은 원칙적으로 이사의 임기 만료 전에도 언제든지 이사를 해임할 수 있다. 다만 이러한 민법 규정은 임의규정이므로 법인이 자치법규인 정관으로 이사의 해임사유 및 절차 등에 관하여 별도 규정을 둘 수 있다. 이러한 규정은 법인과 이사의 관계를 명확히 하는 것 외에 이사의 신분을 보장하는 의미도 아울러 가지고 있으므로 이를 단순히 주의적 규정으로 볼 수는 없다. 따라서 법인의 정관에 이사의 해임사유에 관한 규정이 있는 경우 이사의 중대한 의무위반 또는 정상적인 사무집행 불능 등의 특별한 사정이 없는 이상 법인은 정관에서 정하지 아니한 사유로 이사를 해임할 수 없다.

[2] 법인의 자치법규인 정관을 존중할 필요성은 법인이 정관에서 정하지 아니한 사유로 이사를 해임하는 경우뿐만 아니라 법인이 정관에서 정한 사유로 이사를 해임하는 경우에도 요구된다. 법인이 정관에서 이사의 해임사유와 절차를 정하였고 그 해임사유가 실제로 발생하였다면, 법인은 이를 이유로 정관에서 정한 절차에 따라 이사를 해임할 수 있다. 이때 정관에서 정한 해임사유가 발생하였다는 요건 외에 이로 인하여 법인과 이사 사이의 신뢰관계가 더 이상 유지되기 어려울 정도에 이르러야 한다는 요건이 추가로 충족되어야 법인이 비로소 이사를 해임할 수 있는 것은 아니다. 해임사유의 유형이나 내용에 따라서는 그 해임사유 자체에 이미 법인과 이사 사이의 신뢰관계 파탄이 당연히 전제되어 있거나 그 해임사유 발생 여부를 판단하는 과정에서 이를 고려하는 것이 적절한 경우도 있으나, 이 경우에도 궁극적으로는 해임사유에 관한 정관 조항 자체를 해석·적용함으로써 해임사유 발생 여부를 판단하면 충분하고, 법인과 이사 사이의 신뢰관계 파탄을 별도 요건으로 보아 그 충족 여부를 판단해야 하는 것은 아니다.

제41조(이사의 대표권에 대한 제한) 이사의 대표권에 대한 제한은 이를 정관에 기재하지 아니하면 그 효력이 없다.

제42조(사단법인의 정관의 변경) ① 사단법인의 정관은 총사원 3분의 2 이상의 동의가 있는 때에 한하여 이를 변경할 수 있다. 그러나 정수에 관하여 정관에 다른 규정이 있는 때에는 그 규정에 의한다.
② 정관의 변경은 주무관청의 허가를 얻지 아니하면 그 효력이 없다.

교단탈퇴결의무효확인의소
[대법원 2023. 11. 2. 선고 2023다259316 판결]

【판시사항】

교회의 실체와 재산 귀속에 관한 판단 기준(=법인 아닌 사단에 관한 민법의 일반 이론) / 지교회의 소속 교단 탈퇴 내지 변경을 위한 결의요건(=의결권을 가진 교인 2/3 이상의 찬성) 및 위 정수에 관하여 지교회의 규약에 다른 규정을 두고 있는 경우, 그 규정에 의한 결의가 필요한지 여부(원칙적 적극)

【판결요지】

교회가 법인 아닌 사단으로서 존재하는 이상 그 법률관계를 둘러싼 분쟁을 소송을 통해 해결함에 있어서는 법인 아닌 사단에 관한 민법의 일반 이론에 따라 교회의 실체를 파악하고 교회의 재산 귀속에 대하여 판단하여야 한다. 한편 특정 교단에 가입한 지교회가 교단이 정한 헌법을 지교회 자신의 자치규범으로 받아들였다고 인정되는 경우에는 소속 교단의 변경은 실질적으로 지교회 자신의 규약에 해당하는 자치규범을 변경하는 결과를 초래하고, 만약 지교회 자신의 규약을 갖춘 경우에는 교단변경으로 인하여 지교회의 명칭이나 목적 등 지교회의 규약에 포함된 사항의 변경까지 수반하기 때문에, 소속 교단에서의 탈퇴 내지 소속 교단의 변경은 사단법인 정관변경에 준하여 의결권을 가진 교인 2/3 이상의 찬성에 의한 결의를 필요로 하며, 다만 정수에 관하여 지교회의 규약에 다른 규정을 두고 있는 때에는 특별한 사정이 없는 한 그 규정에 의한 결의가 필요하다(민법 제42조 제1항 단서).

제43조(재단법인의 정관) 재단법인의 설립자는 일정한 재산을 출연하고 제40조제1호 내지 제5호의 사항을 기재한 정관을 작성하여 기명날인하여야 한다.

제44조(재단법인의 정관의 보충) 재단법인의 설립자가 그 명칭, 사무소소재지 또는 이사임면의 방법을 정하지 아니하고 사망한 때에는 이해관계인 또는 검사의 청구에 의하여 법원이 이를 정한다.

제45조(재단법인의 정관변경) ① 재단법인의 정관은 그 변경방법을 정관에 정한 때에 한하여 변경할 수 있다.
② 재단법인의 목적달성 또는 그 재산의 보전을 위하여 적당한 때에는 전항의 규정에 불구하고 명칭 또는 사무소의 소재지를 변경할 수 있다.
③ 제42조제2항의 규정은 전2항의 경우에 준용한다.

전세권설정등기말소
[대법원 2021. 5. 7., 선고, 2020다289828, 판결]

【판시사항】
근로자직업능력 개발법 제32조 제1항에 따라 설립된 甲 비영리법인이 乙 등으로부터 건물을 임차하면서 임대차보증금을 전세금으로 하는 전세권설정등기를 마쳤고, 위 전세권을 기본재산으로 하는 정관변경을 하여 주무관청의 허가를 받았는데, 그 후 乙 등이 전세권 소멸통고를 하자, 甲 법인이 위 전세권 소멸통고는 주무관청의 허가를 받지 않아 무효라고 주장한 사안에서, 전세권을 기본재산으로 하는 정관의 변경에 대해 주무관청의 허가를 받은 이상 전세권 소멸통고에 대해 또다시 주무관청의 허가를 받을 필요가 없다고 본 원심판단에 법리오해 등의 잘못이 없다고 한 사례

제46조(재단법인의 목적 기타의 변경) 재단법인의 목적을 달성할 수 없는 때에는 설립자나 이사는 주무관청의 허가를 얻어 설립의 취지를 참작하여 그 목적 기타 정관의 규정을 변경할 수 있다.

제47조(증여, 유증에 관한 규정의 준용) ① 생전처분으로 재단법인을 설립하는 때에는 증여에 관한 규정을 준용한다.
② 유언으로 재단법인을 설립하는 때에는 유증에 관한 규정을 준용한다.

제48조(출연재산의 귀속시기) ① 생전처분으로 재단법인을 설립하는 때에는 출연재산은 법인이 성립된 때로부터 법인의 재산이 된다.
② 유언으로 재단법인을 설립하는 때에는 출연재산은 유언의 효력이 발생한 때로부터 법인에 귀속한 것으로 본다.

제49조(법인의 등기사항) ① 법인설립의 허가가 있는 때에는 3주간내에 주된 사무소소재지에서 설립등기를 하여야 한다.
② 전항의 등기사항은 다음과 같다.

1. 목적
2. 명칭
3. 사무소
4. 설립허가의 연월일
5. 존립시기나 해산이유를 정한 때에는 그 시기 또는 사유
6. 자산의 총액
7. 출자의 방법을 정한 때에는 그 방법
8. 이사의 성명, 주소
9. 이사의 대표권을 제한한 때에는 그 제한

제50조[분사무소(分事務所) 설치의 등기] 법인이 분사무소를 설치한 경우에는 주사무소(主事務所)의 소재지에서 3주일 내에 분사무소 소재지와 설치 연월일을 등기하여야 한다.
[전문개정 2024. 9. 20.]

제51조(사무소 이전의 등기) ① 법인이 주사무소를 이전한 경우에는 종전 소재지 또는 새 소재지에서 3주일 내에 새 소재지와 이전 연월일을 등기하여야 한다.
② 법인이 분사무소를 이전한 경우에는 주사무소 소재지에서 3주일 내에 새 소재지와 이전 연월일을 등기하여야 한다.
[전문개정 2024. 9. 20.]

제52조(변경등기) 제49조제2항의 사항 중에 변경이 있는 때에는 3주간내에 변경등기를 하여야 한다.

제52조의2(직무집행정지 등 가처분의 등기) 이사의 직무집행을 정지하거나 직무대행자를 선임하는 가처분을 하거나 그 가처분을 변경·취소하는 경우에는 주사무소가 있는 곳의 등기소에서 이를 등기하여야 한다. 〈개정 2024. 9. 20.〉
[본조신설 2001. 12. 29.]

제53조(등기기간의 기산) 전3조의 규정에 의하여 등기할 사항으로 관청의 허가를 요하는 것은 그 허가서가 도착한 날로부터 등기의 기간을 기산한다.

제54조(설립등기 이외의 등기의 효력과 등기사항의 공고) ①설립등기 이외의 본절의 등기사항은 그 등기후가 아니면 제삼자에게 대항하지 못한다.
② 등기한 사항은 법원이 지체없이 공고하여야 한다.

제55조(재산목록과 사원명부) ① 법인은 성립한 때 및 매년 3월내에 재산목록을 작성하여 사무소에 비치하여야 한다. 사업연도를 정한 법인은 성립한 때 및 그 연도말에 이를 작성하여야 한다.
② 사단법인은 사원명부를 비치하고 사원의 변경이 있는 때에는 이를 기재하여야 한다.

제56조(사원권의 양도, 상속금지) 사단법인의 사원의 지위는 양도 또는 상속할 수 없다.

제3절 기관

제57조(이사) 법인은 이사를 두어야 한다.

제58조(이사의 사무집행) ① 이사는 법인의 사무를 집행한다.
② 이사가 수인인 경우에는 정관에 다른 규정이 없으면 법인의 사무집행은 이사의 과반수로써 결정한다.

제59조(이사의 대표권) ① 이사는 법인의 사무에 관하여 각자 법인을 대표한다. 그러나 정관에 규정한 취지에 위반할 수 없고 특히 사단법인은 총회의 의결에 의하여야 한다.
② 법인의 대표에 관하여는 대리에 관한 규정을 준용한다.

제60조(이사의 대표권에 대한 제한의 대항요건) 이사의 대표권에 대한 제한은 등기하지 아니하면 제삼자에게 대항하지 못한다.

제60조의2(직무대행자의 권한) ① 제52조의2의 직무대행자는 가처분명령에 다른 정함이 있는 경우 외에는 법인의 통상사무에 속하지 아니한 행위를 하지 못한다. 다만, 법원의 허가를 얻은 경우에는 그러하지 아니하다.
② 직무대행자가 제1항의 규정에 위반한 행위를 한 경우에도 법인은 선의의 제3자에 대하여 책임을 진다.
[본조신설 2001. 12. 29.]

약정금등
[대법원 2022. 6. 30. 선고 2020다203695 판결]

【판시사항】
[1] 가처분재판에 의하여 법인 등 대표자의 직무대행자가 선임된 상태에서 피대행자의 후임자가 적법하게 소집된 총회의 결의에 따라 새로 선출된 경우, 총회에서 선임된 후임자가 대표권을 가지는지 여부(원칙적 소극)
[2] 법원의 가처분결정에 의하여 선임된 법인 등 대표자의 직무대행자가 권한의 전부를 타인에게 위임할 수 있는지 여부(원칙적 소극)
[3] 신의성실의 원칙의 의미와 그 위배를 이유로 권리의 행사를 부정하기 위한 요건

제61조(이사의 주의의무) 이사는 선량한 관리자의 주의로 그 직무를 행하여야 한다.

제62조(이사의 대리인 선임) 이사는 정관 또는 총회의 결의로 금지하지 아니한 사항에 한하여 타인으로 하여금 특정한 행위를 대리하게 할 수 있다.

제63조(임시이사의 선임) 이사가 없거나 결원이 있는 경우에 이로 인하여 손해가 생

길 염려 있는 때에는 법원은 이해관계인이나 검사의 청구에 의하여 임시이사를 선임하여야 한다.

제64조(특별대리인의 선임) 법인과 이사의 이익이 상반하는 사항에 관하여는 이사는 대표권이 없다. 이 경우에는 전조의 규정에 의하여 특별대리인을 선임하여야 한다.

제65조(이사의 임무해태) 이사가 그 임무를 해태한 때에는 그 이사는 법인에 대하여 연대하여 손해배상의 책임이 있다.

제66조(감사) 법인은 정관 또는 총회의 결의로 감사를 둘 수 있다.

제67조(감사의 직무) 감사의 직무는 다음과 같다.
   1. 법인의 재산상황을 감사하는 일
   2. 이사의 업무집행의 상황을 감사하는 일
   3. 재산상황 또는 업무집행에 관하여 부정, 불비한 것이 있음을 발견한 때에는 이를 총회 또는 주무관청에 보고하는 일
   4. 전호의 보고를 하기 위하여 필요있는 때에는 총회를 소집하는 일

제68조(총회의 권한) 사단법인의 사무는 정관으로 이사 또는 기타 임원에게 위임한 사항외에는 총회의 결의에 의하여야 한다.

정산금청구의소
[주택조합의 채권자가 주택조합을 대위하여 조합원에 대하여 분담금을 청구한 사건]
[대법원 2021. 12. 30., 선고, 2017다203299, 판결]

【판시사항】
구 주택건설촉진법에 따라 설립된 주택조합이 사업을 수행하면서 부담하게 된 채무를 조합의 재산으로 변제할 수 없게 된 경우, 조합원이 곧바로 조합에 대해 지분 비율에 따른 분담금 채무를 부담하는지 여부(원칙적 소극)

【판결요지】
구 주택건설촉진법(2003. 5. 29. 법률 제6916호 주택법으로 전부 개정되기 전의 것)에 의하여 설립된 주택조합은 민법상 조합이 아니라 비법인 사단에 해당하므로, 민법의 법인에 관한 규정 중 법인격을 전제로 하는 조항을 제외한 나머지 조항들이 원칙적으로 준용된다. 따라서 그 조합이 사업을 수행하면서 부담하게 된 채무를 조합의 재산으로 변제할 수 없게 되었다고 하더라도 그 채무는 조합에 귀속되고, 정관 기타 규약에 따라 조합원총회 등에서 조합의 자산과 부채를 정산하여 그 채무초과분을 조합원들에게 분담시키는 결의를 하지 않는 한, 조합원이 곧바로 조합에 대하여 그 지분 비율에 따른 분담금 채무를 부담하지 않는다.

제69조(통상총회) 사단법인의 이사는 매년 1회 이상 통상총회를 소집하여야 한다.

제70조(임시총회) ① 사단법인의 이사는 필요하다고 인정한 때에는 임시총회를 소집할 수 있다.

② 총사원의 5분의 1 이상으로부터 회의의 목적사항을 제시하여 청구한 때에는 이사는 임시총회를 소집하여야 한다. 이 정수는 정관으로 증감할 수 있다.

③ 전항의 청구있는 후 2주간내에 이사가 총회소집의 절차를 밟지 아니한 때에는 청구한 사원은 법원의 허가를 얻어 이를 소집할 수 있다.

제71조(총회의 소집) 총회의 소집은 1주간전에 그 회의의 목적사항을 기재한 통지를 발하고 기타 정관에 정한 방법에 의하여야 한다.

임시대의원총회결의무효확인[사단법인인 피고가 정관에 근거규정이 없는데도 서면에 의한 결의로 임시대의원총회 결의를 갈음한 경우 그 결의의 효력이 문제된 사건]
[대법원 2024. 6. 27. 선고 2023다254984 판결]

【판시사항】
민법상 사단법인에서 법률이나 정관에 정함이 없는데도 소집·개최 절차 없이 서면만으로 총회 결의를 한 경우, 그 결의에 중대한 하자가 있다고 보아야 하는지 여부(원칙적 적극)

【판결요지】
민법상 사단법인의 총회 결의는 민법 또는 정관에 다른 규정이 없으면 사원 과반수의 출석과 출석사원의 결의권의 과반수로써 한다(민법 제75조 제1항). 총회의 소집은 1주간 전에 그 회의의 목적사항을 기재한 통지를 발하는 방법으로 이루어지고(민법 제71조), 정관에 다른 규정이 없는 한 총회는 통지가 이루어진 사항에 관하여서만 결의할 수 있다(민법 제72조). 이러한 민법 규정에 비추어 볼 때 민법상 사단법인의 총회 결의는 소집·개최 절차가 이루어진 총회에 사원들이 참석하여 결의하는 것을 원칙적인 방법으로 한다고 보아야 한다. 총회의 소집·개최 절차를 진행하지 않은 채 목적사항을 서면통지하고 그에 대한 단순한 찬반투표만을 서면으로 받아 다수를 얻는 쪽으로 의사를 결정하는 방식으로 이루어지는 서면 결의는 총회에 참석하여 목적사항을 적극적으로 토론하고 결의함으로써 사단법인 사무 운영에 자신의 의사를 반영하도록 하는 사원권의 행사를 제한할 수 있다. 따라서 민법상 사단법인에서 법률이나 정관에 정함이 없는데도 소집·개최 절차 없이 서면만으로 총회 결의를 한 경우에는 특별한 사정이 없는 한 그 결의에 중대한 하자가 있다고 보아야 한다.

제72조(총회의 결의사항) 총회는 전조의 규정에 의하여 통지한 사항에 관하여서만 결의할 수 있다. 그러나 정관에 다른 규정이 있는 때에는 그 규정에 의한다.

제73조(사원의 결의권) ① 각 사원의 결의권은 평등으로 한다.
② 사원은 서면이나 대리인으로 결의권을 행사할 수 있다.
③ 전2항의 규정은 정관에 다른 규정이 있는 때에는 적용하지 아니한다.

제74조(사원이 결의권없는 경우) 사단법인과 어느 사원과의 관계사항을 의결하는 경우에는 그 사원은 결의권이 없다.

제75조(총회의 결의방법) ① 총회의 결의는 본법 또는 정관에 다른 규정이 없으면 사원 과반수의 출석과 출석사원의 결의권의 과반수로써 한다.
② 제73조제2항의 경우에는 당해사원은 출석한 것으로 한다.

대여금
[대법원 2023. 2. 2., 선고, 2019다232277, 판결]

【판시사항】

[1] 일부무효 법리를 정한 민법 제137조에서 '당사자의 의사'의 의미 / 여러 개의 계약 전부가 경제적, 사실적으로 일체로서 행하여져 하나의 계약인 것과 같은 관계에 있는 경우, 법률행위의 일부무효 법리가 적용되는지 여부(적극) 및 이때 계약 전부가 일체로서 하나의 계약인 것과 같은 관계에 있는지 판단하는 방법

[2] 甲 주택재개발정비사업조합설립추진위원회가 주택재개발사업을 시행하기 위해 乙 주식회사를 시공사로 선정하는 결의를 한 후, 乙 회사와 공사도급계약을 체결하면서 乙 회사가 甲 추진위원회에 정비사업 시행을 위하여 소요되는 자금을 대여하는 내용의 소비대차약정을 체결하였는데, 시공사 선정결의와 공사도급계약이 무효가 되어 소비대차약정도 무효가 되는지 문제 된 사안에서, 제반 사정에 비추어 甲 추진위원회와 乙 회사는 공사도급계약과 소비대차약정을 체결할 당시 공사도급계약이 무효로 된다고 하더라도 소비대차약정을 체결, 유지하려는 의사가 있었다고 볼 여지가 있는데도, 이와 달리 본 원심판단에 심리미진 등의 잘못이 있다고 한 사례

【판결요지】

[1] 법률행위의 일부분이 무효인 때에는 그 전부를 무효로 하나, 그 무효 부분이 없더라도 법률행위를 하였을 것이라고 인정될 때에는 나머지 부분은 무효가 되지 아니한다(민법 제137조). 여기서 당사자의 의사는 법률행위의 일부가 무효임을 법률행위 당시에 알았다면 의욕하였을 가정적 효과의사를 가리키는 것이다. 그리고 이와 같은 법률행위의 일부무효 법리는 여러 개의 계약이 체결된 경우에 그 계약 전부가 경제적, 사실적으로 일체로서 행하여져서 하나의 계약인 것과 같은 관계에 있는 경우에도 적용된다. 이때 그 계약 전부가 일체로서 하나의 계약인 것과 같은 관계에 있는 것인지의 여부는 계약 체결의 경위와 목적 및 당사자의 의사 등을 종합적으로 고려하여 판단해야 한다.

[2] 甲 주택재개발정비사업조합설립추진위원회가 주택재개발사업을 시행하기 위해 乙 주식회사를 시공사로 선정하는 결의를 한 후, 乙 회사와 공사도급계약을 체결하면서 乙 회사가 甲 추진위원회에 정비사업 시행을 위하여 소요되는 자금을 대여하는 내용의 소비대차약정을 체결하였는데, 시공사 선정결의와 공사도급계약이 무효가 되어 소비대차약정도 무효가 되는지 문제 된 사안에서, 甲 추진위원회와 乙 회사는 추진위원회 단계에서 이루어진 시공사 선정결의의 법적 효력이 분명하지 않아 공사도급계약이 무효로 될 가능성이 있었음에도 공사도급계약을 체결하였고 거기에 소비대차약정도 포함시킨 점, 甲 추진위원회와 乙 회사는 공사도급계약이 무효가 된다고 하더라도 장차 조합이 설립되면 조합 총회 결의를 통하여 추진위원회 단계에서 이루어진 시공사 선정결의나 공사도급계약이 유효로 될 수 있다는 사정을 염두에 두었다고도 볼 수 있는 점, 乙 회사는 시공사 선정결의에 관하여 무효확인을 구하는 소가 계속 중인데도 지속적으로 甲 추진위원회에 금전을 대여하고 일부 대여금에 관하여는 추가로 소비대차계약 공정증서를 작성받기도 한 점 등에 비추어 보면, 甲 추진위원회와 乙 회사는 공사도급계약과 소비대차약정을 체결할 당시 공사도급계약이 무효로 된다고 하더라도 소비대차약정을 체결, 유지하려는 의사가 있었다고 볼 여지가 있는데도, 이와 달리 본 원심판단에 심리미진 등의 잘못이 있다고 한 사례.

제76조(총회의 의사록) ① 총회의 의사에 관하여는 의사록을 작성하여야 한다.

② 의사록에는 의사의 경과, 요령 및 결과를 기재하고 의장 및 출석한 이사가 기명날인하여야 한다.

③ 이사는 의사록을 주된 사무소에 비치하여야 한다.

제4절 해산

제77조(해산사유) ① 법인은 존립기간의 만료, 법인의 목적의 달성 또는 달성의 불능 기타 정관에 정한 해산사유의 발생, 파산 또는 설립허가의 취소로 해산한다.

② 사단법인은 사원이 없게 되거나 총회의 결의로도 해산한다.

제78조(사단법인의 해산결의) 사단법인은 총사원 4분의 3 이상의 동의가 없으면 해산을 결의하지 못한다. 그러나 정관에 다른 규정이 있는 때에는 그 규정에 의한다.

제79조(파산신청) 법인이 채무를 완제하지 못하게 된 때에는 이사는 지체없이 파산신청을 하여야 한다.

제80조(잔여재산의 귀속) ① 해산한 법인의 재산은 정관으로 지정한 자에게 귀속한다.

② 정관으로 귀속권리자를 지정하지 아니하거나 이를 지정하는 방법을 정하지 아니한 때에는 이사 또는 청산인은 주무관청의 허가를 얻어 그 법인의 목적에 유사한 목적을 위하여 그 재산을 처분할 수 있다. 그러나 사단법인에 있어서는 총회의 결의가 있어야 한다.

③ 전2항의 규정에 의하여 처분되지 아니한 재산은 국고에 귀속한다.

제81조(청산법인) 해산한 법인은 청산의 목적범위내에서만 권리가 있고 의무를 부담한다.

이사회결의부존재및무효확인·이사회결의부존재및무효확인의소
[대법원 2024. 3. 28. 선고 2023다252209, 252216 판결]

【판시사항】

학교법인이 해산하여 청산인이 선임된 경우, 해산 전 이사들로 구성된 이사회가 청산인을 해임할 권한이 있는지 여부(원칙적 소극)

【판결요지】

사립학교법은 학교법인의 이사회에서 임원의 임면에 관한 사항을 심의·의결하도록 한다(제16조 제1항 제4호). 그런데 학교법인은 해산한 경우 청산의 목적범위 내에서 권리·의무의 주체가 되고(사립학교법 제42조 제1항, 민법 제81조 참조), 그 청산인은 학교법인의 사무집행기관이자 대표기관으로서 이사에 갈음하여 청산의 목적범위 내에 있는 학교법인의 모든 사무를 처리할 권한을 가진다(사립학교법 제42조 제1항, 민법 제87조 참조). 따라서 학교법인이 해산하여 청산인이 선임된 후에는 법원(민법 제84조 참조) 또는 청산인회(사립학교법 제42조 제2항, 제18조, 제16조 제1항 제4호 참조)에 청산인을 해임할 권한이 있을 뿐, 해산하기 전의 이사들로 구성된 이사회에는 특별한 사정이 없는 한 청산인을 해임할 권한이 없다.

제82조(청산인) 법인이 해산한 때에는 파산의 경우를 제하고는 이사가 청산인이 된다. 그러나 정관 또는 총회의 결의로 달리 정한 바가 있으면 그에 의한다.

제83조(법원에 의한 청산인의 선임) 전조의 규정에 의하여 청산인이 될 자가 없거나 청산인의 결원으로 인하여 손해가 생길 염려가 있는 때에는 법원은 직권 또는 이해관계인이나 검사의 청구에 의하여 청산인을 선임할 수 있다.

제84조(법원에 의한 청산인의 해임) 중요한 사유가 있는 때에는 법원은 직권 또는 이해관계인이나 검사의 청구에 의하여 청산인을 해임할 수 있다.

제85조(해산등기) ① 청산인은 법인이 파산으로 해산한 경우가 아니면 취임 후 3주일 내에 다음 각 호의 사항을 주사무소 소재지에서 등기하여야 한다.
　　1. 해산 사유와 해산 연월일
　　2. 청산인의 성명과 주소
　　3. 청산인의 대표권을 제한한 경우에는 그 제한
② 제1항의 등기에 관하여는 제52조를 준용한다.
[전문개정 2024. 9. 20.]

제86조(해산신고) ① 청산인은 파산의 경우를 제하고는 그 취임후 3주간내에 전조제1항의 사항을 주무관청에 신고하여야 한다.
② 청산중에 취임한 청산인은 그 성명 및 주소를 신고하면 된다.

제87조(청산인의 직무) ① 청산인의 직무는 다음과 같다.
　　1. 현존사무의 종결
　　2. 채권의 추심 및 채무의 변제
　　3. 잔여재산의 인도
② 청산인은 전항의 직무를 행하기 위하여 필요한 모든 행위를 할 수 있다.

제88조(채권신고의 공고) ① 청산인은 취임한 날로부터 2월내에 3회 이상의 공고로 채권자에 대하여 일정한 기간내에 그 채권을 신고할 것을 최고하여야 한다. 그 기간은 2월 이상이어야 한다.
② 전항의 공고에는 채권자가 기간내에 신고하지 아니하면 청산으로부터 제외될 것을 표시하여야 한다.
③ 제1항의 공고는 법원의 등기사항의 공고와 동일한 방법으로 하여야 한다.

제89조(채권신고의 최고) 청산인은 알고 있는 채권자에게 대하여는 각각 그 채권신고를 최고하여야 한다. 알고 있는 채권자는 청산으로부터 제외하지 못한다.

제90조(채권신고기간내의 변제금지) 청산인은 제88조제1항의 채권신고기간내에는 채권자에 대하여 변제하지 못한다. 그러나 법인은 채권자에 대한 지연손해배상의 의무

를 면하지 못한다.

제91조(채권변제의 특례) ① 청산 중의 법인은 변제기에 이르지 아니한 채권에 대하여도 변제할 수 있다.
② 전항의 경우에는 조건있는 채권, 존속기간의 불확정한 채권 기타 가액의 불확정한 채권에 관하여는 법원이 선임한 감정인의 평가에 의하여 변제하여야 한다.

제92조(청산으로부터 제외된 채권) 청산으로부터 제외된 채권자는 법인의 채무를 완제한 후 귀속권리자에게 인도하지 아니한 재산에 대하여서만 변제를 청구할 수 있다.

제93조(청산중의 파산) ① 청산중 법인의 재산이 그 채무를 완제하기에 부족한 것이 분명하게 된 때에는 청산인은 지체없이 파산선고를 신청하고 이를 공고하여야 한다.
② 청산인은 파산관재인에게 그 사무를 인계함으로써 그 임무가 종료한다.
③ 제88조제3항의 규정은 제1항의 공고에 준용한다.

제94조(청산종결의 등기와 신고) 청산이 종결한 때에는 청산인은 3주간내에 이를 등기하고 주무관청에 신고하여야 한다.

제95조(해산, 청산의 검사, 감독) 법인의 해산 및 청산은 법원이 검사, 감독한다.

제96조(준용규정) 제58조제2항, 제59조 내지 제62조, 제64조, 제65조 및 제70조의 규정은 청산인에 이를 준용한다.

제5절 벌칙

제97조(벌칙) 법인의 이사, 감사 또는 청산인은 다음 각호의 경우에는 500만원 이하의 과태료에 처한다. 〈개정 2007. 12. 21.〉
  1. 본장에 규정한 등기를 해태한 때
  2. 제55조의 규정에 위반하거나 재산목록 또는 사원명부에 부정기재를 한 때
  3. 제37조, 제95조에 규정한 검사, 감독을 방해한 때
  4. 주무관청 또는 총회에 대하여 사실아닌 신고를 하거나 사실을 은폐한 때
  5. 제76조와 제90조의 규정에 위반한 때
  6. 제79조, 제93조의 규정에 위반하여 파산선고의 신청을 해태한 때
  7. 제88조, 제93조에 정한 공고를 해태하거나 부정한 공고를 한 때

제4장 물건

제98조(물건의 정의) 본법에서 물건이라 함은 유체물 및 전기 기타 관리할 수 있는 자연력을 말한다.

[대법원 2023. 1. 12. 선고 2020도2154 판결]

【판시사항】

[1] 형법 제48조에서 몰수의 대상으로 규정한 '물건'의 의미

[2] 피고인은 자신이 운영하는 인터넷 사이트 등을 이용하여 국민체육진흥법 제26조에서 금지하고 있는 유사행위를 영위하는 도박사이트를 홍보하면서 회원가입 시 자신의 추천인 코드를 입력하게 하고, 이러한 방법으로 모집된 회원들이 베팅을 한 금액 중 일부를 위 도박사이트 운영자로부터 피고인 명의 은행 계좌로 송금 받아 국민체육진흥법 위반으로 기소되었는데, 원심이 위 송금 받은 금액은 범행의 보수로 받은 금품으로서 형법 제48조 제1항 제2호의 범죄행위로 인하여 취득한 물건에 해당하나, 피고인 계좌의 다른 돈과 섞여 몰수할 수 없다는 이유로 공소사실을 유죄로 판단하고 피고인으로부터 해당 금액을 추징한 제1심판결을 그대로 유지한 사안에서, 피고인이 취득한 범행의 보수는 형법 제48조 제1항 제2호, 제2항이 규정한 추징의 대상에 해당하지 않는다고 한 사례

제99조(부동산, 동산) ① 토지 및 그 정착물은 부동산이다.
② 부동산 이외의 물건은 동산이다.

제100조(주물, 종물) ① 물건의 소유자가 그 물건의 상용에 공하기 위하여 자기소유인 다른 물건을 이에 부속하게 한 때에는 그 부속물은 종물이다.
② 종물은 주물의 처분에 따른다.

대지권지분이전등기청구의소

[대법원 2021. 11. 11., 선고, 2020다278170, 판결]

【판시사항】

[1] 부동산이 신탁된 경우, 집합건물의 소유 및 관리에 관한 법률 제2조 제6호에서 정한 대지사용권의 성립 여부나 성립된 대지사용권의 법적 성질에 관하여는 대내외적으로 수탁자가 신탁 부동산의 소유자임을 전제로 판단하여야 하는지 여부(원칙적 적극)

[2] 가압류집행 후 가압류목적물의 소유권이 제3자에게 이전되어 가압류채권자가 가압류채무자를 집행채무자로 하여 강제집행을 실행한 경우, 가압류의 처분금지적 효력이 미치는 범위

[3] 집합건물 건축자의 대지소유권에 관하여 부동산등기법에 따른 구분건물의 대지권등기가 마쳐지지 않은 상태에서 전유부분에 관한 경매절차가 진행되는 경우, 그 경매절차에서 전유부분을 매수한 매수인이 대지사용권도 함께 취득하는지 여부(적극)

【판결요지】

[1] 집합건물의 소유 및 관리에 관한 법률 제2조 제6호에 따르면, 대지사용권은 구분소유자가 전유부분을 소유하기 위하여 건물의 대지에 대하여 가지는 권리로서 그 성립을 위해서는 집합건물의 존재와 구분소유자가 전유부분 소유를 위하여 해당 대지를 사용할 수 있는 권리를 보유하는 것 이외에 다른 특별한 요건이 필요하지 않다. 신탁법상의 신탁은 위탁자가 수탁자에게 특정의 재산을 이전하거나 담보권의 설정 또는 그 밖의 처분을 하여 수탁자로 하여금 신탁 목적의 달성을 위하여 그 재산권을 관리·처분하게 하는 등 필요한 행위를 하게 하는 것이므로(신탁법 제2조), 부동산의 신탁에서 수탁자 앞으로 소유권이전등기를 마치게 되면 대내외적으로 소유권이 수탁자에게 완전히 이전되고, 위탁자와의 내부관

계에서 소유권이 위탁자에게 유보되어 있는 것은 아니다. 따라서 부동산이 신탁된 경우 대지사용권의 성립 여부나 성립된 대지사용권의 법적 성질은, 신탁계약의 체결 경위, 신탁계약의 목적이나 내용에 비추어 신탁재산 독립의 원칙에 반하는 등 특별한 사정이 없는 한, 대내외적으로 수탁자가 신탁 부동산의 소유자임을 전제로 판단하여야 한다.

[2] 가압류집행 후 가압류목적물의 소유권이 제3자에게 이전된 경우 가압류채권자는 집행권원을 얻어 제3취득자가 아닌 가압류채무자를 집행채무자로 하여 그 가압류를 본압류로 이전하는 강제집행을 실행할 수 있다. 이 경우 그 강제집행은 가압류의 처분금지적 효력이 미치는 객관적 범위인 가압류결정 당시의 청구금액 한도 안에서만 집행채무자인 가압류채무자의 책임재산에 대한 집행절차이고, 나머지 부분은 제3취득자의 재산에 대한 매각절차이다.

[3] 집합건물에서 구분소유자의 대지사용권은 규약으로써 달리 정하는 등 특별한 사정이 없는 한 전유부분과 종속적 일체불가분성이 인정되어 전유부분에 대한 가압류결정의 효력은 종물 또는 종된 권리인 대지사용권에도 미치는 것이므로(집합건물의 소유 및 관리에 관한 법률 제20조 제1항, 제2항), 건축자의 대지소유권에 관하여 부동산등기법에 따른 구분건물의 대지권등기가 마쳐지지 않았다 하더라도 전유부분에 관한 경매절차가 진행되어 그 경매절차에서 전유부분을 매수한 매수인은 전유부분과 함께 대지사용권을 취득한다.

제101조(천연과실, 법정과실) ① 물건의 용법에 의하여 수취하는 산출물은 천연과실이다.
② 물건의 사용대가로 받는 금전 기타의 물건은 법정과실로 한다.

제102조(과실의 취득) ① 천연과실은 그 원물따로부터 분리하는 때에 이를 수취할 권리자에게 속한다.
② 법정과실은 수취할 권리의 존속기간일수의 비율로 취득한다.

제5장 법률행위

제1절 총칙

제103조(반사회질서의 법률행위) 선량한 풍속 기타 사회질서에 위반한 사항을 내용으로 하는 법률행위는 무효로 한다.

대여금[대출 계약 당시 차주가 부담한 대출취급수수료, 공증료 등이 대출의 대가로 지급된 것으로서 사회통념상 허용되는 한도를 초과한 경우, 그 한도를 초과한 부분이 대출 원금에 충당될 수 있는지 여부가 문제된 사건]
[대법원 2023. 6. 15., 선고, 2022다211959, 판결]

【판시사항】
[1] 금전 소비대차계약 당사자 사이의 경제력 차이로 인하여 이율이 사회통념상 허용되는 한도를 초과하여 현저하게 고율로 정해진 경우, 그 부분 이자 약정의 효력(무효) / 공증료를 채무자가 당연히 부담해야 할 성질의 것이거나 담보권 설정비용으로 볼 수 있는지 여부(소극)
[2] 甲 저축은행이 연 24%의 약정이율로 乙 주식회사에 대출을 하였는데, 대출 당시 甲 저

축은행이 乙 회사에 대출원금에서 인지대 및 신용조사료를 공제한 나머지 금원을 입금해주었고, 乙 회사는 대출 당일 甲 저축은행에 이자상환 명목의 금원을 지급하였으며, 대출원금이 입금된 乙 회사의 계좌에서 대출취급수수료, 공증료 명목의 금원이 출금된 사안에서, 甲 저축은행이 그의 우월한 지위를 이용하여 사회통념상 허용되는 한도를 초과하는 대출의 대가를 지급받은 이상, 乙 회사가 지급한 금원 중 한도를 초과한 부분은 법정충당에 의하여 원금에 충당될 여지가 있다고 한 사례

【판결요지】

[1] 금전 소비대차계약과 함께 이자의 약정을 하는 경우, 양쪽 당사자 사이의 경제력의 차이로 인하여 그 이율이 당시의 경제적·사회적 여건에 비추어 사회통념상 허용되는 한도를 초과하여 현저하게 고율로 정하여졌다면, 그와 같이 허용할 수 있는 한도를 초과하는 부분의 이자 약정은 대주가 그의 우월한 지위를 이용하여 부당한 이득을 얻고 차주에게는 과도한 반대급부 또는 기타의 부당한 부담을 지우는 것이므로 선량한 풍속 기타 사회질서에 위반한 사항을 내용으로 하는 법률행위로서 무효이다. 공증료는 채권자가 채무자의 채무불이행에 대비하여 강제집행을 위한 집행권원을 미리 확보해 놓는데 드는 비용으로서 채무자가 당연히 부담해야 할 성질의 것도 아니고 담보권 설정비용으로 볼 수도 없다.

[2] 甲 저축은행이 연 24%의 약정이율로 乙 주식회사에 대출을 하였는데, 대출 당시 甲 저축은행이 乙 회사에 대출원금에서 인지대 및 신용조사료를 공제한 나머지 금원을 입금해주었고, 乙 회사는 대출 당일 甲 저축은행에 이자상환 명목의 금원을 지급하였으며, 대출원금이 입금된 乙 회사의 계좌에서 대출취급수수료, 공증료 명목의 금원이 출금된 사안에서, 신용조사료, 공증료, 대출취급수수료의 구체적인 항목별 지급 경위나 액수 산정 내역이 확인되지 않고, 공증료의 경우 甲 저축은행이 강제집행을 위한 집행권원을 미리 확보해 놓는 데 든 비용으로 보이며, 대출취급수수료의 경우 甲 저축은행이 乙 회사 등의 채무불이행에 대비할 목적으로 수취한 것일 가능성이 있어, 乙 회사가 위와 같은 명목의 금원을 당연히 부담해야 한다고 단정하기 어려운데, 위와 같은 사정에 각 금원의 공제 내지 지급이 대출 당일 이루어진 사정까지 덧붙여 보면, 甲 저축은행이 공제하거나 乙 회사가 지급한 신용조사료, 공증료, 대출취급수수료는 명목 여하를 불문하고 대출과 관련된 것으로서 대출의 대가로 볼 수 있어 이를 이자로 봄이 타당하고, 대출 당시 공제되거나 별도로 지급된 금원의 내역과 액수, 대출 전후 乙 회사의 상황 등에 비추어 보면, 대출 당시 甲 저축은행과 乙 회사와의 경제력 차이로 인하여 甲 저축은행이 대출취급수수료 등 명목으로 부당한 이득을 얻으며 乙 회사에 부당한 부담을 지웠다고 볼 여지가 있고, 허용할 수 있는 한도를 초과하는 부분의 관련 약정은 선량한 풍속 기타 사회질서에 위반한 사항을 내용으로 하는 법률행위로서 무효이므로, 甲 저축은행이 그의 우월한 지위를 이용하여 사회통념상 허용되는 한도를 초과하는 대출의 대가를 지급받은 이상, 乙 회사가 지급한 금원 중 한도를 초과한 부분은 법정충당에 의하여 원금에 충당될 여지가 있다고 한 사례.

제104조(불공정한 법률행위) 당사자의 궁박, 경솔 또는 무경험으로 인하여 현저하게 공정을 잃은 법률행위는 무효로 한다.

제105조(임의규정) 법률행위의 당사자가 법령 중의 선량한 풍속 기타 사회질서에 관계없는 규정과 다른 의사를 표시한 때에는 그 의사에 의한다.

32   민 법

명의개서절차이행등청구|동업으로 주식회사를 설립한 경우 민법상 조합에 해당하는지 여부와 그 정산 방법 및 동업약정 당사자들의 공동사업이 주식회사 명의로 운영되고 주식회사 법리에 따르기 위한 요건 등이 문제된 사건]

[대법원 2024. 6. 27. 선고 2022다302022 판결]

【판시사항】

[1] 당사자들이 자금을 출자하여 공동으로 주식회사를 설립하여 운영하고 이에 따른 비용 부담과 이익 분배를 지분 비율에 따라 할 것을 내용으로 하는 동업약정이 공동사업을 위하여 민법상 조합을 결성할 것을 목적으로 하는지 여부(원칙적 소극) / 위와 같은 동업약정에 따라 주식회사가 설립된 후 일방 당사자가 주식회사의 청산에 관한 상법 규정에 따른 청산절차를 거치지 않고 잔여재산의 분배를 받을 수 있는지 여부(소극) 및 이러한 법리는 동업약정에 따라 주식회사가 설립된 후 당사자 일방이 동업관계에서의 탈퇴를 주장하며 정산을 구하는 경우에도 그대로 적용되는지 여부(적극)

[2] 동업약정 당사자들의 공동사업이 주식회사 명의로 운영되고 대내관계 및 대외관계에서 주식회사의 법리에 따르기 위한 요건 / 당사자 일부가 주주가 되지 않은 동업약정의 경우, 그 당사자 일부의 출자 자금이 주식회사에 투자되었다고 하여 동업약정의 당사자들이 공동으로 주식회사를 설립하거나 운영한다고 할 수 있는지 여부(소극) 및 이 경우 주식회사 주식이나 주식회사 소유의 재산이 동업약정의 재산이 될 수 있는지 여부(소극)

【판결요지】

[1] 당사자들이 자금을 출자하여 공동으로 주식회사를 설립하여 운영하고 그에 따르는 비용의 부담과 이익의 분배를 지분 비율에 따라 할 것을 내용으로 하는 동업약정은 주식회사 주식의 매매계약과 주식회사의 공동경영과 이익분배에 관한 주주 사이의 계약이 혼합된 계약의 성격을 가지고, 특별한 사정이 없는 한 공동사업을 위하여 민법상 조합을 결성할 것을 목적으로 한다고 볼 수 없다. 이러한 동업약정은 당사자들의 공동사업을 주식회사의 명의로 하고 대외관계 및 대내관계에서 주식회사의 법리에 따름을 당연한 전제로 하므로, 위와 같은 동업약정에 따라 주식회사가 설립되어 그 실체가 갖추어진 이상, 주식회사의 청산에 관한 상법의 규정에 따라 청산절차가 이루어지지 않는 한 일방 당사자가 잔여재산을 분배받을 수 없다. 이러한 법리는 동업약정에 따라 주식회사가 설립된 후 당사자 일방이 동업관계에서 탈퇴하였다고 주장하며 정산을 구하는 경우에도 그대로 적용된다.

[2] 동업약정 당사자들의 공동사업이 주식회사 명의로 운영되고 대내관계 및 대외관계에서 주식회사의 법리에 따르기 위해서는 동업약정 당사자들이 출자한 자금으로 주식회사의 주식을 인수하여 주식회사의 주주가 되는 것이 전제되어야 한다. 당사자 일부는 주식회사 주식을 취득하였지만 다른 일부가 주식을 취득하지 않아 당사자들 모두가 주주가 되지는 않은 동업약정의 경우, 주주가 되지 않은 동업약정 당사자들의 자금이 주식회사에 투자되었다고 하더라도 이러한 동업약정의 당사자들이 공동으로 주식회사를 설립하거나 운영한다고 볼 수 없고, 주식회사 주식이나 주식회사 소유의 재산도 동업약정의 재산이 될 수 없다.

제106조(사실인 관습) 법령 중의 선량한 풍속 기타 사회질서에 관계없는 규정과 다른 관습이 있는 경우에 당사자의 의사가 명확하지 아니한 때에는 그 관습에 의한다.

종원(宗員)지위확인[민법 제781조 제6항에 따라 자녀의 성과 본이 모의 성과 본으로 변경된 사안에서 성년인 그 자녀가 모가 속한 종중에 대하여 종원 지위 확인을 구하는 사건]
[대법원 2022. 5. 26. 선고 2017다260940 판결]

【판시사항】

민법 제781조 제6항에 따라 자녀의 성과 본이 모의 성과 본으로 변경되었을 경우, 성년인 그 자녀는 모가 속한 종중의 공동선조와 성과 본을 같이 하는 후손으로서 당연히 종중의 구성원이 되는지 여부(적극)

제2절 의사표시

제107조(진의 아닌 의사표시) ① 의사표시는 표의자가 진의아님을 알고 한 것이라도 그 효력이 있다. 그러나 상대방이 표의자의 진의아님을 알았거나 이를 알 수 있었을 경우에는 무효로 한다.
② 전항의 의사표시의 무효는 선의의 제삼자에게 대항하지 못한다.

제108조(통정한 허위의 의사표시) ① 상대방과 통정한 허위의 의사표시는 무효로 한다.
② 전항의 의사표시의 무효는 선의의 제삼자에게 대항하지 못한다.

제109조(착오로 인한 의사표시) ① 의사표시는 법률행위의 내용의 중요부분에 착오가 있는 때에는 취소할 수 있다. 그러나 그 착오가 표의자의 중대한 과실로 인한 때에는 취소하지 못한다.
② 전항의 의사표시의 취소는 선의의 제삼자에게 대항하지 못한다.

제110조(사기, 강박에 의한 의사표시) ① 사기나 강박에 의한 의사표시는 취소할 수 있다.
② 상대방있는 의사표시에 관하여 제삼자가 사기나 강박을 행한 경우에는 상대방이 그 사실을 알았거나 알 수 있었을 경우에 한하여 그 의사표시를 취소할 수 있다.
③ 전2항의 의사표시의 취소는 선의의 제삼자에게 대항하지 못한다.

매매대금반환
[대법원 2023. 8. 18. 선고 2022다291702 판결]

【판시사항】

[1] 자동차관리법 제58조 제1항에 따라 자동차매매업자가 매매계약을 체결하기 전에 매수인에게 서면으로 고지하여야 할 사항들의 주요 내용이 매수인의 자동차매매계약 체결 조건 결정에 관한 중요한 사항에 해당하는지 여부(원칙적 적극)
[2] 재산적 거래관계에서 계약의 일방 당사자가 상대방에게 계약의 효력에 영향을 미치거나 상대방의 권리 확보에 위험을 가져올 수 있는 구체적 사정을 미리 고지할 의무가 있는 경우 및 이는 계약 당사자가 조금만 주의를 기울였다면 위와 같은 구체적 사정을 알 수 있었을 경우에도 마찬가지인지 여부(적극)
[3] 손해배상액의 산정에서 손익상계가 허용되기 위한 요건

[4] 중고자동차 매매업자인 甲 주식회사 소속 딜러인 乙이 중고자동차 매매계약을 알선하면서 매수인인 丙에게 중고차의 보험사고이력 및 대여용도 사용이력을 고지하지 않은 사안에서, 乙은 丙에 대하여 고지의무 위반에 따른 불법행위로 인한 손해를 배상할 책임이 있는데, 丙이 지급한 매매대금 등에서 丙이 중고차의 성능상태를 제대로 고지받았다면 지급하였을 적정 시가를 공제한 나머지를 손해배상액으로 산정하여야 하는데도, 丙이 중고차를 점유·사용함으로써 얻은 사용이익액만을 공제한 원심판결에 법리오해의 잘못이 있다고 한 사례

제111조(의사표시의 효력발생시기) ① 상대방이 있는 의사표시는 상대방에게 도달한 때에 그 효력이 생긴다.
② 의사표시자가 그 통지를 발송한 후 사망하거나 제한능력자가 되어도 의사표시의 효력에 영향을 미치지 아니한다.
[전문개정 2011. 3. 7.]

제112조(제한능력자에 대한 의사표시의 효력) 의사표시의 상대방이 의사표시를 받은 때에 제한능력자인 경우에는 의사표시자는 그 의사표시로써 대항할 수 없다. 다만, 그 상대방의 법정대리인이 의사표시가 도달한 사실을 안 후에는 그러하지 아니하다.
[전문개정 2011. 3. 7.]

제113조(의사표시의 공시송달) 표의자가 과실없이 상대방을 알지 못하거나 상대방의 소재를 알지 못하는 경우에는 의사표시는 민사소송법 공시송달의 규정에 의하여 송달할 수 있다.

제3절 대리

제114조(대리행위의 효력) ① 대리인이 그 권한내에서 본인을 위한 것임을 표시한 의사표시는 직접 본인에게 대하여 효력이 생긴다.
② 전항의 규정은 대리인에게 대한 제삼자의 의사표시에 준용한다.

주식양도
[대법원 2024. 1. 4. 선고 2023다225580 판결]

【판시사항】
[1] '의사 또는 관념의 통지'와 같은 준법률행위에 대하여도 대리에 관한 규정이 유추적용되는지 여부(적극) / 대리인이 본인을 위한 대리행위라는 의사의 표시(현명)를 묵시적으로 할 수 있는지 여부(적극) 및 현명을 하지 않았으나 여러 사정에 비추어 대리행위임을 상대방이 알았거나 알 수 있었을 경우, 적법한 대리행위로서 효력이 인정되는지 여부(적극)
[2] 대리인과 사자를 구별하는 기준 / 이는 변호사가 각종 권리의무의 발생과 법적 책임 등 복잡한 법률관계가 수반되는 당사자 사이의 계약 체결을 위한 일련의 교섭 과정에 어느 일방을 위한 자문의 역할로 개입한 경우에 그 행위가 대리에 해당하는지 단순한 사자에 불과한지 다투어지는 경우에도 마찬가지인지 여부(적극)
[3] 변호사법 제109조 제1호에서 정한 '그 밖의 일반 법률사건'의 의미 및 변호사법 제31

조 제2항에 따라 하나의 변호사로 보는 법률사무소 소속 변호사들이 상대방 관계에 있는 당사자 쌍방으로부터 각자 수임을 받은 경우, 변호사법 제31조 제1항 제1호에 따라 원칙적으로 수임이 제한되는 쌍방대리에 해당하는지 여부(적극)

[4] 변호사가 변호사법 제31조 제1항 제1호에 따른 수임제한 규정을 위반한 경우, 그 쌍방대리행위는 민법 제124조에 따라 본인의 허락이 있는 경우에 한하여 효력이 인정되는지 여부(적극) / 이 경우 본인의 허락이 있는지에 관한 주장·증명책임의 소재(=쌍방대리행위의 유효성을 주장하는 자) 및 이때의 '허락'이 묵시적 또는 사후 추인의 방식으로 가능한지 여부(적극)

【판결요지】

[1] 민법상 대리는 행위자 아닌 자에게 법률행위의 효력을 귀속시키는 제도로서 의사표시를 요소로 하는 법률행위에서 인정되는 것이 원칙이지만, '의사 또는 관념의 통지'와 같은 준법률행위에 대하여도 대리에 관한 규정이 유추적용된다. 또한 '대리인'은 본인으로부터 위임받은 권한 내에서 본인을 위한 것임을 표시하면서 본인에게 효력이 발생할 의사표시를 자신의 이름으로 상대방에게 행하는 자로(민법 제114조 제1항), 대리인이 본인을 위한 것임을 표시하지 아니한 때에는 그 의사표시는 자기를 위한 것으로 보지만, 상대방이 대리인으로서 한 것임을 알았거나 알 수 있었을 때에는 본인에게 효력이 발생한다(민법 제115조). 대리인이 본인을 위한 대리행위라는 의사의 표시(현명)는 방식을 불문할 뿐만 아니라 반드시 명시적으로만 할 필요가 없이 묵시적으로도 할 수 있는 것이고, 현명을 하지 아니한 경우라도 그 행위를 둘러싼 여러 사정에 비추어 대리행위로서 이루어진 것임을 상대방이 알았거나 알 수 있었을 때에는 적법한 대리행위로서 효력이 인정된다.

[2] 본인에게 효력이 발생할 의사표시의 내용을 스스로 결정하여 상대방과의 관계에서 자신의 이름으로 법률행위를 하는 대리인과 달리 '사자'는 본인이 완성해 둔 의사표시의 단순한 전달자에 불과하지만, 대리인도 본인의 지시에 따라 행위를 하여야 하는 이상(민법 제116조 제2항), 법률행위의 체결 및 성립 여부에 관한 최종적인 결정권한이 본인에게 유보되어 있다는 사정이 대리와 사자를 구별하는 결정적 기준이나 징표가 될 수는 없다. 그 구별은 의사표시 해석과 관련된 문제로서, 상대방의 합리적 시각, 즉 본인을 대신하여 행위하는 자가 상대방과의 외부적 관계에서 어떠한 모습으로 보이는지 여부를 중심으로 살펴보아야 하고, 이러한 사정과 더불어 행위자가 지칭한 자격·지위·역할에 관한 표시 내용, 행위자의 구체적 역할, 행위자에게 일정한 범위의 권한이나 재량이 부여되었는지 여부, 행위자가 그 역할을 수행함에 필요한 전문적인 지식이나 자격의 필요 여부, 행위자에게 지급할 보수나 비용의 규모 등을 종합적으로 고려하여 합리적으로 판단하여야 한다. 이는 당사자와 그 밖의 관계인의 위임이나 국가·지방자치단체와 그 밖의 공공기관의 위촉 등에 의하여 소송에 관한 행위 및 행정처분의 청구에 관한 대리행위와 일반 법률사무를 하는 것을 직무(변호사법 제3조)로 하는 변호사가 각종 권리의무의 발생과 법적 책임 등 복잡한 법률관계가 수반되는 당사자 사이의 계약의 체결을 위한 일련의 교섭 과정에 어느 일방을 위한 자문의 역할로 개입한 경우, 그 행위가 대리에 해당하는지 혹은 단순한 사자에 불과한지 다투어지는 경우에도 마찬가지이다.

[3] 변호사가 아닌 자는 소송·비송·가사조정·심판·수사·조사 사건만이 아니라 '그 밖의 일반 법률사건'에 관하여도 법률관계 문서 작성 등 법률사무를 할 수 없으며 그 위반 행위는 형사처벌의 대상이 된다(변호사법 제109조 제1호). 이때 '그 밖의 일반 법률사건'이

란 법률상의 권리의무에 관하여 다툼 또는 의문이 있거나 새로운 권리의무관계의 발생에 관한 사건 일반을 의미한다. 변호사는 당사자 한쪽으로부터 상의를 받아 수임을 승낙한 사건의 상대방이 위임하는 사건에 관하여 직무를 수행할 수 없으므로(변호사법 제31조 제1항 제1호), 이른바 '쌍방대리'는 원칙적으로 변호사의 직무 범위에서 제외된다. 그런데 법무법인·법무법인(유한)·법무조합이 아니면서 변호사 2명 이상이 사건의 수임·처리나 그 밖의 변호사 업무 수행 시 통일된 형태를 갖추고 수익을 분배하거나 비용을 분담하는 형태로 운영되는 법률사무소는 하나의 변호사로 취급되므로(변호사법 제31조 제2항), 이러한 법률사무소 소속 변호사들이 상대방의 관계에 있는 당사자 쌍방으로부터 각자 수임을 받은 경우에도 '쌍방대리'에 해당하여 변호사법 제31조 제1항 제1호에 따라 원칙적으로 수임이 제한된다.

[4] 변호사가 변호사법 제31조 제1항 제1호에 따른 수임제한 규정을 위반한 경우에는 민법 제124조가 적용됨에 따라 원칙적으로 허용되지 않는 무권대리행위에 해당하고, 예외적으로 본인의 허락이 있는 경우에 한하여 효력이 인정될 수 있다. '본인의 허락'이 있는지 여부는 이익충돌의 위험을 회피하기 위한 입법 취지에 비추어 쌍방대리행위에 관하여 유효성을 주장하는 자가 주장·증명책임을 부담하고, 이때의 '허락'은 명시된 사전 허락 이외에도 '묵시적 허락' 또는 '사후 추인'의 방식으로도 가능하다.

제115조(본인을 위한 것임을 표시하지 아니한 행위) 대리인이 본인을 위한 것임을 표시하지 아니한 때에는 그 의사표시는 자기를 위한 것으로 본다. 그러나 상대방이 대리인으로서 한 것임을 알았거나 알 수 있었을 때에는 전조제1항의 규정을 준용한다.

제116조(대리행위의 하자) ① 의사표시의 효력이 의사의 흠결, 사기, 강박 또는 어느 사정을 알았거나 과실로 알지 못한 것으로 인하여 영향을 받을 경우에 그 사실의 유무는 대리인을 표준하여 결정한다.
② 특정한 법률행위를 위임한 경우에 대리인이 본인의 지시에 좇아 그 행위를 한 때에는 본인은 자기가 안 사정 또는 과실로 인하여 알지 못한 사정에 관하여 대리인의 부지를 주장하지 못한다.

제117조(대리인의 행위능력) 대리인은 행위능력자임을 요하지 아니한다.

제118조(대리권의 범위) 권한을 정하지 아니한 대리인은 다음 각호의 행위만을 할 수 있다.
1. 보존행위
2. 대리의 목적인 물건이나 권리의 성질을 변하지 아니하는 범위에서 그 이용 또는 개량하는 행위

근저당권말소등기회복등기
[대법원 2021. 10. 14., 선고, 2021다243430, 판결]

【판시사항】
[1] 동일한 사실관계에 관하여 이미 확정된 형사판결에서 유죄로 인정된 사실이 민사재판에서 갖는 증명력
[2] 대부중개업자가 전주로부터 금전소비대차계약과 담보권설정계약을 체결할 대리권을 수여

받은 경우, 위 계약들이 체결된 후 이를 해제할 권한까지 가지는지 여부(원칙적 소극)

[3] 甲이 대부중개업자인 乙을 통해 丙 주식회사의 사내이사인 丁에게 돈을 대여하면서 담보로 丙 회사 소유의 상가에 설정되어 있던 乙과 戊 명의의 근저당권 중 戊 명의의 지분을 양도받아 그 지분에 관한 전부이전의 부기등기를 마쳤는데, 같은 날 일부 포기를 원인으로 위 근저당권설정등기와 부기등기가 말소되고, 매매를 원인으로 위 상가에 관한 己 명의의 소유권이전등기가 마쳐지자, 甲이 己를 상대로 근저당권설정등기 등의 회복을 구한 사안에서, 관련 형사재판에서 乙이 甲으로부터 동의를 받지 않은 채 위임장 등을 위조하여 근저당권설정등기와 부기등기를 말소하였음이 밝혀져 사문서위조죄 등에 대한 약식명령이 내려져 확정되었으므로 확정된 약식명령의 사실인정을 배척하려면 그 사실인정을 채용하기 어렵다고 인정되는 특별한 사정이 있어야 하는데도, 이러한 특별한 사정이라고 볼 수 없는 사유들만 가지고 위 사실인정을 배척한 원심판단에는 법리오해 등의 잘못이 있다고 한 사례

【판결요지】

[1] 원래 민사재판에 있어서는 형사재판의 사실인정에 구속을 받는 것이 아니라고 하더라도 동일한 사실관계에 관하여 이미 확정된 형사판결이 유죄로 인정한 사실은 유력한 증거자료가 된다고 할 것이므로 민사재판에서 제출된 다른 증거들에 비추어 형사재판의 사실판단을 채용하기 어렵다고 인정되는 특별한 사정이 없는 한 이와 반대되는 사실을 인정할 수 없다.

[2] 통상 대부중개업자가 전주를 위하여 금전소비대차계약과 그 담보를 위한 담보권설정계약을 체결할 대리권을 수여받은 것으로 인정되는 경우라 하더라도 특별한 사정이 없는 한 일단 금전소비대차계약과 그 담보를 위한 담보권설정계약이 체결된 후에 이를 해제할 권한까지 당연히 가지고 있다고 볼 수는 없다.

[3] 甲이 대부중개업자인 乙을 통해 丙 주식회사의 사내이사인 丁에게 돈을 대여하면서 담보로 丙 회사 소유의 상가에 설정되어 있던 乙과 戊 명의의 근저당권 중 戊 명의의 지분을 양도받아 그 지분에 관한 전부이전의 부기등기를 마쳤는데, 같은 날 일부 포기를 원인으로 위 근저당권설정등기와 부기등기가 말소되고, 매매를 원인으로 위 상가에 관한 己 명의의 소유권이전등기가 마쳐지자, 甲이 己를 상대로 근저당권설정등기 등의 회복을 구한 사안에서, 관련 형사재판에서 乙이 甲으로부터 동의를 받지 않은 채 위임장 등 필요한 서류를 위조하여 근저당권설정등기와 부기등기를 말소하였음이 밝혀져 사문서위조죄 등에 대한 약식명령이 내려져 확정되었으므로 확정된 약식명령의 사실인정을 배척하려면 그 사실인정을 채용하기 어렵다고 인정되는 특별한 사정이 있어야 하는데도, 甲이 丁에게 대여한 금액에 비해 담보로 이전받은 부동산의 규모가 과다하다는 점, 甲이 乙로부터 丁에 대한 금전 대여를 요청받을 당시 乙에게 丁에 대한 금전 대여 및 그에 따른 근저당권설정에 관한 권한을 위임하였다는 점 등 확정된 약식명령의 사실인정을 채용할 수 없는 특별한 사정이라고 볼 수 없는 사유들만 가지고 위 사실인정을 배척한 원심판단에는 법리오해 등의 잘못이 있다고 한 사례.

제119조(각자대리) 대리인이 수인인 때에는 각자가 본인을 대리한다. 그러나 법률 또는 수권행위에 다른 정한 바가 있는 때에는 그러하지 아니하다.

제120조(임의대리인의 복임권) 대리권이 법률행위에 의하여 부여된 경우에는 대리인은

본인의 승낙이 있거나 부득이한 사유있는 때가 아니면 복대리인을 선임하지 못한다.

제121조(임의대리인의 복대리인선임의 책임) ① 전조의 규정에 의하여 대리인이 복대리인을 선임한 때에는 본인에게 대하여 그 선임감독에 관한 책임이 있다.

② 대리인이 본인의 지명에 의하여 복대리인을 선임한 경우에는 그 부적임 또는 불성실함을 알고 본인에게 대한 통지나 그 해임을 태만한 때가 아니면 책임이 없다.

제122조(법정대리인의 복임권과 그 책임) 법정대리인은 그 책임으로 복대리인을 선임할 수 있다. 그러나 부득이한 사유로 인한 때에는 전조제1항에 정한 책임만이 있다.

제123조(복대리인의 권한) ① 복대리인은 그 권한내에서 본인을 대리한다.

② 복대리인은 본인이나 제삼자에 대하여 대리인과 동일한 권리의무가 있다.

제124조(자기계약, 雙方代理) 대리인은 본인의 허락이 없으면 본인을 위하여 자기와 법률행위를 하거나 동일한 법률행위에 관하여 당사자雙方을 대리하지 못한다. 그러나 채무의 이행은 할 수 있다.

이론
[대법원 2021. 3. 11., 선고, 2020므11658, 판결]

【판시사항】

동일한 수령대행인이 소송당사자 雙方을 대신하여 소송서류를 동시에 송달받은 경우, 보충송달의 효력(원칙적 무효)

【판결요지】

보충송달제도는 본인 아닌 그의 사무원, 피용자 또는 동거인, 즉 수령대행인이 소송서류를 수령하여도 그의 지능과 객관적인 지위, 본인과의 관계 등에 비추어 사회통념상 본인에게 소송서류를 전달할 것이라는 합리적인 기대를 전제로 한다. 동일한 수령대행인이 이해가 대립하는 소송당사자 雙方을 대신하여 소송서류를 동시에 수령하는 경우가 있을 수 있다. 이런 경우 수령대행인이 원고나 피고 중 한 명과도 이해관계의 상충 없이 중립적인 지위에 있기는 쉽지 않으므로 소송당사자 雙方 모두에게 소송서류가 제대로 전달될 것이라고 합리적으로 기대하기 어렵다. 또한 이익충돌의 위험을 회피하여 본인의 이익을 보호하려는 데 취지가 있는 민법 제124조 본문에서의 쌍방대리금지 원칙에도 반한다. 따라서 소송당사자의 허락이 있다는 등의 특별한 사정이 없는 한, 동일한 수령대행인이 소송당사자 雙方의 소송서류를 동시에 송달받을 수 없고, 그러한 보충송달은 무효라고 봄이 타당하다.

제125조(대리권수여의 표시에 의한 표현대리) 제삼자에 대하여 타인에게 대리권을 수여함을 표시한 자는 그 대리권의 범위내에서 행한 그 타인과 그 제삼자간의 법률행위에 대하여 책임이 있다. 그러나 제삼자가 대리권없음을 알았거나 알 수 있었을 때에는 그러하지 아니하다.

제126조(권한을 넘은 표현대리) 대리인이 그 권한외의 법률행위를 한 경우에 제삼자

가 그 권한이 있다고 믿을 만한 정당한 이유가 있는 때에는 본인은 그 행위에 대하여 책임이 있다.

제127조(대리권의 소멸사유) 대리권은 다음 각 호의 어느 하나에 해당하는 사유가 있으면 소멸된다.
  1. 본인의 사망
  2. 대리인의 사망, 성년후견의 개시 또는 파산
[전문개정 2011. 3. 7.]

제128조(임의대리의 종료) 법률행위에 의하여 수여된 대리권은 전조의 경우외에 그 원인된 법률관계의 종료에 의하여 소멸한다. 법률관계의 종료전에 본인이 수권행위를 철회한 경우에도 같다.

제129조(대리권소멸후의 표현대리) 대리권의 소멸은 선의의 제삼자에게 대항하지 못한다. 그러나 제삼자가 과실로 인하여 그 사실을 알지 못한 때에는 그러하지 아니하다.

제130조(무권대리) 대리권없는 자가 타인의 대리인으로 한 계약은 본인이 이를 추인하지 아니하면 본인에 대하여 효력이 없다.

공유물분할·부당이득금
[대법원 2022. 6. 30., 선고, 2020다210686, 210693, 판결]

【판시사항】
[1] 공유물분할청구의 소가 고유필수적 공동소송인지 여부(적극) 및 소송계속 중 변론종결일 전에 공유자의 지분이 이전된 경우, 변론종결 시까지 일부 지분권을 이전받은 자가 소송당사자가 되지 못하면 소송 전부가 부적법하게 되는지 여부(적극)
[2] 무권리자에 의한 처분행위를 권리자가 추인한 경우, 권리자는 무권리자에 대하여 처분행위로 인하여 얻은 이득의 반환을 청구할 수 있는지 여부(적극)
[3] 부동산 공유자 甲이 다른 공유자 乙 등을 상대로 제기한 공유물분할의 소에서 제1심법원이 공시송달 방법으로 소장부본 등을 송달한 다음 '乙 등은 甲으로부터 가액보상금을 지급받음과 동시에 각 지분에 관하여 소유권이전등기절차를 이행하라.'는 판결을 선고하였고, 그 후 甲은 丙 유한회사에 부동산을 매도한 후 제1심판결에서 정한 가액보상금을 공탁하고 乙 등의 지분에 관한 소유권이전등기를 마친 다음 丙 회사에 부동산에 관한 소유권이전등기를 해 주었는데, 乙 등이 제1심판결에 대하여 추완항소를 제기하고, 甲에 대하여 부동산 매매대금 중 乙 등의 지분에 상응하는 금액의 지급을 구하는 반소를 제기한 사안에서, 원심 변론종결 시를 기준으로 甲과 乙 등은 부동산의 지분을 소유하고 있지 않으므로 공유물분할청구의 소는 당사자적격을 갖추지 못한 것이어서 부적법하며, 乙 등이 무권리자인 甲의 처분행위를 추인하였으므로 甲은 매매대금 중 乙 등의 지분에 상응하는 금액을 乙 등에게 반환할 의무가 있다고 한 사례

【판결요지】
[1] 공유물분할청구소송은 분할을 청구하는 공유자가 원고가 되어 다른 공유자 전부를 공동피고로 삼아야 하는 고유필수적 공동소송이다. 따라서 소송계속 중 변론종결일 전에

공유자의 지분이 이전된 경우에는 변론종결 시까지 민사소송법 제81조에서 정한 승계참가나 민사소송법 제82조에서 정한 소송인수 등의 방식으로 일부 지분권을 이전받은 자가 소송당사자가 되어야 한다. 그렇지 못할 경우에는 소송 전부가 부적법하게 된다.

[2] 무권리자에 의한 처분행위를 권리자가 추인한 경우에 권리자는 무권리자에 대하여 무권리자가 처분행위로 인하여 얻은 이득의 반환을 청구할 수 있다.

[3] 부동산 공유자 甲이 다른 공유자 乙 등을 상대로 제기한 공유물분할의 소에서 제1심법원이 공시송달 방법으로 소장부본 등을 송달한 다음 '乙 등은 甲으로부터 가액보상금을 지급받음과 동시에 각 지분에 관하여 소유권이전등기절차를 이행하라.'는 판결을 선고하였고, 그 후 甲은 丙 유한회사에 부동산을 매도한 후 제1심판결에서 정한 가액보상금을 공탁하고 乙 등의 지분에 관한 소유권이전등기를 마친 다음 丙 회사에 부동산에 관한 소유권이전등기를 해 주었는데, 乙 등이 제1심판결에 대하여 추완항소를 제기하고, 甲에 대하여 부동산 매매대금 중 乙 등의 지분에 상응하는 금액의 지급을 구하는 반소를 제기한 사안에서, 제1심판결이 취소되더라도 甲이 丙 회사에 부동산을 처분한 행위가 소급하여 소멸하거나 그 전부가 무효로 된다고 볼 수 없으며, 甲이 부동산 중 자기 지분을 처분한 것은 자신의 권리를 처분한 것으로서 유효하고, 乙 등의 지분을 처분한 것은 무권리자가 타인의 권리를 처분한 경우로서 무효라고 볼 여지가 있으나, 乙 등은 甲의 처분행위가 유효함을 전제로 부동산 매매대금 중 자신들의 지분에 해당하는 금액의 반환을 구하고 있어 甲의 처분행위를 묵시적으로 추인한 것이라고 볼 수 있으므로, 丙 회사는 乙 등의 지분에 대해서도 소유권을 적법하게 취득하게 되는바, 결국 제1심판결의 취소 여부와 상관없이 위 부동산 처분행위는 유효하고, 원심 변론종결 시를 기준으로 甲과 乙 등은 부동산의 지분을 소유하고 있지 않으므로 공유물분할청구의 소는 당사자적격을 갖추지 못한 것이어서 부적법하며, 한편 부동산 중 乙 등의 지분에 대하여 권리자인 乙 등이 무권리자인 甲의 처분행위를 추인하였으므로 甲은 처분행위로 얻은 이득을 乙 등에게 반환할 의무가 있는데, 甲이 乙 등 앞으로 공탁한 금액은 부동산의 분할을 전제로 한 제1심판결의 변론종결 무렵 乙 등의 지분의 가액일 뿐이고, 甲이 乙 등의 지분을 처분하고 얻은 이익은 甲이 부동산을 丙 회사에 매도하고 받은 매매대금 중 乙 등의 지분에 상응하는 금액인데도, 이와 달리 본 원심판결에 법리오해의 잘못이 있다고 한 사례.

제131조(상대방의 최고권) 대리권없는 자가 타인의 대리인으로 계약을 한 경우에 상대방은 상당한 기간을 정하여 본인에게 그 추인여부의 확답을 최고할 수 있다. 본인이 그 기간내에 확답을 발하지 아니한 때에는 추인을 거절한 것으로 본다.

제132조(추인, 거절의 상대방) 추인 또는 거절의 의사표시는 상대방에 대하여 하지 아니하면 그 상대방에 대항하지 못한다. 그러나 상대방이 그 사실을 안 때에는 그러하지 아니하다.

제133조(추인의 효력) 추인은 다른 의사표시가 없는 때에는 계약시에 소급하여 그 효력이 생긴다. 그러나 제삼자의 권리를 해하지 못한다.

제134조(상대방의 철회권) 대리권없는 자가 한 계약은 본인의 추인이 있을 때까지 상

대방은 본인이나 그 대리인에 대하여 이를 철회할 수 있다. 그러나 계약당시에 상대방이 대리권 없음을 안 때에는 그러하지 아니하다.

제135조(상대방에 대한 무권대리인의 책임) ① 다른 자의 대리인으로서 계약을 맺은 자가 그 대리권을 증명하지 못하고 또 본인의 추인을 받지 못한 경우에는 그는 상대방의 선택에 따라 계약을 이행할 책임 또는 손해를 배상할 책임이 있다.
② 대리인으로서 계약을 맺은 자에게 대리권이 없다는 사실을 상대방이 알았거나 알 수 있었을 때 또는 대리인으로서 계약을 맺은 사람이 제한능력자일 때에는 제1항을 적용하지 아니한다.
[전문개정 2011. 3. 7.]

제136조(단독행위와 무권대리) 단독행위에는 그 행위당시에 상대방이 대리인이라 칭하는 자의 대리권없는 행위에 동의하거나 그 대리권을 다투지 아니한 때에 한하여 전6조의 규정을 준용한다. 대리권없는 자에 대하여 그 동의를 얻어 단독행위를 한 때에도 같다.

제4절 무효와 취소

제137조(법률행위의 일부무효) 법률행위의 일부분이 무효인 때에는 그 전부를 무효로 한다. 그러나 그 무효부분이 없더라도 법률행위를 하였을 것이라고 인정될 때에는 나머지 부분은 무효가 되지 아니한다.

보수약정금[북한주민인 피고들과 위임 및 보수약정을 체결한 법무법인인 원고가 위임약정에 따른 업무 수행 후 피고들을 상대로 성공보수금을 청구한 사건]
[대법원 2024. 4. 4. 선고 2023다298670 판결]

【판시사항】
[1] 북한주민이 상속 등으로 취득한 재산 그 자체는 물론이고 그 재산을 처분한 대가로 얻은 재산을 처분하는 행위 역시 남북 주민 사이의 가족관계와 상속 등에 관한 특례법 제15조에 따라 재산관리인을 통하지 않은 경우, 무효인지 여부(적극) 및 그러한 법률행위가 재산관리인이 선임되기 전에 있었다고 하더라도 마찬가지인지 여부(적극)
[2] 일부무효의 법리를 정한 민법 제137조에서 '당사자의 의사'의 의미 / 여러 개의 계약 전부가 경제적, 사실적으로 일체로서 행하여져서 하나의 계약인 것과 같은 관계에 있는 경우, 법률행위의 일부무효 법리가 적용되는지 여부(적극)
[3] 변호사에게 계쟁 사건의 처리를 위임하는 경우, 보수 지급 및 수액에 관하여 명시적인 약정을 아니하였더라도 보수를 지급할 묵시의 약정이 있는 것으로 보아야 하는지 여부(원칙적 적극) 및 이 경우 보수액을 결정하는 방법
[4] 甲 법무법인이 남북 주민 사이의 가족관계와 상속 등에 관한 특례법의 적용을 받는 북한주민인 乙 등과 乙 등의 丙에 대한 친생자확인소송, 상속회복 청구소송 등에 관한 위임약정 및 '총상속지분의 30% 또는 이에 상응하는 금전'을 성공보수로 받는 보수약정을 체결하였고, 이후 丙의 상속인들 사이에 화해가 성립하여 乙 등이 상속재산을 분

할받자, 甲 법무법인이 乙 등을 상대로 위 보수약정에 따라 상속재산 30%에 해당하는 돈의 지급을 구하였으나, 乙 등이 위 보수약정은 재산관리인을 통하지 아니하고 상속재산 등에 관하여 한 법률행위이므로, 위 특례법 제15조에 따라 무효라고 주장한 사안에서, 제반 사정에 비추어 위 보수약정이 무효로 된다고 하더라도 양 당사자는 위 위임계약을 체결, 유지하려는 가정적 의사가 있었다고 볼 여지가 있고, 응분의 보수를 지급할 묵시의 약정이 있는 것으로 볼 수 있다고 한 사례

【판결요지】

[1] 남북 주민 사이의 가족관계와 상속 등에 관한 특례법(이하 '남북가족특례법'이라 한다) 제15조 본문은 "재산관리인을 통하지 아니하고 상속·유증재산 등에 관하여 한 법률행위는 무효로 한다."라고 규정하고 있고, 남북가족특례법상 '상속·유증재산 등'은 상속 등으로 취득한 북한주민의 남한 내 재산과 상속·유증 받은 재산 등의 과실 또는 대가로 얻은 재산을 포함한다(남북가족특례법 제13조 제1항). 위와 같은 규정과 북한주민이 취득한 남한 내 재산이 북한으로 유출되어 다른 용도로 전용되는 것을 방지하고자 하는 남북가족특례법상의 북한주민 상속·수증재산 등 관리제도의 입법 목적 등을 고려하면, 북한주민이 상속 등으로 취득한 재산 그 자체는 물론이고 그 재산을 처분한 대가로 얻은 재산을 처분하는 행위 역시 남북가족특례법 제15조에 따라 재산관리인을 통하지 않으면 무효이고, 그러한 법률행위가 재산관리인이 선임되기 전에 있었다고 하더라도 마찬가지라고 보아야 한다.

[2] 법률행위의 일부분이 무효인 때에는 그 전부를 무효로 하나, 그 무효 부분이 없더라도 법률행위를 하였을 것이라고 인정될 때에는 나머지 부분은 무효가 되지 아니한다(민법 제137조). 여기서 당사자의 의사는 법률행위의 일부가 무효임을 법률행위 당시에 알았다면 의욕하였을 가정적 효과의사를 가리키는 것이다. 그리고 이와 같은 법률행위의 일부무효 법리는 여러 개의 계약이 체결된 경우에 그 계약 전부가 경제적, 사실적으로 일체로서 행하여져서 하나의 계약인 것과 같은 관계에 있는 경우에도 적용된다.

[3] 변호사에게 계쟁 사건의 처리를 위임하는 경우에 그 보수 지급 및 수액에 관하여 명시적인 약정을 아니하였더라도, 무보수로 한다는 등 특별한 사정이 없는 한 응분의 보수를 지급할 묵시의 약정이 있는 것으로 봄이 상당하고, 이 경우 그 보수액은 사건 수임의 경위, 사건의 경과와 난이 정도, 소송물 가액, 승소로 인하여 당사자가 얻는 구체적 이익, 의뢰인과 변호사 간의 관계, 기타 변론에 나타난 여러 사정을 참작하여 결정함이 상당하다.

[4] 甲 법무법인이 남북 주민 사이의 가족관계와 상속 등에 관한 특례법의 적용을 받는 북한주민인 乙 등과 乙 등의 丙에 대한 친생자확인소송, 상속회복 청구소송 등에 관한 위임약정 및 '총상속지분의 30% 또는 이에 상응하는 금전'을 성공보수로 받는 보수약정을 체결하였고, 이후 丙의 상속인들 사이에 화해가 성립하여 乙 등이 상속재산을 분할받자, 甲 법무법인이 乙 등을 상대로 위 보수약정에 따라 상속재산 30%에 해당하는 돈의 지급을 구하였으나, 乙 등이 위 보수약정은 재산관리인을 통하지 아니하고 상속재산 등에 관하여 한 법률행위이므로, 위 특례법 제15조에 따라 무효라고 주장한 사안에서, 북한주민인 乙 등으로서는 아무런 보수를 지급하지 않고서 甲 법무법인에 사건을 위임하겠다는 의사가 있었다기보다는, 甲 법무법인에 어느 정도의 보수를 지급할 의사가 있었다고 보일 뿐만 아니라, 남한 내 상속재산을 회복하기 위해서는 甲 법무법인과의 위임계약이 필요한 상황이었으므로, 위 보수약정이 무효가 된다는 사정을 알았더라도 위 위임계약을 체결할 의사가 있었다고 보이고, 乙 등의 상황과 남한 내 상속재산의 규모 등을 고려하면, 甲 법무법인으로서는 위 보수약정이 무효라는 사정을 알

앗더라도 추후 선임될 재산관리인을 통하여 보수약정을 체결하는 것이 가능한 이상, 보수약정 없이 먼저 위임계약만을 체결하는 것을 용인할 의사가 있었을 것으로 추단할 수 있는 점에 비추어, 위 보수약정이 무효로 된다고 하더라도 양 당사자는 위 위임계약을 체결, 유지하려는 가정적 의사가 있었다고 볼 여지가 있고, 응분의 보수를 지급할 묵시의 약정이 있는 것으로 볼 수 있다고 한 사례.

제138조(무효행위의 전환) 무효인 법률행위가 다른 법률행위의 요건을 구비하고 당사자가 그 무효를 알았더라면 다른 법률행위를 하는 것을 의욕하였으리라고 인정될 때에는 다른 법률행위로서 효력을 가진다.

제139조(무효행위의 추인) 무효인 법률행위는 추인하여도 그 효력이 생기지 아니한다. 그러나 당사자가 그 무효임을 알고 추인한 때에는 새로운 법률행위로 본다.

제140조(법률행위의 취소권자) 취소할 수 있는 법률행위는 제한능력자, 착오로 인하거나 사기·강박에 의하여 의사표시를 한 자, 그의 대리인 또는 승계인만이 취소할 수 있다.
[전문개정 2011. 3. 7.]

제141조(취소의 효과) 취소된 법률행위는 처음부터 무효인 것으로 본다. 다만, 제한능력자는 그 행위로 인하여 받은 이익이 현존하는 한도에서 상환(償還)할 책임이 있다.
[전문개정 2011. 3. 7.]

제142조(취소의 상대방) 취소할 수 있는 법률행위의 상대방이 확정한 경우에는 그 취소는 그 상대방에 대한 의사표시로 하여야 한다.

제143조(추인의 방법, 효과) ① 취소할 수 있는 법률행위는 제140조에 규정한 자가 추인할 수 있고 추인후에는 취소하지 못한다.
② 전조의 규정은 전항의 경우에 준용한다.

제144조(추인의 요건) ① 추인은 취소의 원인이 소멸된 후에 하여야만 효력이 있다.
② 제1항은 법정대리인 또는 후견인이 추인하는 경우에는 적용하지 아니한다.
[전문개정 2011. 3. 7.]

제145조(법정추인) 취소할 수 있는 법률행위에 관하여 전조의 규정에 의하여 추인할 수 있는 후에 다음 각호의 사유가 있으면 추인한 것으로 본다. 그러나 이의를 보류한 때에는 그러하지 아니하다.
　1. 전부나 일부의 이행
　2. 이행의 청구
　3. 경개
　4. 담보의 제공
　5. 취소할 수 있는 행위로 취득한 권리의 전부나 일부의 양도

6. 강제집행

제146조(취소권의 소멸) 취소권은 추인할 수 있는 날로부터 3년내에 법률행위를 한 날로부터 10년내에 행사하여야 한다.

제5절 조건과 기한

제147조(조건성취의 효과) ① 정지조건있는 법률행위는 조건이 성취한 때로부터 그 효력이 생긴다.
② 해제조건있는 법률행위는 조건이 성취한 때로부터 그 효력을 잃는다.
③ 당사자가 조건성취의 효력을 그 성취전에 소급하게 할 의사를 표시한 때에는 그 의사에 의한다.

제148조(조건부권리의 침해금지) 조건있는 법률행위의 당사자는 조건의 성부가 미정한 동안에 조건의 성취로 인하여 생길 상대방의 이익을 해하지 못한다.

제149조(조건부권리의 처분 등) 조건의 성취가 미정한 권리의무는 일반규정에 의하여 처분, 상속, 보존 또는 담보로 할 수 있다.

제150조(조건성취, 불성취에 대한 반신의행위) ① 조건의 성취로 인하여 불이익을 받을 당사자가 신의성실에 반하여 조건의 성취를 방해한 때에는 상대방은 그 조건이 성취한 것으로 주장할 수 있다.
② 조건의 성취로 인하여 이익을 받을 당사자가 신의성실에 반하여 조건을 성취시킨 때에는 상대방은 그 조건이 성취하지 아니한 것으로 주장할 수 있다.

약정금 [조건부 약정을 체결한 당사자가 신의칙에 반하는 방해행위를 한 경우 조건의 성취를 의제할 수 있는지와 관련하여 조건의 성취가능성(인과관계)이 문제된 사건]
[대법원 2022. 12. 29., 선고, 2022다266645, 판결]

【판시사항】
[1] 민법 제150조 제1항에서 정한 '조건의 성취를 방해한 때'의 의미 및 방해행위가 없었더라도 조건의 성취가능성이 현저히 낮은 경우가 이에 포함되는지 여부(소극) / 일방 당사자가 신의성실에 반하여 조건의 성취를 방해하였는지 판단하는 기준
[2] 甲 주식회사가 지적재산권을 활용한 전자제품을 개발·판매하는 사업을 추진하고 있었고, 乙이 甲 회사에 투자하면서 '甲 회사는 乙에게 지적재산권을 통한 매출 발생 시마다 수익금 중 10%를 투자금 원금을 포함한 5배 금액이 될 때까지 상환한다.'는 내용의 투자협정을 체결하였는데, 그 후 乙이 甲 회사를 상대로 甲 회사가 '지적재산권을 통한 매출 발생'이라는 투자상환금 지급 조건의 성취를 방해하였으므로 민법 제150조 제1항에 따라 조건의 성취가 의제되었다고 주장하며 약정금의 지급을 구한 사안에서, 甲 회사가 개발하려는 전자제품 판매로 인한 매출 발생 가능성 자체가 현저히 낮았다면 사업 진행을 위해 진지한 노력을 기울이지 않았다거나 처음부터 그러한 의사가 없었다는 사정 등만으로 甲 회사가 매출 발생이라는 조건 성취를 방해한 경우라고 평가

하기 부족하다고 한 사례

【판결요지】

[1] 민법 제150조 제1항은 조건의 성취로 인하여 불이익을 받을 당사자가 신의성실에 반하여 조건의 성취를 방해한 때에는 상대방은 그 조건이 성취한 것으로 주장할 수 있다고 정함으로써, 조건이 성취되었더라면 원래 존재했어야 하는 상태를 일방 당사자의 부당한 개입으로부터 보호하기 위한 규정을 두고 있다. 이 조항은 권리의 행사와 의무의 이행은 신의에 좇아 성실히 하여야 한다는 법질서의 기본원리가 발현된 것으로서, 누구도 신의성실에 반하는 행태를 통해 이익을 얻어서는 안 된다는 사상을 포함하고 있다.

다만 일방 당사자의 신의성실에 반하는 방해행위 등이 있었다는 사정만으로 곧바로 민법 제150조 제1항에 의해 그 상대방이 발생할 것으로 희망했던 결과까지 의제된다고 볼 수는 없으므로, 여기서 말하는 '조건의 성취를 방해한 때'란 사회통념상 일방 당사자의 방해행위가 없었더라면 조건이 성취되었을 것으로 볼 수 있음에도 방해행위로 인하여 조건이 성취되지 못한 정도에 이르러야 하고, 방해행위가 없었더라도 조건의 성취가능성이 현저히 낮은 경우까지 포함되는 것은 아니다. 만일 위와 같은 경우까지 조건의 성취를 의제한다면 단지 일방 당사자의 부당한 개입이 있었다는 사정만으로 곧바로 조건 성취로 인한 법적 효과를 인정하는 것이 되고 이는 상대방으로 하여금 공평·타당한 결과를 초과하여 부당한 이득을 얻게 하는 결과를 초래할 수 있기 때문이다.

한편 일방 당사자가 신의성실에 반하여 조건의 성취를 방해하였는지는 당사자들이 조건부 법률행위 등을 하게 된 경위나 의사, 조건부 법률행위의 목적과 내용, 방해행위의 태양, 해당 조건의 성취가능성 및 방해행위가 조건의 성취에 미친 영향, 조건의 성취에 영향을 미치는 다른 요인의 존재 여부 등 여러 사정을 고려하여 개별적·구체적으로 판단하여야 한다.

[2] 甲 주식회사가 지적재산권을 활용한 전자제품을 개발·판매하는 사업을 추진하고 있었고, 乙이 甲 회사에 투자하면서 '甲 회사는 乙에게 지적재산권을 통한 매출 발생 시마다 수익금 중 10%를 투자금 원금을 포함한 5배 금액이 될 때까지 상환한다.'는 내용의 투자협정을 체결하였는데, 그 후 乙이 甲 회사를 상대로 甲 회사가 '지적재산권을 통한 매출 발생'이라는 투자상환금 지급 조건의 성취를 방해하였으므로 민법 제150조 제1항에 따라 조건의 성취가 의제되었다고 주장하며 약정금의 지급을 구한 사안에서, 甲 회사가 관련 전자제품을 실제 양산·판매하여 매출을 발생시키려는 의사나 능력 없이 乙로부터 투자금을 지급받기만 하였다면 투자협정의 상대방인 乙에 대한 관계에서 신의성실에 반하는 행위라고 평가할 여지는 있으나, 투자협정 체결 당시 해당 사업의 성공가능성을 예측하기 어려웠던 것으로 보이고, 乙도 매출 발생이라는 조건이 성취되는 것이 쉬운 일이 아니라는 점을 인식하였던 것으로 보이는 등 甲 회사의 방해행위가 없었더라도 조건의 성취가능성은 현저히 낮았던 것으로 볼 여지가 있으므로, 乙이 甲 회사의 전자제품 개발·판매 사업이 성공할 것으로 신뢰하였거나 이를 기대하여 투자를 하였더라도, 甲 회사가 개발하려는 전자제품 판매로 인한 매출 발생 가능성 자체가 현저히 낮았다면, 甲 회사가 사업 진행을 위해 진지한 노력을 기울이지 않았다거나 처음부터 그러한 의사가 없었다는 사정 등만으로 甲 회사가 매출 발생이라는 조건 성취를 방해한 경우라고 평가하기 부족한데도, 이와 달리 본 원심판단에 법리오해 등의 잘못이 있다고 한 사례.

제151조(불법조건, 기성조건) ① 조건이 선량한 풍속 기타 사회질서에 위반한 것인 때에는 그 법률행위는 무효로 한다.
② 조건이 법률행위의 당시 이미 성취한 것인 경우에는 그 조건이 정지조건이면 조건없는 법률행위로 하고 해제조건이면 그 법률행위는 무효로 한다.
③ 조건이 법률행위의 당시에 이미 성취할 수 없는 것인 경우에는 그 조건이 해제조건이면 조건없는 법률행위로 하고 정지조건이면 그 법률행위는 무효로 한다.

제152조(기한도래의 효과) ① 시기있는 법률행위는 기한이 도래한 때로부터 그 효력이 생긴다.
② 종기있는 법률행위는 기한이 도래한 때로부터 그 효력을 잃는다.

제153조(기한의 이익과 그 포기) ① 기한은 채무자의 이익을 위한 것으로 추정한다.
② 기한의 이익은 이를 포기할 수 있다. 그러나 상대방의 이익을 해하지 못한다.

분양자명의변경절차이행청구
[대법원 2024. 1. 4. 선고 2022다256624 판결]

【판시사항】
[1] 민법 제565조에서 정한 '이행의 착수'의 의미 및 이때 반드시 계약 내용에 들어맞는 이행의 제공까지 이르러야 하는지 여부(소극) / 해제권 행사의 시기를 당사자 일방이 이행에 착수할 때까지로 제한한 취지 / 이행기의 약정이 있는 경우, 이행기 전에 이행에 착수할 수 있는지 여부(한정 적극)
[2] 계약에서 정한 매매대금의 이행기가 매도인을 위해서도 기한의 이익을 부여하는 것이라고 볼 수 있는 경우, 채무자가 이행기 전에 이행에 착수할 수 없는 특별한 사정이 있는 경우에 해당하는지 여부(적극) 및 그 판단 방법

【판결요지】
[1] 매도인이 민법 제565조에 따라 계약금의 배액을 상환하고 계약을 해제하려면 매수인이 이행에 착수할 때까지 하여야 하는데, 이때 '이행의 착수'는 객관적으로 외부에서 인식할 수 있는 정도로 채무 이행행위의 일부를 하거나 또는 이행을 하기 위하여 필요한 전제행위를 하는 경우를 말하는 것으로, 단순히 이행의 준비를 하는 것으로는 부족하지만, 반드시 계약 내용에 들어맞는 이행의 제공까지 이르러야 하는 것은 아니다. 또한 민법 제565조가 해제권 행사의 시기를 당사자 일방이 이행에 착수할 때까지로 제한한 것은 당사자 일방이 이미 이행에 착수한 경우 필요한 비용을 지출하였을 것임은 물론 계약이 이행될 것으로 기대하고 있다고 볼 수 있으므로, 이 단계에서 상대방이 계약을 해제함에 따라 입게 될 불측의 손해를 방지하려는 것으로, 이행기의 약정이 있더라도 당사자가 채무의 이행기 전에 착수하지 아니하기로 하는 특약을 하는 등의 특별한 사정이 없는 이상, 이행기 전에 이행에 착수할 수 있다.
[2] 부동산 매매계약에서 중도금 또는 잔금 지급기일은 일반적으로 계약금에 의한 해제권의 유보기간의 의미를 가진다고 이해되고 있으므로, 계약에서 정한 매매대금의 이행기가 매도인을 위해서도 기한의 이익을 부여하는 것이라고 볼 수 있다면, 채무자가 이행기 전에 이행에 착수할 수 없는 특별한 사정이 있는 경우에 해당한다고 할 수 있다. 이에

해당하는지 여부는 채무 내용, 이행기가 정하여진 목적, 이행기까지 기간의 장단 및 그에 관한 부수적인 약정의 존재와 내용, 채무 이행행위를 비롯하여 당사자들이 계약 이행과정에서 보인 행위의 태양, 이행기 전 이행행위가 통상적인 계약의 이행에 해당하기보다 상대방의 해제권의 행사를 부당하게 방해하기 위한 것으로 볼 수 있는지, 채권자가 채무자의 이행의 착수에도 불구하고 계약을 해제하는 것이 신의칙에 반한다고 볼 수 있는지 등 여러 가지 사정을 종합하여 구체적으로 판단해야 한다.

제154조(기한부권리와 준용규정) 제148조와 제149조의 규정은 기한있는 법률행위에 준용한다.

제6장 기간

제155조(본장의 적용범위) 기간의 계산은 법령, 재판상의 처분 또는 법률행위에 다른 정한 바가 없으면 본장의 규정에 의한다.

제156조(기간의 기산점) 기간을 시, 분, 초로 정한 때에는 즉시로부터 기산한다.

제157조(기간의 기산점) 기간을 일, 주, 월 또는 연으로 정한 때에는 기간의 초일은 산입하지 아니한다. 그러나 그 기간이 오전 영시로부터 시작하는 때에는 그러하지 아니하다.

제158조(나이의 계산과 표시) 나이는 출생일을 산입하여 만(滿) 나이로 계산하고, 연수(年數)로 표시한다. 다만, 1세에 이르지 아니한 경우에는 월수(月數)로 표시할 수 있다.
[전문개정 2022. 12. 27.]

제159조(기간의 만료점) 기간을 일, 주, 월 또는 연으로 정한 때에는 기간말일의 종료로 기간이 만료한다.

제160조(역에 의한 계산) ① 기간을 주, 월 또는 연으로 정한 때에는 역에 의하여 계산한다.
② 주, 월 또는 연의 처음으로부터 기간을 기산하지 아니하는 때에는 최후의 주, 월 또는 연에서 그 기산일에 해당한 날의 전일로 기간이 만료한다.
③ 월 또는 연으로 정한 경우에 최종의 월에 해당일이 없는 때에는 그 월의 말일로 기간이 만료한다.

제161조(공휴일 등과 기간의 만료점) 기간의 말일이 토요일 또는 공휴일에 해당한 때에는 기간은 그 익일로 만료한다. 〈개정 2007. 12. 21.〉
[제목개정 2007. 12. 21.]

제7장 소멸시효

제162조(채권, 재산권의 소멸시효) ① 채권은 10년간 행사하지 아니하면 소멸시효가 완성한다.
② 채권 및 소유권 이외의 재산권은 20년간 행사하지 아니하면 소멸시효가 완성한다.

어음금|기존회사가 채무면탈이라는 위법한 목적달성을 위해 회사제도를 남용한 경우 신설회사의 소멸시효 완성 주장이 신의칙상 허용되지 않는다고 본 사례|

[대법원 2024. 3. 28. 선고 2023다265700 판결]

【판시사항】

[1] 권리자가 재판상 그 권리를 주장하여 권리 위에 잠자는 것이 아님을 표명한 경우, 시효 중단 사유가 되는지 여부(적극)

[2] 기존회사가 채무를 면탈하기 위하여 기업의 형태·내용이 실질적으로 동일한 신설회사를 설립한 경우, 기존회사의 채권자가 두 회사 모두에 대하여 채무의 이행을 청구할 수 있는지 여부(적극) 및 기존회사에 대한 소멸시효가 완성되지 않은 상태에서 신설회사가 기존회사와 별도로 자신에 대하여 소멸시효가 완성되었다고 주장하는 것이 허용되는지 여부(소극)

【판결요지】

[1] 시효제도의 존재 이유는 영속된 사실 상태를 존중하고 권리 위에 잠자는 자를 보호하지 않는다는 데에 있고 특히 소멸시효에 있어서는 후자의 의미가 강하므로, 권리자가 재판상 그 권리를 주장하여 권리 위에 잠자는 것이 아님을 표명한 때에는 시효중단 사유가 된다.

[2] 기존회사가 채무를 면탈하기 위하여 기업의 형태·내용이 실질적으로 동일한 신설회사를 설립하였다면, 신설회사의 설립은 기존회사의 채무면탈이라는 위법한 목적 달성을 위하여 회사제도를 남용한 것에 해당한다. 이러한 경우에 기존회사의 채권자에 대하여 위 두 회사가 별개의 법인격을 갖고 있음을 주장하는 것은 신의성실의 원칙상 허용될 수 없으므로, 기존회사의 채권자는 두 회사 어느 쪽에 대하여도 채무의 이행을 청구할 수 있다.

나아가 기존회사에 대한 소멸시효가 완성되지 않은 상태에서 신설회사가 기존회사와 별도로 자신에 대하여 소멸시효가 완성되었다고 주장하는 것 역시 별개의 법인격을 갖고 있음을 전제로 하는 것이어서 신의성실의 원칙상 허용될 수 없다.

제163조(3년의 단기소멸시효) 다음 각호의 채권은 3년간 행사하지 아니하면 소멸시효가 완성한다. 〈개정 1997. 12. 13.〉

1. 이자, 부양료, 급료, 사용료 기타 1년 이내의 기간으로 정한 금전 또는 물건의 지급을 목적으로 한 채권
2. 의사, 조산사, 간호사 및 약사의 치료, 근로 및 조제에 관한 채권
3. 도급받은 자, 기사 기타 공사의 설계 또는 감독에 종사하는 자의 공사에 관한 채권
4. 변호사, 변리사, 공증인, 공인회계사 및 법무사에 대한 직무상 보관한 서류의 반환을 청구하는 채권
5. 변호사, 변리사, 공증인, 공인회계사 및 법무사의 직무에 관한 채권

6. 생산자 및 상인이 판매한 생산물 및 상품의 대가
7. 수공업자 및 제조자의 업무에 관한 채권

제164조(1년의 단기소멸시효) 다음 각호의 채권은 1년간 행사하지 아니하면 소멸시효가 완성한다.

1. 여관, 음식점, 대석, 오락장의 숙박료, 음식료, 대석료, 입장료, 소비물의 대가 및 체당금의 채권
2. 의복, 침구, 장구 기타 동산의 사용료의 채권
3. 노역인, 연예인의 임금 및 그에 공급한 물건의 대금채권
4. 학생 및 수업자의 교육, 의식 및 유숙에 관한 교주, 숙주, 교사의 채권

제165조(판결 등에 의하여 확정된 채권의 소멸시효) ① 판결에 의하여 확정된 채권은 단기의 소멸시효에 해당한 것이라도 그 소멸시효는 10년으로 한다.
② 파산절차에 의하여 확정된 채권 및 재판상의 화해, 조정 기타 판결과 동일한 효력이 있는 것에 의하여 확정된 채권도 전항과 같다.
③ 전2항의 규정은 판결확정당시에 변제기가 도래하지 아니한 채권에 적용하지 아니한다.

대여금청구의소
[대법원 2023. 12. 7. 선고 2020다225138 판결]

【판시사항】
영업양도인의 영업으로 인한 채무와 상호를 속용하는 영업양수인의 상법 제42조 제1항에 따른 채무의 관계(=부진정연대채무) 및 채권자가 영업양도가 이루어진 뒤 영업양도인을 상대로 소를 제기하여 확정판결을 받은 경우, 소멸시효 중단이나 소멸시효 연장의 효과가 상호를 속용하는 영업양수인에게도 미치는지 여부(소극)

【판결요지】
상법 제42조 제1항은 "영업양수인이 양도인의 상호를 계속 사용하는 경우에는 양도인의 영업으로 인한 제3자의 채권에 대하여 양수인도 변제할 책임이 있다."라고 정하고 있다. 이는 채무가 승계되지 아니함에도 상호를 계속 사용함으로써 영업양도의 사실 또는 영업양도에도 불구하고 채무의 승계가 이루어지지 않은 사실이 대외적으로 판명되기 어렵게 되어 채권자에게 채권 추구의 기회를 상실시키는 경우 상호를 속용하는 영업양수인에게도 변제의 책임을 지우기 위한 것이다.
상법 제42조 제1항에 기한 영업양수인의 책임은 당사자의 의사나 인식과 관계없이 발생하는 법정 책임으로서, 상호를 속용하는 영업양수인은 상법 제42조 제1항에 의하여 영업양도인의 채권자에 대한 영업상 채무를 중첩적으로 인수하게 된다.
영업양도인의 영업으로 인한 채무와 상호를 속용하는 영업양수인의 상법 제42조 제1항에 따른 채무는 같은 경제적 목적을 가진 채무로서 서로 중첩되는 부분에 관하여는 일방의 채무가 변제 등으로 소멸하면 다른 일방의 채무도 소멸하는 이른바 부진정연대의 관계에 있다.
따라서 채권자가 영업양도인을 상대로 소를 제기하여 확정판결을 받아 소멸시효가 중단되거나 소멸시효 기간이 연장된 뒤 영업양도가 이루어졌다면 그와 같은 소멸시효 중단이나 소멸시효 연장의 효과는 상호를 속용하는 영업양수인에게 미치지만, 채권자가 영업양도가

이루어진 뒤 영업양도인을 상대로 소를 제기하여 확정판결을 받았다면 영업양도인에 대한 관계에서 소멸시효가 중단되거나 소멸시효 기간이 연장된다고 하더라도 그와 같은 소멸시효 중단이나 소멸시효 연장의 효과는 상호를 속용하는 영업양수인에게 미치지 않는다.

제166조(소멸시효의 기산점) ① 소멸시효는 권리를 행사할 수 있는 때로부터 진행한다.
② 부작위를 목적으로 하는 채권의 소멸시효는 위반행위를 한 때로부터 진행한다.

[단순위헌, 2014헌바148, 2018. 8. 30. 민법(1958. 2. 22. 법률 제471호로 제정된 것) 제166조 제1항 중 '진실·화해를 위한 과거사정리 기본법' 제2조 제1항 제3호, 제4호에 규정된 사건에 적용되는 부분은 헌법에 위반된다.]

집행에관한이의
[대법원 2024. 4. 30. 자 2023그887 결정]

【판시사항】
부동산경매절차에서 채무자에게 교부할 잉여금을 공탁한 경우, 공탁금지급청구권의 소멸시효기간(=10년)과 기산점(=공탁일) / 부동산경매절차에서 채무자에 대한 송달이 공시송달의 방법으로 이루어져 채무자가 경매진행 사실과 잉여금의 존재에 관하여 사실상 알지 못한 경우에도 소멸시효기간이 진행하는지 여부(적극)

【판결요지】
집행법원은 부동산경매절차에서 배당받을 수 있는 각 채권자의 채권에 배당하고도 남은 잉여금이 있을 경우에는 이를 소유자에게 지급하여야 하는데, 소유자가 배당기일에 출석하지 아니하여 교부되지 아니한 배당잔여액에 관하여 배당기일부터 10일 이내에 공탁절차를 취하여야 한다[대법원 재판예규(제1835호)인 '집행사건에 있어서 배당액등의 공탁 및 공탁배당액등의 관리절차에 관한 예규(재민 92-2)' 제2조].
공탁물이 금전인 경우 그 원금 또는 이자의 수령, 회수에 대한 권리는 그 권리를 행사할 수 있는 때부터 10년간 행사하지 아니하면 시효로 소멸하는데(공탁법 제9조 제3항), 경매절차에서 채무자에게 교부할 잉여금을 공탁한 경우에는 권리를 행사할 수 있는 공탁일부터 소멸시효기간이 진행한다[대법원 행정예규(제948호)인 '공탁금지급청구권의 소멸시효와 국고귀속절차' 2.의 다. (2)항].
한편 소멸시효는 객관적으로 권리가 발생하고 그 권리를 행사할 수 있는 때부터 진행하고, 그 권리를 행사할 수 없는 동안에는 진행하지 아니한다. 여기서 '권리를 행사할 수 없다.'란 그 권리행사에 법률상의 장애사유, 예컨대 기간의 미도래나 조건불성취 등이 있는 경우를 말하는 것이고, 사실상 그 권리의 존부나 권리행사의 가능성을 알지 못하였거나 알지 못함에 과실이 없다고 하여도 이러한 사유는 법률상 장애사유에 해당한다고 할 수 없다. 따라서 부동산경매절차에서 채무자에 대한 송달이 공시송달의 방법으로 이루어짐으로써 채무자가 경매진행 사실 및 잉여금의 존재에 관하여 사실상 알지 못하였다고 하더라도 소멸시효기간이 진행한다.

제167조(소멸시효의 소급효) 소멸시효는 그 기산일에 소급하여 효력이 생긴다.

제168조(소멸시효의 중단사유) 소멸시효는 다음 각호의 사유로 인하여 중단된다.
1. 청구

2. 압류 또는 가압류, 가처분
3. 승인

제169조(시효중단의 효력) 시효의 중단은 당사자 및 그 승계인간에만 효력이 있다.

제170조(재판상의 청구와 시효중단) ① 재판상의 청구는 소송의 각하, 기각 또는 취하의 경우에는 시효중단의 효력이 없다.
② 전항의 경우에 6월내에 재판상의 청구, 파산절차참가, 압류 또는 가압류, 가처분을 한 때에는 시효는 최초의 재판상 청구로 인하여 중단된 것으로 본다.

파산선고
[대법원 2023. 11. 9. 자 2023마6582 결정]

【판시사항】
[1] 소멸시효 대상인 권리가 발생한 기본적 법률관계 또는 후속 법률관계에 관한 청구가 권리 실행의 의사를 표명한 것으로 볼 수 있는 경우, 시효중단 사유로서 재판상 청구에 포함되는지 여부(적극)
[2] 채무자 회생 및 파산에 관한 법률 제294조에 따른 채권자의 파산신청이 민법 제168조 제1호에서 정한 시효중단 사유인 재판상의 '청구'에 해당하는지 여부(적극)

【판결요지】
[1] 시효중단 사유로서 재판상의 청구에는 소멸시효 대상인 권리 자체의 이행청구나 확인청구를 하는 경우만이 아니라, 그 권리가 발생한 기본적 법률관계를 기초로 하여 재판의 형식으로 주장하는 경우 또는 그 권리를 기초로 하거나 그것을 포함하여 형성된 후속 법률관계에 관한 청구를 하는 경우에도 그로써 권리 실행의 의사를 표명한 것으로 볼 수 있을 때에는 이에 포함된다.
[2] 채무자에게 파산원인이 있는 경우 채권자는 채무자 회생 및 파산에 관한 법률(이하 '채무자회생법'이라 한다) 제294조에 따라 채무자에 대한 파산신청을 할 수 있다. 이는 파산채무자의 재산을 보전하여 공평하게 채권의 변제를 받는 재판절차를 실시하여 달라는 것으로서 채무자회생법 제32조에서 규정하고 있는 파산채권신고 등에 의한 파산절차참가와 유사한 재판상 권리 실행방법에 해당한다. 따라서 채무자회생법 제294조에 따른 채권자의 파산신청은 민법 제168조 제1호에서 정한 시효중단 사유인 재판상의 '청구'에 해당한다고 보아야 한다.

제171조(파산절차참가와 시효중단) 파산절차참가는 채권자가 이를 취소하거나 그 청구가 각하된 때에는 시효중단의 효력이 없다.

제172조(지급명령과 시효중단) 지급명령은 채권자가 법정기간내에 가집행신청을 하지 아니함으로 인하여 그 효력을 잃은 때에는 시효중단의 효력이 없다.

제173조(화해를 위한 소환, 임의출석과 시효중단) 화해를 위한 소환은 상대방이 출석하지 아니 하거나 화해가 성립되지 아니한 때에는 1월내에 소를 제기하지 아니하면 시효중단의 효력이 없다. 임의출석의 경우에 화해가 성립되지 아니한 때에도 그러하다.

제174조(최고와 시효중단) 최고는 6월내에 재판상의 청구, 파산절차참가, 화해를 위한 소환, 임의출석, 압류 또는 가압류, 가처분을 하지 아니하면 시효중단의 효력이 없다.

제175조(압류, 가압류, 가처분과 시효중단) 압류, 가압류 및 가처분은 권리자의 청구에 의하여 또는 법률의 규정에 따르지 아니함으로 인하여 취소된 때에는 시효중단의 효력이 없다.

제176조(압류, 가압류, 가처분과 시효중단) 압류, 가압류 및 가처분은 시효의 이익을 받은 자에 대하여 하지 아니한 때에는 이를 그에게 통지한 후가 아니면 시효중단의 효력이 없다.

제177조(승인과 시효중단) 시효중단의 효력있는 승인에는 상대방의 권리에 관한 처분의 능력이나 권한있음을 요하지 아니한다.

제178조(중단후에 시효진행) ① 시효가 중단된 때에는 중단까지에 경과한 시효기간은 이를 산입하지 아니하고 중단사유가 종료한 때로부터 새로이 진행한다.
② 재판상의 청구로 인하여 중단한 시효는 전항의 규정에 의하여 재판이 확정된 때로부터 새로이 진행한다.

대여금
[대법원 2023. 12. 14. 선고 2022다210093 판결]

【판시사항】
[1] 가압류명령 송달 이후에 채무자의 계좌에 입금될 예금채권이 가압류의 대상이 될 수 있는지 여부(한정 적극) / 장래의 예금채권에 대한 가압류결정 정본이 제3채무자에게 송달되었을 때 채무자의 제3채무자에 대한 예금계좌가 개설되어 있지 않는 등 피압류채권 발생의 기초가 되는 법률관계가 없는 경우, 가압류로서 집행보전의 효력이 있는지 여부(소극)
[2] 채권자가 채무자의 제3채무자에 대한 채권을 가압류할 당시 피압류채권이 부존재하는 경우, 가압류집행으로써 집행채권의 소멸시효가 중단되는지 여부(원칙적 적극) / 가압류결정 정본이 제3채무자에게 송달될 당시 피압류채권 발생의 기초가 되는 법률관계가 없어 가압류의 대상이 되는 피압류채권이 존재하지 않는 경우, 집행채권의 시효중단 효력이 종료되는 시점(=가압류결정 송달 시)

【판결요지】
[1] 가압류명령의 송달 이후에 채무자의 계좌에 입금될 예금채권도 그 발생의 기초가 되는 법률관계가 존재하여 현재 그 권리의 특정이 가능하고 가까운 장래에 예금채권이 발생할 것이 상당한 정도로 기대된다고 볼 만한 예금계좌가 개설되어 있는 경우 등에는 가압류의 대상이 될 수 있다. 그러나 장래의 예금채권에 대한 가압류결정 정본이 제3채무자에게 송달되었을 때에 채무자의 제3채무자에 대한 예금계좌가 개설되어 있지 않는 등 피압류채권 발생의 기초가 되는 법률관계가 없는 경우에는, 그러한 채권가압류는 피압류채권이 존재하지 않으므로 가압류로서 집행보전의 효력이 없다.

[2] 채권자가 채무자의 제3채무자에 대한 채권을 가압류할 당시 그 피압류채권이 부존재하는 경우에도 집행채권에 대한 권리 행사로 볼 수 있어 특별한 사정이 없는 한 가압류집행으로써 그 집행채권의 소멸시효는 중단된다. 다만 가압류결정 정본이 제3채무자에게 송달될 당시 피압류채권 발생의 기초가 되는 법률관계가 없어 가압류의 대상이 되는 피압류채권이 존재하지 않는 경우에는 가압류의 집행보전 효력이 없으므로, 특별한 사정이 없는 한 가압류결정의 송달로써 개시된 집행절차는 곧바로 종료되고, 이로써 시효중단사유도 종료되어 집행채권의 소멸시효는 그때부터 새로이 진행한다고 보아야 한다.

제179조(제한능력자의 시효정지) 소멸시효의 기간만료 전 6개월 내에 제한능력자에게 법정대리인이 없는 경우에는 그가 능력자가 되거나 법정대리인이 취임한 때부터 6개월 내에는 시효가 완성되지 아니한다.
[전문개정 2011. 3. 7.]

제180조(재산관리자에 대한 제한능력자의 권리, 부부 사이의 권리와 시효정지) ① 재산을 관리하는 아버지, 어머니 또는 후견인에 대한 제한능력자의 권리는 그가 능력자가 되거나 후임 법정대리인이 취임한 때부터 6개월 내에는 소멸시효가 완성되지 아니한다.
② 부부 중 한쪽이 다른 쪽에 대하여 가지는 권리는 혼인관계가 종료된 때부터 6개월 내에는 소멸시효가 완성되지 아니한다.
[전문개정 2011. 3. 7.]

제181조(상속재산에 관한 권리와 시효정지) 상속재산에 속한 권리나 상속재산에 대한 권리는 상속인의 확정, 관리인의 선임 또는 파산선고가 있는 때로부터 6월내에는 소멸시효가 완성하지 아니한다.

손해배상(기)[세월호 침몰로 사망한 망인의 친모가 뒤늦게 망인의 사망사실을 알게 되어 국가배상을 청구한 사건]
[대법원 2023. 12. 14. 선고 2023다248903 판결]

【판시사항】
[1] 국가배상법 제2조 제1항에 따른 배상청구권을 5년간 행사하지 아니한 경우, 국가재정법 제96조 제2항, 제1항에 따라 소멸하는지 여부(적극) / 소멸시효가 진행하지 않는 '권리를 행사할 수 없는' 경우의 의미 및 사실상 권리의 존재나 권리행사 가능성을 알지 못하였고 알지 못함에 과실이 없는 경우가 이에 해당하는지 여부(소극)
[2] 소멸시효기간에 관한 주장에 변론주의가 적용되는지 여부(소극)
[3] 甲의 모친인 乙이 협의이혼 후 甲의 부친이 친권을 행사하였고, 甲은 세월호사고로 사망하였는데, 그 후 甲의 사망사실을 뒤늦게 알게 된 乙이 국가를 상대로 손해배상을 구한 사안에서, 乙 고유의 위자료채권은 국가재정법에 따른 5년의 소멸시효기간이 적용되므로 이미 소멸시효기간이 경과하였다고 볼 여지가 크고, 乙이 甲의 사망사실을 알게 된 날로부터 6월의 소멸시효 정지기간이 지나기 전에 소를 제기하였으므로 甲의

일실수입 및 위자료채권에 대한 乙의 상속분은 소멸시효가 완성되지 않았다고 한 사례

【판결요지】

[1] **국가배상법 제2조 제1항 본문 전단** 규정에 따른 배상청구권은 금전의 급부를 목적으로 하는 국가에 대한 권리로서 국가재정법 제96조 제2항, 제1항이 적용되므로 이를 5년간 행사하지 아니할 때에는 시효로 인하여 소멸한다. 소멸시효는 객관적으로 권리가 발생하여 그 권리를 행사할 수 있는 때로부터 진행하고 그 권리를 행사할 수 없는 동안은 진행하지 않으나, '권리를 행사할 수 없는' 경우란 권리행사에 법률상의 장애사유가 있는 경우를 의미하고 사실상 권리의 존재나 권리행사 가능성을 알지 못하였고 알지 못함에 과실이 없다고 하여도 이에 해당하지 않는다.

[2] 어떤 권리의 소멸시효기간이 얼마나 되는지에 관한 주장은 단순한 법률상의 주장에 불과하여 변론주의의 적용 대상이 되지 않으므로 법원이 직권으로 판단할 수 있다.

[3] 甲의 모친인 乙이 협의이혼 후 甲의 부친이 친권을 행사하였고, 甲은 세월호사고로 사망하였는데, 그 후 甲의 사망사실을 뒤늦게 알게 된 乙이 국가를 상대로 손해배상을 구한 사안에서, 乙 고유의 위자료채권은 금전의 급부를 목적으로 하는 국가에 대한 권리이므로 국가재정법에 따른 5년의 소멸시효기간이 적용되고, 권리의 행사에 법률상의 장애사유가 없는 한 그 권리를 행사할 수 있는 때로부터 진행하므로, 세월호사고 당시 해양경찰서 소속 공무원에 대한 업무상과실치사죄의 유죄판결이 확정된 날로부터 기산하더라도 소멸시효기간이 경과하였다고 볼 여지가 크며, 한편 甲의 일실수입 및 위자료채권은 상속재산에 속한 권리로서 상속인이 확정된 때로부터 6월간 소멸시효가 정지되는데, 乙에 대하여 상속의 효과가 확정된 때는 乙이 甲의 사망사실을 알게 된 날 이후이고, 그로부터 6월의 소멸시효 정지기간이 지나기 전에 乙이 소를 제기하였으므로, 甲의 일실수입 및 위자료채권에 대한 乙의 상속분은 소멸시효가 완성되지 않았다고 한 사례.

제182조(천재 기타 사변과 시효정지) 천재 기타 사변으로 인하여 소멸시효를 중단할 수 없을 때에는 그 사유가 종료한 때로부터 1월내에는 시효가 완성하지 아니한다.

제183조(종속된 권리에 대한 소멸시효의 효력) 주된 권리의 소멸시효가 완성한 때에는 종속된 권리에 그 효력이 미친다.

제184조(시효의 이익의 포기 기타) ① 소멸시효의 이익은 미리 포기하지 못한다.
② 소멸시효는 법률행위에 의하여 이를 배제, 연장 또는 가중할 수 없으나 이를 단축 또는 경감할 수 있다.

토지인도·소유권이전등기
[대법원 2023. 10. 26. 선고 2023다239084, 239091 판결]

【판시사항】

[1] 권리의 행사에 해당하는 외관을 지닌 어떠한 행위가 권리남용에 해당하는지 판단하는 기준

[2] 점유자가 취득시효기간의 만료로 소유권이전등기청구권을 취득한 후 점유를 상실한 경우, 그 소유권이전등기청구권이 소멸되는지 여부(원칙적 소극) 및 취득시효기간 만료

당시의 점유자로부터 점유를 승계한 현 점유자가 전 점유자의 취득시효 완성의 효과를 주장하여 직접 자기에게 소유권이전등기를 청구할 권원이 있는지 여부(소극)

제2편 물권

제1장 총칙

제185조(물권의 종류) 물권은 법률 또는 관습법에 의하는 외에는 임의로 창설하지 못한다.

제186조(부동산물권변동의 효력) 부동산에 관한 법률행위로 인한 물권의 득실변경은 등기하여야 그 효력이 생긴다.

제187조(등기를 요하지 아니하는 부동산물권취득) 상속, 공용징수, 판결, 경매 기타 법률의 규정에 의한 부동산에 관한 물권의 취득은 등기를 요하지 아니한다. 그러나 등기를 하지 아니하면 이를 처분하지 못한다.

제188조(동산물권양도의 효력, 간이인도) ① 동산에 관한 물권의 양도는 그 동산을 인도하여야 효력이 생긴다.
② 양수인이 이미 그 동산을 점유한 때에는 당사자의 의사표시만으로 그 효력이 생긴다.

제189조(점유개정) 동산에 관한 물권을 양도하는 경우에 당사자의 계약으로 양도인이 그 동산의 점유를 계속하는 때에는 양수인이 인도받은 것으로 본다.

제190조(목적물반환청구권의 양도) 제삼자가 점유하고 있는 동산에 관한 물권을 양도하는 경우에는 양도인이 그 제삼자에 대한 반환청구권을 양수인에게 양도함으로써 동산을 인도한 것으로 본다.

제191조(혼동으로 인한 물권의 소멸) ① 동일한 물건에 대한 소유권과 다른 물권이 동일한 사람에게 귀속한 때에는 다른 물권은 소멸한다. 그러나 그 물권이 제삼자의 권리의 목적이 된 때에는 소멸하지 아니한다.
② 전항의 규정은 소유권이외의 물권과 그를 목적으로 하는 다른 권리가 동일한 사람에게 귀속한 경우에 준용한다.
③ 점유권에 관하여는 전2항의 규정을 적용하지 아니한다.

제2장 점유권

제192조(점유권의 취득과 소멸) ①물건을 사실상 지배하는 자는 점유권이 있다.

② 점유자가 물건에 대한 사실상의 지배를 상실한 때에는 점유권이 소멸한다. 그러나 제204조의 규정에 의하여 점유를 회수한 때에는 그러하지 아니하다.

손해배상(기)
[대법원 2024. 2. 15. 선고 2019다208724 판결]

【판시사항】

[1] 물건에 대한 점유의 의미 및 판단 기준 / 민법 제758조 제1항에서 정한 공작물 점유자의 의미 / 가사상, 영업상 기타 유사한 관계에 의하여 타인의 지시를 받아서 공작물에 대한 사실상의 지배를 하는 자가 민법 제758조 제1항에 의한 공작물 점유자의 책임을 부담하는 자에 해당하는지 여부(소극)

[2] 집합투자업자인 甲 주식회사의 운용지시에 따라 신탁회사인 乙 은행이 투자신탁재산으로 소유권을 취득한 건물의 주차장 천장에서 화재가 발생하여 임차인인 丙 주식회사 등이 피해를 입자, 丙 회사 등이 甲 회사, 乙 은행 및 甲 회사와 체결한 자산관리 위탁계약에 따라 건물에 관한 자산관리 업무를 수행한 丁 주식회사를 상대로 민법 제758조 제1항에 의한 공작물 점유자의 책임을 구한 사안에서, 丁 회사는 甲 회사의 점유를 돕기 위한 점유보조자의 지위에 있을 뿐이므로 공작물 점유자로서의 책임을 부담하지 않으나, 甲 회사와 乙 은행은 위 건물의 주차장 천장을 사실상 지배하면서 보수·관리할 권한 및 책임을 가지는 자에 해당하므로 위 화재와 관련하여 민법 제758조 제1항에 의한 공작물 점유자의 책임을 부담한다고 본 원심의 결론을 수긍한 사례

[3] 실화책임에 관한 법률의 입법 취지 및 발화점과 불가분의 일체를 이루는 물건의 소실에 대하여도 위 법률이 적용되는지 여부(소극)

[4] 집합투자업자와 신탁업자가 민법 제758조 제1항에 따라 투자신탁재산인 공작물의 점유자로서 공작물의 설치 또는 보존의 하자로 피해를 입은 제3자에게 손해배상책임을 부담하는 경우, 투자신탁재산을 한도로만 책임을 부담하는 것이 아니라 고유재산으로도 책임을 부담하는지 여부(적극) / 신탁법 제114조 제1항에 따른 유한책임신탁의 효력발생요건(=등기)

【판결요지】

[1] 물건에 대한 점유란 사회관념상 어떤 사람의 사실적 지배에 있다고 보이는 객관적 관계를 말하는 것으로서, 사실상의 지배가 있다고 하기 위하여는 반드시 물건을 물리적, 현실적으로 지배하여야만 하는 것이 아니고, 물건과 사람 사이의 시간적, 공간적 관계와 본권관계, 타인지배의 배제 가능성 등을 고려하여 사회통념에 따라 합목적적으로 판단하여야 한다.

민법 제758조 제1항 소정의 공작물 점유자란 공작물을 사실상 지배하면서 그 설치 또는 보존상의 하자로 인하여 발생할 수 있는 각종 사고를 방지하기 위하여 공작물을 보수·관리할 권한 및 책임이 있는 자를 말한다.

가사상, 영업상 기타 유사한 관계에 의하여 타인의 지시를 받아서 공작물에 대한 사실상의 지배를 하는 자가 있는 경우에 그 타인의 지시를 받는 자는 민법 제195조에 따른 점유보조자에 불과하므로 민법 제758조 제1항에 의한 공작물 점유자의 책임을 부담하는 자에 해당하지 않는다.

[2] 집합투자업자인 甲 주식회사의 운용지시에 따라 신탁회사인 乙 은행이 투자신탁재산으로 소유권을 취득한 건물의 주차장 천장에서 화재가 발생하여 임차인인 丙 주식회사

등이 피해를 입자, 丙 회사 등이 甲 회사, 乙 은행 및 甲 회사와 체결한 자산관리 위탁
계약에 따라 건물에 관한 자산관리 업무를 수행한 丁 주식회사를 상대로 민법 제758
조 제1항에 의한 공작물 점유자의 책임을 구한 사안에서, 丁 회사는 건물의 관리를 위
탁한 甲 회사의 점유를 돕기 위하여 위 건물을 사실상 지배한 것이어서 민법 제195조
에 따른 점유보조자의 지위에 있을 뿐이므로 민법 제758조 제1항에 의한 공작물 점유
자로서의 책임을 부담하지 않으나, 甲 회사와 乙 은행은 공동으로 위 건물의 주차장
천장을 사실상 지배하면서 그 설치 또는 보존상의 하자로 인하여 발생할 수 있는 각종
사고를 방지하기 위하여 공작물을 보수·관리할 권한 및 책임을 가지는 자에 해당하므
로 위 화재와 관련하여 민법 제758조 제1항에 의한 공작물 점유자의 책임을 부담한다
고 본 원심의 결론을 수긍할 수 있다고 한 사례.

[3] 실화책임에 관한 법률(이하 '실화책임법'이라고 한다)은 실화로 인하여 일단 화재가 발
생한 경우에는 부근 가옥 기타 물건에 연소함으로써 그 피해가 예상외로 확대되어 실
화자의 책임이 과다하게 되는 점을 고려하여 그 책임을 제한함으로써 실화자를 지나치
게 가혹한 부담으로부터 구제하고자 하는 데 입법 취지가 있으므로, 실화책임법은 발
화점과 불가분의 일체를 이루는 물건의 소실, 즉 직접 화재에는 적용되지 아니하고, 그
로부터 연소한 부분에만 적용된다.

[4] 집합투자업자와 신탁업자가 민법 제758조 제1항에 따라 투자신탁재산인 공작물의 점유
자로서 공작물의 설치 또는 보존의 하자로 피해를 입은 제3자에게 손해배상책임을 부
담하는 경우에는 그 책임이 투자신탁재산의 취득·처분 등과 관련한 이행 책임이 아니
므로, 투자신탁재산을 한도로만 책임을 부담하는 것이 아니라 고유재산으로도 책임을
부담하는 것으로 보아야 한다. 또한 유한책임신탁의 등기가 없는 이상 신탁법 제114조
제1항에 따른 유한책임신탁으로서의 효력도 없다.

제193조(상속으로 인한 점유권의 이전) 점유권은 상속인에 이전한다.

제194조(간접점유) 지상권, 전세권, 질권, 사용대차, 임대차, 임치 기타의 관계로 타
인으로 하여금 물건을 점유하게 한 자는 간접으로 점유권이 있다.

제195조(점유보조자) 가사상, 영업상 기타 유사한 관계에 의하여 타인의 지시를 받어
물건에 대한 사실상의 지배를 하는 때에는 그 타인만을 점유자로 한다.

제196조(점유권의 양도) ① 점유권의 양도는 점유물의 인도로 그 효력이 생긴다.
② 전항의 점유권의 양도에는 제188조제2항, 제189조, 제190조의 규정을 준용한다.

제197조(점유의 태양) ① 점유자는 소유의 의사로 선의, 평온 및 공연하게 점유한 것
으로 추정한다.
② 선의의 점유자라도 본권에 관한 소에 패소한 때에는 그 소가 제기된 때로부터 악
의의 점유자로 본다.

부당이득금

[대법원 2023. 6. 29., 선고, 2020다290767, 판결]

【판시사항】

[1] 국가나 지방자치단체가 부동산을 점유하는 경우에도 민법 제197조 제1항이 적용되는지 여부(적극) / 국가나 지방자치단체가 취득시효의 완성을 주장하는 토지의 취득절차에 관한 서류를 제출하지 못하고 있다는 사정만으로 자주점유의 추정이 번복되는지 여부(소극)

[2] 저수지의 제당부지로 사용되고 있는 토지의 등기부상 소유명의인으로부터 일부 지분을 상속받은 甲이 저수지를 관리하는 한국농어촌공사를 상대로 법률상 원인 없이 위 토지의 임료 상당액의 이득을 얻고 있다는 이유로 부당이득반환청구를 하자, 한국농어촌공사가 위 토지에 관한 점유취득시효완성을 주장한 사안에서, 조선농지개발영단이 저수지를 설치할 무렵 공공용 재산의 취득절차를 거쳐서 위 토지의 소유권을 적법하게 취득하였을 가능성을 배제할 수 없으므로, 위 토지에 대한 한국농어촌공사의 자주점유의 추정을 부정하여 무단점유로 인정한 원심판단에 법리오해의 잘못이 있다고 한 사례

【판결요지】

[1] 부동산 점유권원의 성질이 분명하지 않을 때에는 민법 제197조 제1항에 따라 점유자는 소유의 의사로 선의로 평온하고 공연하게 점유한 것으로 추정되고, 이러한 추정은 지적공부 등의 관리주체인 국가나 지방자치단체(이하 '국가 등'이라 한다)가 점유하는 경우에도 마찬가지로 적용된다. 점유자가 스스로 매매 또는 증여와 같이 자주점유의 권원을 주장하였으나 이것이 인정되지 않는 경우에도 원래 자주점유의 권원에 관한 증명책임이 점유자에게 있지 아니한 이상 그 주장의 점유권원이 인정되지 않는다는 사유만으로 자주점유의 추정이 번복된다거나 또는 점유권원의 성질상 타주점유라고 볼 수 없다. 따라서 국가 등이 취득시효의 완성을 주장하는 토지의 취득절차에 관한 서류를 제출하지 못하고 있다고 하더라도, 그 점유의 경위와 용도, 국가 등이 점유를 개시한 후에 지적공부에 그 토지의 소유자로 등재된 자가 소유권을 행사하려고 노력하였는지 여부, 함께 분할된 다른 토지의 이용 또는 처분관계 등 여러 가지 사정을 감안할 때 국가 등이 점유 개시 당시 공공용 재산의 취득절차를 거쳐서 소유권을 적법하게 취득하였을 가능성을 배제할 수 없는 경우에는, 국가 등의 자주점유의 추정을 부정하여 무단점유로 인정할 것이 아니다.

[2] 저수지의 제당부지로 사용되고 있는 토지의 등기부상 소유명의인으로부터 일부 지분을 상속받은 甲이 저수지를 관리하는 한국농어촌공사를 상대로 법률상 원인 없이 위 토지의 임료 상당액의 이득을 얻고 있다는 이유로 부당이득반환청구를 하자, 한국농어촌공사가 위 토지에 관한 점유취득시효완성을 주장한 사안에서, 위 토지에 관한 지적공부 등이 멸실되지 않고 보존되어 있음에도 거기에 한국농어촌공사의 소유권취득을 뒷받침하는 기재가 없고 한국농어촌공사가 취득절차에 관한 객관적 자료를 제출하지 못하고 있다고 하더라도, 저수지가 조선총독부의 농지개발사업을 위해 설립된 조선농지개발영단에 의해 설치된 점, 저수지가 설치될 당시부터 현재까지 저수지의 면적, 제당의 길이, 제당사면의 넓이에 큰 변화가 없었던 점, 위 토지는 저수지가 설치될 무렵부터 제당부지에 속하였던 것으로 보이는 점, 위 토지의 등기부상 소유명의인이나 그 상속인들이 소 제기 이전까지 위 토지에 관한 소유권을 행사하려고 노력하였다고 볼 만한 자료가 없는 점, 위 토지와 달리 제당부지에 속하지 아니한 인근 토지는 위 토지에서 분할된 후 수차례 소유권이 변동되었고 지방자치단체가 협의취득을 한 점, 그 밖에 위 토지의 처분·이용·권리 행사 관계 등 여러 사정을 종합하여 보면, 조선농지개발영단이 저수지를 설치할 무렵 공공용 재산의 취득절차를 거쳐서 위 토지의 소유권을 적법하게 취득하였을 가능성을 배제할 수 없으므로, 위 토지에 대한 한국농어촌공사의 자주점유의 추정을

부정하여 무단점유로 인정한 원심판단에 법리오해의 잘못이 있다고 한 사례.

제198조(점유계속의 추정) 전후양시에 점유한 사실이 있는 때에는 그 점유는 계속한 것으로 추정한다.

제199조(점유의 승계의 주장과 그 효과) ① 점유자의 승계인은 자기의 점유만을 주장하거나 자기의 점유와 전점유자의 점유를 아울러 주장할 수 있다.
② 전점유자의 점유를 아울러 주장하는 경우에는 그 하자도 계승한다.

제200조(권리의 적법의 추정) 점유자가 점유물에 대하여 행사하는 권리는 적법하게 보유한 것으로 추정한다.

제201조(점유자와 과실) ① 선의의 점유자는 점유물의 과실을 취득한다.
② 악의의 점유자는 수취한 과실을 반환하여야 하며 소비하였거나 과실로 인하여 훼손 또는 수취하지 못한 경우에는 그 과실의 대가를 보상하여야 한다.
③ 전항의 규정은 폭력 또는 은비에 의한 점유자에 준용한다.

제202조(점유자의 회복자에 대한 책임) 점유물이 점유자의 책임있는 사유로 인하여 멸실 또는 훼손한 때에는 악의의 점유자는 그 손해의 전부를 배상하여야 하며 선의의 점유자는 이익이 현존하는 한도에서 배상하여야 한다. 소유의 의사가 없는 점유자는 선의인 경우에도 손해의 전부를 배상하여야 한다.

제203조(점유자의 상환청구권) ① 점유자가 점유물을 반환할 때에는 회복자에 대하여 점유물을 보존하기 위하여 지출한 금액 기타 필요비의 상환을 청구할 수 있다. 그러나 점유자가 과실을 취득한 경우에는 통상의 필요비는 청구하지 못한다.
② 점유자가 점유물을 개량하기 위하여 지출한 금액 기타 유익비에 관하여는 그 가액의 증가가 현존한 경우에 한하여 회복자의 선택에 좇아 그 지출금액이나 증가액의 상환을 청구할 수 있다.
③ 전항의 경우에 법원은 회복자의 청구에 의하여 상당한 상환기간을 허여할 수 있다.

토지인도
[대법원 2023. 7. 13. 선고 2022다265093 판결]

【판시사항】
저당부동산의 소유권을 취득한 자가 민법 제367조의 제3취득자에 해당하는지 여부(적극) / 제3취득자가 민법 제367조를 근거로 직접 저당권설정자, 저당권자 또는 경매절차 매수인 등에 대하여 비용상환을 청구할 수 있는지 여부(소극) 및 이를 피담보채권으로 주장하면서 유치권을 행사할 수 있는지 여부(소극)

【판결요지】
민법 제367조는 저당물의 제3취득자가 그 부동산의 보존, 개량을 위하여 필요비 또는 유익비를 지출한 때에는 제203조 제1항, 제2항의 규정에 의하여 저당물의 경매대가에서 우선상환을 받을 수 있다고 규정하고 있다.

이는 저당권이 설정되어 있는 부동산의 제3취득자가 저당부동산에 관하여 지출한 필요비, 유익비는 부동산 가치의 유지·증가를 위하여 지출된 일종의 공익비용이므로 저당부동산의 환가대금에서 부담하여야 할 성질의 비용이고 더욱이 제3취득자는 경매의 결과 그 권리를 상실하게 되므로 특별히 경매로 인한 매각대금에서 우선적으로 상환을 받도록 한 것이다. 저당부동산의 소유권을 취득한 자도 민법 제367조의 제3취득자에 해당한다. 제3취득자가 민법 제367조에 의하여 우선상환을 받으려면 저당부동산의 경매절차에서 배당요구의 종기까지 배당요구를 하여야 한다(민사집행법 제268조, 제88조).

위와 같이 민법 제367조에 의한 우선상환은 제3취득자가 경매절차에서 배당받는 방법으로 민법 제203조 제1항, 제2항에서 규정한 비용에 관하여 경매절차의 매각대금에서 우선변제받을 수 있다는 것이지 이를 근거로 제3취득자가 직접 저당권설정자, 저당권자 또는 경매절차 매수인 등에 대하여 비용상환을 청구할 수 있는 권리가 인정될 수 없다. 따라서 제3취득자는 민법 제367조에 의한 비용상환청구권을 피담보채권으로 주장하면서 유치권을 행사할 수 없다.

제204조(점유의 회수) ① 점유자가 점유의 침탈을 당한 때에는 그 물건의 반환 및 손해의 배상을 청구할 수 있다.

② 전항의 청구권은 침탈자의 특별승계인에 대하여는 행사하지 못한다. 그러나 승계인이 악의인 때에는 그러하지 아니하다.

③ 제1항의 청구권은 침탈을 당한 날로부터 1년내에 행사하여야 한다.

제205조(점유의 보유) ① 점유자가 점유의 방해를 받은 때에는 그 방해의 제거 및 손해의 배상을 청구할 수 있다.

② 전항의 청구권은 방해가 종료한 날로부터 1년내에 행사하여야 한다.

③ 공사로 인하여 점유의 방해를 받은 경우에는 공사착수후 1년을 경과하거나 그 공사가 완성한 때에는 방해의 제거를 청구하지 못한다.

제206조(점유의 보전) ① 점유자가 점유의 방해를 받을 염려가 있는 때에는 그 방해의 예방 또는 손해배상의 담보를 청구할 수 있다.

② 공사로 인하여 점유의 방해를 받을 염려가 있는 경우에는 전조제3항의 규정을 준용한다.

제207조(간접점유의 보호) ① 전3조의 청구권은 제194조의 규정에 의한 간접점유자도 이를 행사할 수 있다.

② 점유자가 점유의 침탈을 당한 경우에 간접점유자는 그 물건을 점유자에게 반환할 것을 청구할 수 있고 점유자가 그 물건의 반환을 받을 수 없거나 이를 원하지 아니하는 때에는 자기에게 반환할 것을 청구할 수 있다.

제208조(점유의 소와 본권의 소와의 관계) ① 점유권에 기인한 소와 본권에 기인한 소는 서로 영향을 미치지 아니한다.

② 점유권에 기인한 소는 본권에 관한 이유로 재판하지 못한다.

제209조(자력구제) ① 점유자는 그 점유를 부정히 침탈 또는 방해하는 행위에 대하여 자력으로써 이를 방위할 수 있다.

② 점유물이 침탈되었을 경우에 부동산일 때에는 점유자는 침탈후 직시 가해자를 배제하여 이를 탈환할 수 있고 동산일 때에는 점유자는 현장에서 또는 추적하여 가해자로부터 이를 탈환할 수 있다.

건물명도(인도)
[대법원 2023. 8. 18. 선고 2022다269675 판결]

【판시사항】
상대방으로부터 점유를 위법하게 침탈당한 점유자가 상대방으로부터 자력구제에 해당하지 않는 방법으로 점유를 탈환한 경우, 상대방이 점유자를 상대로 민법 제204조 제1항에 따른 점유의 회수를 청구할 수 있는지 여부(원칙적 소극)

【판결요지】
상대방으로부터 점유를 위법하게 침탈당한 점유자가 상대방으로부터 점유를 탈환하였을 경우(이른바 '점유의 상호침탈'), 상대방의 점유회수청구가 받아들여지더라도 점유자가 상대방의 점유침탈을 문제 삼아 점유회수청구권을 행사함으로써 다시 자신의 점유를 회복할 수 있다면 상대방의 점유회수청구를 인정하는 것이 무용할 수 있다. 따라서 이러한 경우 점유자의 점유탈환행위가 민법 제209조 제2항의 자력구제에 해당하지 않는다고 하더라도 특별한 사정이 없는 한 상대방은 자신의 점유가 침탈당하였음을 이유로 점유자를 상대로 민법 제204조 제1항에 따른 점유의 회수를 청구할 수 없다고 보는 것이 타당하다.

제210조(준점유) 본장의 규정은 재산권을 사실상 행사하는 경우에 준용한다.

제3장 소유권

제1절 소유권의 한계

제211조(소유권의 내용) 소유자는 법률의 범위내에서 그 소유물을 사용, 수익, 처분할 권리가 있다.

건물인도[건물에서의 퇴거를 구하였는데 건물의 인도를 명할 수 있는지 문제된 사건]
[대법원 2024. 6. 13. 선고 2024다213157 판결]

【판시사항】
[1] 민사소송에서 법원의 심판 대상과 범위
[2] 건물의 '인도'와 건물에서의 '퇴거'의 구별 / 채권자가 소로써 채무자가 건물에서 퇴거할 것을 구하고 있는데 법원이 채무자의 건물 인도를 명한 경우, 처분권주의에 반하는지 여부(적극)
[3] 공유물의 소수지분권자가 다른 공유자와 협의 없이 공유물의 전부 또는 일부를 독점적으로 점유하는 경우, 다른 소수지분권자가 공유물의 인도를 청구할 수 있는지 여부(소극)

【판결요지】

[1] 민사소송법 제203조는 '처분권주의'라는 제목으로 "법원은 당사자가 신청하지 아니한 사항에 대하여는 판결하지 못한다."라고 정하고 있다. 민사소송에서 심판 대상은 원고의 의사에 따라 특정되고, 법원은 당사자가 신청한 사항에 대하여 신청 범위 내에서만 판단하여야 한다.

[2] 건물의 '인도'는 건물에 대한 현실적·사실적 지배를 완전히 이전하는 것을 의미하고, 민사집행법상 인도 청구의 집행은 집행관이 채무자로부터 물건의 점유를 빼앗아 이를 채권자에게 인도하는 방법으로 한다. 한편 건물에서의 '퇴거'는 건물에 대한 채무자의 점유를 해제하는 것을 의미할 뿐, 더 나아가 채권자에게 점유를 이전할 것까지 의미하지는 않는다는 점에서 건물의 '인도'와 구별된다. 그러므로 채권자가 소로써 채무자가 건물에서 퇴거할 것을 구하고 있는데 법원이 채무자의 건물 인도를 명하는 것은 처분권주의에 반하여 허용되지 않는다.

[3] 공유물의 소수지분권자인 피고가 다른 공유자와 협의하지 않고 공유물의 전부 또는 일부를 독점적으로 점유하는 경우 소수지분권자인 원고가 피고를 상대로 공유물의 인도를 청구할 수는 없다.

제212조(토지소유권의 범위) 토지의 소유권은 정당한 이익있는 범위내에서 토지의 상하에 미친다.

제213조(소유물반환청구권) 소유자는 그 소유에 속한 물건을 점유한 자에 대하여 반환을 청구할 수 있다. 그러나 점유자가 그 물건을 점유할 권리가 있는 때에는 반환을 거부할 수 있다.

제214조(소유물방해제거, 방해예방청구권) 소유자는 소유권을 방해하는 자에 대하여 방해의 제거를 청구할 수 있고 소유권을 방해할 염려있는 행위를 하는 자에 대하여 그 예방이나 손해배상의 담보를 청구할 수 있다.

제215조(건물의 구분소유) ① 수인이 한 채의 건물을 구분하여 각각 그 일부분을 소유한 때에는 건물과 그 부속물중 공용하는 부분은 그의 공유로 추정한다.
② 공용부분의 보존에 관한 비용 기타의 부담은 각자의 소유부분의 가액에 비례하여 분담한다.

유치권존재확인의소
[대법원 2023. 4. 27. 선고 2022다273018 판결]

【판시사항】

[1] 유치권의 피담보채권이 되기 위한 요건 및 법률과 관습법이 인정하지 않는 새로운 종류나 내용의 물권을 창설할 수 있는지 여부(소극)

[2] 인접한 구분건물 사이에 설치된 경계벽이 제거되어 각 구분건물이 구조상 및 이용상 독립성을 상실하였으나, 각 구분건물의 위치와 면적 등을 특정할 수 있고 사회통념상 그것이 복원을 전제로 한 일시적인 것으로서 복원이 용이한 경우, 그 구분건물에 관한 등기의 효력(유효)

[3] 甲 주식회사가 구분등기가 마쳐진 4개 호실 중 1개 호실을 임차하면서 임대인과 '임대
차계약이 종료된 경우에 임대인은 임차인에게 임차인이 위 부동산에 관하여 뷔페 영업
을 위하여 투입한 총공사비의 70%를 반환한다.'는 내용의 공사비 반환 약정을 하였고,
그 후 甲 회사는 4개 호실을 점유하면서 각 호실을 구분하던 칸막이를 철거하는 등의
공사를 한 다음 점유 부분 전부를 뷔페 영업을 위한 공간으로 사용하였는데, 4개 호실
이 경매절차에서 일괄매각되자 甲 회사가 위 약정에 따른 유익비상환채권을 피담보채
권으로 하는 유치권의 존재 확인을 구한 사안에서, 甲 회사가 지출하였다고 주장하는
총공사비에 따라 산정한 금액을 유치권의 피담보채권으로 인정한 다음 甲 회사가 각
호실 전체에 대하여 유치권을 주장할 수 있다고 본 원심판단에 법리오해의 잘못이 있
다고 한 사례

【판결요지】

[1] 유치권은 점유하는 물건으로써 유치권자의 피담보채권에 대한 우선적 만족을 확보하여
주는 법정담보물권이다. 민법 제320조 제1항은 "타인의 물건 또는 유가증권을 점유한
자는 그 물건이나 유가증권에 관하여 생긴 채권이 변제기에 있는 경우에는 변제를 받
을 때까지 그 물건 또는 유가증권을 유치할 권리가 있다."라고 규정하고 있으므로, 유
치권의 피담보채권은 '그 물건에 관하여 생긴 채권'이어야 한다. 민법 제185조는 "물
권은 법률 또는 관습법에 의하는 외에는 임의로 창설하지 못한다."라고 정하여 물권법
정주의를 선언하고 있다. 물권법의 강행법규성에 따라 법률과 관습법이 인정하지 않는
새로운 종류나 내용의 물권을 창설하는 것은 허용되지 않는다.

[2] 인접한 구분건물 사이에 설치된 경계벽이 제거됨으로써 각 구분건물이 구분건물로서의
구조상 및 이용상 독립성을 상실하게 되었다고 하더라도, 각 구분건물의 위치와 면적
등을 특정할 수 있고 사회통념상 그것이 구분건물로서의 복원을 전제로 한 일시적인
것일 뿐만 아니라 복원이 용이한 것이라면, 각 구분건물이 구분건물로서의 실체를 상
실한다고 쉽게 단정할 수는 없고, 아직도 그 등기는 구분건물을 표상하는 등기로서 유
효하다고 해석해야 한다.

[3] 甲 주식회사가 구분등기가 마쳐진 4개 호실 중 1개 호실을 임차하면서 임대인과 '임대
차계약이 종료된 경우에 임대인은 임차인에게 임차인이 위 부동산에 관하여 뷔페 영업
을 위하여 투입한 총공사비의 70%를 반환한다.'는 내용의 공사비 반환 약정을 하였고,
그 후 甲 회사는 4개 호실을 전부 점유하면서 각 호실을 구분하던 칸막이를 철거하는
등의 공사를 한 다음 점유 부분 전부를 뷔페 영업을 위한 공간으로 사용하였는데, 4개
호실이 경매절차에서 일괄매각되자 甲 회사가 위 약정에 따른 유익비상환채권을 피담
보채권으로 하는 유치권의 존재 확인을 구한 사안에서, 임대차계약 및 공사비 반환 약
정의 진정성에 의문스러운 부분이 있을 뿐만 아니라, 유치권의 목적물과 견련관계가
인정되지 않는 채권을 피담보채권으로 하는 유치권을 인정한다면 법률이 정하지 않은
새로운 내용의 유치권을 창설하는 것으로서 물권법정주의에 반하여 허용되지 않는데,
甲 회사가 공사에 지출하였다고 주장하는 비용에는 각 호실의 개량을 위하여 지출되어
물건의 가치를 객관적으로 증가시키는 비용과 甲 회사의 주관적 이익이나 특정한 영업
을 위한 목적으로 지출된 비용이 구분되어 있지 않으므로, 공사비 반환 약정을 근거로,
민법상 유익비에 해당하지 않는, 즉 건물의 객관적 가치 증가와 무관한 비용지출로서
유치권 목적물과의 견련관계가 인정되지 않는 부분까지 법정담보물권인 유치권의 피담
보채권이 된다고 볼 수 없으며, 한편 각 호실의 칸막이가 철거되어 구조상·이용상 독립
성을 상실하기는 하였으나 현재도 건축물대장에 첨부된 건축물현황도 등으로 위치와

면적 등을 쉽게 특정할 수 있고, 기존 칸막이 철거는 점유 부분을 뷔페 영업에 사용하기 위한 일시적인 방편에 불과하여 언제든지 원상태로 복원할 수 있을 뿐만 아니라 복원에 과다한 비용이 들 것으로 보이지 않는데도, 甲 회사가 지출하였다고 주장하는 총 공사비에 따라 산정한 금액을 유치권의 피담보채권으로 인정한 다음 甲 회사가 각 호실 전체에 대하여 유치권을 주장할 수 있다고 본 원심판단에 법리오해의 잘못이 있다고 한 사례.

제216조(인지사용청구권) ① 토지소유자는 경계나 그 근방에서 담 또는 건물을 축조하거나 수선하기 위하여 필요한 범위내에서 이웃 토지의 사용을 청구할 수 있다. 그러나 이웃 사람의 승낙이 없으면 그 주거에 들어가지 못한다.
② 전항의 경우에 이웃 사람이 손해를 받은 때에는 보상을 청구할 수 있다.

제217조(매연 등에 의한 인지에 대한 방해금지) ① 토지소유자는 매연, 열기체, 액체, 음향, 진동 기타 이에 유사한 것으로 이웃 토지의 사용을 방해하거나 이웃 거주자의 생활에 고통을 주지 아니하도록 적당한 조처를 할 의무가 있다.
② 이웃 거주자는 전항의 사태가 이웃 토지의 통상의 용도에 적당한 것인 때에는 이를 인용할 의무가 있다.

담장철거등

[대법원 2023. 4. 13., 선고, 2021다271725, 판결]

【판시사항】

[1] 법해석의 방법과 한계

[2] 법률상 사항에 관한 법원의 석명 또는 지적의무

[3] 토지의 경계에 경계표나 담이 설치되어 있지 않을 때 한쪽 토지 소유자의 경계표나 담 설치 협력 요구에 인접 토지 소유자가 응하지 않는 경우, 민사소송으로 협력 의무의 이행을 구할 수 있는지 여부(적극) 및 이때 법원이 명할 협력 의무의 내용 / 기존의 경계표나 담장에 대하여 한쪽 토지 소유자가 처분권한을 가지고 있으면서 기존의 경계표나 담장을 제거할 의사를 분명하게 나타내고 있는 경우, 한쪽 토지 소유자가 인접 토지 소유자에 대하여 새로운 경계표나 담장의 설치에 협력할 것을 소구할 수 있는지 여부(적극) 및 담장의 처분권한이 없는 토지 소유자가 처분권한이 있는 인접 토지 소유자를 상대로 기존 담장의 철거를 명하는 판결을 받아 담장이 적법하게 철거되어야 하는 경우에도 마찬가지인지 여부(적극)

【판결요지】

[1] 법은 원칙적으로 불특정 다수인에 대하여 동일한 구속력을 갖는 사회의 보편타당한 규범이므로 이를 해석함에 있어서는 법의 표준적 의미를 밝혀 객관적 타당성이 있도록 하여야 하고, 가급적 모든 사람이 수긍할 수 있는 일관성을 유지함으로써 법적 안정성이 손상되지 않도록 하여야 한다. 한편 실정법은 보편적이고 전형적인 사안을 염두에 두고 규정되기 마련이므로 사회현실에서 일어나는 다양한 사안에서 그 법을 적용함에 있어서는 구체적 사안에 맞는 가장 타당한 해결이 될 수 있도록 해석할 것도 또한 요구된다. 요컨대 법해석의 목표는 어디까지나 법적 안정성을 저해하지 않는 범위 내에서 구체적 타당성을 찾는 데 두어야 한다. 나아가 그러기 위해서는 가능한 한 법률에

사용된 문언의 통상적인 의미에 충실하게 해석하는 것을 원칙으로 하면서, 법률의 입법 취지와 목적, 그 제·개정 연혁, 법질서 전체와의 조화, 다른 법령과의 관계 등을 고려하는 체계적·논리적 해석방법을 추가적으로 동원함으로써, 위와 같은 법해석의 요청에 부응하는 타당한 해석을 하여야 한다.

[2] 당사자의 주장에 법률적 관점에서 보아 현저한 모순이나 불명료한 부분이 있는 경우, 법원은 적극적으로 석명권을 행사하여 당사자에게 의견 진술의 기회를 주어야 하고, 이를 게을리한 경우에는 석명 또는 지적의무를 다하지 아니한 것으로서 위법한 평가를 받을 수 있다. 청구취지나 청구원인의 법적 근거에 따라 요건사실에 대한 증명책임이 달라지는 중대한 법률적 사항에 해당되는 경우라면 더욱 그러하다.

[3] 토지의 경계에 경계표나 담이 설치되어 있지 아니하다면 특별한 사정이 없는 한 어느 한쪽 토지의 소유자는 인접한 토지의 소유자에 대하여 공동비용으로 통상의 경계표나 담을 설치하는 데에 협력할 것을 요구할 수 있고, 인접 토지 소유자는 그에 협력할 의무가 있다고 보아야 하므로, 한쪽 토지 소유자의 요구에 대하여 인접 토지 소유자가 응하지 아니하는 경우에는 한쪽 토지 소유자는 민사소송으로 인접 토지 소유자에 대하여 그 협력 의무의 이행을 구할 수 있다. 법원은 당해 토지들의 이용 상황, 그 소재 지역의 일반적인 관행, 설치비용 등을 고려하여 새로 설치할 경계표나 담장의 위치(특별한 사정이 없는 한 원칙적으로 새로 설치할 경계표나 담장의 중심 또는 중심선이 양 토지의 경계선상에 위치하도록 해야 한다), 재질, 모양, 크기 등 필요한 사항을 심리하여 인접 토지 소유자에 대하여 협력 의무의 이행을 명할 수 있다. 한편 기존의 경계표나 담장에 대하여 어느 쪽 토지 소유자도 일방적으로 처분할 권한을 가지고 있지 아니하다면 한쪽 토지 소유자가 인접 토지 소유자의 동의 없이 임의로 기존의 경계표나 담장을 제거하는 것은 허용되지 않으므로 한쪽 토지 소유자의 의사만으로 새로운 경계표나 담장을 설치하도록 강제할 수는 없으나, 그와 달리 기존의 경계표나 담장에 대하여 한쪽 토지 소유자가 처분권한을 가지고 있으면서 기존의 경계표나 담장을 제거할 의사를 분명하게 나타내고 있는 경우라면 한쪽 토지 소유자는 인접 토지 소유자에 대하여 새로운 경계표나 담장의 설치에 협력할 것을 소구할 수 있다. 담장의 처분권한이 없는 토지 소유자가 그 처분권한이 있는 인접 토지 소유자를 상대로 기존 담장의 철거를 명하는 판결을 받아 그 담장이 적법하게 철거되어야 하는 경우에도 인접 토지 사이에 경계를 표시할 통상의 담장이 설치되지 않은 상태와 마찬가지로 볼 수 있으므로, 이와 같은 법리가 그대로 적용된다.

제218조(수도 등 시설권) ① 토지소유자는 타인의 토지를 통과하지 아니하면 필요한 수도, 소수관, 까스관, 전선 등을 시설할 수 없거나 과다한 비용을 요하는 경우에는 타인의 토지를 통과하여 이를 시설할 수 있다. 그러나 이로 인한 손해가 가장 적은 장소와 방법을 선택하여 이를 시설할 것이며 타토지의 소유자의 요청에 의하여 손해를 보상하여야 한다.

② 전항에 의한 시설을 한 후 사정의 변경이 있는 때에는 타토지의 소유자는 그 시설의 변경을 청구할 수 있다. 시설변경의 비용은 토지소유자가 부담한다.

제219조(주위토지통행권) ① 어느 토지와 공로사이에 그 토지의 용도에 필요한 통로

가 없는 경우에 그 토지소유자는 주위의 토지를 통행 또는 통로로 하지 아니하면 공로에 출입할 수 없거나 과다한 비용을 요하는 때에는 그 주위의 토지를 통행할 수 있고 필요한 경우에는 통로를 개설할 수 있다. 그러나 이로 인한 손해가 가장 적은 장소와 방법을 선택하여야 한다.

② 전항의 통행권자는 통행지소유자의 손해를 보상하여야 한다.

제220조(분할, 일부양도와 주위통행권) ① 분할로 인하여 공로에 통하지 못하는 토지가 있는 때에는 그 토지소유자는 공로에 출입하기 위하여 다른 분할자의 토지를 통행할 수 있다. 이 경우에는 보상의 의무가 없다.

② 전항의 규정은 토지소유자가 그 토지의 일부를 양도한 경우에 준용한다.

주위토지통행권확인등 · 토지인도등

[대법원 2021. 9. 30., 선고, 2021다245443, 245450, 판결]

【판시사항】

공로에 통할 수 있는 공유토지를 두고 공로에의 통로라 하여 타인의 토지를 통행하는 것이 허용되는지 여부(소극) 및 위 공로에 접하는 공유 부분을 구분소유적 공유관계에 있는 다른 공유자가 배타적으로 사용, 수익하고 있더라도 마찬가지인지 여부(적극)

【판결요지】

공로에 통할 수 있는 자기의 공유토지를 두고 공로에의 통로라 하여 남의 토지를 통행한다는 것은 민법 제219조, 제220조에 비추어 허용될 수 없다. 설령 위 공유토지가 구분소유적 공유관계에 있고 공로에 접하는 공유 부분을 다른 공유자가 배타적으로 사용, 수익하고 있다고 하더라도 마찬가지이다.

제221조(자연유수의 승수의무와 권리) ① 토지소유자는 이웃 토지로부터 자연히 흘러오는 물을 막지 못한다.

② 고지소유자는 이웃 저지에 자연히 흘러 내리는 이웃 저지에서 필요한 물을 자기의 정당한 사용범위를 넘어서 이를 막지 못한다.

제222조(소통공사권) 흐르는 물이 저지에서 폐색된 때에는 고지소유자는 자비로 소통에 필요한 공사를 할 수 있다.

제223조(저수, 배수, 인수를 위한 공작물에 대한 공사청구권) 토지소유자가 저수, 배수 또는 인수하기 위하여 공작물을 설치한 경우에 공작물의 파손 또는 폐색으로 타인의 토지에 손해를 가하거나 가할 염려가 있는 때에는 타인은 그 공작물의 보수, 폐색의 소통 또는 예방에 필요한 청구를 할 수 있다.

제224조(관습에 의한 비용부담) 전2조의 경우에 비용부담에 관한 관습이 있으면 그 관습에 의한다.

제225조(처마물에 대한 시설의무) 토지소유자는 처마물이 이웃에 직접 낙하하지 아니

하도록 적당한 시설을 하여야 한다.

제226조(여수소통권) ① 고지소유자는 침수지를 건조하기 위하여 또는 가용이나 농, 공업용의 여수를 소통하기 위하여 공로, 공류 또는 하수도에 달하기까지 저지에 물을 통과하게 할 수 있다.

② 전항의 경우에는 저지의 손해가 가장 적은 장소와 방법을 선택하여야 하며 손해를 보상하여야 한다.

제227조(유수용공작물의 사용권) ① 토지소유자는 그 소유지의 물을 소통하기 위하여 이웃 토지소유자의 시설한 공작물을 사용할 수 있다.
② 전항의 공작물을 사용하는 자는 그 이익을 받는 비율로 공작물의 설치와 보존의 비용을 분담하여야 한다.

제228조(여수급여청구권) 토지소유자는 과다한 비용이나 노력을 요하지 아니하고는 가용이나 토지이용에 필요한 물을 얻기 곤란한 때에는 이웃 토지소유자에게 보상하고 여수의 급여를 청구할 수 있다.

제229조(수류의 변경) ① 구거 기타 수류지의 소유자는 대안의 토지가 타인의 소유인 때에는 그 수로나 수류의 폭을 변경하지 못한다.
② 양안의 토지가 수류지소유자의 소유인 때에는 소유자는 수로와 수류의 폭을 변경할 수 있다. 그러나 하류는 자연의 수로와 일치하도록 하여야 한다.
③ 전2항의 규정은 다른 관습이 있으면 그 관습에 의한다.

제230조(언의 설치, 이용권) ① 수류지의 소유자가 언을 설치할 필요가 있는 때에는 그 언을 대안에 접촉하게 할 수 있다. 그러나 이로 인한 손해를 보상하여야 한다.
② 대안의 소유자는 수류지의 일부가 자기소유인 때에는 그 언을 사용할 수 있다. 그러나 그 이익을 받는 비율로 언의 설치, 보존의 비용을 분담하여야 한다.

제231조(공유하천용수권) ① 공유하천의 연안에서 농, 공업을 경영하는 자는 이에 이용하기 위하여 타인의 용수를 방해하지 아니하는 범위내에서 필요한 인수를 할 수 있다.
② 전항의 인수를 하기 위하여 필요한 공작물을 설치할 수 있다.

제232조(하류 연안의 용수권보호) 전조의 인수나 공작물로 인하여 하류연안의 용수권을 방해하는 때에는 그 용수권자는 방해의 제거 및 손해의 배상을 청구할 수 있다.

제233조(용수권의 승계) 농, 공업의 경영에 이용하는 수로 기타 공작물의 소유자나 몽리자의 특별승계인은 그 용수에 관한 전소유자나 몽리자의 권리의무를 승계한다.

제234조(용수권에 관한 다른 관습) 전3조의 규정은 다른 관습이 있으면 그 관습에 의

한다.

제235조(공용수의 용수권) 상린자는 그 공용에 속하는 원천이나 수도를 각 수요의 정도에 응하여 타인의 용수를 방해하지 아니하는 범위내에서 각각 용수할 권리가 있다.

제236조(용수장해의 공사와 손해배상, 원상회복) ① 필요한 용도나 수익이 있는 원천이나 수도가 타인의 건축 기타 공사로 인하여 단수, 감수 기타 용도에 장해가 생긴 때에는 용수권자는 손해배상을 청구할 수 있다.
② 전항의 공사로 인하여 음료수 기타 생활상 필요한 용수에 장해가 있을 때에는 원상회복을 청구할 수 있다.

제237조(경계표, 담의 설치권) ① 인접하여 토지를 소유한 자는 공동비용으로 통상의 경계표나 담을 설치할 수 있다.
② 전항의 비용은 쌍방이 절반하여 부담한다. 그러나 측량비용은 토지의 면적에 비례하여 부담한다.
③ 전2항의 규정은 다른 관습이 있으면 그 관습에 의한다.

담장철거등
[대법원 2023. 4. 13., 선고, 2021다271725, 판결]

【판시사항】

[1] 법해석의 방법과 한계

[2] 법률상 사항에 관한 법원의 석명 또는 지적의무

[3] 토지의 경계에 경계표나 담이 설치되어 있지 않을 때 한쪽 토지 소유자의 경계표나 담 설치 협력 요구에 인접 토지 소유자가 응하지 않는 경우, 민사소송으로 협력 의무의 이행을 구할 수 있는지 여부(적극) 및 이때 법원이 명할 협력 의무의 내용 / 기존의 경계표나 담장에 대하여 한쪽 토지 소유자가 처분권한을 가지고 있으면서 기존의 경계표나 담장을 제거할 의사를 분명하게 나타내고 있는 경우, 한쪽 토지 소유자가 인접 토지 소유자에 대하여 새로운 경계표나 담장의 설치에 협력할 것을 소구할 수 있는지 여부(적극) 및 담장의 처분권한이 없는 토지 소유자가 처분권한이 있는 인접 토지 소유자를 상대로 기존 담장의 철거를 명하는 판결을 받아 담장이 적법하게 철거되어야 하는 경우에도 마찬가지인지 여부(적극)

【판결요지】

[1] 법은 원칙적으로 불특정 다수인에 대하여 동일한 구속력을 갖는 사회의 보편타당한 규범이므로 이를 해석함에 있어서는 법의 표준적 의미를 밝혀 객관적 타당성이 있도록 하여야 하고, 가급적 모든 사람이 수긍할 수 있는 일관성을 유지함으로써 법적 안정성이 손상되지 않도록 하여야 한다. 한편 실정법은 보편적이고 전형적인 사안을 염두에 두고 규정되기 마련이므로 사회현실에서 일어나는 다양한 사안에서 그 법을 적용함에 있어서는 구체적 사안에 맞는 가장 타당한 해결이 될 수 있도록 해석할 것도 또한 요구된다. 요컨대 법해석의 목표는 어디까지나 법적 안정성을 저해하지 않는 범위 내에서 구체적 타당성을 찾는 데 두어야 한다. 나아가 그러기 위해서는 가능한 한 법률에

사용된 문언의 통상적인 의미에 충실하게 해석하는 것을 원칙으로 하면서, 법률의 입법 취지와 목적, 그 제·개정 연혁, 법질서 전체와의 조화, 다른 법령과의 관계 등을 고려하는 체계적·논리적 해석방법을 추가적으로 동원함으로써, 위와 같은 법해석의 요청에 부응하는 타당한 해석을 하여야 한다.

[2] 당사자의 주장에 법률적 관점에서 보아 현저한 모순이나 불명료한 부분이 있는 경우, 법원은 적극적으로 석명권을 행사하여 당사자에게 의견 진술의 기회를 주어야 하고, 이를 게을리한 경우에는 석명 또는 지적의무를 다하지 아니한 것으로서 위법한 평가를 받을 수 있다. 청구취지나 청구원인의 법적 근거에 따라 요건사실에 대한 증명책임이 달라지는 중대한 법률적 사항에 해당되는 경우라면 더욱 그러하다.

[3] 토지의 경계에 경계표나 담이 설치되어 있지 아니하다면 특별한 사정이 없는 한 어느 한쪽 토지의 소유자는 인접한 토지의 소유자에 대하여 공동비용으로 통상의 경계표나 담을 설치하는 데에 협력할 것을 요구할 수 있고, 인접 토지 소유자는 그에 협력할 의무가 있다고 보아야 하므로, 한쪽 토지 소유자의 요구에 대하여 인접 토지 소유자가 응하지 아니하는 경우에는 한쪽 토지 소유자는 민사소송으로 인접 토지 소유자에 대하여 그 협력 의무의 이행을 구할 수 있다. 법원은 당해 토지들의 이용 상황, 그 소재 지역의 일반적인 관행, 설치비용 등을 고려하여 새로 설치할 경계표나 담장의 위치(특별한 사정이 없는 한 원칙적으로 새로 설치할 경계표나 담장의 중심 또는 중심선이 양 토지의 경계선상에 위치하도록 해야 한다), 재질, 모양, 크기 등 필요한 사항을 심리하여 인접 토지 소유자에 대하여 협력 의무의 이행을 명할 수 있다. 한편 기존의 경계표나 담장에 대하여 어느 쪽 토지 소유자도 일방적으로 처분할 권한을 가지고 있지 아니하다면 한쪽 토지 소유자가 인접 토지 소유자의 동의 없이 임의로 기존의 경계표나 담장을 제거하는 것은 허용되지 않으므로 한쪽 토지 소유자의 의사만으로 새로운 경계표나 담장을 설치하도록 강제할 수는 없으나, 그와 달리 기존의 경계표나 담장에 대하여 한쪽 토지 소유자가 처분권한을 가지고 있으면서 기존의 경계표나 담장을 제거할 의사를 분명하게 나타내고 있는 경우라면 한쪽 토지 소유자는 인접 토지 소유자에 대하여 새로운 경계표나 담장의 설치에 협력할 것을 소구할 수 있다. 담장의 처분권한이 없는 토지 소유자가 그 처분권한이 있는 인접 토지 소유자를 상대로 기존 담장의 철거를 명하는 판결을 받아 그 담장이 적법하게 철거되어야 하는 경우에도 인접 토지 사이에 경계를 표시할 통상의 담장이 설치되지 않은 상태와 마찬가지로 볼 수 있으므로, 이와 같은 법리가 그대로 적용된다.

제238조(담의 특수시설권) 인지소유자는 자기의 비용으로 담의 재료를 통상보다 양호한 것으로 할 수 있으며 그 높이를 통상보다 높게 할 수 있고 또는 방화벽 기타 특수시설을 할 수 있다.

제239조(경계표 등의 공유추정) 경계에 설치된 경계표, 담, 구거 등은 상린자의 공유로 추정한다. 그러나 경계표, 담, 구거 등이 상린자일방의 단독비용으로 설치되었거나 담이 건물의 일부인 경우에는 그러하지 아니하다.

제240조(수지, 목근의 제거권) ① 인접지의 수목가지가 경계를 넘은 때에는 그 소유자에 대하여 가지의 제거를 청구할 수 있다.

② 전항의 청구에 응하지 아니한 때에는 청구자가 그 가지를 제거할 수 있다.
③ 인접지의 수목뿌리가 경계를 넘은 때에는 임의로 제거할 수 있다.

제241조(토지의 심굴금지) 토지소유자는 인접지의 지반이 붕괴할 정도로 자기의 토지를 심굴하지 못한다. 그러나 충분한 방어공사를 한 때에는 그러하지 아니하다.

제242조(경계선부근의 건축) ① 건물을 축조함에는 특별한 관습이 없으면 경계로부터 반미터 이상의 거리를 두어야 한다.
② 인접지소유자는 전항의 규정에 위반한 자에 대하여 건물의 변경이나 철거를 청구할 수 있다. 그러나 건축에 착수한 후 1년을 경과하거나 건물이 완성된 후에는 손해배상만을 청구할 수 있다.

제243조(차면시설의무) 경계로부터 2미터 이내의 거리에서 이웃 주택의 내부를 관망할 수 있는 창이나 마루를 설치하는 경우에는 적당한 차면시설을 하여야 한다.

제244조(지하시설 등에 대한 제한) ① 우물을 파거나 용수, 하수 또는 오물 등을 저치할 지하시설을 하는 때에는 경계로부터 2미터 이상의 거리를 두어야 하며 저수지, 구거 또는 지하실공사에는 경계로부터 그 깊이의 반 이상의 거리를 두어야 한다.
② 전항의 공사를 함에는 토사가 붕괴하거나 하수 또는 오액이 이웃에 흐르지 아니하도록 적당한 조처를 하여야 한다.

제2절 소유권의 취득

제245조(점유로 인한 부동산소유권의 취득기간) ① 20년간 소유의 의사로 평온, 공연하게 부동산을 점유하는 자는 등기함으로써 그 소유권을 취득한다.
② 부동산의 소유자로 등기한 자가 10년간 소유의 의사로 평온, 공연하게 선의이며 과실없이 그 부동산을 점유한 때에는 소유권을 취득한다.

건물등철거·소유권이전등기
[대법원 2023. 7. 13., 선고, 2023다223591, 223607, 판결]

【판시사항】
[1] 부동산에 관한 소유권이전등기의 추정력이 전 소유자는 물론 제3자에 대하여도 미치는지 여부(적극) 및 등기명의자가 등기부에 기재된 것과 다른 원인으로 등기 명의를 취득하였다고 주장하고 있지만 그 주장 사실이 인정되지 않는 경우에도 등기가 원인 없이 마쳐진 것이라고 주장하는 쪽에서 무효사유를 주장·증명하여야 하는지 여부(적극) / 토지에 관하여 점유취득시효 완성에 따라 소유권이전등기가 마쳐진 경우, 제3자가 등기명의자의 취득시효 기간 중 일부 기간 동안 해당 토지 일부에 관하여 직접적·현실적인 점유를 한 사실이 있다는 사정만으로 등기의 추정력이 깨어진다거나 소유권이전등기가 원인무효의 등기가 되는지 여부(소극)
[2] 등기원인의 존부에 관하여 분쟁이 발생하여 당사자 사이에 소송이 벌어짐에 따라 법

원이 위 등기원인의 존재를 인정하면서 이에 기한 등기절차의 이행을 명하는 판결을 선고하고 그 판결이 확정됨에 따라 소유권이전등기가 마쳐진 경우, 위 기판력이 미치지 아니하는 타인이 위 등기원인의 부존재를 이유로 확정판결에 기한 등기의 추정력을 번복하기 위한 증명의 정도

【판결요지】
[1] 부동산에 관하여 소유권이전등기가 마쳐진 경우에 등기명의자는 그 전 소유자는 물론 제3자에 대하여도 적법한 등기원인에 따라 소유권을 취득한 것으로 추정되므로 이를 다투는 측에서 무효사유를 주장·증명하여야 한다. 즉, 부동산등기는 그것이 형식적으로 존재하는 것 자체로부터 적법한 등기원인에 의하여 마쳐진 것으로 추정되고, 등기명의자가 등기부에 기재된 것과 다른 원인으로 등기 명의를 취득하였다고 주장하고 있지만 그 주장 사실이 인정되지 않는다 하더라도 그 자체로 등기의 추정력이 깨어진다고 할 수 없으므로, 그와 같은 경우에도 등기가 원인 없이 마쳐진 것이라고 주장하는 쪽에서 무효사유를 주장·증명할 책임을 지게 된다. 토지에 관하여 점유취득시효 완성에 따라 소유권이전등기가 마쳐진 경우에도 적법한 등기원인에 따라 소유권을 취득한 것으로 추정되는 것은 마찬가지이므로, 제3자가 등기명의자의 취득시효 기간 중 일부 기간 동안 해당 토지 일부에 관하여 직접적·현실적인 점유를 한 사실이 있다는 사정만으로 등기의 추정력이 깨어진다거나 위 소유권이전등기가 원인무효의 등기가 된다고 볼 수는 없다.
[2] 등기원인의 존부에 관하여 분쟁이 발생하여 당사자 사이에 소송이 벌어짐에 따라 법원이 위 등기원인의 존재를 인정하면서 이에 기한 등기절차의 이행을 명하는 판결을 선고하고 그 판결이 확정됨에 따라 이에 기한 소유권이전등기가 마쳐진 경우, 그 등기원인에 기한 등기청구권은 법원의 판단에 의하여 당사자 사이에서 확정된 것임이 분명하고, 법원이나 제3자도 위 당사자 사이에 그러한 기판력이 발생하였다는 사실 자체는 부정할 수 없는 것이므로, 위 기판력이 미치지 아니하는 타인이 위 등기원인의 부존재를 이유로 확정판결에 기한 등기의 추정력을 번복하기 위해서는 일반적으로 등기의 추정력을 번복함에 있어서 요구되는 증명의 정도를 넘는 명백한 증거나 자료를 제출하여야 하고, 법원도 그러한 정도의 증명이 없는 한 확정판결에 기한 등기가 원인무효라고 단정하여서는 아니 된다.

제246조(점유로 인한 동산소유권의 취득기간) ① 10년간 소유의 의사로 평온, 공연하게 동산을 점유한 자는 그 소유권을 취득한다.
② 전항의 점유가 선의이며 과실없이 개시된 경우에는 5년을 경과함으로써 그 소유권을 취득한다.

제247조(소유권취득의 소급효, 중단사유) ① 전2조의 규정에 의한 소유권취득의 효력은 점유를 개시한 때에 소급한다.
② 소멸시효의 중단에 관한 규정은 전2조의 소유권취득기간에 준용한다.

제248조(소유권 이외의 재산권의 취득시효) 전3조의 규정은 소유권 이외의 재산권의 취득에 준용한다.

제249조(선의취득) 평온, 공연하게 동산을 양수한 자가 선의이며 과실없이 그 동산을 점유한 경우에는 양도인이 정당한 소유자가 아닌 때에도 즉시 그 동산의 소유권을 취득한다.

제250조(도품, 유실물에 대한 특례) 전조의 경우에 그 동산이 도품이나 유실물인 때에는 피해자 또는 유실자는 도난 또는 유실한 날로부터 2년내에 그 물건의 반환을 청구할 수 있다. 그러나 도품이나 유실물이 금전인 때에는 그러하지 아니하다.

제251조(도품, 유실물에 대한 특례) 양수인이 도품 또는 유실물을 경매나 공개시장에서 또는 동종류의 물건을 판매하는 상인에게서 선의로 매수한 때에는 피해자 또는 유실자는 양수인이 지급한 대가를 변상하고 그 물건의 반환을 청구할 수 있다.

제252조(무주물의 귀속) ① 무주의 동산을 소유의 의사로 점유한 자는 그 소유권을 취득한다.
② 무주의 부동산은 국유로 한다.
③ 야생하는 동물은 무주물로 하고 사양하는 야생동물도 다시 야생상태로 돌아가면 무주물로 한다.

제253조(유실물의 소유권취득) 유실물은 법률에 정한 바에 의하여 공고한 후 6개월내에 그 소유자가 권리를 주장하지 아니하면 습득자가 그 소유권을 취득한다. 〈개정 2013. 4. 5.〉

제254조(매장물의 소유권취득) 매장물은 법률에 정한 바에 의하여 공고한 후 1년내에 그 소유자가 권리를 주장하지 아니하면 발견자가 그 소유권을 취득한다. 그러나 타인의 토지 기타 물건으로부터 발견한 매장물은 그 토지 기타 물건의 소유자와 발견자가 절반하여 취득한다.

제255조(「국가유산기본법」 제3조에 따른 국가유산의 국유) ① 학술, 기예 또는 고고의 중요한 재료가 되는 물건에 대하여는 제252조제1항 및 전2조의 규정에 의하지 아니하고 국유로 한다.
② 전항의 경우에 습득자, 발견자 및 매장물이 발견된 토지 기타 물건의 소유자는 국가에 대하여 적당한 보상을 청구할 수 있다.
[제목개정 2023. 5. 16.]

제256조(부동산에의 부합) 부동산의 소유자는 그 부동산에 부합한 물건의 소유권을 취득한다. 그러나 타인의 권원에 의하여 부속된 것은 그러하지 아니하다.

특수재물손괴

[대법원 2023. 11. 16. 선고 2023도11885 판결]

【판시사항】

[1] 민법 제256조에서 부동산에의 부합의 예외사유로 규정한 '권원'의 의미 / 타인 소유의 토지에 수목을 식재할 당시 토지 소유권자로부터 그에 관한 명시적 또는 묵시적 승낙·동의·허락 등을 받은 경우, 수목의 소유권이 귀속되는 자(=수목을 식재한 자)

[2] 피고인은 피해자 甲이 乙로부터 매수한 토지의 경계 부분에 매수 전 자신이 식재하였던 수목 5그루를 전기톱을 이용하여 절단하였다고 하여 특수재물손괴의 공소사실로 기소된 사안에서, 제반 사정에 비추어 피고인이 수목을 식재할 당시 토지의 전 소유자 乙로부터 명시적 또는 묵시적으로 승낙·동의를 받았거나 적어도 토지 중 수목이 식재된 부분에 관하여는 무상으로 사용할 것을 허락받았을 가능성을 배제하기 어렵고, 이는 민법 제256조에서 부동산에의 부합의 예외사유로 정한 '권원'에 해당한다고 볼 수 있어 수목은 토지에 부합하지 않고 이를 식재한 피고인에게 소유권이 귀속된다는 등의 이유로, 이와 달리 보아 공소사실을 유죄로 인정한 원심판결에 법리오해의 잘못이 있다고 한 사례

【판결요지】

[1] 민법 제256조에서 부동산에의 부합의 예외사유로 규정한 '권원'은 지상권, 전세권, 임차권 등과 같이 타인의 부동산에 자기의 동산을 부속시켜서 그 부동산을 이용할 수 있는 권리를 뜻한다. 따라서 타인 소유의 토지에 수목을 식재할 당시 토지의 소유권자로부터 그에 관한 명시적 또는 묵시적 승낙·동의·허락 등을 받았다면, 이는 민법 제256조에서 부동산에의 부합의 예외사유로 정한 '권원'에 해당한다고 볼 수 있으므로, 해당 수목은 토지에 부합하지 않고 식재한 자에게 그 소유권이 귀속된다.

[2] 피고인은 피해자 甲이 乙로부터 매수한 토지의 경계 부분에 매수 전 자신이 식재하였던 옹아나무 등 수목 5그루 시가 합계 약 2,050만 원 상당을 전기톱을 이용하여 절단하였다고 하여 특수재물손괴의 공소사실로 기소된 사안에서, 제반 사정에 비추어 피고인이 수목을 식재할 당시 토지의 전 소유자 乙로부터 명시적 또는 묵시적으로 승낙·동의를 받았거나 적어도 토지 중 수목이 식재된 부분에 관하여는 무상으로 사용할 것을 허락받았을 가능성을 배제하기 어렵고, 이는 민법 제256조에서 부동산에의 부합의 예외사유로 정한 '권원'에 해당한다고 볼 수 있어 수목은 토지에 부합하는 것이 아니라 이를 식재한 피고인에게 소유권이 귀속되며, 비록 甲이 토지를 매수할 당시 乙로부터 지장물까지 함께 매수하였다는 취지로도 증언하였으나 이를 뒷받침할 만한 증거가 없고, 설령 토지 및 지장물을 함께 매수하였더라도 수목이 식재될 당시부터 토지에 부합하지 않았다면 그 매매목적물에 수목이 당연히 포함된다고 단정할 수도 없다는 등의 이유로, 이와 달리 피고인은 수목이 甲 소유임을 미필적으로나마 인식하고서 이를 절단하였다고 보아 공소사실을 유죄로 인정한 원심판결에 재물손괴죄의 '소유권'에 관한 법리오해의 잘못이 있다고 한 사례.

제257조(동산간의 부합) 동산과 동산이 부합하여 훼손하지 아니하면 분리할 수 없거나 그 분리에 과다한 비용을 요할 경우에는 그 합성물의 소유권은 주된 동산의 소유자에게 속한다. 부합한 동산의 주종을 구별할 수 없는 때에는 동산의 소유자는 부합 당시의 가액의 비율로 합성물을 공유한다.

제258조(혼화) 전조의 규정은 동산과 동산이 혼화하여 식별할 수 없는 경우에 준용한다.

제259조(가공) ① 타인의 동산에 가공한 때에는 그 물건의 소유권은 원재료의 소유자에게 속한다. 그러나 가공으로 인한 가액의 증가가 원재료의 가액보다 현저히 다액인 때에는 가공자의 소유로 한다.
② 가공자가 재료의 일부를 제공하였을 때에는 그 가액은 전항의 증가액에 가산한다.

제260조(첨부의 효과) ① 전4조의 규정에 의하여 동산의 소유권이 소멸한 때에는 그 동산을 목적으로 한 다른 권리도 소멸한다.
② 동산의 소유자가 합성물, 혼화물 또는 가공물의 단독소유자가 된 때에는 전항의 권리는 합성물, 혼화물 또는 가공물에 존속하고 그 공유자가 된 때에는 그 지분에 존속한다.

제261조(첨부로 인한 구상권) 전5조의 경우에 손해를 받은 자는 부당이득에 관한 규정에 의하여 보상을 청구할 수 있다.

부당이득금
[대법원 2023. 4. 27. 선고 2022다304189 판결]

【판시사항】
[1] 민법 제261조에서 정한 보상청구가 인정되기 위한 요건 / 계약에 따른 급부가 계약의 상대방 아닌 제3자의 이익으로 된 경우, 급부를 한 계약당사자가 제3자에 대하여 직접 부당이득반환을 청구할 수 있는지 여부(소극)

[2] 甲 상가는 乙 지방자치단체가 기부채납받아 丙 주식회사에 관리가 위탁된 행정재산으로, 丙 회사가 甲 상가에 대한 개보수공사를 실시하기로 하고 乙 지방자치단체의 승인을 받아 계약금액을 확정하였으며, 甲 상가 임차인들이 공사비용을 부담하고 보수공사 진행 및 기부채납을 할 목적으로 소속 상인들을 위원장 및 위원으로 한 丁 추진위원회가 설립되었는데, 丙 회사가 乙 지방자치단체에 보수공사의 설계변경 및 계약금액 증액에 관한 승인 요청의사를 전달하였으나 승인을 받지 못하였음에도, 乙 지방자치단체의 승인 없는 변경시공까지 완료한 다음 개보수 시설물 전부를 기부채납하자, 공사비용을 실제 지출한 丁 추진위원회가 乙 지방자치단체를 상대로 변경시공으로 설치된 동산들에 관하여 부합으로 인한 부당이득반환을 구한 사안에서, 乙 지방자치단체가 위 동산들의 부합으로 이익을 얻게 되었더라도 丁 추진위원회가 직접 乙 지방자치단체를 상대로 그 반환을 구할 수 있는 부당이득으로 볼 수 없다고 한 사례

【판결요지】
[1] 민법 제261조에서 첨부로 법률규정에 의한 소유권 취득(민법 제256조 내지 제260조)이 인정된 경우에 "손해를 받은 자는 부당이득에 관한 규정에 의하여 보상을 청구할 수 있다."라고 규정하고 있는데, 이러한 보상청구가 인정되기 위해서는 민법 제261조 자체의 요건뿐만 아니라, 부당이득 법리에 따른 판단에 의하여 부당이득의 요건이 모두 충족되었다고 인정되어야 한다.
한편 원래 계약당사자 사이에서 그 계약의 이행으로 급부된 것은 그 급부의 원인관계

가 적법하게 실효되지 아니하는 한 부당이득이 될 수 없고, 계약에 따른 어떤 급부가 그 계약의 상대방 아닌 제3자의 이익으로 된 경우에도 급부를 한 계약당사자는 계약 상대방에 대하여 계약상의 반대급부를 청구할 수 있는 것이지 그 제3자에 대하여 직접 부당이득을 주장하여 반환을 청구할 수 없다.

[2] 甲 상가는 乙 지방자치단체가 기부채납받아 丙 주식회사에 관리가 위탁된 행정재산으로, 丙 회사가 甲 상가에 대한 개보수공사를 실시하기로 하고 乙 지방자치단체의 승인을 받아 계약금액을 확정하였으며, 甲 상가 임차인들이 공사비용을 부담하고 보수공사 진행 및 기부채납을 할 목적으로 소속 상인들을 위원장 및 위원으로 한 丁 추진위원회가 설립되었는데, 丙 회사가 乙 지방자치단체에 보수공사의 설계변경 및 계약금액 증액에 관한 승인 요청의사를 전달하였으나 승인을 받지 못하였음에도, 乙 지방자치단체의 승인 없는 변경시공까지 완료한 다음 개보수 시설물 전부를 기부채납하자, 공사비용을 실제 지출한 丁 추진위원회가 乙 지방자치단체를 상대로 변경시공으로 설치된 동산들에 관하여 부합으로 인한 부당이득반환을 구한 사안에서, 변경시공으로 설치된 동산들은 개보수공사에 따라 설치된 다른 개보수 시설물과 마찬가지로 개보수공사를 실시하여 乙 지방자치단체에 기부채납되기까지 丙 회사의 소유였다고 보일 뿐, 乙 지방자치단체가 그 시공을 승인하였는지 여부에 따라 시설물의 소유관계를 달리 볼 근거가 없으므로, 위 동산들의 소유권만 분리하여 丙 회사가 아닌 丁 추진위원회에 있었다고 볼 수 없고, 丁 추진위원회와 乙 지방자치단체 사이에는 직접적으로 어떠한 법률관계도 성립된 바 없으며, 丁 추진위원회가 丙 회사를 통하여 공사비용을 부담한 원인관계 자체가 실효되었다고 볼 만한 사정도 없는 이상, 乙 지방자치단체가 위 동산들의 부합으로 이익을 얻게 되었더라도 丁 추진위원회가 직접 乙 지방자치단체를 상대로 그 반환을 구할 수 있는 부당이득으로 볼 수 없는데도, 丁 추진위원회의 부당이득반환청구를 받아들인 원심판단에 법리오해의 잘못이 있다고 한 사례.

제3절 공동소유

제262조(물건의 공유) ① 물건이 지분에 의하여 수인의 소유로 된 때에는 공유로 한다.
② 공유자의 지분은 균등한 것으로 추정한다.

제263조(공유지분의 처분과 공유물의 사용, 수익) 공유자는 그 지분을 처분할 수 있고 공유물 전부를 지분의 비율로 사용, 수익할 수 있다.

제264조(공유물의 처분, 변경) 공유자는 다른 공유자의 동의없이 공유물을 처분하거나 변경하지 못한다.

제265조(공유물의 관리, 보존) 공유물의 관리에 관한 사항은 공유자의 지분의 과반수로써 결정한다. 그러나 보존행위는 각자가 할 수 있다.

제266조(공유물의 부담) ① 공유자는 그 지분의 비율로 공유물의 관리비용 기타 의무를 부담한다.

② 공유자가 1년 이상 전항의 의무이행을 지체한 때에는 다른 공유자는 상당한 가액으로 지분을 매수할 수 있다.

제267조(지분포기 등의 경우의 귀속) 공유자가 그 지분을 포기하거나 상속인없이 사망한 때에는 그 지분은 다른 공유자에게 각 지분의 비율로 귀속한다.

제268조(공유물의 분할청구) ① 공유자는 공유물의 분할을 청구할 수 있다. 그러나 5년내의 기간으로 분할하지 아니할 것을 약정할 수 있다.
② 전항의 계약을 갱신한 때에는 그 기간은 갱신한 날로부터 5년을 넘지 못한다.
③ 전2항의 규정은 제215조, 제239조의 공유물에는 적용하지 아니한다.

제269조(분할의 방법) ① 분할의 방법에 관하여 협의가 성립되지 아니한 때에는 공유자는 법원에 그 분할을 청구할 수 있다.
② 현물로 분할할 수 없거나 분할로 인하여 현저히 그 가액이 감손될 염려가 있는 때에는 법원은 물건의 경매를 명할 수 있다.

예금[투자신탁 형태 단기금융집합투자기구(MMF) 수익권의 공동상속 효과가 문제된 사건]

[대법원 2023. 12. 21. 선고 2023다221144 판결]

【판시사항】

[1] 가분채권이 공동상속되는 경우의 법률관계 / 주식이 공동상속되는 경우, 공동상속인들이 준공유하는 법률관계가 성립하는지 여부(적극) / 청약저축의 가입자가 사망하여 공동상속이 이루어진 경우, 공동상속인이 청약저축 예금계약을 해지하려면 전원이 해지의 의사표시를 하여야 하는지 여부(원칙적 적극)

[2] 자본시장과 금융투자업에 관한 법률상 투자신탁 형태 단기금융집합투자기구의 수익권이 공동상속되는 경우, 상속개시와 동시에 법정상속분에 따른 수익증권의 좌수대로 공동상속인들에게 분할하여 귀속하는지 여부(원칙적 적극) 및 투자신탁의 수익권에 의결권이나 장부·서류 열람권 등 단체법적 성격의 권리나 권능이 포함되어 있다는 점이 위와 같은 분할 귀속을 인정하는 데 방해가 되는지 여부(소극) / 이 경우 수익증권의 최소 단위인 1좌 미만에 대해서까지 권리를 행사하거나 환매를 청구할 수 있는지 여부(소극)

[3] 투자자가 집합투자증권의 환매를 청구한 경우, 투자매매업자 또는 투자중개업자는 집합투자업자에게 환매에 응할 것을 요구하고 그로부터 수령한 환매대금을 투자자에게 지급할 의무를 부담하는지 여부(적극)

【판결요지】

[1] 금전채권과 같이 급부의 내용이 가분인 채권은 공동상속되는 경우 상속개시와 동시에 당연히 법정상속분에 따라 공동상속인들에게 분할하여 귀속하고, 특별수익이 존재하거나 기여분이 인정되는 등 특별한 사정이 있는 경우에는 가분채권도 상속재산분할의 대상이 될 수 있다.

주식은 주식회사의 주주 지위를 표창하는 것으로서 금전채권과 같은 가분채권이 아니므로 공동상속하는 경우 법정상속분에 따라 당연히 분할하여 귀속하는 것이 아니라 공동상속인들이 이를 준공유하는 법률관계를 형성하고, 주택공급을 신청할 권리와 분리될 수 없는 청약저축의 가입자가 사망하여 공동상속이 이루어진 경우 공동상속인이 청약저축 예금계약을 해지하려면 금융기관과 사이에 다른 내용의 특약이 있다는 등의 특별한 사정이 없는 한 전원이 해지의 의사표시를 하여야 한다.

[2] 자본시장과 금융투자업에 관한 법률(이하 '자본시장법'이라 한다)에 따른 투자신탁의 수익권은 집합투자업자가 신탁 형태의 집합투자기구인 투자신탁(제9조 제18항 제1호)을 설정하고 그 수익권을 표시하기 위하여 이를 균등하게 분할하여 무액면 기명식으로 발행한 것(제189조 제1항, 제4항, 제4조 제5항)으로서, 수익자는 신탁원본의 상환과 이익의 분배 등에 관하여 수익증권의 좌수에 따라 균등한 권리를 가진다(제189조 제2항). 이러한 수익증권은 자본시장법상 금융투자상품의 한 종류이고(제3조 제1항, 제2항 제1호, 제4조 제2항 제3호, 제5항), 집합투자증권에 해당하므로(제9조 제21항), 투자자가 언제든지 환매를 청구할 수 있으며(제235조 제1항), 다른 법령이나 집합투자규약 등에 다른 정함이 없는 이상 수익증권 계좌에 있는 수익증권 중 일부 좌수에 대한 환매청구도 가능하다.

MMF(Money Market Fund)는 자본시장법과 그 하위 법령에 따라 집합투자재산 전부를 단기금융상품에 투자하여야 하고 운용의 제한도 받는 단기금융집합투자기구(제229조 제5호)를 의미한다. 단기금융집합투자기구에 관하여는 투자 가능한 단기금융상품의 신용등급, 잔존 만기, 운용방법 등이 엄격히 규율되고[자본시장과 금융투자업에 관한 법률 시행령(이하 '자본시장법 시행령'이라 한다) 제241조, 「금융투자업규정」(금융위원회 고시) 제7-14조부터 제7-20조까지 등], 환매청구를 받은 투자매매업자 또는 투자중개업자가 일정한 범위에서는 자기의 계산으로도 집합투자증권을 취득할 수 있는 예외가 인정되며(자본시장법 제235조 제6항 단서, 자본시장법 시행령 제254조 제2항 제1호), 대부분의 집합투자규약에서는 환매대금 지급기일이 단기간으로 정해져 있다. 투자자의 손실을 최소화하고 투자금의 신속한 회수를 위하여 마련된 이러한 규율들은 투자자들이 단기금융집합투자기구의 집합투자증권을 예금과 유사하게 인식하는 이유이기도 하다.

가분채권이 공동상속된 경우의 법률효과, 이러한 법률관계 또는 법률효과가 상속재산 분할에 미치는 영향, 자본시장법상 투자신탁의 수익권을 표시하는 수익증권은 좌수를 단위로 분할 판매가 가능하고 투자자가 언제든지 환매하여 단기간 내에 환매대금을 수령함으로써 손쉽게 투자금을 회수할 수 있도록 고안되었다는 특성, 단기금융집합투자기구에 대하여 투자자의 손실을 최소화하고 투자금의 신속한 회수를 위해 마련된 특별한 규율과 이에 바탕을 둔 투자자들의 인식 등을 종합하면, 자본시장법상 투자신탁 형태 단기금융집합투자기구의 수익권은 특별한 사정이 없는 한 상속개시와 동시에 당연히 법정상속분에 따른 수익증권의 좌수대로 공동상속인들에게 분할하여 귀속한다.

투자신탁의 수익권에 의결권이나 장부·서류 열람권 등과 같은 단체법적 성격의 권리나 권능이 포함되어 있다는 점(자본시장법 제91조 제1항, 제186조 제2항, 제190조)은 단기금융집합투자기구에 관하여 그러한 권리나 권능이 갖는 기능과 중요성의 정도에 비추어 위와 같은 분할 귀속을 인정하는 데에 방해가 되지 않는다.

다만 수익증권 발행과 판매의 최소 단위인 1좌 미만에 대해서까지 권리를 행사하거나 환매를 청구하는 것은 허용될 수 없다.

[3] 투자자가 집합투자증권의 환매를 청구하는 경우 집합투자업자는 자본시장과 금융투자업에 관한 법률 제236조 제1항에 따라 산정되는 기준가격으로 집합투자증권을 환매하여야 하고, 투자매매업자 또는 투자중개업자는 집합투자증권의 판매 및 환매업무와 그에 부수된 업무를 수행하므로 투자자의 환매청구가 있는 경우 집합투자업자에게 환매에 응할 것을 요구하고 그로부터 수령한 환매대금을 투자자에게 지급할 의무를 부담한다.

제270조(분할로 인한 담보책임) 공유자는 다른 공유자가 분할로 인하여 취득한 물건에 대하여 그 지분의 비율로 매도인과 동일한 담보책임이 있다.

제271조(물건의 합유) ① 법률의 규정 또는 계약에 의하여 수인이 조합체로서 물건을 소유하는 때에는 합유로 한다. 합유자의 권리는 합유물 전부에 미친다.
② 합유에 관하여는 전항의 규정 또는 계약에 의하는 외에 다음 3조의 규정에 의한다.

제272조(합유물의 처분, 변경과 보존) 합유물을 처분 또는 변경함에는 합유자 전원의 동의가 있어야 한다. 그러나 보존행위는 각자가 할 수 있다.

제273조(합유지분의 처분과 합유물의 분할금지) ① 합유자는 전원의 동의없이 합유물에 대한 지분을 처분하지 못한다.
② 합유자는 합유물의 분할을 청구하지 못한다.

제274조(합유의 종료) ① 합유는 조합체의 해산 또는 합유물의 양도로 인하여 종료한다.
② 전항의 경우에 합유물의 분할에 관하여는 공유물의 분할에 관한 규정을 준용한다.

제275조(물건의 총유) ① 법인이 아닌 사단의 사원이 집합체로서 물건을 소유할 때에는 총유로 한다.
② 총유에 관하여는 사단의 정관 기타 계약에 의하는 외에 다음 2조의 규정에 의한다.

제276조(총유물의 관리, 처분과 사용, 수익) ① 총유물의 관리 및 처분은 사원총회의 결의에 의한다.
② 각 사원은 정관 기타의 규약에 좇아 총유물을 사용, 수익할 수 있다.

제277조(총유물에 관한 권리의무의 득상) 총유물에 관한 사원의 권리의무는 사원의 지위를 취득상실함으로써 취득상실된다.

제278조(준공동소유) 본절의 규정은 소유권 이외의 재산권에 준용한다. 그러나 다른 법률에 특별한 규정이 있으면 그에 의한다.

예금반환 [망인의 공동상속인 중 1인인 원고가 은행인 피고를 상대로 망인의 청약저축예금 반환을 구하는 사안]
[대법원 2022. 7. 14., 선고, 2021다294674, 판결]

【판시사항】

[1] 구 주택법 제75조 제2항 제1호에서 정한 청약저축의 경우, 금융기관이 청약저축이 해지되기 전에 가입자에게 원금과 이자를 지급할 의무를 부담하는지 여부(소극) 및 이는 청약저축 가입자가 사망한 경우에도 마찬가지인지 여부(적극)

[2] 청약저축의 가입자가 사망하였고 여러 명의 상속인이 있는 경우, 청약저축 예금계약을 해지하려면 상속인들 전원이 해지의 의사표시를 하여야 하는지 여부(원칙적 적극)

【판결요지】

[1] 구 주택법(2015. 6. 22. 법률 제13379호로 개정되기 전의 것) 및 구 주택공급에 관한 규칙(2015. 9. 1. 국토교통부령 제227호로 개정되기 전의 것)의 관계 규정에다가 입주자저축의 법적 성격을 종합하여 보면, 금융기관은 청약저축이 해지되기 전에는 가입자에게 원금과 이자를 지급할 의무를 부담하지 않고, 이는 청약저축 가입자가 사망한 경우에도 마찬가지라고 보아야 한다.

[2] 청약저축 가입자는 주택공급을 신청할 권리를 가지게 되고, 가입자가 사망하여 공동상속인들이 그 권리를 공동으로 상속하는 경우에는 공동상속인들이 상속지분비율에 따라 피상속인의 권리를 준공유하게 된다.

민법 제547조 제1항은 "당사자의 일방 또는 쌍방이 수인인 경우에는 계약의 해지나 해제는 그 전원으로부터 또는 전원에 대하여 하여야 한다."라고 규정하고 있다. 따라서 주택공급을 신청할 권리와 분리될 수 없는 청약저축의 가입자가 사망하였고 그에게 여러 명의 상속인이 있는 경우에 그 상속인들이 청약저축 예금계약을 해지하려면, 금융기관과 사이에 다른 내용의 특약이 있다는 등의 특별한 사정이 없는 한 상속인들 전원이 해지의 의사표시를 하여야 한다.

제4장 지상권

제279조(지상권의 내용) 지상권자는 타인의 토지에 건물 기타 공작물이나 수목을 소유하기 위하여 그 토지를 사용하는 권리가 있다.

제280조(존속기간을 약정한 지상권) ① 계약으로 지상권의 존속기간을 정하는 경우에는 그 기간은 다음 연한보다 단축하지 못한다.
1. 석조, 석회조, 연와조 또는 이와 유사한 견고한 건물이나 수목의 소유를 목적으로 하는 때에는 30년
2. 전호이외의 건물의 소유를 목적으로 하는 때에는 15년
3. 건물이외의 공작물의 소유를 목적으로 하는 때에는 5년
② 전항의 기간보다 단축한 기간을 정한 때에는 전항의 기간까지 연장한다.

제281조(존속기간을 약정하지 아니한 지상권) ① 계약으로 지상권의 존속기간을 정하지 아니한 때에는 그 기간은 전조의 최단존속기간으로 한다.
② 지상권설정당시에 공작물의 종류와 구조를 정하지 아니한 때에는 지상권은 전조 제2호의 건물의 소유를 목적으로 한 것으로 본다.

제282조(지상권의 양도, 임대) 지상권자는 타인에게 그 권리를 양도하거나 그 권리의 존속기간 내에서 그 토지를 임대할 수 있다.

제283조(지상권자의 갱신청구권, 매수청구권) ① 지상권이 소멸한 경우에 건물 기타 공작물이나 수목이 현존한 때에는 지상권자는 계약의 갱신을 청구할 수 있다.
② 지상권설정자가 계약의 갱신을 원하지 아니하는 때에는 지상권자는 상당한 가액 으로 전항의 공작물이나 수목의 매수를 청구할 수 있다.

건물등철거
[대법원 2023. 4. 27. 선고 2022다306642 판결]

【판시사항】
지상권의 존속기간 만료 후 지체 없이 행사하지 않아 지상권갱신청구권이 소멸한 경우, 민법 제283조 제2항의 지상물매수청구권이 발생하는지 여부(소극)

【판결요지】
민법 제283조 제2항에서 정한 지상물매수청구권은 지상권이 존속기간의 만료로 인하여 소멸하는 때에 지상권자에게 갱신청구권이 있어 갱신청구를 하였으나 지상권설정자가 계약갱신을 원하지 아니할 때 비로소 행사할 수 있는 권리이다. 한편 지상권갱신청구권의 행사는 지상권의 존속기간 만료 후 지체 없이 하여야 한다. 따라서 지상권의 존속기간 만료 후 지체 없이 행사하지 아니하여 지상권갱신청구권이 소멸한 경우에는, 지상권자의 적법한 갱신청구권의 행사와 지상권설정자의 갱신 거절을 요건으로 하는 지상물매수청구권은 발생하지 않는다.

제284조(갱신과 존속기간) 당사자가 계약을 갱신하는 경우에는 지상권의 존속기간은 갱신한 날로부터 제280조의 최단존속기간보다 단축하지 못한다. 그러나 당사자는 이 보다 장기의 기간을 정할 수 있다.

제285조(수거의무, 매수청구권) ① 지상권이 소멸한 때에는 지상권자는 건물 기타 공작물이나 수목을 수거하여 토지를 원상에 회복하여야 한다.
② 전항의 경우에 지상권설정자가 상당한 가액을 제공하여 그 공작물이나 수목의 매 수를 청구한 때에는 지상권자는 정당한 이유없이 이를 거절하지 못한다.

제286조(지료증감청구권) 지료가 토지에 관한 조세 기타 부담의 증감이나 지가의 변동으로 인하여 상당하지 아니하게 된 때에는 당사자는 그 증감을 청구할 수 있다.

제287조(지상권소멸청구권) 지상권자가 2년 이상의 지료를 지급하지 아니한 때에는 지상권설정자는 지상권의 소멸을 청구할 수 있다.

분묘기지권확인등·토지임료(지료)
[대법원 2021. 9. 16., 선고, 2017다271834, 271841, 판결]

【판시사항】

[1] 분묘의 기지인 토지가 분묘의 수호·관리권자가 아닌 다른 사람의 소유인 경우, 토지 소유자가 분묘의 설치를 승낙한 때 분묘기지권을 설정한 것으로 보아야 하는지 여부(적극) 및 위 분묘기지권 성립 당시 토지 소유자와 분묘의 수호·관리자가 지료 지급의무의 존부나 범위 등에 관하여 약정한 경우, 그 약정의 효력이 분묘 기지의 승계인에게 미치는지 여부(적극)

[2] 자기 소유 토지에 분묘를 설치한 사람이 토지를 양도하면서 분묘를 이장하겠다는 특약을 하지 않음으로써 분묘기지권을 취득한 경우, 분묘기지권이 성립한 때부터 분묘 기지에 대한 지료 지급의무를 지는지 여부(원칙적 적극)

【판결요지】

[1] 분묘의 기지인 토지가 분묘의 수호·관리권자 아닌 다른 사람의 소유인 경우에 그 토지 소유자가 분묘 수호·관리권자에 대하여 분묘의 설치를 승낙한 때에는 그 분묘의 기지에 관하여 분묘기지권을 설정한 것으로 보아야 한다. 이와 같이 승낙에 의하여 성립하는 분묘기지권의 경우 성립 당시 토지 소유자와 분묘의 수호·관리자가 지료 지급의무의 존부나 범위 등에 관하여 약정을 하였다면 그 약정의 효력은 분묘 기지의 승계인에 대하여도 미친다.

[2] 자기 소유 토지에 분묘를 설치한 사람이 그 토지를 양도하면서 분묘를 이장하겠다는 특약을 하지 않음으로써 분묘기지권을 취득한 경우, 특별한 사정이 없는 한 분묘기지권자는 분묘기지권이 성립한 때부터 토지 소유자에게 그 분묘의 기지에 대한 토지사용의 대가로서 지료를 지급할 의무가 있다.

제288조(지상권소멸청구와 저당권자에 대한 통지) 지상권이 저당권의 목적인 때 또는 그 토지에 있는 건물, 수목이 저당권의 목적이 된 때에는 전조의 청구는 저당권자에게 통지한 후 상당한 기간이 경과함으로써 그 효력이 생긴다.

제289조(강행규정) 제280조 내지 제287조의 규정에 위반되는 계약으로 지상권자에게 불리한 것은 그 효력이 없다.

제289조의2(구분지상권) ① 지하 또는 지상의 공간은 상하의 범위를 정하여 건물 기타 공작물을 소유하기 위한 지상권의 목적으로 할 수 있다. 이 경우 설정행위로써 지상권의 행사를 위하여 토지의 사용을 제한할 수 있다.

② 제1항의 규정에 의한 구분지상권은 제3자가 토지를 사용·수익할 권리를 가진 때에도 그 권리자 및 그 권리를 목적으로 하는 권리를 가진 자 전원의 승낙이 있으면 이를 설정할 수 있다. 이 경우 토지를 사용·수익할 권리를 가진 제3자는 그 지상권의 행사를 방해하여서는 아니된다.

[본조신설 1984. 4. 10.]

제290조(준용규정) ① 제213조, 제214조, 제216조 내지 제244조의 규정은 지상권자간 또는 지상권자와 인지소유자간에 이를 준용한다.

② 제280조 내지 제289조 및 제1항의 규정은 제289조의2의 규정에 의한 구분지상권에 관하여 이를 준용한다.〈신설 1984. 4. 10.〉

제5장 지역권

제291조(지역권의 내용) 지역권자는 일정한 목적을 위하여 타인의 토지를 자기토지의 편익에 이용하는 권리가 있다.

제292조(부종성) ① 지역권은 요역지소유권에 부종하여 이전하며 또는 요역지에 대한 소유권이외의 권리의 목적이 된다. 그러나 다른 약정이 있는 때에는 그 약정에 의한다.
② 지역권은 요역지와 분리하여 양도하거나 다른 권리의 목적으로 하지 못한다.

제293조(공유관계, 일부양도와 불가분성) ① 토지공유자의 1인은 지분에 관하여 그 토지를 위한 지역권 또는 그 토지가 부담한 지역권을 소멸하게 하지 못한다.
② 토지의 분할이나 토지의 일부양도의 경우에는 지역권은 요역지의 각 부분을 위하여 또는 그 승역지의 각부분에 존속한다. 그러나 지역권이 토지의 일부분에만 관한 것인 때에는 다른 부분에 대하여는 그러하지 아니하다.

제294조(지역권취득기간) 지역권은 계속되고 표현된 것에 한하여 제245조의 규정을 준용한다.

제295조(취득과 불가분성) ① 공유자의 1인이 지역권을 취득한 때에는 다른 공유자도 이를 취득한다.
② 점유로 인한 지역권취득기간의 중단은 지역권을 행사하는 모든 공유자에 대한 사유가 아니면 그 효력이 없다.

제296조(소멸시효의 중단, 정지와 불가분성) 요역지가 수인의 공유인 경우에 그 1인에 의한 지역권소멸시효의 중단 또는 정지는 다른 공유자를 위하여 효력이 있다.

제297조(용수지역권) ① 용수승역지의 수량이 요역지 및 승역지의 수요에 부족한 때에는 그 수요정도에 의하여 먼저 가용에 공급하고 다른 용도에 공급하여야 한다. 그러나 설정행위에 다른 약정이 있는 때에는 그 약정에 의한다.
② 승역지에 수개의 용수지역권이 설정된 때에는 후순위의 지역권자는 선순위의 지역권자의 용수를 방해하지 못한다.

제298조(승역지소유자의 의무와 승계) 계약에 의하여 승역지소유자가 자기의 비용으로 지역권의 행사를 위하여 공작물의 설치 또는 수선의 의무를 부담한 때에는 승역지소유자의 특별승계인도 그 의무를 부담한다.

제299조(위기에 의한 부담면제) 승역지의 소유자는 지역권에 필요한 부분의 토지소유권을 지역권자에게 위기하여 전조의 부담을 면할 수 있다.

제300조(공작물의 공동사용) ① 승역지의 소유자는 지역권의 행사를 방해하지 아니하는 범위내에서 지역권자가 지역권의 행사를 위하여 승역지에 설치한 공작물을 사용할 수 있다.

② 전항의 경우에 승역지의 소유자는 수익정도의 비율로 공작물의 설치, 보존의 비용을 분담하여야 한다.

제301조(준용규정) 제214조의 규정은 지역권에 준용한다.

제302조(특수지역권) 어느 지역의 주민이 집합체의 관계로 각자가 타인의 토지에서 초목, 야생물 및 토사의 채취, 방목 기타의 수익을 하는 권리가 있는 경우에는 관습에 의하는 외에 본장의 규정을 준용한다.

제6장 전세권

제303조(전세권의 내용) ① 전세권자는 전세금을 지급하고 타인의 부동산을 점유하여 그 부동산의 용도에 좇아 사용 · 수익하며, 그 부동산 전부에 대하여 후순위권리자 기타 채권자보다 전세금의 우선변제를 받을 권리가 있다. *〈개정 1984. 4. 10.〉*

② 농경지는 전세권의 목적으로 하지 못한다.

점유회복등·전세권말소등기
[대법원 2021. 12. 30., 선고, 2018다40235, 40242, 판결]

【판시사항】
전세권자의 사용·수익을 배제하고 채권담보만을 목적으로 설정한 전세권의 효력(무효)

【판결요지】
민법 제185조는 "물권은 법률 또는 관습법에 의하는 외에는 임의로 창설하지 못한다."라고 정하여 물권법정주의를 선언하고 있다. 물권법의 강행법규성에 따라 법률과 관습법이 인정하지 않는 새로운 종류나 내용의 물권을 창설하는 것은 허용되지 않는다.

전세권자는 전세금을 지급하고 타인의 부동산을 점유하여 그 부동산의 용도에 좇아 사용·수익하며, 그 부동산 전부에 대하여 후순위권리자 기타 채권자보다 전세금의 우선변제를 받을 권리가 있다(민법 제303조 제1항).

전세권설정계약의 당사자가 주로 채권담보 목적으로 전세권을 설정하고 설정과 동시에 목적물을 인도하지 않는다고 하더라도 장차 전세권자가 목적물을 사용·수익하는 것을 배제하지 않는다면, 전세권의 효력을 부인할 수는 없다. 그러나 전세권 설정의 동기와 경위, 전세권 설정으로 달성하려는 목적, 채권의 발생 원인과 목적물의 관계, 전세권자의 사용·수익 여부와 그 가능성, 당사자의 진정한 의사 등에 비추어 전세권설정계약의 당사자가 전세권의 핵심인 사용·수익 권능을 배제하고 채권담보만을 위해 전세권을 설정하였다면, 법률이 정하지 않은 새로운 내용의 전세권을 창설하는 것으로서 물권법정주의에 반하여 허용되지 않고 이러한 전세권설정등기는 무효라고 보아야 한다.

제304조(건물의 전세권, 지상권, 임차권에 대한 효력) ① 타인의 토지에 있는 건물에 전세권을 설정한 때에는 전세권의 효력은 그 건물의 소유를 목적으로 한 지상권 또는 임차권에 미친다.

② 전항의 경우에 전세권설정자는 전세권자의 동의없이 지상권 또는 임차권을 소멸하게 하는 행위를 하지 못한다.

제305조(건물의 전세권과 법정지상권) ① 대지와 건물이 동일한 소유자에 속한 경우에 건물에 전세권을 설정한 때에는 그 대지소유권의 특별승계인은 전세권설정자에 대하여 지상권을 설정한 것으로 본다. 그러나 지료는 당사자의 청구에 의하여 법원이 이를 정한다.

② 전항의 경우에 대지소유자는 타인에게 그 대지를 임대하거나 이를 목적으로 한 지상권 또는 전세권을 설정하지 못한다.

토지인도

[대법원 2022. 7. 21., 선고, 2017다236749, 전원합의체 판결]

【판시사항】

동일인 소유이던 토지와 지상 건물이 매매 등으로 각각 소유자를 달리하게 되었을 때 건물 철거 특약이 없는 한 건물 소유자가 법정지상권을 취득한다는 관습법이 현재에도 여전히 법적 규범으로서 효력을 유지하고 있는지 여부(적극)

【판결요지】

[다수의견] 동일인 소유이던 토지와 그 지상 건물이 매매 등으로 인하여 각각 소유자를 달리하게 되었을 때 그 건물 철거 특약이 없는 한 건물 소유자가 법정지상권을 취득한다는 관습법은 현재에도 그 법적 규범으로서의 효력을 여전히 유지하고 있다고 보아야 한다. 구체적인 이유는 아래와 같다.

① 민법 제185조는 "물권은 법률 또는 관습법에 의하는 외에는 임의로 창설하지 못한다."라고 규정함으로써 관습법에 의한 물권의 창설을 인정하고 있다. 관습법에 의하여 법정지상권이라는 제한물권을 인정하는 이상 토지 소유자는 건물을 사용하는 데 일반적으로 필요하다고 인정되는 범위에서 소유권 행사를 제한받을 수밖에 없다. 따라서 관습법상 법정지상권을 인정하는 결과 토지 소유자가 일정한 범위에서 소유권 행사를 제한받는다는 사정은 관습법상 법정지상권의 성립을 부인하는 근거가 될 수 없다.

② 우리 법제는 토지와 그 지상 건물을 각각 별개의 독립된 부동산으로 취급하고 있으므로, 동일인 소유이던 토지와 그 지상 건물이 매매 등으로 인하여 각각 소유자를 달리하게 되었을 때 토지 소유자와 건물 소유자 사이에 대지의 사용관계에 관하여 별다른 약정이 없는 이상 일정한 범위에서 건물의 가치가 유지될 수 있도록 조치할 필요가 있다. 관습법상 법정지상권은 바로 이러한 상황에서 건물의 철거로 인한 사회경제적 손실을 방지할 공익상의 필요에 의해 인정되는 것이다. 민법 제305조의 법정지상권, 민법 제366조의 법정지상권, 「입목에 관한 법률」 제6조의 법정지상권, 가등기담보 등에 관한 법률 제10조의 법정지상권도 모두 동일인 소유이던 토지와 그 지상 건물이나 입목이 각각 일정한 사유에 의해 소유자를 달리하게 되었을 때 건물이나 입목의 가치를 유지

시키기 위해 마련된 제도이다.

판례는 동일인 소유이던 토지와 그 지상 건물이 매매 등으로 인하여 각각 소유자를 달리하게 되었을 때 건물 소유자와 토지 소유자 사이에 대지의 사용관계에 관하여 어떠한 약정이 있다면 이를 우선적으로 존중하므로, 관습법상 법정지상권은 당사자 사이에 아무런 약정이 없을 때 보충적으로 인정된다고 볼 수 있다.이러한 점을 고려하면, 관습법상 법정지상권을 인정하는 것이 헌법을 최상위 규범으로 하는 전체 법질서에 부합하지 아니하거나 그 정당성과 합리성을 인정할 수 없다고 보기 어렵다.

③ 관습법상 법정지상권에는 특별한 사정이 없는 한 민법의 지상권에 관한 규정이 준용되므로, 당사자 사이에 관습법상 법정지상권의 존속기간에 대하여 따로 정하지 않은 때에는 그 존속기간은 민법 제281조 제1항에 의하여 민법 제280조 제1항 각호에 규정된 기간이 된다. 이에 따라 견고한 건물의 소유를 목적으로 하는 법정지상권의 존속기간은 30년이 되고(민법 제280조 제1항 제1호), 그 밖의 건물의 소유를 목적으로 하는 법정지상권의 존속기간은 15년이 되는 등(민법 제280조 제1항 제2호) 관습법상 법정지상권은 일정한 기간 동안만 존속한다. 토지 소유자는 관습법상 법정지상권을 가진 건물 소유자에 대하여 지료를 청구할 수 있는데, 그 지료를 확정하는 재판이 있기 전에도 지료의 지급을 소구할 수 있다. 이와 같이 관습법상 법정지상권을 인정하는 것에 대응하여 토지 소유자를 보호하고 배려하는 장치도 함께 마련되어 있다.

④ 대법원이 관습법상 법정지상권을 관습법의 하나로 인정한 이래 오랜 기간이 지나는 동안 우리 사회에서 토지의 가치나 소유권 개념, 토지 소유자의 권리의식 등에 상당한 변화가 있었다고 볼 수 있다. 그러나 그렇다고 보더라도 여전히 이에 못지않게 건물의 철거로 인한 사회경제적 손실을 방지할 공익상의 필요성이나 건물 소유자 혹은 사용자의 이익을 보호할 필요성도 강조되고 있다. 관습법상 법정지상권에 관한 관습에 대하여 사회 구성원들의 법적 구속력에 대한 확신이 소멸하였다거나 그러한 관행이 본질적으로 변경되었다고 인정할 수 있는 자료도 찾아볼 수 없다.

[대법관 김재형의 반대의견] 동일인 소유이던 토지와 그 지상 건물이 매매 등으로 소유자가 달라질 때 법정지상권이라는 물권이 성립한다는 관습은 관습법으로서의 성립 요건을 갖춘 것이라고 볼 수 없다. 설령 그러한 관습법이 성립하였다고 하더라도 현재에 이르러서는 사회 구성원들이 그러한 관행의 법적 구속력에 대하여 확신을 갖지 않게 되었고, 또한 헌법을 최상위 규범으로 하는 전체 법질서에 부합하지 않으므로, 법적 규범으로서 효력을 인정할 수 없다고 보아야 한다. 따라서 관습법상 법정지상권을 광범위하게 인정하고 있는 종래 판례는 폐기해야 한다.

제306조(전세권의 양도, 임대 등) 전세권자는 전세권을 타인에게 양도 또는 담보로 제공할 수 있고 그 존속기간내에서 그 목적물을 타인에게 전전세 또는 임대할 수 있다. 그러나 설정행위로 이를 금지한 때에는 그러하지 아니하다.

제307조(전세권양도의 효력) 전세권양수인은 전세권설정자에 대하여 전세권양도인과 동일한 권리의무가 있다.

제308조(전전세 등의 경우의 책임) 전세권의 목적물을 전전세 또는 임대한 경우에는 전세권자는 전전세 또는 임대하지 아니하였으면 면할 수 있는 불가항력으로 인한 손

해에 대하여 그 책임을 부담한다.

제309조(전세권자의 유지, 수선의무) 전세권자는 목적물의 현상을 유지하고 그 통상의 관리에 속한 수선을 하여야 한다.

제310조(전세권자의 상환청구권) ① 전세권자가 목적물을 개량하기 위하여 지출한 금액 기타 유익비에 관하여는 그 가액의 증가가 현존한 경우에 한하여 소유자의 선택에 좇아 그 지출액이나 증가액의 상환을 청구할 수 있다.
② 전항의 경우에 법원은 소유자의 청구에 의하여 상당한 상환기간을 허여할 수 있다.

제311조(전세권의 소멸청구) ① 전세권자가 전세권설정계약 또는 그 목적물의 성질에 의하여 정하여진 용법으로 이를 사용, 수익하지 아니한 경우에는 전세권설정자는 전세권의 소멸을 청구할 수 있다.
② 전항의 경우에는 전세권설정자는 전세권자에 대하여 원상회복 또는 손해배상을 청구할 수 있다.

제312조(전세권의 존속기간) ① 전세권의 존속기간은 10년을 넘지 못한다. 당사자의 약정기간이 10년을 넘는 때에는 이를 10년으로 단축한다.
② 건물에 대한 전세권의 존속기간을 1년 미만으로 정한 때에는 이를 1년으로 한다.〈신설 1984. 4. 10.〉
③ 전세권의 설정은 이를 갱신할 수 있다. 그 기간은 갱신한 날로부터 10년을 넘지 못한다.
④ 건물의 전세권설정자가 전세권의 존속기간 만료전 6월부터 1월까지 사이에 전세권자에 대하여 갱신거절의 통지 또는 조건을 변경하지 아니하면 갱신하지 아니한다는 뜻의 통지를 하지 아니한 경우에는 그 기간이 만료된 때에 전전세권과 동일한 조건으로 다시 전세권을 설정한 것으로 본다. 이 경우 전세권의 존속기간은 그 정함이 없는 것으로 본다.〈신설 1984. 4. 10.〉

제312조의2(전세금 증감청구권) 전세금이 목적 부동산에 관한 조세·공과금 기타 부담의 증감이나 경제사정의 변동으로 인하여 상당하지 아니하게 된 때에는 당사자는 장래에 대하여 그 증감을 청구할 수 있다. 그러나 증액의 경우에는 대통령령이 정하는 기준에 따른 비율을 초과하지 못한다.
[본조신설 1984. 4. 10.]

제313조(전세권의 소멸통고) 전세권의 존속기간을 약정하지 아니한 때에는 각 당사자는 언제든지 상대방에 대하여 전세권의 소멸을 통고할 수 있고 상대방이 이 통고를 받은 날로부터 6월이 경과하면 전세권은 소멸한다.

제314조(불가항력으로 인한 멸실) ① 전세권의 목적물의 전부 또는 일부가 불가항력으로 인하여 멸실된 때에는 그 멸실된 부분의 전세권은 소멸한다.
② 전항의 일부멸실의 경우에 전세권자가 그 잔존부분으로 전세권의 목적을 달성할 수 없는 때에는 전세권설정자에 대하여 전세권전부의 소멸을 통고하고 전세금의 반환을 청구할 수 있다.

제315조(전세권자의 손해배상책임) ① 전세권의 목적물의 전부 또는 일부가 전세권자에 책임있는 사유로 인하여 멸실된 때에는 전세권자는 손해를 배상할 책임이 있다.
② 전항의 경우에 전세권설정자는 전세권이 소멸된 후 전세금으로써 손해의 배상에 충당하고 잉여가 있으면 반환하여야 하며 부족이 있으면 다시 청구할 수 있다.

제316조(원상회복의무, 매수청구권) ① 전세권이 그 존속기간의 만료로 인하여 소멸한 때에는 전세권자는 그 목적물을 원상에 회복하여야 하며 그 목적물에 부속시킨 물건은 수거할 수 있다. 그러나 전세권설정자가 그 부속물건의 매수를 청구한 때에는 전세권자는 정당한 이유없이 거절하지 못한다.
② 전항의 경우에 그 부속물건이 전세권설정자의 동의를 얻어 부속시킨 것인 때에는 전세권자는 전세권설정자에 대하여 그 부속물건의 매수를 청구할 수 있다. 그 부속물건이 전세권설정자로부터 매수한 것인 때에도 같다.

제317조(전세권의 소멸과 동시이행) 전세권이 소멸한 때에는 전세권설정자는 전세권자로부터 그 목적물의 인도 및 전세권설정등기의 말소등기에 필요한 서류의 교부를 받는 동시에 전세금을 반환하여야 한다.

제318조(전세권자의 경매청구권) 전세권설정자가 전세금의 반환을 지체한 때에는 전세권자는 민사집행법의 정한 바에 의하여 전세권의 목적물의 경매를 청구할 수 있다. 〈개정 1997. 12. 13., 2001. 12. 29.〉

제319조(준용규정) 제213조, 제214조, 제216조 내지 제244조의 규정은 전세권자간 또는 전세권자와 인지소유자 및 지상권자간에 이를 준용한다.

제7장 유치권

제320조(유치권의 내용) ① 타인의 물건 또는 유가증권을 점유한 자는 그 물건이나 유가증권에 관하여 생긴 채권이 변제기에 있는 경우에는 변제를 받을 때까지 그 물건 또는 유가증권을 유치할 권리가 있다.
② 전항의 규정은 그 점유가 불법행위로 인한 경우에 적용하지 아니한다.

건물인도등
[대법원 2023. 8. 31. 선고 2019다295278 판결]

【판시사항】

유치권자가 민법 제324조 제2항을 위반하여 유치물 소유자의 승낙 없이 유치물을 임대한 경우, 유치물의 소유자는 유치권의 소멸을 청구할 수 있는지 여부(적극) / 유치권자의 민법 제324조 제2항을 위반한 임대행위가 있은 뒤에 유치물의 소유권을 취득한 제3자가 유치권소멸청구를 할 수 있는지 여부(원칙적 적극)

【판결요지】

유치권은 점유하는 물건으로써 유치권자의 피담보채권에 대한 우선적 만족을 확보하여 주는 법정담보물권이다(민법 제320조 제1항, 상법 제58조). 한편 유치권자가 민법 제324조 제2항을 위반하여 유치물 소유자의 승낙 없이 유치물을 임대한 경우 유치물의 소유자는 이를 이유로 민법 제324조 제3항에 의하여 유치권의 소멸을 청구할 수 있다. 민법 제324조에서 정한 유치권소멸청구는 유치권자의 선량한 관리자의 주의의무 위반에 대한 제재로서 채무자 또는 유치물의 소유자를 보호하기 위한 규정이므로, 특별한 사정이 없는 한 민법 제324조 제2항을 위반한 임대행위가 있은 뒤에 유치물의 소유권을 취득한 제3자도 유치권소멸청구를 할 수 있다.

제321조(유치권의 불가분성) 유치권자는 채권전부의 변제를 받을 때까지 유치물전부에 대하여 그 권리를 행사할 수 있다.

토지인도
[대법원 2022. 6. 16., 선고, 2018다301350, 판결]

【판시사항】

[1] 민법 제321조에서 정한 유치권의 불가분성은 목적물이 분할 가능하거나 수 개의 물건인 경우에도 적용되는지 여부(적극) 및 이는 상법 제58조의 상사유치권에도 적용되는지 여부(적극)

[2] 하나의 채권을 피담보채권으로 하여 여러 필지의 토지에 대하여 유치권을 취득한 유치권자가 그중 일부 필지의 토지에 대하여 선량한 관리자의 주의의무를 위반한 경우, 위반행위가 있었던 필지의 토지에 대하여만 유치권 소멸청구가 가능한지 여부(원칙적 적극)

[3] 소송계속 중 제3자가 민사소송법 제81조에 따라 소송에 참가한 후 원고가 승계참가인의 승계 여부에 대해 다투지 않으면서도 소송탈퇴, 소 취하 등을 하지 않거나 이에 대하여 피고가 부동의하여 원고가 소송에 남아 있는 경우, 승계로 인해 중첩된 원고와 승계참가인의 청구 사이에 필수적 공동소송에 관한 민사소송법 제67조가 적용되는지 여부(적극)

【판결요지】

[1] 민법 제321조는 "유치권자는 채권 전부의 변제를 받을 때까지 유치물 전부에 대하여 그 권리를 행사할 수 있다."라고 정하므로, 유치물은 그 각 부분으로써 피담보채권의 전부를 담보하고, 이와 같은 유치권의 불가분성은 그 목적물이 분할 가능하거나 수 개의 물건인 경우에도 적용되며, 상법 제58조의 상사유치권에도 적용된다.

[2] 민법 제324조는 '유치권자에게 유치물에 대한 선량한 관리자의 주의의무를 부여하고, 유치권자가 이를 위반하여 채무자의 승낙 없이 유치물을 사용, 대여, 담보 제공한 경우에 채무자는 유치권의 소멸을 청구할 수 있다.'고 정한다. 하나의 채권을 피담보채권으로 하여 여러 필지의 토지에 대하여 유치권을 취득한 유치권자가 그중 일부 필지의 토

지에 대하여 선량한 관리자의 주의의무를 위반하였다면 특별한 사정이 없는 한 위반행위가 있었던 필지의 토지에 대하여만 유치권 소멸청구가 가능하다고 해석하는 것이 타당하다. 구체적인 이유는 다음과 같다.

① 여러 필지의 토지에 대하여 유치권이 성립한 경우 유치권의 불가분성으로 인하여 각 필지의 토지는 다른 필지의 토지와 관계없이 피담보채권의 전부를 담보한다. 이때 일부 필지 토지에 대한 점유를 상실하여도 나머지 필지 토지에 대하여 피담보채권의 담보를 위한 유치권이 존속한다. 같은 취지에서 일부 필지 토지에 대한 유치권자의 선량한 관리자의 주의의무 위반을 이유로 유치권 소멸청구가 있는 경우에도 그 위반 필지 토지에 대하여만 소멸청구가 허용된다고 해석함이 타당하다.

② 민법 제321조에서 '유치권의 불가분성'을 정한 취지는 담보물권인 유치권의 효력을 강화하여 유치권자의 이익을 위한 것으로서 이를 근거로 오히려 유치권자에게 불이익하게 선량한 관리자의 주의의무 위반이 문제 되지 않는 유치물에 대한 유치권까지 소멸한다고 해석하는 것은 상당하지 않다.

③ 유치권은 점유하는 물건으로써 유치권자의 피담보채권에 대한 우선적 만족을 확보하여 주는 법정담보물권이다(민법 제320조 제1항, 상법 제58조). 한편 민법 제324조에서 정한 유치권 소멸청구는 유치권자의 선량한 관리자의 주의의무 위반에 대한 제재로서 채무자 또는 유치물의 소유자를 보호하기 위한 규정이다. 유치권자가 선량한 관리자의 주의의무를 위반한 정도에 비례하여 유치권소멸의 효과를 인정하는 것이 유치권자와 채무자 또는 소유자 사이의 이익균형을 고려한 합리적인 해석이다.

[3] 승계참가에 관한 민사소송법 규정과 2002년 민사소송법 개정에 따른 다른 다수당사자 소송제도와의 정합성, 승계참가인과 피참가인인 원고의 중첩된 청구를 모순 없이 합일적으로 확정할 필요성 등을 종합적으로 고려하면, 소송이 법원에 계속되어 있는 동안에 제3자가 소송목적인 권리의 전부나 일부를 승계하였다고 주장하며 민사소송법 제81조에 따라 소송에 참가한 경우, 원고가 승계참가인의 승계 여부에 대해 다투지 않으면서도 소송탈퇴, 소 취하 등을 하지 않거나 이에 대하여 피고가 부동의하여 원고가 소송에 남아 있다면 승계로 인해 중첩된 원고와 승계참가인의 청구 사이에는 필수적 공동소송에 관한 민사소송법 제67조가 적용된다.

제322조(경매, 간이변제충당) ① 유치권자는 채권의 변제를 받기 위하여 유치물을 경매할 수 있다.

② 정당한 이유있는 때에는 유치권자는 감정인의 평가에 의하여 유치물로 직접 변제에 충당할 것을 법원에 청구할 수 있다. 이 경우에는 유치권자는 미리 채무자에게 통지하여야 한다.

제323조(과실수취권) ① 유치권자는 유치물의 과실을 수취하여 다른 채권보다 먼저 그 채권의 변제에 충당할 수 있다. 그러나 과실이 금전이 아닌 때에는 경매하여야 한다.

② 과실은 먼저 채권의 이자에 충당하고 그 잉여가 있으면 원본에 충당한다.

제324조(유치권자의 선관의무) ① 유치권자는 선량한 관리자의 주의로 유치물을 점유하여야 한다.

② 유치권자는 채무자의 승낙없이 유치물의 사용, 대여 또는 담보제공을 하지 못한다. 그러나 유치물의 보존에 필요한 사용은 그러하지 아니하다.
③ 유치권자가 전2항의 규정에 위반한 때에는 채무자는 유치권의 소멸을 청구할 수 있다.

제325조(유치권자의 상환청구권) ① 유치권자가 유치물에 관하여 필요비를 지출한 때에는 소유자에게 그 상환을 청구할 수 있다.
② 유치권자가 유치물에 관하여 유익비를 지출한 때에는 그 가액의 증가가 현존한 경우에 한하여 소유자의 선택에 좇아 그 지출한 금액이나 증가액의 상환을 청구할 수 있다. 그러나 법원은 소유자의 청구에 의하여 상당한 상환기간을 허여할 수 있다.

제326조(피담보채권의 소멸시효) 유치권의 행사는 채권의 소멸시효의 진행에 영향을 미치지 아니한다.

제327조(타담보제공과 유치권소멸) 채무자는 상당한 담보를 제공하고 유치권의 소멸을 청구할 수 있다.

건물명도(인도)
[대법원 2021. 7. 29., 선고, 2019다216077, 판결]

【판시사항】
민법 제327조에 따른 유치권 소멸청구를 채무자뿐만 아니라 유치물의 소유자도 할 수 있는지 여부(적극) 및 이때 채무자나 소유자가 제공하는 담보가 상당한지 판단하는 기준
【판결요지】
채무자는 상당한 담보를 제공하고 유치권의 소멸을 청구할 수 있다(민법 제327조).
유치권 소멸청구는 민법 제327조에 규정된 채무자뿐만 아니라 유치물의 소유자도 할 수 있다. 민법 제327조에 따라 채무자나 소유자가 제공하는 담보가 상당한지는 담보 가치가 채권 담보로서 상당한지, 유치물에 의한 담보력을 저하시키지 않는지를 종합하여 판단해야 한다. 따라서 유치물 가액이 피담보채권액보다 많을 경우에는 피담보채권액에 해당하는 담보를 제공하면 되고, 유치물 가액이 피담보채권액보다 적을 경우에는 유치물 가액에 해당하는 담보를 제공하면 된다.

제328조(점유상실과 유치권소멸) 유치권은 점유의 상실로 인하여 소멸한다.

제8장 질권

제1절 동산질권

제329조(동산질권의 내용) 동산질권자는 채권의 담보로 채무자 또는 제삼자가 제공한 동산을 점유하고 그 동산에 대하여 다른 채권자보다 자기채권의 우선변제를 받을 권리가 있다.

제330조(설정계약의 요물성) 질권의 설정은 질권자에게 목적물을 인도함으로써 그 효력이 생긴다.

제331조(질권의 목적물) 질권은 양도할 수 없는 물건을 목적으로 하지 못한다.

제332조(설정자에 의한 대리점유의 금지) 질권자는 설정자로 하여금 질물의 점유를 하게 하지 못한다.

제333조(동산질권의 순위) 수개의 채권을 담보하기 위하여 동일한 동산에 수개의 질권을 설정한 때에는 그 순위는 설정의 선후에 의한다.

제334조(피담보채권의 범위) 질권은 원본, 이자, 위약금, 질권실행의 비용, 질물보존의 비용 및 채무불이행 또는 질물의 하자로 인한 손해배상의 채권을 담보한다. 그러나 다른 약정이 있는 때에는 그 약정에 의한다.

배당이의

[대법원 2023. 1. 12., 선고, 2020다296840, 판결]

【판시사항】

[1] 채권의 지연손해금을 별도로 등기부에 기재하지 않았을 경우, 근저당권부 질권의 피담보채권의 범위가 등기부에 기재된 약정이자에 한정되는지 여부(소극)

[2] 제3자가 채무자를 위하여 채무를 변제함으로써 채무자에 대하여 구상권을 취득하는 경우, 그 구상권의 범위 내에서 종래 채권자가 가지고 있던 채권과 그 담보에 관한 권리가 변제자에게 이전하는지 여부(적극)

[3] 근저당권자인 甲 주식회사가 乙 주식회사와 제1 대출 약정을 체결하면서 乙 회사에 근저당권부 질권을 설정해 주었고, 그 후 丙 주식회사가 甲 회사 등과 제2 대출 약정을 체결하면서, 甲 회사를 대신하여 乙 회사에 제1 대출 약정 채무 잔액을 대위변제하고 乙 회사로부터 근저당권부 질권을 이전받았는데, 근저당권의 목적 부동산이 임의경매절차에서 매각되어 丙 회사가 근저당권부 질권자로서 배당받게 되자, 후순위 근저당권부 질권자인 丁 등이 丙 회사를 상대로 배당이의의 소를 제기한 사안에서, 丙 회사가 이전받은 근저당권부 질권의 피담보채권은 대위변제자의 변제에 의하여 소멸하는 제1 대출 약정 채권이고, 丙 회사의 구상금 채권을 초과하여 근저당권부 질권이 甲 회사의 丙 회사에 대한 채무인 제2 대출 약정 채권을 담보한다고 볼 근거가 없다고 한 사례

【판결요지】

[1] 민법 제355조의 규정에 의하여 권리질권에 준용되는 민법 제334조 전문은 '질권은 원본, 이자, 위약금, 질권실행의 비용, 질물보존의 비용 및 채무불이행 또는 질물의 하자로 인한 손해배상의 채권을 담보한다.'고 정하고 있다. 부동산등기법 제76조 제1항은 등기관이 민법 제348조에 따라 저당권부 채권에 대한 질권의 등기를 할 때에는 부동산등기법 제48조에서 규정한 사항 외에 '채권액 또는 채권최고액, 채무자의 성명 또는 명칭과 주소 또는 사무소 소재지, 변제기와 이자의 약정이 있는 경우에는 그 내용'을 기록하여야 한다고 정하고 있어 채권의 지연손해금을 등기사항으로 정하고 있지 않다. 이러한 사정

에 비추어 보면, 채권의 지연손해금을 별도로 등기부에 기재하지 않았더라도 근저당권부 질권의 피담보채권의 범위가 등기부에 기재된 약정이자에 한정된다고 볼 수 없다.

[2] 채무자를 위하여 변제한 자는 변제와 동시에 채권자의 승낙을 얻어 채권자를 대위할 수 있다(민법 제480조 제1항). 제3자가 채무자를 위하여 채무를 변제함으로써 채무자에 대하여 구상권을 취득하는 경우, 그 구상권의 범위 내에서 종래 채권자가 가지고 있던 채권과 그 담보에 관한 권리는 동일성을 유지한 채 법률상 당연히 변제자에게 이전한다.

[3] 근저당권자인 甲 주식회사가 乙 주식회사와 제1 대출 약정을 체결하면서 乙 회사에 근저당권부 질권을 설정해 주었고, 그 후 丙 주식회사가 甲 회사 등과 제2 대출 약정을 체결하면서, 甲 회사를 대신하여 乙 회사에 제1 대출 약정 채무 잔액을 대위변제하고 乙 회사로부터 근저당권부 질권을 이전받았는데, 근저당권의 목적 부동산이 임의경매절차에서 매각되어 丙 회사가 근저당권부 질권자로서 배당받게 되자, 후순위 근저당권부 질권자인 丁 등이 丙 회사를 상대로 배당이의의 소를 제기한 사안에서, 丙 회사는 甲 회사를 위하여 제1 대출 약정 채무 잔액을 乙 회사에 대위변제함으로써 채무자 甲 회사에 대하여 구상권을 취득하였고, 그 범위에서 종래 乙 회사가 가지고 있던 제1 대출 약정 채권과 담보에 관한 권리가 동일성을 유지한 채 법률상 당연히 丙 회사에 이전하므로, 丙 회사가 이전받은 근저당권부 질권의 피담보채권은 대위변제자의 변제에 의하여 소멸하는 제1 대출 약정 채권이고, 丙 회사의 구상금 채권을 초과하여 근저당권부 질권이 甲 회사의 丙 회사에 대한 채무인 제2 대출 약정 채권을 담보한다고 볼 근거가 없는데도, 이와 달리 본 원심판결에 법리오해 등의 잘못이 있다고 한 사례.

제335조(유치적효력) 질권자는 전조의 채권의 변제를 받을 때까지 질물을 유치할 수 있다. 그러나 자기보다 우선권이 있는 채권자에게 대항하지 못한다.

제336조(전질권) 질권자는 그 권리의 범위내에서 자기의 책임으로 질물을 전질할 수 있다. 이 경우에는 전질을 하지 아니하였으면 면할 수 있는 불가항력으로 인한 손해에 대하여도 책임을 부담한다.

제337조(전질의 대항요건) ① 전조의 경우에 질권자가 채무자에게 전질의 사실을 통지하거나 채무자가 이를 승낙함이 아니면 전질로써 채무자, 보증인, 질권설정자 및 그 승계인에게 대항하지 못한다.
② 채무자가 전항의 통지를 받거나 승낙을 한 때에는 전질권자의 동의없이 질권자에게 채무를 변제하여도 이로써 전질권자에게 대항하지 못한다.

제338조(경매, 간이변제충당) ① 질권자는 채권의 변제를 받기 위하여 질물을 경매할 수 있다.
② 정당한 이유있는 때에는 질권자는 감정자의 평가에 의하여 질물로 직접 변제에 충당할 것을 법원에 청구할 수 있다. 이 경우에는 질권자는 미리 채무자 및 질권설정자에게 통지하여야 한다.

제339조(유질계약의 금지) 질권설정자는 채무변제기전의 계약으로 질권자에게 변제에

갈음하여 질물의 소유권을 취득하게 하거나 법률에 정한 방법에 의하지 아니하고 질물을 처분할 것을 약정하지 못한다. 〈개정 2014. 12. 30.〉

신주발행무효청구
[대법원 2021. 11. 25., 선고, 2018다304007, 판결]

【판시사항】

[1] 상행위로 인하여 생긴 채권을 담보하기 위하여 유질약정이 포함된 질권설정계약이 체결된 경우, 질권의 실행 방법이나 절차는 질권설정계약에서 정한 바에 따라야 하는지 여부(원칙적 적극)

[2] 유질약정이 포함된 질권설정계약을 체결하면서 질물인 비상장주식의 가격이나 그 산정방식에 관하여 정하지 않았고 객관적으로 형성된 시장가격이 없거나 이를 확인하기 어려운 형편이어서, 채권자가 처분정산의 방식으로 질권을 실행하면서 일반적으로 허용된 비상장주식의 가격 산정방식 중 하나를 채택하여 처분가액을 산정하였는데 나중에 그 가격이 합리적인 가격이 아니었다고 인정되는 경우, 채권자의 처분행위가 무효로 되는지 여부(원칙적 소극)

【판결요지】

[1] 상법 제59조는 "민법 제339조의 규정은 상행위로 인하여 생긴 채권을 담보하기 위하여 설정한 질권에는 적용하지 아니한다."라고 정함으로써 상행위로 인하여 생긴 채권을 담보하기 위한 질권설정계약에 대해서는 유질약정을 허용하고 있다. 다만 상법은 유질약정이 체결된 경우 질권의 실행 방법이나 절차에 관하여는 아무런 규정을 두고 있지 않으므로, 유질약정이 포함된 질권설정계약이 체결된 경우 질권의 실행 방법이나 절차는 원칙적으로 질권설정계약에서 정한 바에 따라야 한다.

[2] 비상장주식에 대하여 유질약정이 포함된 질권설정계약이 적법하게 체결된 경우, 질물인 비상장주식의 가격이나 그 산정방식에 관하여 질권설정계약에서 정한 바가 없고 또 객관적으로 형성된 시장가격이 없거나 이를 확인하기 어려운 형편이라면, 채권자가 유질약정을 근거로 처분정산의 방법으로 질권을 실행할 때 일반적으로 허용된 여러 비상장주식 가격 산정방식 중 하나를 채택하여 그에 따라 처분가액을 산정한 이상, 설령 나중에 그 가격이 합리적인 가격이 아니었다고 인정되더라도, 다른 특별한 사정이 없는 한 유질약정의 내용에 따라 채권자와 채무자 사이에서 피담보채무의 소멸 범위나 초과액의 반환 여부, 손해배상 등이 문제 될 여지가 있을 뿐이고 채권자와 처분 상대방 사이에서 채권자의 처분행위 자체가 무효로 된다고 볼 수는 없다.

제340조(질물 이외의 재산으로부터의 변제) ① 질권자는 질물에 의하여 변제를 받지 못한 부분의 채권에 한하여 채무자의 다른 재산으로부터 변제를 받을 수 있다.
② 전항의 규정은 질물보다 먼저 다른 재산에 관한 배당을 실시하는 경우에는 적용하지 아니한다. 그러나 다른 채권자는 질권자에게 그 배당금액의 공탁을 청구할 수 있다.

제341조(물상보증인의 구상권) 타인의 채무를 담보하기 위한 질권설정자가 그 채무를 변제하거나 질권의 실행으로 인하여 질물의 소유권을 잃은 때에는 보증채무에 관한 규정에 의하여 채무자에 대한 구상권이 있다.

제342조(물상대위) 질권은 질물의 멸실, 훼손 또는 공용징수로 인하여 질권설정자가 받을 금전 기타 물건에 대하여도 이를 행사할 수 있다. 이 경우에는 그 지급 또는 인도전에 압류하여야 한다.

배당이의

[대법원 2022. 8. 11., 선고, 2017다256668, 판결]

【판시사항】

[1] 저당권자가 물상대위권을 행사하는 방법과 그 시한 및 이를 제한하는 취지

[2] 저당권자가 물상대위권을 행사하여 채권압류 및 추심명령 또는 전부명령을 신청하면서 청구채권 중 이자·지연손해금 등 부대채권의 범위를 신청일 무렵까지의 확정금액으로 기재한 경우, 배당기일까지의 부대채권을 포함하여 원래 우선변제권을 행사할 수 있는 범위에서 우선배당을 받을 수 있는지 여부(원칙적 적극)

【판결요지】

[1] 민법 제370조, 제342조에 따라 저당권자가 물상대위권을 행사하기 위해서는 민사집행법 제273조에 의하여 담보권의 존재를 증명하는 서류를 집행법원에 제출하여 채권압류 및 추심명령 또는 전부명령을 신청하거나, 민사집행법 제247조에 의하여 배당요구를 하는 방법으로 하여야 하고, 이는 늦어도 민사집행법 제247조 제1항 각호 소정의 배당요구의 종기까지 하여야 한다. 이와 같이 물상대위권자의 권리행사 방법과 시한을 제한하는 취지는 물상대위의 목적인 채권의 특정성을 유지하여 그 효력을 보전함과 동시에 제3자에게 불측의 손해를 입히지 않으려는 것이다.

[2] 저당권자가 물상대위권을 행사하여 채권압류 및 추심명령 또는 전부명령(이하 '채권압류명령 등'이라 한다)을 신청하면서 그 청구채권 중 이자·지연손해금 등 부대채권(이하 '부대채권'이라 한다)의 범위를 신청일 무렵까지의 확정금액으로 기재한 경우, 그 신청 취지와 원인 및 집행 실무 등에 비추어 저당권자가 부대채권에 관하여는 신청일까지의 액수만 배당받겠다는 의사를 명확하게 표시하였다고 볼 수 있는 등의 특별한 사정이 없는 한, 그 배당절차에서는 채권계산서를 제출하였는지 여부에 관계없이 배당기일까지의 부대채권을 포함하여 원래 우선변제권을 행사할 수 있는 범위에서 우선배당을 받을 수 있다고 봄이 타당하다. 그 이유는 아래와 같다.

① 금전채권에 대하여 채권압류명령 등이 신청된 경우 제3채무자는 순전히 타의에 의하여 다른 사람들 사이의 법률분쟁에 편입된 것이므로, 제3채무자가 압류된 채권이나 범위를 파악할 때 과도한 부담을 가지지 않도록 보호할 필요가 있다. 이에 현행 민사집행 실무에서는 금전채권에 대한 압류명령신청서에 기재하여야 하는 청구채권 중 부대채권의 범위를 신청일까지의 확정금액으로 기재하도록 요구하고 있다. 이러한 실무는 법령상 근거가 있는 것은 아니나, 제3채무자가 압류 범위를 파악하는 데 과도한 부담을 가지지 않도록 압류채권자에게 협조를 구하는 한도에서 합리적인 측면이 있다.

② 그러나 본래 저당권자는 물상대위권을 행사할 때 청구채권인 저당권의 피담보채권 중 부대채권의 범위를 원금의 지급일까지로 하는 채권압류명령 등을 신청할 수 있다. 따라서 물상대위권을 행사하는 저당권자가 민사집행 실무에서 요구하는 바에 따라 부대채권의 범위를 신청일 무렵까지의 확정금액으로 기재한 것은 다른 특별한 사정이 없는 한, 위와 같이 제3채무자를 배려하기 위한 것일 뿐 나머지 부대채권에

관한 우선변제권을 확정적으로 포기하려는 의사에 기한 것이라고 추단할 수 없다.

③ 게다가 제3채무자의 공탁(민사집행법 제248조) 등의 이유로 배당절차가 개시된 경우에는 제3채무자의 보호가 처음부터 문제 되지 않으므로, 물상대위권을 행사하는 저당권자는 원래 배당절차에서 우선변제권을 행사할 수 있는 범위에서 우선배당을 받고자 하는 것이 통상적인 의사라고 볼 수 있다.

제343조(준용규정) 제249조 내지 제251조, 제321조 내지 제325조의 규정은 동산질권에 준용한다.

제344조(타법률에 의한 질권) 본절의 규정은 다른 법률의 규정에 의하여 설정된 질권에 준용한다.

제2절 권리질권

제345조(권리질권의 목적) 질권은 재산권을 그 목적으로 할 수 있다. 그러나 부동산의 사용, 수익을 목적으로 하는 권리는 그러하지 아니하다.

임대차보증금
[대법원 2020. 4. 29., 선고, 2016다235411, 판결]

【판시사항】

[1] 저당권으로 담보된 채권에 질권을 설정한 경우, 질권자와 질권설정자가 피담보채권만을 질권의 목적으로 하고 저당권은 질권의 목적으로 하지 않는 것도 가능한지 여부(적극) 및 이는 담보가 없는 채권에 질권을 설정한 다음 그 채권을 담보하기 위하여 저당권이 설정된 경우에도 마찬가지인지 여부(적극)

[2] 담보가 없는 채권에 질권을 설정한 다음 그 채권을 담보하기 위해 저당권이 설정된 경우, 질권의 효력이 저당권에 미치도록 하려면 저당권설정등기에 질권의 부기등기를 하여야 하는지 여부(적극)

[3] 甲 주식회사가 모회사인 乙 주식회사가 丙에 대해 부담하는 채무를 담보하기 위하여 丁에 대한 임대차보증금 반환채권에 관하여 丙과 근질권설정계약을 체결한 다음 위 임대차보증금 반환채권을 담보하기 위하여 丁으로부터 임대차목적물 등에 관하여 근저당권을 설정받았는데, 근저당권설정등기가 해지를 원인으로 말소되자 丙이 자신의 근질권이 침해되었다며 위 말소등기의 회복을 구한 사안에서, 제반 사정에 비추어 질권자인 丙과 질권설정자인 甲 회사가 임대차보증금 반환채권만을 질권의 목적으로 하고 질권설정자가 질권자에게 제공하려는 의사 없이 근저당권을 설정받는 등 저당권이 질권의 목적이 되지 않는 특별한 사정이 있는 경우에 해당한다고 볼 여지가 있고, 또한 丙은 근저당권설정등기에 관하여 질권의 부기등기를 마치지 않았으므로 이 점에서도 丙의 질권의 효력이 근저당권에 미친다고 할 수 없다고 한 사례

【판결요지】

[1] 민법 제361조는 "저당권은 그 담보한 채권과 분리하여 타인에게 양도하거나 다른 채권의 담보로 하지 못한다."라고 정하고 있을 뿐 피담보채권을 저당권과 분리해서 양도하거나 다른 채권의 담보로 하지 못한다고 정하고 있지 않다. 채권담보라고 하는 저당권

제도의 목적에 비추어 특별한 사정이 없는 한 피담보채권의 처분에는 저당권의 처분도 당연히 포함된다고 볼 것이지만, 피담보채권의 처분이 있으면 언제나 저당권도 함께 처분된다고는 할 수 없다.

따라서 저당권으로 담보된 채권에 질권을 설정한 경우 원칙적으로는 저당권이 피담보채권과 함께 질권의 목적이 된다고 보는 것이 합리적이지만, 질권자와 질권설정자가 피담보채권만을 질권의 목적으로 하고 저당권은 질권의 목적으로 하지 않는 것도 가능하고 이는 저당권의 부종성에 반하지 않는다. 이는 저당권과 분리해서 피담보채권만을 양도한 경우 양도인이 채권을 상실하여 양도인 앞으로 된 저당권이 소멸하게 되는 것과 구별된다.

이와 마찬가지로 담보가 없는 채권에 질권을 설정한 다음 그 채권을 담보하기 위하여 저당권이 설정된 경우 원칙적으로는 저당권도 질권의 목적이 되지만, 질권자와 질권설정자가 피담보채권만을 질권의 목적으로 하였고 그 후 질권설정자가 질권자에게 제공하려는 의사 없이 저당권을 설정받는 등 특별한 사정이 있는 경우에는 저당권은 질권의 목적이 되지 않는다. 이때 저당권은 저당권자인 질권설정자를 위해 존재하며, 질권자의 채권이 변제되거나 질권설정계약이 해지되는 등의 사유로 질권이 소멸한 경우 저당권자는 자신의 채권을 변제받기 위해서 저당권을 실행할 수 있다.

[2] 민법 제348조는 저당권으로 담보한 채권을 질권의 목적으로 한 때에는 그 저당권설정등기에 질권의 부기등기를 하여야 그 효력이 저당권에 미친다고 정한다. 저당권에 의하여 담보된 채권에 질권을 설정하였을 때 저당권의 부종성으로 인하여 등기 없이 성립하는 권리질권이 당연히 저당권에도 효력이 미친다고 한다면, 공시의 원칙에 어긋나고 그 저당권에 의하여 담보된 채권을 양수하거나 압류한 사람, 저당부동산을 취득한 제3자 등에게 예측할 수 없는 질권의 부담을 줄 수 있어 거래의 안전을 해할 수 있다. 이에 따라 민법 제348조는 저당권설정등기에 질권의 부기등기를 한 때에만 질권의 효력이 저당권에 미치도록 한 것이다. 이는 민법 제186조에서 정하는 물권변동에 해당한다. 이러한 민법 제348조의 입법 취지에 비추어 보면, '담보가 없는 채권에 질권을 설정한 다음 그 채권을 담보하기 위해서 저당권을 설정한 경우'에도 '저당권으로 담보한 채권에 질권을 설정한 경우'와 달리 볼 이유가 없다.

또한 담보가 없는 채권에 질권을 설정한 다음 그 채권을 담보하기 위해 저당권을 설정한 경우에, 당사자 간 약정 등 특별한 사정이 있는 때에는 저당권이 질권의 목적이 되지 않을 수 있으므로, 질권의 효력이 저당권에 미치기 위해서는 질권의 부기등기를 하도록 함으로써 이를 공시할 필요가 있다.

따라서 담보가 없는 채권에 질권을 설정한 다음 그 채권을 담보하기 위해 저당권이 설정되었더라도, 민법 제348조가 유추적용되어 저당권설정등기에 질권의 부기등기를 하지 않으면 질권의 효력이 저당권에 미친다고 볼 수 없다.

[3] 甲 주식회사가 모회사인 乙 주식회사가 丙에 대해 부담하는 채무를 담보하기 위하여 丁에 대한 임대차보증금 반환채권에 관하여 丙과 근질권설정계약을 체결한 다음 위 임대차보증금 반환채권을 담보하기 위하여 丁으로부터 임대차목적물 등에 관하여 근저당권을 설정받았는데, 근저당권설정등기가 해지를 원인으로 말소되자 丙이 자신의 근질권이 침해되었다며 위 말소등기의 회복을 구한 사안에서, 甲 회사와 丁의 임대차계약 시 저당권설정에 관한 내용이 없었고, 丙과 甲 회사의 근질권설정계약 시 丁에 대한 확정일자부 통지 또는 승낙을 받아줄 의무 등 질권설정자의 의무나 질권의 실행 조건, 실행

방법에 관하여 상세히 규정하였음에도 저당권에 관한 내용은 전혀 없었던 점 등에 비
추어 질권자인 丙과 질권설정자인 甲 회사가 임대차보증금 반환채권만을 질권의 목적
으로 하고 질권설정자가 질권자에게 제공하려는 의사 없이 근저당권을 설정받는 등 저
당권이 질권의 목적이 되지 않는 특별한 사정이 있는 경우에 해당한다고 볼 여지가 있
고, 또한 丙은 근저당권설정등기에 관하여 질권의 부기등기를 마치지 않았으므로 이
점에서도 丙의 질권의 효력이 근저당권에 미친다고 할 수 없는데도, 이와 달리 본 원
심판단에 법리오해 등의 잘못이 있다고 한 사례.

제346조(권리질권의 설정방법) 권리질권의 설정은 법률에 다른 규정이 없으면 그 권
리의 양도에 관한 방법에 의하여야 한다.

제347조(설정계약의 요물성) 채권을 질권의 목적으로 하는 경우에 채권증서가 있는
때에는 질권의 설정은 그 증서를 질권자에게 교부함으로써 그 효력이 생긴다.

제348조(저당채권에 대한 질권과 부기등기) 저당권으로 담보한 채권을 질권의 목적으로
한 때에는 그 저당권등기에 질권의 부기등기를 하여야 그 효력이 저당권에 미친다.

제349조(지명채권에 대한 질권의 대항요건) ① 지명채권을 목적으로 한 질권의 설정
은 설정자가 제450조의 규정에 의하여 제삼채무자에게 질권설정의 사실을 통지하
거나 제삼채무자가 이를 승낙함이 아니면 이로써 제삼채무자 기타 제삼자에게 대항
하지 못한다.
② 제451조의 규정은 전항의 경우에 준용한다.

부당이득금반환
[대법원 2022. 3. 31., 선고, 2018다21326, 판결]

【판시사항】
질권설정자가 제3채무자에게 질권이 설정된 사실을 통지하거나 제3채무자가 이를 승낙한
경우, 제3채무자가 질권자의 동의 없이 질권의 목적인 채무를 변제하였음을 이유로 질권자
에게 대항할 수 있는지 여부(소극) 및 이는 질권의 목적인 채권에 대하여 질권설정자의 일
반채권자의 신청으로 압류·전부명령이 내려졌고, 위 명령이 송달된 날보다 먼저 질권자가
확정일자 있는 문서에 의해 대항요건을 갖춘 경우에도 마찬가지인지 여부(적극)

【판결요지】
질권설정자가 민법 제349조 제1항에 따라 제3채무자에게 질권이 설정된 사실을 통지하거
나 제3채무자가 이를 승낙한 때에는 제3채무자가 질권자의 동의 없이 질권의 목적인 채무
를 변제하더라도 질권자에게 대항할 수 없고, 질권자는 여전히 제3채무자에게 직접 채무의
변제를 청구할 수 있다. 질권의 목적인 채권에 대하여 질권설정자의 일반채권자의 신청으
로 압류·전부명령이 내려진 경우에도 그 명령이 송달된 날보다 먼저 질권자가 확정일자 있
는 문서에 의해 민법 제349조 제1항에서 정한 대항요건을 갖추었다면, 전부채권자는 질권
이 설정된 채권을 이전받을 뿐이고 제3채무자는 전부채권자에게 변제했음을 들어 질권자
에게 대항할 수 없다.

제350조(지시채권에 대한 질권의 설정방법) 지시채권을 질권의 목적으로 한 질권의 설정은 증서에 배서하여 질권자에게 교부함으로써 그 효력이 생긴다.

제351조(무기명채권에 대한 질권의 설정방법) 무기명채권을 목적으로 한 질권의 설정은 증서를 질권자에게 교부함으로써 그 효력이 생긴다.

제352조(질권설정자의 권리처분제한) 질권설정자는 질권자의 동의없이 질권의 목적된 권리를 소멸하게 하거나 질권자의 이익을 해하는 변경을 할 수 없다.

제353조(질권의 목적이 된 채권의 실행방법) ① 질권자는 질권의 목적이 된 채권을 직접 청구할 수 있다.
② 채권의 목적물이 금전인 때에는 질권자는 자기채권의 한도에서 직접 청구할 수 있다.
③ 전항의 채권의 변제기가 질권자의 채권의 변제기보다 먼저 도래한 때에는 질권자는 제삼채무자에 대하여 그 변제금액의 공탁을 청구할 수 있다. 이 경우에 질권은 그 공탁금에 존재한다.
④ 채권의 목적물이 금전 이외의 물건인 때에는 질권자는 그 변제를 받은 물건에 대하여 질권을 행사할 수 있다.

부당이득반환청구의소[부동산 임의경매절차에서 채권자의 질권자가 직접청구권을 행사하여 배당금을 수령하였는데 배당이 잘못된 경우 부당이득반환의무자가 누구인지 문제된 사건]
[대법원 2024. 4. 12. 선고 2023다315155 판결]

【판시사항】

[1] 금전채권의 질권자가 민법 제353조 제1항, 제2항에 따라 자기채권의 범위 내에서 직접 청구권을 행사하는 경우, 제3채무자의 질권자에 대한 금전지급으로써 질권설정자의 질권자에 대한 급부도 이루어지는지 여부(적극) 및 이러한 법리는 근저당권부채권의 질권자가 부동산 임의경매절차에서 집행법원으로부터 배당금을 직접 수령하는 경우에도 적용되는지 여부(적극)

[2] 경매목적물의 매각대금이 잘못 배당되어 배당받을 권리 있는 채권자가 배당받을 몫을 받지 못하고 그로 인해 권리 없는 다른 채권자가 그 몫을 배당받은 경우, 배당금을 수령한 다른 채권자는 이를 부당이득으로 반환할 의무가 있는지 여부(원칙적 적극) 및 여기서 '배당금을 수령한 다른 채권자'의 의미(=실체법적으로 볼 때 배당을 통하여 법률상 원인 없이 이득을 얻은 사람)

[3] 질권설정자의 채무자에 대한 근저당권부채권 범위를 초과하여 질권자의 질권설정자에 대한 피담보채권 범위 내에서 질권자에게 배당금이 직접 지급됨으로써 질권자가 피담보채권의 만족을 얻은 경우, 실체법적으로 볼 때 배당을 통하여 법률상 원인 없이 이득을 얻은 사람(=질권자에 대한 피담보채무가 소멸하는 이익을 얻은 질권설정자)

【판결요지】

[1] 금전채권의 질권자가 민법 제353조 제1항, 제2항에 의하여 자기채권의 범위 내에서 직접청구권을 행사하는 경우 질권자는 질권설정자의 대리인과 같은 지위에서 입질채권을 추심하여 자기채권의 변제에 충당하고 그 한도에서 질권설정자에 의한 변제가 있었던 것으로 보므로, 위 범위 내에서는 제3채무자의 질권자에 대한 금전지급으로써 제3채무자의 질권설정자에 대한 급부가 이루어질 뿐만 아니라 질권설정자의 질권자에 대한 급부도 이루어진다고 보아야 한다. 이러한 법리는 근저당권부채권의 질권자가 부동산 임의경매절차에서 집행법원으로부터 배당금을 직접 수령하는 경우에도 적용된다.

[2] 경매목적물의 매각대금이 잘못 배당되어 배당받을 권리 있는 채권자가 배당받을 몫을 받지 못하고 그로 인해 권리 없는 다른 채권자가 그 몫을 배당받은 경우에는, 배당금을 수령한 다른 채권자는 배당받을 수 있었던 채권자의 권리를 침해하여 이득을 얻은 것이 된다. 위와 같이 배당금을 수령한 다른 채권자는 그 이득을 보유할 정당한 권원이 없는 이상 이를 부당이득으로 반환할 의무가 있다. 이때 부당이득반환의무를 부담하는 '배당금을 수령한 다른 채권자'는 실체법적으로 볼 때 배당을 통하여 법률상 원인 없이 이득을 얻은 사람을 의미하고, 그가 부동산 임의경매절차에서 현실적으로 배당금을 수령한 사람과 언제나 일치하여야 하는 것은 아니다.

[3] 질권설정자의 채무자에 대한 근저당권부채권 범위를 초과하여 질권자의 질권설정자에 대한 피담보채권 범위 내에서 질권자에게 배당금이 직접 지급됨으로써 질권자가 피담보채권의 만족을 얻은 경우, 실체법적으로 볼 때 배당을 통하여 법률상 원인 없이 이득을 얻은 사람은 피담보채권이라는 법률상 원인에 기하여 배당금을 수령한 질권자가 아니라 근저당권부채권이라는 법률상 원인의 범위를 초과하여 질권자에게 배당금이 지급되게 함으로써 자신의 질권자에 대한 피담보채무가 소멸하는 이익을 얻은 질권설정자이다.

제354조(동전) 질권자는 전조의 규정에 의하는 외에 민사집행법에 정한 집행방법에 의하여 질권을 실행할 수 있다. 〈개정 2001. 12. 29.〉

제355조(준용규정) 권리질권에는 본절의 규정외에 동산질권에 관한 규정을 준용한다.

제9장 저당권

제356조(저당권의 내용) 저당권자는 채무자 또는 제삼자가 점유를 이전하지 아니하고 채무의 담보로 제공한 부동산에 대하여 다른 채권자보다 자기채권의 우선변제를 받을 권리가 있다.

제357조(근저당) ① 저당권은 그 담보할 채무의 최고액만을 정하고 채무의 확정을 장래에 보류하여 이를 설정할 수 있다. 이 경우에는 그 확정될 때까지의 채무의 소멸 또는 이전은 저당권에 영향을 미치지 아니한다.
② 전항의 경우에는 채무의 이자는 최고액 중에 산입한 것으로 본다.

채권조사확정재판에대한이의의소
[대법원 2024. 3. 12. 선고 2021다262189 판결]

【판시사항】

[1] 변제할 정당한 이익이 있는 자가 채무자에 대한 회생절차개시 전에 채무자의 근저당권 피담보채무 중 일부를 대위변제한 경우, 채권자가 잔존 채권액 및 피담보채권액의 한도에서 일부 대위변제자에 우선하여 회생담보권을 행사할 수 있는지 여부(원칙적 적극)

[2] 선순위 담보권자의 회생담보권이 회생담보권 조사확정절차에서 확정된 경우, 후순위 담보권자의 회생담보권 존부와 범위를 정하는 과정에서 담보목적물의 가액에서 공제하여야 하는 '선순위 담보권으로 담보된 채권액'의 산정 기준시점(=회생절차개시 당시) 및 선순위 담보권자의 회생담보권 조사확정절차에서 확정된 회생담보권액에 구속되는지 여부(소극)

[3] 물상보증인에 대한 회생절차에서 채권자가 회생담보권자로서 권리를 행사할 수 있는 범위(=담보목적물의 가액 범위 내에서 회생절차개시 당시 가진 채권의 전액)

【판결요지】

[1] 변제할 정당한 이익이 있는 자가 채무자를 위하여 근저당권 피담보채무의 일부를 대위변제한 경우 대위변제자는 변제한 가액의 범위 내에서 종래 채권자가 가지고 있던 채권 및 담보에 관한 권리를 법률상 당연히 취득하게 되지만 이때에도 채권자는 대위변제자에 대하여 우선변제권을 가진다. 이 경우에 채권자의 우선변제권은 피담보채권액을 한도로 특별한 사정이 없는 한 자기가 보유하고 있는 잔존 채권액 전액에 미친다. 이러한 법리는 채무자에 대한 회생절차개시 전에 채무자의 근저당권 피담보채무 중 일부를 대위변제한 자와 채권자 사이에서도 마찬가지이다. 따라서 채무자에 대한 회생절차에서도 채권자는 잔존 채권액 및 피담보채권액의 한도에서 일부 대위변제자에 우선하여 회생담보권을 행사하고, 일부 대위변제자는 채권자보다 후순위로 회생담보권을 행사할 수 있다.

[2] 회생담보권은 회생채권이나 회생절차개시 전의 원인으로 생긴 채무자 외의 자에 대한 재산상의 청구권으로서 회생절차개시 당시 채무자의 재산상에 존재하는 유치권 등의 담보권으로 담보된 범위의 것이다[채무자 회생 및 파산에 관한 법률(이하 '채무자회생법'이라 한다) 제141조 제1항 본문]. 회생담보권자는 피담보채권 중 담보목적물의 가액 범위 내에서는 회생담보권자로서, 담보목적물의 가액을 초과하는 부분에 관하여는 회생채권자로서 회생절차에 참가할 수 있고, 선순위 담보권이 있는 경우 그 담보권으로 담보된 채권액을 담보목적물의 가액에서 공제한다(채무자회생법 제141조 제3항, 제4항). 이와 같이 회생담보권자가 주장하는 채권이 회생담보권 또는 회생채권에 해당하는지는 그 채권액 중 담보목적물의 가액을 초과하는 부분이 있는지, 선순위 담보권이 있는 경우에는 담보목적물의 가액에서 '선순위 담보권으로 담보된 채권액'을 공제한 나머지가 존재하는지에 달려 있다.

나아가 회생절차개시 당시의 재산가액 평가에 관한 채무자회생법 제90조와 회생절차개시 당시 담보된 범위의 채권을 회생담보권으로 규정한 채무자회생법 제141조 제1항의 내용에 비추어 보면, 담보목적물의 가액은 회생절차개시 당시를 기준으로 평가하여야 한다. 선순위 담보권이 있는 경우 '선순위 담보권으로 담보된 채권액'도 담보목적물 가액 평가의 기준시점인 회생절차개시 당시를 기준으로 산정하여야 한다.

이는 선순위 담보권자의 회생담보권이 회생담보권 조사확정절차에서 확정된 경우에도 마찬가지이다. 즉 선순위 담보권자의 회생담보권이 회생담보권 조사확정절차에서 확정되었다고 하더라도 후순위 담보권자의 회생담보권 존부와 범위를 정하는 과정에서 '선순위 담보권으로 담보된 채권액'은 회생절차개시 당시를 기준으로 산정하여야 하고, 선순위 담보권자의 회생담보권 조사확정절차에서 확정된 회생담보권액에 구속되는 것이 아니다. 구체적인 이유는 다음과 같다.

① 회생절차개시 당시 채무자의 재산에 담보권이 존재하면 그 후에 실체법상의 담보권이 소멸하더라도 회생절차상 회생담보권으로 존속하는 데 영향이 없다. 이와 마찬가지로 후순위 담보권자의 회생담보권은 회생절차개시 당시를 기준으로 결정하여야 하므로, 선순위 담보권자의 회생담보권이 조사확정절차를 거치면서 실권되었다고 하더라도 후순위 담보권자의 회생담보권 확정의 전제가 되는 '선순위 담보권으로 담보된 채권액'도 회생절차개시 당시를 기준으로 정하여야 한다.

② 채무자회생법 제176조 제2항은 채권조사확정재판에 대한 이의의 소가 제171조 제1항의 규정에 의한 기간 안에 제기되지 아니한 때에는 그 재판은 회생채권자·회생담보권자·주주·지분권자 전원에 대하여 확정판결과 동일한 효력이 있다고 규정한다. 이러한 선순위 담보권자의 회생담보권 조사확정재판의 효력은 채무자에 대하여 행사할 수 있는 해당 회생담보권의 존부와 범위에 관한 것이고 회생담보권은 회생담보권자마다 개별적으로 확정하므로, 선순위 담보권자의 회생담보권 조사확정재판의 효력이 후순위 담보권자의 회생담보권 존부와 범위를 확정하는 경우에도 작용하는 것은 아니다.

③ 후순위 담보권자는 원래 담보목적물 가액에서 회생절차개시 당시 '선순위 담보권으로 담보된 채권액'을 공제한 나머지 금액에 관한 회생담보권을 취득하는데, 그 나머지가 없는 경우에는 회생담보권자로서 권리를 행사할 수 없었다. 후순위 담보권자가 선순위 담보권자의 회생담보권이 절차적으로 실권됨에 따른 이익을 얻지 못하더라도 부당하다고 볼 수 없다.

④ 선순위 담보권자의 확정된 회생담보권을 기준으로 후순위 담보권자의 회생담보권을 확정할 경우 후순위 담보권자는 선순위 담보권자의 절차적 실권을 기대하면서 회생담보권에 대하여 이의를 할 가능성이 커져 회생담보권 확정에 관한 분쟁이 증가할 우려가 있다. 또한 선순위 담보권자의 회생담보권이 확정되지 않는 한 후순위 담보권자의 회생담보권을 확정할 수 없어 회생절차의 원활한 진행을 저해할 수 있다.

[3] 회생절차개시 전의 원인으로 생긴 채무자 외의 자에 대한 재산상의 청구권도 유치권 등 담보권으로 담보된 범위의 것은 회생담보권에 해당하므로[채무자 회생 및 파산에 관한 법률(이하 '채무자회생법'이라 한다) 제141조 제1항 본문] 물상보증인에 대하여도 회생담보권이 성립할 수 있다. 채무자회생법 제126조 제1항은 "여럿이 각각 전부의 이행을 하여야 하는 의무를 지는 경우 그 전원 또는 일부에 관하여 회생절차가 개시된 때에는 채권자는 회생절차개시 당시 가진 채권의 전액에 관하여 각 회생절차에서 회생채권자로서 그 권리를 행사할 수 있다."라고 정하고, 채무자회생법 제141조 제2항은 회생담보권에 관하여 위 규정을 준용한다. 따라서 채권자는 물상보증인에 대한 회생절차에서 담보목적물의 가액 범위 내에서 회생절차개시 당시 가진 채권의 전액에 관하여 회생담보권자로서 그 권리를 행사할 수 있다.

제358조(저당권의 효력의 범위) 저당권의 효력은 저당부동산에 부합된 물건과 종물에 미친다. 그러나 법률에 특별한 규정 또는 설정행위에 다른 약정이 있으면 그러하지

아니하다.

제359조(과실에 대한 효력) 저당권의 효력은 저당부동산에 대한 압류가 있은 후에 저당권설정자가 그 부동산으로부터 수취한 과실 또는 수취할 수 있는 과실에 미친다. 그러나 저당권자가 그 부동산에 대한 소유권, 지상권 또는 전세권을 취득한 제삼자에 대하여는 압류한 사실을 통지한 후가 아니면 이로써 대항하지 못한다.

제360조(피담보채권의 범위) 저당권은 원본, 이자, 위약금, 채무불이행으로 인한 손해배상 및 저당권의 실행비용을 담보한다. 그러나 지연배상에 대하여는 원본의 이행기일을 경과한 후의 1년분에 한하여 저당권을 행사할 수 있다.

제361조(저당권의 처분제한) 저당권은 그 담보한 채권과 분리하여 타인에게 양도하거나 다른 채권의 담보로 하지 못한다.

제362조(저당물의 보충) 저당권설정자의 책임있는 사유로 인하여 저당물의 가액이 현저히 감소된 때에는 저당권자는 저당권설정자에 대하여 그 원상회복 또는 상당한 담보제공을 청구할 수 있다.

제363조(저당권자의 경매청구권, 경매인) ① 저당권자는 그 채권의 변제를 받기 위하여 저당물의 경매를 청구할 수 있다.
② 저당물의 소유권을 취득한 제삼자도 경매인이 될 수 있다.

부당이득반환
[대법원 2023. 6. 29., 선고, 2022다300248, 판결]

【판시사항】
근저당권자가 피담보채무의 불이행을 이유로 스스로 담보권의 실행을 위한 경매를 신청한 경우, 그때까지 발생되어 있는 채권으로 피담보채권액이 확정되는지 여부(적극) / 담보권 실행을 위한 임의경매절차에서 근저당권자가 경매신청서에 청구채권으로 원금 외에 이자, 지연손해금 등의 부대채권을 개괄적으로나마 표시하였다가 나중에 채권계산서에 의하여 그 부대채권의 구체적인 금액을 특정하는 것이 허용되는지 여부(적극) / 근서당권자가 경매신청서의 청구금액 등에 장래 발생될 것으로 예상되는 원금채권을 기재하였거나 구체적인 금액을 밝혔다는 사정만으로 경매 신청 당시에 발생하지 않은 장래의 원금채권까지 피담보채권액에 추가되거나 경매절차상 청구금액이 그와 같이 확장될 수 있는지 여부(소극)

【판결요지】
근저당권은 계속되는 거래관계로부터 발생하고 소멸하는 불특정 다수의 장래 채권을 결산기에 계산하여 잔존하는 채무를 일정한 한도액의 범위 내에서 담보하는 저당권이어서 그 거래가 종료하기까지 채권은 계속적으로 증감 변동하나, 근저당권자가 피담보채무의 불이행을 이유로 스스로 담보권의 실행을 위한 경매를 신청한 때에는 그때까지 발생되어 있는 채권으로 피담보채권액이 확정된다.

한편 담보권 실행을 위한 임의경매절차에서 근저당권자가 경매신청서에 청구채권으로 원금 외에 이자, 지연손해금 등의 부대채권을 개괄적으로나마 표시하였다가 나중에 채권계산서에 의하여 그 부대채권의 구체적인 금액을 특정하는 것은 경매신청서에 개괄적으로 기재하였던 청구금액의 산출 근거와 범위를 밝히는 것이므로 허용되나, 피담보채권이 확정된 이후에 비로소 발생하는 원금채권은 더 이상 근저당권에 의하여 담보될 수 없으므로, 근저당권자가 경매를 신청하면서 경매신청서의 청구금액 등에 장래 발생될 것으로 예상되는 원금채권을 기재하였거나 그 구체적인 금액을 밝혔다는 사정만으로 경매 신청 당시에 발생하지 않은 장래의 원금채권까지 피담보채권액에 추가될 수 없을 뿐만 아니라 경매절차상 청구금액이 그와 같이 확장될 수 있는 것도 아니다.

제364조(제삼취득자의 변제) 저당부동산에 대하여 소유권, 지상권 또는 전세권을 취득한 제삼자는 저당권자에게 그 부동산으로 담보된 채권을 변제하고 저당권의 소멸을 청구할 수 있다.

제365조(저당지상의 건물에 대한 경매청구권) 토지를 목적으로 저당권을 설정한 후 그 설정자가 그 토지에 건물을 축조한 때에는 저당권자는 토지와 함께 그 건물에 대하여도 경매를 청구할 수 있다. 그러나 그 건물의 경매대가에 대하여는 우선변제를 받을 권리가 없다.

제366조(법정지상권) 저당물의 경매로 인하여 토지와 그 지상건물이 다른 소유자에 속한 경우에는 토지소유자는 건물소유자에 대하여 지상권을 설정한 것으로 본다. 그러나 지료는 당사자의 청구에 의하여 법원이 이를 정한다.

제367조(제삼취득자의 비용상환청구권) 저당물의 제삼취득자가 그 부동산의 보존, 개량을 위하여 필요비 또는 유익비를 지출한 때에는 제203조제1항, 제2항의 규정에 의하여 저당물의 경매대가에서 우선상환을 받을 수 있다.

제368조(공동저당과 대가의 배당, 차순위자의 대위) ① 동일한 채권의 담보로 수개의 부동산에 저당권을 설정한 경우에 그 부동산의 경매대가를 동시에 배당하는 때에는 각부동산의 경매대가에 비례하여 그 채권의 분담을 정한다.
② 전항의 저당부동산중 일부의 경매대가를 먼저 배당하는 경우에는 그 대가에서 그 채권전부의 변제를 받을 수 있다. 이 경우에 그 경매한 부동산의 차순위저당권자는 선순위저당권자가 전항의 규정에 의하여 다른 부동산의 경매대가에서 변제를 받을 수 있는 금액의 한도에서 선순위자를 대위하여 저당권을 행사할 수 있다.

부당이득금[공동저당권과 동순위로 배당받는 채권이 있는 경우 민법 제368조 제1항 '각 부동산 경매대가'의 의미 및 구체적인 배당액 산정방법이 문제된 사건]
[대법원 2024. 6. 13. 선고 2020다258893 판결]

【판시사항】
민법 제368조 제1항의 규정 취지 / 공동저당권과 동순위로 배당받는 채권이 있는 경우,

위 조항에서 정한 '각 부동산의 경매대가'의 의미(=매각대금에서 당해 부동산이 부담할 경매비용과 선순위채권뿐만 아니라 동순위채권에 안분되어야 할 금액까지 공제한 잔액) 및 이때 배당액을 산정하는 방법 / 이는 공동근저당의 경우에도 마찬가지인지 여부(적극)

【판결요지】

민법 제368조 제1항은 "동일한 채권의 담보로 수개의 부동산에 저당권을 설정한 경우에 그 부동산의 경매대가를 동시에 배당하는 때에는 각 부동산의 경매대가에 비례하여 그 채권의 분담을 정한다."라고 규정하고 있다. 이는 공동저당권 목적 부동산의 전체 환가대금을 동시에 배당하는 이른바 동시배당의 경우에 공동저당권자의 실행선택권과 우선변제권을 침해하지 아니하는 범위 내에서 각 부동산의 책임을 안분함으로써 각 부동산의 소유자와 후순위 저당권자 그 밖의 채권자의 이해관계를 조절하는 데에 그 취지가 있다.

여기에서 '각 부동산의 경매대가'란 일반적으로 매각대금에서 당해 부동산이 부담할 경매비용과 선순위채권을 공제한 잔액을 말하지만, 공동저당권 설정등기 전에 가압류등기가 마쳐진 경우처럼 공동저당권과 동순위로 배당받는 채권이 있는 경우에는 매각대금에서 당해 부동산이 부담할 경매비용과 선순위채권뿐만 아니라 동순위채권에 안분되어야 할 금액까지 공제한 잔액을 말한다고 봄이 타당하다. 당해 부동산에서 동순위채권에 안분되는 금액은 공동저당권의 우선변제권이 미치지 아니하여 담보가치에서 제외되고 이는 선순위채권의 경우와 다를 바 없기 때문이다. 따라서 공동저당권과 동순위로 배당받는 채권이 있는 경우 동시배당을 하는 때 민법 제368조 제1항에 따른 채권의 분담은, 먼저 공동저당권과 동순위로 배당받는 채권자가 존재하는 부동산의 매각대금에서 경매비용과 선순위채권을 공제한 잔여금액을 공동저당권의 피담보채권액과 동순위채권액에 비례하여 안분한 다음, 공동저당권의 피담보채권에 안분된 금액을 경매대가로 삼아 다른 부동산들과 사이에서 각 경매대가에 안분하여 채권의 분담을 정하는 방법으로 이루어진다. 이는 공동근저당의 경우에도 마찬가지이다.

제369조(부종성) 저당권으로 담보한 채권이 시효의 완성 기타 사유로 인하여 소멸한 때에는 저당권도 소멸한다.

제370조(준용규정) 제214조, 제321조, 제333조, 제340조, 제341조 및 제342조의 규정은 저당권에 준용한다.

제371조(지상권, 전세권을 목적으로 하는 저당권) ① 본장의 규정은 지상권 또는 전세권을 저당권의 목적으로 한 경우에 준용한다.
② 지상권 또는 전세권을 목적으로 저당권을 설정한 자는 서당권자의 동의없이 지상권 또는 전세권을 소멸하게 하는 행위를 하지 못한다.

제372조(타법률에 의한 저당권) 본장의 규정은 다른 법률에 의하여 설정된 저당권에 준용한다.

제3편 채권

제1장 총칙

제1절 채권의 목적

제373조(채권의 목적) 금전으로 가액을 산정할 수 없는 것이라도 채권의 목적으로 할 수 있다.

제374조(특정물인도채무자의 선관의무) 특정물의 인도가 채권의 목적인 때에는 채무자는 그 물건을 인도하기까지 선량한 관리자의 주의로 보존하여야 한다.

구상금[숙박계약 중 원인불명 화재로 손해 발생 시 증명책임의 분배가 문제된 사건]
[대법원 2023. 11. 2. 선고 2023다244895 판결]

【판시사항】

[1] 임대차 목적물이 화재 등으로 소멸됨으로써 임차인의 목적물 반환의무가 이행불능이 된 경우, 임차인이 이행불능이 자기가 책임질 수 없는 사유로 인한 것이라는 증명을 다하지 못하면 목적물 반환의무의 이행불능으로 인한 손해를 배상할 책임을 지는지 여부(적극) 및 이는 화재 등의 구체적인 발생 원인이 밝혀지지 아니한 때에도 마찬가지인지 여부(적극) / 이러한 법리는 반환된 임차 건물이 화재로 훼손되었음을 이유로 손해배상을 구하는 경우에도 동일하게 적용되는지 여부(적극)

[2] 숙박업자가 고객과 숙박계약을 체결한 경우, 객실을 비롯한 숙박시설이 숙박기간 중에도 숙박업자의 지배 아래 있다고 보아야 하는지 여부(원칙적 적극) 및 고객이 숙박계약에 따라 객실을 사용·수익하던 중 발생 원인이 밝혀지지 않은 화재가 발생한 경우, 그로 인하여 객실에 발생한 손해가 숙박업자의 부담으로 귀속되는지 여부(원칙적 적극)

【판결요지】

[1] 임대차 목적물이 화재 등으로 인하여 소멸됨으로써 임차인의 목적물 반환의무가 이행불능이 된 경우에, 임차인은 이행불능이 자기가 책임질 수 없는 사유로 인한 것이라는 증명을 다하지 못하면 목적물 반환의무의 이행불능으로 인한 손해를 배상할 책임을 지고, 그 화재 등의 구체적인 발생 원인이 밝혀지지 아니한 때에도 마찬가지이다. 이러한 법리는 임대차 종료 당시 임대차 목적물 반환의무가 이행불능 상태는 아니지만 반환된 임차 건물이 화재로 인하여 훼손되었음을 이유로 손해배상을 구하는 경우에도 동일하게 적용된다.

[2] 숙박업자가 고객과 체결하는 숙박계약은 숙박업자가 고객에게 객실을 제공하여 이를 일시적으로 사용할 수 있도록 하고, 고객은 숙박업자에게 사용에 따른 대가를 지급하는 것을 내용으로 한다는 점에서 임대차계약과 유사하다. 대법원이 숙박계약을 '일종의 일시 사용을 위한 임대차계약'이라고 한 것은 이러한 유사성에 착안한 것이다. 그러나 숙박계약은 통상의 임대차계약과는 다른 여러 가지 요소들도 포함하고 있으므로, 숙박계약에 대한 임대차 관련 법리의 적용 여부와 범위는 이러한 숙박계약의 특수성을 고려하여 개별적으로 판단하여야 한다.

임대인은 임대차계약에 따라 임차인에게 목적물을 인도하여야 한다(민법 제623조). 임차인은 목적물의 점유를 취득하여 이를 사용·수익하면서 선량한 관리자의 주의를 다하여 목적물을 보존하고, 임대차가 종료되면 목적물을 원상에 회복하여 반환하여야 한다(민법 제374조, 제654조, 제615조). 임차인은 목적물을 인도받아 이를 사용·수익하는 동안 목적물을 직접 지배한다고 추단된다. 그러므로 목적물에 화재가 발생한 경우 화재가 임대인의 귀책사유로 인한 것이거나 임대인의 지배영역에서 발생하였다는 등의 사정이 없는 한 화재로 인한 목적물 반환의무의 이행불능으로 인한 손해는 임차인의 부담으로 귀속된다.

숙박업자와 고객의 관계는 통상적인 임대인과 임차인의 관계와는 다르다. 숙박업자는 고객에게 객실을 사용·수익하게 하는 것을 넘어서서 고객이 안전하고 편리하게 숙박할 수 있도록 시설 및 서비스를 제공하고 고객의 안전을 배려할 보호의무를 부담한다. 숙박업자에게는 숙박시설이나 설비를 위생적이고 안전하게 관리할 공법적 의무도 부과된다(공중위생관리법 제4조 제1항 참조). 숙박업자는 고객에게 객실을 제공한 이후에도 필요한 경우 객실에 출입하며 고객의 안전 배려 또는 객실 관리를 위한 조치를 취하기도 한다. 숙박업자가 고객에게 객실을 제공하여 일시적으로 이를 사용·수익하게 하더라도 객실을 비롯한 숙박시설에 대한 점유는 그대로 유지하는 것이 일반적이다.

그러므로 객실을 비롯한 숙박시설은 특별한 사정이 없는 한 숙박기간 중에도 고객이 아닌 숙박업자의 지배 아래 놓여 있다고 보아야 한다. 그렇다면 임차인이 임대차기간 중 목적물을 직접 지배함을 전제로 한 임대차 목적물 반환의무 이행불능에 관한 법리는 이와 전제를 달리하는 숙박계약에 그대로 적용될 수 없다. 고객이 숙박계약에 따라 객실을 사용·수익하던 중 발생 원인이 밝혀지지 않은 화재로 인하여 객실에 발생한 손해는 특별한 사정이 없는 한 숙박업자의 부담으로 귀속된다고 보아야 한다.

제375조(종류채권) ① 채권의 목적을 종류로만 지정한 경우에 법률행위의 성질이나 당사자의 의사에 의하여 품질을 정할 수 없는 때에는 채무자는 중등품질의 물건으로 이행하여야 한다.

② 전항의 경우에 채무자가 이행에 필요한 행위를 완료하거나 채권자의 동의를 얻어 이행할 물건을 지정한 때에는 그때로부터 그 물건을 채권의 목적물로 한다.

제376조(금전채권) 채권의 목적이 어느 종류의 통화로 지급할 것인 경우에 그 통화가 변제기에 강제통용력을 잃은 때에는 채무자는 다른 통화로 변제하여야 한다.

양수금
[대법원 2022. 3. 11. 선고 2021다232331 판결]

【판시사항】

[1] 채무자가 금전채무의 확정된 지연손해금에 대하여 지체책임을 부담하는 시기(=채권자가 이행청구를 한 때부터) 및 이행판결이 확정된 지연손해금의 경우에도 채권자의 이행청구에 의해 지체책임이 생기는지 여부(적극)

[2] 지연손해금 발생의 원인이 된 원본에 관하여 이행판결을 선고하지 않는 경우, 소송촉진 등에 관한 특례법 제3조에 따른 법정이율을 적용할 수 있는지 여부(소극)

【판결요지】

[1] 지연손해금은 금전채무의 이행지체에 따른 손해배상으로서 기한이 없는 채무에 해당하므로, 확정된 지연손해금에 대하여 채권자가 이행청구를 하면 채무자는 그에 대한 지체책임을 부담하게 된다. 판결에 의해 권리의 실체적인 내용이 바뀌는 것은 아니므로, 이행판결이 확정된 지연손해금의 경우에도 채권자의 이행청구에 의해 지체책임이 생긴다.

[2] 소송촉진 등에 관한 특례법(이하 '소송촉진법'이라고 한다) 제3조의 입법 취지는, 금전채무의 이행을 구하는 소가 제기되었는데도 정당한 이유 없이 이행하지 않는 채무자에게 가중된 법정이율에 따른 지연손해금을 물림으로써 채무불이행 상태가 계속되거나 소송이 불필요하게 지연되는 것을 막고자 하는 데 있다. 소송촉진법 제3조의 문언을 보아도, '금전채무의 이행을 명하는 판결을 선고할 경우'에 '그 금전채무의 이행을 구하는 소장이 송달된 다음 날'부터 지체책임에 관하여 가중된 법정이율을 적용하되, '그 이행의무가 있음을 선언하는 사실심 판결이 선고되기 전까지 채무자가 그 이행의무에 관하여 항쟁하는 것이 타당한 범위'에서 위 법정이율을 적용하지 않을 수 있다고 되어 있으므로, 금전채무 원본의 이행청구가 소송물일 때 그 이행을 명하면서 동시에 그에 덧붙는 지연손해금에 관하여 적용되는 규정임을 알 수 있다. 그러므로 지연손해금 발생의 원인이 된 원본에 관하여 이행판결을 선고하지 않는 경우에는 소송촉진법 제3조에 따른 법정이율을 적용할 수 없다.

제377조(외화채권) ① 채권의 목적이 다른 나라 통화로 지급할 것인 경우에는 채무자는 자기가 선택한 그 나라의 각 종류의 통화로 변제할 수 있다.
② 채권의 목적이 어느 종류의 다른 나라 통화로 지급할 것인 경우에 그 통화가 변제기에 강제통용력을 잃은 때에는 그 나라의 다른 통화로 변제하여야 한다.

제378조(동전) 채권액이 다른 나라 통화로 지정된 때에는 채무자는 지급할 때에 있어서의 이행지의 환금시가에 의하여 우리나라 통화로 변제할 수 있다.

제379조(법정이율) 이자있는 채권의 이율은 다른 법률의 규정이나 당사자의 약정이 없으면 연 5푼으로 한다.

제380조(선택채권) 채권의 목적이 수개의 행위 중에서 선택에 좇아 확정될 경우에 다른 법률의 규정이나 당사자의 약정이 없으면 선택권은 채무자에게 있다.

제381조(선택권의 이전) ① 선택권행사의 기간이 있는 경우에 선택권자가 그 기간내에 선택권을 행사하지 아니하는 때에는 상대방은 상당한 기간을 정하여 그 선택을 최고할 수 있고 선택권자가 그 기간내에 선택하지 아니하면 선택권은 상대방에게 있다.
② 선택권행사의 기간이 없는 경우에 채권의 기한이 도래한 후 상대방이 상당한 기간을 정하여 그 선택을 최고하여도 선택권자가 그 기간내에 선택하지 아니할 때에도 전항과 같다.

제382조(당사자의 선택권의 행사) ① 채권자나 채무자가 선택하는 경우에는 그 선택은 상대방에 대한 의사표시로 한다.
② 전항의 의사표시는 상대방의 동의가 없으면 철회하지 못한다.

제383조(제삼자의 선택권의 행사) ① 제삼자가 선택하는 경우에는 그 선택은 채무자 및 채권자에 대한 의사표시로 한다.
② 전항의 의사표시는 채권자 및 채무자의 동의가 없으면 철회하지 못한다.

제384조(제삼자의 선택권의 이전) ① 선택할 제삼자가 선택할 수 없는 경우에는 선택권은 채무자에게 있다.
② 제삼자가 선택하지 아니하는 경우에는 채권자나 채무자는 상당한 기간을 정하여 그 선택을 최고할 수 있고 제삼자가 그 기간내에 선택하지 아니하면 선택권은 채무자에게 있다.

제385조(불능으로 인한 선택채권의 특정) ① 채권의 목적으로 선택할 수개의 행위 중에 처음부터 불능한 것이나 또는 후에 이행불능하게 된 것이 있으면 채권의 목적은 잔존한 것에 존재한다.
② 선택권없는 당사자의 과실로 인하여 이행불능이 된 때에는 전항의 규정을 적용하지 아니한다.

제386조(선택의 소급효) 선택의 효력은 그 채권이 발생한 때에 소급한다. 그러나 제삼자의 권리를 해하지 못한다.

제2절 채권의 효력

제387조(이행기와 이행지체) ① 채무이행의 확정한 기한이 있는 경우에는 채무자는 기한이 도래한 때로부터 지체책임이 있다. 채무이행의 불확정한 기한이 있는 경우에는 채무자는 기한이 도래함을 안 때로부터 지체책임이 있다.
② 채무이행의 기한이 없는 경우에는 채무자는 이행청구를 받은 때로부터 지체책임이 있다.

제388조(기한의 이익의 상실) 채무자는 다음 각호의 경우에는 기한의 이익을 주장하지 못한다.
  1. 채무자가 담보를 손상, 감소 또는 멸실하게 한 때
  2. 채무자가 담보제공의 의무를 이행하지 아니한 때

집행문부여에대한이의
[대법원 2023. 6. 29. 선고 2022다242205 판결]

【판시사항】
집행증서상의 청구권에 관하여 분할납부 약정에 따른 변제기의 정함과 기한이익 상실의 약정이 있는 경우, 그 변제기가 아직 도래하지 아니하였다는 사유가 청구이의의 이유가 되는지 여부(적극) 및 이러한 사유를 이유로 하는 청구이의의 소에 관한 재판에서 집행권원상의 청구권에 변제기의 존재가 인정되는 경우, 법원이 변제기가 도래할 때까지만 일시적으로 집행력을 배제하는 판결을 하여야 하는지 여부(적극)

제389조(강제이행) ① 채무자가 임의로 채무를 이행하지 아니한 때에는 채권자는 그 강제이행을 법원에 청구할 수 있다. 그러나 채무의 성질이 강제이행을 하지 못할 것인 때에는 그러하지 아니하다.

② 전항의 채무가 법률행위를 목적으로 한 때에는 채무자의 의사표시에 갈음할 재판을 청구할 수 있고 채무자의 일신에 전속하지 아니한 작위를 목적으로 한 때에는 채무자의 비용으로 제삼자에게 이를 하게 할 것을 법원에 청구할 수 있다. 〈개정 2014. 12. 30.〉

③ 그 채무가 부작위를 목적으로 한 경우에 채무자가 이에 위반한 때에는 채무자의 비용으로써 그 위반한 것을 제각하고 장래에 대한 적당한 처분을 법원에 청구할 수 있다.

④ 전3항의 규정은 손해배상의 청구에 영향을 미치지 아니한다.

제390조(채무불이행과 손해배상) 채무자가 채무의 내용에 좇은 이행을 하지 아니한 때에는 채권자는 손해배상을 청구할 수 있다. 그러나 채무자의 고의나 과실없이 이행할 수 없게 된 때에는 그러하지 아니하다.

손해배상(기)
[대법원 2024. 4. 25. 선고 2019다261558 판결]

【판시사항】

[1] 영국법상 채무불이행에 대한 위약금 약정이 과다하고 비양심적(extravagant and unconscionable)인 경우, 강제할 수 없는 위약벌에 해당하는지 여부(적극) / 위약금 약정이 손해배상액의 예정(liquidated damages)인지 위약벌(penalty)인지 판단하는 기준 및 이때 '상대방의 계약상 의무 이행을 강제할 정당한 이익'은 계약 위반으로 인한 예상 손해의 최대치를 전보받는 것에 한정되는지 여부(소극)

[2] 손해배상 예정액이 부당히 과다한 경우에는 법원이 적당히 감액할 수 있다고 정한 민법 제398조 제2항이 준거법에 관계없이 해당 법률관계에 적용되어야 하는 구 국제사법 제7조의 국제적 강행규정인지 여부(소극) / 준거법인 영국법을 적용한 결과 손해배상 예정액을 별도로 감액할 수 없다고 하여 그 적용이 구 국제사법 제10조의 '대한민국의 선량한 풍속 그 밖의 사회질서에 명백히 위반되는 때'에 해당하는지 여부(소극)

【판결요지】

[1] 영국법상 채무불이행에 대한 위약금 약정은 그 약정 내용에 따라 손해배상액의 예정(liquidated damages)과 위약벌(penalty)로 구분되고, 위약금 약정의 내용이 과다하고 비양심적(extravagant and unconscionable)이라면 이는 위약벌에 해당하여 강제할 수 없다(unenforceable)[이른바 위약벌 원칙(The Penalty Rule), Dunlop Pneumatic Tyre Co Ltd v New Garage and Motor Co Ltd[1915]AC 79 등 참조]. 위약금 약정이 손해배상액의 예정인지 위약벌인지는 계약 해석의 문제로서, 계약 당시 상황을 기초로 하여, 약정된 위약금이 상대방의 계약상 의무 이행을 강제할 정당한 이익과 비례하는 범위 내에 있는지가 기준이 되고, 이때 '상대방의 계약상 의무 이행을 강제할 정당한 이익'은 계약 위반으로 인한 예상 손해의 최대치를 전보받는 것에 한정되지 않는다(Cavendish Square Holding BV v Makdessi[2015]UKSC 67 참조). 또한 위약금 약정의 내용이 의무 위반의 내용 및 정도를 고려하지 않고 일률적으로 특정액을 지급하기로 한 것인지, 계약 체결 당시 손해 규모를 예측하는 것이 용이한지, 위약금 약정이 부가된 계약이 상사계약인지, 계약당사자들의 협상력이 대등한지 등을 종합적으로 고려하여 위약벌인지를 판단한다(위 판결들 참조).

[2] 손해배상 예정액이 부당히 과다한 경우에는 법원이 적당히 감액할 수 있다고 정한 민

법 제398조 제2항은 법관의 재량에 의한 감액을 통해 당사자들의 계약에 개입하여 내용을 수정하는 권한을 부여하는 규정이다. 이 규정은 그 입법 목적과 성격, 내용에 비추어 볼 때 준거법에 관계없이 해당 법률관계에 적용되어야 하는 구 국제사법(2022. 1. 4. 법률 제18670호로 전부 개정되기 전의 것) 제7조의 국제적 강행규정이라고 볼 수 없다. 그리고 준거법인 영국법을 적용한 결과 손해배상 예정액을 별도로 감액할 수 없다고 하여 그 적용이 구 국제사법 제10조의 '대한민국의 선량한 풍속 그 밖의 사회질서에 명백히 위반되는 때'에 해당한다고 볼 수도 없다.

제391조(이행보조자의 고의, 과실) 채무자의 법정대리인이 채무자를 위하여 이행하거나 채무자가 타인을 사용하여 이행하는 경우에는 법정대리인 또는 피용자의 고의나 과실은 채무자의 고의나 과실로 본다.

제392조(이행지체 중의 손해배상) 채무자는 자기에게 과실이 없는 경우에도 그 이행지체 중에 생긴 손해를 배상하여야 한다. 그러나 채무자가 이행기에 이행하여도 손해를 면할 수 없는 경우에는 그러하지 아니하다.

제393조(손해배상의 범위) ① 채무불이행으로 인한 손해배상은 통상의 손해를 그 한도로 한다.
② 특별한 사정으로 인한 손해는 채무자가 그 사정을 알았거나 알 수 있었을 때에 한하여 배상의 책임이 있다.

구상금[도시 일용근로자의 월 가동일수가 문제된 사건]
[대법원 2024. 4. 25. 선고 2020다271650 판결]

【판시사항】
[1] 도시 일용근로자의 일실수입을 그 1일 노임에 관한 통계사실에 기초하여 평가하는 경우, 가동일수의 인정방법

[2] 甲이 크레인의 후크에 연결된 안전망에서 작업을 하던 중 바닥으로 추락하여 골절 등의 상해를 입었는데, 근로복지공단이 위 사고를 업무상 재해로 인정하여 甲에게 휴업급여 등을 지급한 후 위 크레인의 보험자인 乙 주식회사에 제기한 구상금 소송에서 도시 일용근로자의 월 가동일수가 문제 된 사안에서, 특별한 사정이 없는 한 위 사고 당시 도시 일용근로자의 월 가동일수를 20일을 초과하여 인정하기는 어려운데도, 이와 달리 도시 일용근로자의 월 가동일수를 22일로 인정한 원심판단에 법리오해 등의 잘못이 있다고 한 사례

【판결요지】
[1] 근로조건이 산업환경에 따라 해마다 변동하는 도시 일용근로자의 일실수입을 그 1일 노임에 관한 통계사실에 기초하여 평가하는 경우에는, 그 가동일수에 관하여도 법원에 현저한 사실을 포함한 각종 통계자료 등에 나타난 월평균 근로일수와 직종별 근로조건 등 여러 사정들을 감안하고 그 밖의 적절한 자료들을 보태어 합리적인 사실인정을 하여야 한다.

[2] 甲이 크레인의 후크에 연결된 안전망에서 작업을 하던 중 바닥으로 추락하여 골절 등의 상해를 입었는데, 근로복지공단이 위 사고를 업무상 재해로 인정하여 甲에게 휴업급여 등을 지급한 후 위 크레인의 보험자인 乙 주식회사에 제기한 구상금 소송

에서 도시 일용근로자의 월 가동일수가 문제 된 사안에서, 우리나라는 2003. 9. 15. 법률 제6974호로 근로기준법을 개정하여 1주간 근로시간의 상한을 44시간에서 40시간으로 줄이면서 그 시행일을 사업 규모에 따라 단계적으로 정한 결과 2011. 7. 1.부터는 원칙적으로 5인 이상의 근로자를 사용하는 모든 사업이나 사업장에 적용되는 등 근로현장에서 근로시간의 감소가 이루어졌고, 이와 아울러 근로자들의 월 가동일수가 지속적으로 감소하는 경향을 보이고 있으며, 대통령령인 '관공서의 공휴일에 관한 규정'의 개정 등으로 대체공휴일이 신설되고 임시공휴일의 지정도 가능하게 되어 연간 공휴일이 증가하는 등 사회적·경제적 구조에 지속적인 변화가 있는 점, 근로자의 삶의 질 향상과 일과 삶의 균형이 강조되는 등 근로여건과 생활여건의 많은 부분도 과거와 달라진 점, 고용노동부가 매년 실시하고 있는 통계법에 의해 지정통계로 지정된 법정통계조사인 고용형태별 근로실태 조사의 고용형태별·직종별·산업별 최근 10년간 월 평균 근로일수 등에 의하면 과거 대법원이 도시 일용근로자의 월 가동일수를 22일 정도로 보는 근거가 되었던 각종 통계자료 등의 내용이 많이 바뀌어 그대로 적용하기 어렵게 된 점을 고려하면, 특별한 사정이 없는 한 위 사고 당시 도시 일용근로자의 월 가동일수를 20일을 초과하여 인정하기는 어려운데도, 이와 달리 도시 일용근로자의 월 가동일수를 22일로 인정한 원심판단에 법리오해 등의 잘못이 있다고 한 사례.

제394조(손해배상의 방법) 다른 의사표시가 없으면 손해는 금전으로 배상한다.

제395조(이행지체와 전보배상) 채무자가 채무의 이행을 지체한 경우에 채권자가 상당한 기간을 정하여 이행을 최고하여도 그 기간내에 이행하지 아니하거나 지체후의 이행이 채권자에게 이익이 없는 때에는 채권자는 수령을 거절하고 이행에 갈음한 손해배상을 청구할 수 있다. 〈개정 2014. 12. 30.〉

대상청구의소
[대법원 2024. 2. 15. 선고 2019다238640 판결]

【판시사항】
수익자가 사해행위취소 소송의 확정판결에 따른 원상회복으로 대체물 인도의무를 이행하지 않은 경우, 취소채권자가 수익자를 상대로 민법 제395조에 따라 이행지체로 인한 전보배상을 구할 수 있는지 여부(원칙적 소극) 및 이때 수익자의 대체물 인도의무에 대한 강제집행이 불가능하거나 현저히 곤란하다고 평가할 수 있는 경우에는 전보배상을 구할 수 있는지 여부(적극)

【판결요지】
민법 제395조에 따르면, 채무자가 채무의 이행을 지체한 경우에 채권자가 상당한 기간을 정하여 이행을 최고하여도 그 기간 내에 이행하지 않은 경우 채권자는 이행에 갈음한 손해배상청구를 할 수 있다. 이는 대체물 인도의무를 이행하지 않는 경우에도 마찬가지이다. 그러나 수익자가 사해행위취소 소송의 확정판결에 따른 원상회복으로 대체물 인도의무를 이행하지 않았다는 이유만으로 취소채권자가 수익자를 상대로 민법 제395조에 따라 이행지체로 인한 전보배상을 구할 수는 없다. 다만 수익자의 대체물 인도의무에 대한 강제집행이 불가능하거나 현저히 곤란하다고 평가할 수 있는 경우에는 전보배상을 구할 수 있다. 이유는 다음과 같다.

① 사해행위취소에 따른 원상회복은 원칙적으로 취소채권자가 아닌 채무자에게 이루어지고, 이러한 취소와 원상회복은 모든 채권자의 이익을 위하여 그 효력이 있다(민법 제407조). 그러므로 수익자의 원상회복의무 불이행이 취소채권자에게 가지는 의미는 일반적인 채무불이행이 채권자에게 가지는 의미와 같지 않다. 또한 본래의 채무 이행은 민법 제395조에 따라 이행에 갈음하여 이루어지는 전보배상과 규범적으로 동등하게 평가될 수 있으나, 사해행위취소에 따른 채무자에 대한 원물반환의무의 이행과 민법 제395조에 따른 취소채권자에 대한 전보배상이 언제나 규범적으로 동등하게 평가될 수 있는 것은 아니다. 이러한 특수성은 사해행위취소에 따른 원상회복과 관련하여 민법 제395조가 적용될 수 있는지를 판단하는 국면에 반영될 필요가 있다.

② 민법 제406조 제1항에 따라 채권자의 사해행위취소 및 원상회복청구가 인정되면, 수익자는 원상회복으로서 사해행위의 목적물을 채무자에게 반환할 의무를 지게 되고, 사해행위 목적물의 가액배상은 원물반환이 불가능하거나 현저히 곤란한 경우에 한하여만 허용된다. 한편 사해행위취소에 따른 원상회복의무 불이행을 이유로 한 민법 제395조에 따른 전보배상청구는 민법 제406조 제1항에 따른 원상회복청구의 일환으로 이루어지는 가액배상청구와 소송물을 달리하기는 하나, 본래 채무자에게 이루어져야 할 원물반환에 갈음하여 취소채권자에게 금전을 지급하라는 내용의 청구라는 점, 이러한 청구를 쉽게 허용할 경우 원물반환 원칙이나 채권자평등 원칙이 약화될 우려가 있다는 점에서는 가액배상청구와 공통된다. 그러므로 이러한 전보배상청구는 가액배상과 마찬가지로 일정한 요건 아래에서만 제한적으로 허용될 필요가 있다.

③ 채무자가 일정한 수량의 대체물을 인도할 의무를 부담하는 경우 채권자는 그 의무에 대한 강제집행이 불능일 때 그에 갈음하여 금전의 지급을 구할 수 있고, 이러한 대체물 인도의무의 집행불능을 이유로 그에 갈음한 금전의 지급을 구하는 청구의 성질은 이행지체로 인한 전보배상을 구하는 것이다. 이러한 법리는 사해행위취소 소송에서 확정된 대체물 인도의무의 강제집행이 불가능하거나 현저히 곤란하다고 평가할 수 있는 경우에도 적용될 수 있다.

④ 취소채권자가 원물반환에 갈음하여 금전을 지급받을 경우 사실상 우선변제를 받게 되는 결과가 초래될 수는 있으나, 이는 이미 가액배상과 관련하여 현행 채권자취소 관련 규정의 해석상 불가피하게 발생하는 결과이고, 전보배상의 제한적 허용으로 인하여 새롭게 창출되는 결과는 아니다. 또한 사해행위가 취소된 경우 사해행위로 인하여 이익을 얻은 수익자는 그 이익을 채무자의 책임재산으로 환원하여야 한다는 요청은, 원상회복은 원칙적으로 원물반환의 형태로 이루어져야 한다는 요청보다 상위에 있다. 그러므로 대체물을 보유하고 있지는 않으나 이를 조달하여 인도하는 것은 가능하다는 이유로 가액배상이 아닌 원물반환을 명하는 확정판결을 받은 수익자가 대체물 인도의무를 이행하지 않고, 강제집행을 하는 것도 불가능하거나 현저히 곤란하다는 특별한 사정이 있다면, 수익자에게 사해행위로 인한 이익을 그대로 보유하게 하기보다는 전보배상의 형태로 그 이익을 반환하게 하는 것이 더 바람직하다.

제396조(과실상계) 채무불이행에 관하여 채권자에게 과실이 있는 때에는 법원은 손해배상의 책임 및 그 금액을 정함에 이를 참작하여야 한다.

제397조(금전채무불이행에 대한 특칙) ① 금전채무불이행의 손해배상액은 법정이율에

의한다. 그러나 법령의 제한에 위반하지 아니한 약정이율이 있으면 그 이율에 의한다.
② 전항의 손해배상에 관하여는 채권자는 손해의 증명을 요하지 아니하고 채무자는 과실없음을 항변하지 못한다.

제398조(배상액의 예정) ① 당사자는 채무불이행에 관한 손해배상액을 예정할 수 있다.
② 손해배상의 예정액이 부당히 과다한 경우에는 법원은 적당히 감액할 수 있다.
③ 손해배상액의 예정은 이행의 청구나 계약의 해제에 영향을 미치지 아니한다.
④ 위약금의 약정은 손해배상액의 예정으로 추정한다.
⑤ 당사자가 금전이 아닌 것으로써 손해의 배상에 충당할 것을 예정한 경우에도 전4항의 규정을 준용한다.

제399조(손해배상자의 대위) 채권자가 그 채권의 목적인 물건 또는 권리의 가액전부를 손해배상으로 받은 때에는 채무자는 그 물건 또는 권리에 관하여 당연히 채권자를 대위한다.

제400조(채권자지체) 채권자가 이행을 받을 수 없거나 받지 아니한 때에는 이행의 제공있는 때로부터 지체책임이 있다.

제401조(채권자지체와 채무자의 책임) 채권자지체 중에는 채무자는 고의 또는 중대한 과실이 없으면 불이행으로 인한 모든 책임이 없다.

제402조(동전) 채권자지체 중에는 이자있는 채권이라도 채무자는 이자를 지급할 의무가 없다.

제403조(채권자지체와 채권자의 책임) 채권자지체로 인하여 그 목적물의 보관 또는 변제의 비용이 증가된 때에는 그 증가액은 채권자의 부담으로 한다.

제404조(채권자대위권) ① 채권자는 자기의 채권을 보전하기 위하여 채무자의 권리를 행사할 수 있다. 그러나 일신에 전속한 권리는 그러하지 아니하다.
② 채권자는 그 채권의 기한이 도래하기 전에는 법원의 허가없이 전항의 권리를 행사하지 못한다. 그러나 보전행위는 그러하지 아니하다.

청구이의[대위채권자가 채무자의 제3채무자에 대한 채권양도청구권을 직접 청구할 수 있는지가 문제된 사건]
[대법원 2024. 3. 12. 선고 2023다301682 판결]

【판시사항】
채권자대위권을 행사하는 방법 / 금전의 지급이나 물건의 인도 등과 같이 급부의 수령이 필요한 경우나 말소등기절차의 이행을 구하는 경우, 예외적으로 채권자가 제3채무자에 대하여 직접 자신에게 급부행위를 하도록 청구할 수 있는지 여부(적극) / 채무자가 제3채무자에게 채권의 양도를 구할 수 있는 권리를 가지고 있고 채권자가 채무자의 위 권리를 대위행사하는 경우, 채권자가 직접 자신에게 채권양도절차를 이행하도록 청구할 수 있는지 여부(소극)

【판결요지】

채권자대위권은 채권자의 고유권리이기는 하지만 채무자가 제3채무자에 대하여 가지고 있는 권리를 대위행사하는 것이므로, 채권자가 대위권을 행사한 경우에 제3채무자에 대하여 채무자에게 일정한 급부행위를 하라고 청구하는 것이 원칙이다. 다만 금전의 지급이나 물건의 인도 등과 같이 급부의 수령이 필요한 경우나 말소등기절차의 이행을 구하는 경우 등에는 채권자에게도 급부의 수령권한이 있을 뿐만 아니라, 채권자에게 행한 급부행위의 효과가 채무자에게 귀속되므로 예외적으로 채권자가 제3채무자에 대하여 직접 자신에게 급부행위를 하도록 청구할 수 있는 것이다.

그러나 채무자가 제3채무자에게 채권의 양도를 구할 수 있는 권리를 가지고 있고, 채권자가 채무자의 위 권리를 대위행사하는 경우에는 채권자의 직접 청구를 인정할 예외적인 사유가 없으므로, 원칙으로 돌아가 채권자는 제3채무자에 대하여 채무자에게 채권양도절차를 이행하도록 청구하여야 하고, 직접 자신에게 채권양도절차를 이행하도록 청구할 수 없다. 제3채무자에 대하여 채무자에게 채권을 양도하는 절차를 이행하도록 하면 그 채권이 바로 채무자에게 귀속하게 되어 별도로 급부의 수령이 필요하지 않을 뿐만 아니라, 만약 제3채무자가 직접 채권자에게 채권을 양도하는 절차를 이행하도록 하면 그 채권은 채권자에게 이전된다고 볼 수밖에 없어 대위행사의 효과가 채무자가 아닌 채권자에게 귀속하게 되기 때문이다.

제405조(채권자대위권행사의 통지) ① 채권자가 전조제1항의 규정에 의하여 보전행위 이외의 권리를 행사한 때에는 채무자에게 통지하여야 한다.

② 채무자가 전항의 통지를 받은 후에는 그 권리를 처분하여도 이로써 채권자에게 대항하지 못한다.

제406조(채권자취소권) ① 채무자가 채권자를 해함을 알고 재산권을 목적으로 한 법률행위를 한 때에는 채권자는 그 취소 및 원상회복을 법원에 청구할 수 있다. 그러나 그 행위로 인하여 이익을 받은 자나 전득한 자가 그 행위 또는 전득당시에 채권자를 해함을 알지 못한 경우에는 그러하지 아니하다.

② 전항의 소는 채권자가 취소원인을 안 날로부터 1년, 법률행위있은 날로부터 5년 내에 제기하여야 한다.

구상금및사해행위취소의소

[대법원 2024. 5. 9. 선고 2023다290492 판결]

【판시사항】

파산채권자가 제기한 채권자취소소송이 파산선고 당시 계속되어 있는 경우, 파산관재인이 이를 수계하여 부인의 소로 변경할 수 있는지 여부(적극) 및 이때 법원이 파산관재인의 부인 주장을 받아들이면서 가액배상에 의한 원상회복을 인정하는 경우, 가액배상의 범위가 채권자취소의 소를 제기한 채권자의 채권액으로 제한되는지 여부(소극)

【판결요지】

채무자 회생 및 파산에 관한 법률(이하 '채무자회생법'이라 한다) 제406조 제1항은 "민법 제406조 제1항에 따라 파산채권자가 제기한 소송이 파산선고 당시 법원에 계속되어 있는 때에는 그 소송절차는 수계 또는 파산절차의 종료에 이르기까지 중단된다."라고 규정하면서, 채무자회생법 제406조 제2항에 의하여 준용되는 같은 법 제347조 제1항 전문은 "파산재단에 속하는 재산에 관하여 파산선고 당시 법원에 계속되어 있는 소송은 파산관재인 또는 상대방이 이를 수계할 수 있다."라고 규정하고 있다. 또한 채무자회생법 제391조는 파산관재인이 파산재단을 위하여 위 조항 각호의 어느 하나에 해당하는 행위를 부인할 수 있다고 규정하고 있고, 부인권은 소, 부인의 청구 또는 항변의 방법으로 파산관재인이 행사한다(채무자회생법 제396조 제1항).

이와 같이 파산채권자가 제기한 채권자취소소송이 파산선고 당시 계속되어 있는 때에는 소송절차는 중단되고, 파산관재인이 이를 수계할 수 있으며 소송을 수계한 경우에는 부인의 소로 변경하여 부인권을 행사할 수 있다.

파산채권자가 제기한 채권자취소소송을 파산관재인이 수계하여 부인소송으로 변경하고, 법원이 파산관재인의 부인 주장을 받아들이면서 가액배상에 의한 원상회복을 인정하는 경우, 가액배상의 범위가 채권자취소의 소를 제기한 채권자의 채권액으로 제한된다고 볼 수 없다. 구체적인 이유는 다음과 같다.

① 부인권은 파산재단을 관리하고 그에 속하는 재산을 처분하는 권한을 가진 파산관재인이 부인대상 행위로 인해 채무자로부터 일탈된 재산을 원상회복시켜 파산재단의 충실을 도모할 목적으로 직무상 행사하는 것이다. 따라서 부인권 행사 범위는 원칙적으로 공동담보에 해당하는 재산 전부라고 보는 것이 제도의 취지에 부합한다.

② 파산선고 후에는 파산관재인이 총채권자에 대한 평등변제를 목적으로 부인권을 행사하여야 하고, 파산관재인은 일반채권자들의 공동담보에 제공된 책임재산에 대하여 파산재단을 위하여 부인권을 행사할 수 있다. 한편 파산절차에 의하지 않고는 파산채권을 행사할 수 없는 파산채권자는 개별적 강제집행을 전제로 개별 채권에 대한 책임재산을 보전하기 위한 채권자취소의 소를 제기할 수 없다. 이러한 부인권과 채권자취소권의 관계, 부인권 행사에 따른 효과 등에 비추어 볼 때, 파산관재인이 기존 채권자취소소송을 수계하고 부인의 소로 변경하여 부인권을 행사한 경우, 파산채권자의 채권자취소소송을 통한 개별적인 권리행사는 파산채권자 전체의 공동의 이익을 위하여 직무를 행하는 파산관재인의 부인권 행사라는 파산재단의 증식의 형태로 흡수된다고 보아야 한다. 파산관재인이 기존 채권자취소소송을 수계하여 부인소송으로 변경하였다면 이는 부인권의 행사로서, 그 범위가 채권자취소의 소를 제기한 개별 채권자의 채권액 범위로 제한되는 것은 아니다.

제407조(채권자취소의 효력) 전조의 규정에 의한 취소와 원상회복은 모든 채권자의 이익을 위하여 그 효력이 있다.

제3절 수인의 채권자 및 채무자

제1관 총칙

제408조(분할채권관계) 채권자나 채무자가 수인인 경우에 특별한 의사표시가 없으면 각 채권자 또는 각 채무자는 균등한 비율로 권리가 있고 의무를 부담한다.

제2관 불가분채권과 불가분채무

제409조(불가분채권) 채권의 목적이 그 성질 또는 당사자의 의사표시에 의하여 불가분인 경우에 채권자가 수인인 때에는 각 채권자는 모든 채권자를 위하여 이행을 청구할 수 있고 채무자는 모든 채권자를 위하여 각 채권자에게 이행할 수 있다.

제410조(1인의 채권자에 생긴 사항의 효력) ① 전조의 규정에 의하여 모든 채권자에게 효력이 있는 사항을 제외하고는 불가분채권자중 1인의 행위나 1인에 관한 사항은 다른 채권자에게 효력이 없다.
② 불가분채권자 중의 1인과 채무자간에 경개나 면제있는 경우에 채무전부의 이행을 받은 다른 채권자는 그 1인이 권리를 잃지 아니하였으면 그에게 분급할 이익을 채무자에게 상환하여야 한다.

제411조(불가분채무와 준용규정) 수인이 불가분채무를 부담한 경우에는 제413조 내지 제415조, 제422조, 제424조 내지 제427조 및 전조의 규정을 준용한다.

제412조(가분채권, 가분채무에의 변경) 불가분채권이나 불가분채무가 가분채권 또는 가분채무로 변경된 때에는 각 채권자는 자기부분만의 이행을 청구할 권리가 있고 각 채무자는 자기부담부분만을 이행할 의무가 있다.

제3관 연대채무

제413조(연대채무의 내용) 수인의 채무자가 채무전부를 각자 이행할 의무가 있고 채무자 1인의 이행으로 다른 채무자도 그 의무를 면하게 되는 때에는 그 채무는 연대채무로 한다.

근로자지위확인등·근로자지위확인등·근로자지위확인등·근로자지위확인등
[대법원 2024. 3. 12. 선고 2019다29013, 29020, 29037, 29044 판결]

【판시사항】
[1] 확인의 소에서 '확인의 이익'이 인정되기 위한 요건
[2] 원고용주가 근로자로 하여금 제3자를 위한 업무를 수행하도록 하는 경우, 구 파견근로자 보호 등에 관한 법률의 적용을 받는 '근로자파견'에 해당하는지 판단하는 기준
[3] 구 파견근로자 보호 등에 관한 법률 제6조 제3항 본문에 따라 직접고용간주의 효과가 발생하더라도 사용사업주가 현실적으로 직접고용을 하지 않아 파견관계가 계속 유지되는 경우, 파견근로자와 파견사업주의 근로관계가 파견근로자와 사용사업주의 직접근로관계와 병존하는지 여부(적극) 및 이때 사용사업주가 파견근로자에 대하여 부담하는 임금 등 지급의무와 파견사업주가 파견근로자에 대하여 부담하는 임금 등 지급의무의 관계(=부진정연대채무)
[4] 부진정연대채무자 중 소액 채무자가 자신의 채무 중 일부를 변제한 경우, 변제충당의 순서 및 위 변제로 공동 부담 부분의 채무 중 지연손해금과 일부 원금채무가 소멸하면 다액 채무자의 채무도 같은 범위에서 소멸하는지 여부(적극)

[5] 甲 주식회사와 용역도급계약을 체결한 사내협력업체 소속 근로자로서 甲 회사의 공장에서 업무를 수행한 乙 등이 甲 회사를 상대로 근로자지위확인과 미지급 임금의 지급을 구한 사안에서, 제반 사정을 종합하면 甲 회사와 乙 등은 근로자파견관계에 해당하고, 乙 등이 사내협력업체를 상대로 제기하여 일부 승소한 통상임금 판결의 원금은 乙 등이 甲 회사에 직접고용되었다면 받았을 임금에서 乙 등이 사내협력업체로부터 급여지급일에 받은 임금을 연도별로 공제한 '연도별 임금 차액의 합계액'에서 공제되어야 하는데도, 이를 연도별 임금 차액에 대한 지연손해금에서 우선 공제한 원심판결에 법리오해 등의 잘못이 있다고 한 사례

【판결요지】

[1] 확인의 소에서 '확인의 이익'이란 당사자의 권리 또는 법률상 지위에 현존하는 불안·위험이 있고, 이를 제거함에 확인판결을 받는 것이 가장 유효적절한 수단일 때 인정된다.

[2] 원고용주가 어느 근로자로 하여금 제3자를 위한 업무를 수행하도록 하는 경우 그 법률관계가 구 파견근로자 보호 등에 관한 법률(2006. 12. 21. 법률 제8076호로 개정되기 전의 것)의 적용을 받는 근로자파견에 해당하는지는 당사자가 붙인 계약의 명칭이나 형식에 구애될 것이 아니라, 제3자가 그 근로자에 대하여 직간접적으로 업무수행 자체에 관한 구속력 있는 지시를 하는 등 상당한 지휘·명령을 하는지, 그 근로자가 제3자 소속 근로자와 하나의 작업집단으로 구성되어 직접 공동 작업을 하는 등 제3자의 사업에 실질적으로 편입되었다고 볼 수 있는지, 원고용주가 작업에 투입될 근로자의 선발이나 근로자의 수, 교육 및 훈련, 작업·휴게시간, 휴가, 근무태도 점검 등에 관한 결정 권한을 독자적으로 행사하는지, 계약의 목적이 구체적으로 범위가 한정된 업무의 이행으로 확정되고 그 근로자가 맡은 업무가 제3자 소속 근로자의 업무와 구별되며 그러한 업무에 전문성·기술성이 있는지, 원고용주가 계약의 목적을 달성하기 위하여 필요한 독립적 기업조직이나 설비를 갖추고 있는지 등의 요소를 바탕으로 근로관계의 실질에 따라 판단하여야 한다.

[3] 구 파견근로자 보호 등에 관한 법률(2006. 12. 21. 법률 제8076호로 개정되기 전의 것) 제6조 제3항 본문에 의하여 직접고용간주의 효과가 발생하여 파견근로자와 사용사업주 사이에 근로관계가 새롭게 성립하더라도 사용사업주가 현실적으로 직접고용을 하지 않아 파견관계가 계속 유지되는 경우, 파견근로자와 파견사업주 사이의 근로관계는 위 간주로써 자동 소멸하는 것은 아니고 파견근로자와 사용사업주 사이의 직접근로관계와 병존한다고 보아야 한다. 따라서 위 기간 동안 파견근로자가 파견사업주 소속으로 계속 사용사업주에게 근로를 제공하였고 이에 대해 파견사업주가 임금 등을 지급하였다면, 파견사업주는 파견근로자와 체결한 근로계약에 따라 이를 지급한 것이지, 사용사업주의 지급을 대행한 것이거나 제3자로서 변제한 것이라고 볼 수는 없다. 이때 사용사업주가 파견근로자에 대하여 부담하는 임금 등 지급의무와 파견사업주가 파견근로자에 대하여 부담하는 임금 등 지급의무는 발생 근거는 다르지만 동일한 경제적 목적을 가지고 서로 중첩되는 부분에 관하여 일방의 채무가 변제 등으로 소멸할 경우 타방의 채무도 소멸하는 이른바 부진정연대채무의 관계에 있다.

[4] 부진정연대채무자 중 소액의 채무자가 자신의 채무 중 일부를 변제한 경우, 변제된 금액은 소액 채무자가 다액 채무자와 공동으로 부담하는 부분에 관하여 민법의 변제충당의 일반원칙에 따라 지연손해금, 원본의 순서로 변제에 충당되고 이로써 공동 부담 부분의 채무 중 지연손해금과 일부 원금채무가 변제로 소멸하게 된다. 그리고 부진정연대채무자 상호 간에 있어서 채권의 목적을 달성시키는 변제와 같은 사유는 채무자 전

원에 대하여 절대적 효력을 발생하므로, 이로써 다액 채무자의 채무도 지연손해금과 원금이 같은 범위에서 소멸하게 된다.

[5] 甲 주식회사와 용역도급계약을 체결한 사내협력업체 소속 근로자로서 甲 회사의 공장에서 업무를 수행한 乙 등이 甲 회사를 상대로 근로자지위확인과 미지급 임금의 지급을 구한 사안에서, 사내협력업체의 근로자들은 甲 회사로부터 작업수행에 관한 지시나 감독을 받은 것으로 보이는 점, 甲 회사의 근로자들과 사내협력업체 근로자들은 사실상 하나의 작업집단을 이루었다고 평가할 수 있는 점, 甲 회사는 사내협력업체 근로자들의 인사, 근태상황에 상당한 영향력을 행사한 것으로 보이는 점, 사내협력업체는 해당 도급업무에 관한 전문성과 기술력이나 업무수행에 필요한 물적 시설과 고정자산을 갖추지 않은 점 등을 종합하면 甲 회사와 乙 등은 근로자파견관계에 해당하고, 한편 乙 등은 사내협력업체를 상대로 상여금 등이 통상임금 산정에 누락되었다고 주장하며 재산정한 통상임금을 기초로 산정한 법정수당과 기지급액의 차액을 구하는 소를 제기하여 일부 승소 판결이 선고·확정되었는데, 위 판결에서 인용된 법정수당 자체는 소액 채무자인 사내협력업체의 원금채무에 해당하므로, 위 판결금이 실제 지급되었다면 다액 채무자인 甲 회사의 원금채무도 같은 범위에서 소멸되었다고 보아야 하므로, 통상임금 판결의 원금은 乙 등이 甲 회사에 직접고용되었다면 받았을 임금에서 乙 등이 사내협력업체로부터 급여지급일에 받은 임금을 연도별로 공제한 '연도별 임금 차액의 합계액'에서 공제되어야 하는데도, 이를 연도별 임금 차액에 대한 지연손해금에서 우선적으로 공제하고 남은 금액이 있으면 연도별 임금 차액의 합계액에서 공제하는 방법으로 乙 등에 대한 인용액을 산정한 원심판결에 법리오해 등의 잘못이 있다고 한 사례.

제414조(각 연대채무자에 대한 이행청구) 채권자는 어느 연대채무자에 대하여 또는 동시나 순차로 모든 연대채무자에 대하여 채무의 전부나 일부의 이행을 청구할 수 있다.

제415조(채무자에 생긴 무효, 취소) 어느 연대채무자에 대한 법률행위의 무효나 취소의 원인은 다른 연대채무자의 채무에 영향을 미치지 아니한다.

제416조(이행청구의 절대적 효력) 어느 연대채무자에 대한 이행청구는 다른 연대채무자에게도 효력이 있다.

제417조(경개의 절대적 효력) 어느 연대채무자와 채권자간에 채무의 경개가 있는 때에는 채권은 모든 연대채무자의 이익을 위하여 소멸한다.

제418조(상계의 절대적 효력) ① 어느 연대채무자가 채권자에 대하여 채권이 있는 경우에 그 채무자가 상계한 때에는 채권은 모든 연대채무자의 이익을 위하여 소멸한다.
② 상계할 채권이 있는 연대채무자가 상계하지 아니한 때에는 그 채무자의 부담부분에 한하여 다른 연대채무자가 상계할 수 있다.

제419조(면제의 절대적 효력) 어느 연대채무자에 대한 채무면제는 그 채무자의 부담부분에 한하여 다른 연대채무자의 이익을 위하여 효력이 있다.

이혼등청구의소[부정행위를 한 부부의 일방이 배우자에게 위자료 및 재산분할 등으로

금원을 지급한 경우 이를 부정행위를 한 제3자의 위자료액수를 산정할 때 참작할 수 있는지 여부가 문제된 사건

[대법원 2024. 6. 27. 선고 2023므12782 판결]

【판시사항】

제3자가 부부의 일방과 부정행위를 함으로써 혼인의 본질에 해당하는 부부공동생활을 침해하거나 그 유지를 방해하고 그에 대한 배우자로서의 권리를 침해하여 배우자에게 정신적 고통을 가하는 행위가 불법행위를 구성하는지 여부(원칙적 적극) 및 부부의 일방과 제3자가 부담하는 불법행위책임이 공동불법행위책임으로서 부진정연대채무 관계에 있는지 여부(적극) / 부정행위를 한 부부의 일방이 배우자에게 공동불법행위로 인한 손해배상금을 지급한 경우, 그 변제의 효과가 제3자에 대하여도 효력이 있는지 여부(적극) / 부정행위를 한 부부의 일방이 이혼과정에서 배우자에게 위자료 등의 명목으로 금원을 지급하였는데 그 금원에 위자료뿐만 아니라 재산분할금이나 양육비 등 다른 성격의 금원이 포함되어 있고, 그러한 이유로 그 금원 중 공동불법행위로 인한 위자료를 구분·특정하기 어려운 경우, 법원은 이를 제3자가 부담하는 위자료 액수를 산정할 때 참작할 수 있는지 여부(적극)

【판결요지】

제3자가 부부의 일방과 부정행위를 함으로써 혼인의 본질에 해당하는 부부공동생활을 침해하거나 그 유지를 방해하고 그에 대한 배우자로서의 권리를 침해하여 배우자에게 정신적 고통을 가하는 행위는 원칙적으로 불법행위를 구성한다. 그리고 이에 따라 제3자가 부담하는 불법행위책임은 부정행위를 한 부부의 일방이 배우자에 대하여 부담하는 불법행위책임과 공동불법행위책임으로서 부진정연대채무 관계에 있다. 부진정연대채무자 상호 간에 채권의 목적을 달성시키는 변제와 같은 사유는 채무자 전원에 대하여 절대적 효력을 발생하므로, 부정행위를 한 부부의 일방이 배우자에게 공동불법행위로 인한 손해배상금을 지급한 경우 그 변제의 효과는 부진정연대채무자인 제3자에 대하여도 효력이 있다.

부정행위를 한 부부의 일방이 이혼과정에서 배우자에게 위자료 등의 명목으로 금원을 지급하였는데 그 금원에 위자료뿐만 아니라 재산분할금이나 양육비 등 다른 성격의 금원이 포함되어 있고, 그러한 이유로 그 금원 중 공동불법행위로 인한 위자료를 구분·특정하기 어려운 경우가 있다. 이러한 경우 법원은 부부의 일방이 배우자에게 위자료의 일부로서 금원을 지급한 사정을 제3자가 부담하는 위자료 액수를 산정할 때 참작할 수 있다.

제420조(혼동의 절대적 효력) 어느 연대채무자와 채권자간에 혼동이 있는 때에는 그 채무자의 부담부분에 한하여 다른 연대채무자도 의무를 면한다.

제421조(소멸시효의 절대적 효력) 어느 연대채무자에 대하여 소멸시효가 완성한 때에는 그 부담부분에 한하여 다른 연대채무자도 의무를 면한다.

제422조(채권자지체의 절대적 효력) 어느 연대채무자에 대한 채권자의 지체는 다른 연대채무자에게도 효력이 있다.

제423조(효력의 상대성의 원칙) 전7조의 사항외에는 어느 연대채무자에 관한 사항은 다른 연대채무자에게 효력이 없다.

제424조(부담부분의 균등) 연대채무자의 부담부분은 균등한 것으로 추정한다.

제425조(출재채무자의 구상권) ① 어느 연대채무자가 변제 기타 자기의 출재로 공동면책이 된 때에는 다른 연대채무자의 부담부분에 대하여 구상권을 행사할 수 있다.
② 전항의 구상권은 면책된 날 이후의 법정이자 및 피할 수 없는 비용 기타 손해배상을 포함한다.

제426조(구상요건으로서의 통지) ① 어느 연대채무자가 다른 연대채무자에게 통지하지 아니하고 변제 기타 자기의 출재로 공동면책이 된 경우에 다른 연대채무자가 채권자에게 대항할 수 있는 사유가 있었을 때에는 그 부담부분에 한하여 이 사유로 면책행위를 한 연대채무자에게 대항할 수 있고 그 대항사유가 상계인 때에는 상계로 소멸할 채권은 그 연대채무자에게 이전된다.
② 어느 연대채무자가 변제 기타 자기의 출재로 공동면책되었음을 다른 연대채무자에게 통지하지 아니한 경우에 다른 연대채무자가 선의로 채권자에게 변제 기타 유상의 면책행위를 한 때에는 그 연대채무자는 자기의 면책행위의 유효를 주장할 수 있다.

제427조(상환무자력자의 부담부분) ① 연대채무자 중에 상환할 자력이 없는 자가 있는 때에는 그 채무자의 부담부분은 구상권자 및 다른 자력이 있는 채무자가 그 부담부분에 비례하여 분담한다. 그러나 구상권자에게 과실이 있는 때에는 다른 연대채무자에 대하여 분담을 청구하지 못한다.
② 전항의 경우에 상환할 자력이 없는 채무자의 부담부분을 분담할 다른 채무자가 채권자로부터 연대의 면제를 받은 때에는 그 채무자의 분담할 부분은 채권자의 부담으로 한다.

제4관 보증채무

제428조(보증채무의 내용) ① 보증인은 주채무자가 이행하지 아니하는 채무를 이행할 의무가 있다.
② 보증은 장래의 채무에 대하여도 할 수 있다.

수분양자지위확인
[대법원 2024. 2. 29. 선고 2023다295213 판결]

【판시사항】
甲 등이 乙 유한회사와 아파트 분양계약 등을 체결한 후 계약금 및 중도금을 납부하였고, 주택도시보증공사는 위 아파트 시행사업과 관련하여 乙 회사와 乙 회사가 부도·파산 등의 보증사고로 분양계약을 이행할 수 없을 경우 주택도시보증공사가 당해 주택의 분양의 이행 또는 납부한 계약금 및 중도금의 환급을 책임지는 내용의 주택분양보증계약을 체결하였는데, 위 아파트 공사가 지연되다가 보증사고가 발생한 사안에서, 주택도시보증공사가 甲 등에게 분양보증계약에 따른 환급이행으로 甲 등이 납부한 중도금 및 지연손해금을 지급할

의무가 있다고 한 원심판단에 법리오해 등의 잘못이 있다고 한 사례

【판결요지】
甲 등이 乙 유한회사와 아파트 분양계약 등을 체결한 후 계약금 및 중도금을 납부하였고, 주택도시보증공사는 위 아파트 시행사업과 관련하여 乙 회사와 乙 회사가 부도·파산 등의 보증사고로 분양계약을 이행할 수 없을 경우 주택도시보증공사가 당해 주택의 분양의 이행 또는 납부한 계약금 및 중도금의 환급을 책임지는 내용의 주택분양보증계약을 체결하였는데, 위 아파트 공사가 지연되다가 보증사고가 발생한 사안에서, 주택도시보증공사가 분양 보증약관에 따라 부담하는 보증채무의 이행방법은 분양이행(주택법령에서 정한 주택건설기준 및 당해 사업장의 사업계획승인서, 설계도서에 따라 시공하여 입주 완료) 또는 환급이행(납부한 계약금 및 중도금의 환급)으로 명확히 구분되고, 각각의 성립 요건 역시 구분되어 있어 그에 따라 보증채무 이행방법이 결정된 경우에는, 보증채권자라도 다른 방법으로 보증채무의 이행을 청구할 수 없도록 명시되어 있는 점, 甲 등이 주택도시보증공사에 대하여 환급이행청구를 한 이상, 분양보증약관에 따른 환급이행의 요건사실에 대하여는 甲 등이 주장·증명책임을 부담하므로, 甲 등이 선의의 수분양자로서 분양보증계약에 따라 보호되는 보증채권자에 해당하더라도 분양보증약관 등에서 정한 환급이행의 요건사실이 주장·증명되었는지 여부를 면밀히 살펴보았어야 하는데도, 제1심판결의 '아파트에 대한 보증이행방법을 분양이행으로 결정하고 잔여공사를 진행하였다.'고 명시한 사실을 그대로 인용한 점 등에 비추어, 주택도시보증공사가 甲 등에게 분양보증계약에 따른 환급이행으로 甲 등이 납부한 중도금 및 지연손해금을 지급할 의무가 있다고 한 원심판단에 법리오해 등의 잘못이 있다고 한 사례.

제428조의2(보증의 방식) ① 보증은 그 의사가 보증인의 기명날인 또는 서명이 있는 서면으로 표시되어야 효력이 발생한다. 다만, 보증의 의사가 전자적 형태로 표시된 경우에는 효력이 없다.
② 보증채무를 보증인에게 불리하게 변경하는 경우에도 제1항과 같다.
③ 보증인이 보증채무를 이행한 경우에는 그 한도에서 제1항과 제2항에 따른 방식의 하자를 이유로 보증의 무효를 주장할 수 없다.
[본조신설 2015. 2. 3.]

제428조의3(근보증) ① 보증은 불확정한 다수의 채무에 대해서도 할 수 있다. 이 경우 보증하는 채무의 최고액을 서면으로 특정하여야 한다.
② 제1항의 경우 채무의 최고액을 제428조의2제1항에 따른 서면으로 특정하지 아니한 보증계약은 효력이 없다.
[본조신설 2015. 2. 3.]

제429조(보증채무의 범위) ① 보증채무는 주채무의 이자, 위약금, 손해배상 기타 주채무에 종속한 채무를 포함한다.
② 보증인은 그 보증채무에 관한 위약금 기타 손해배상액을 예정할 수 있다.

제430조(목적, 형태상의 부종성) 보증인의 부담이 주채무의 목적이나 형태보다 중한 때에는 주채무의 한도로 감축한다.

채무부존재확인
[대법원 2023. 5. 18. 선고 2019다227190 판결]

【판시사항】

[1] 여럿이 각각 전부의 이행을 하여야 하는 의무를 지는 전부의무자 전원 또는 일부에 관하여 회생절차가 개시된 후 다른 전부의무자의 변제 등으로 채권자의 채권 일부가 소멸한 경우, 이러한 사정이 회생절차에서 채권자의 채권액에 반영되는지 여부(소극)

[2] 보증인에 대한 회생계획인가 후 주채무자의 변제 등으로 주채무가 일부 소멸하는 경우, 보증인이 부담하는 보증책임의 범위(=회생계획에 따른 변제금액 중 주채무자의 변제 등으로 소멸하고 남은 주채무를 한도로 한 금액)

[3] 甲 주식회사가, 乙 보험회사와 丙 주식회사가 체결한 이행보증보험계약에 따라 丙 회사가 乙 회사에 대하여 부담하게 될 구상금채무를 연대보증하였고, 甲 회사에 대하여 회생절차가 개시되자 乙 회사는 甲 회사에 대한 '장래 구상채권액 전액'을 회생채권으로 신고하였으며, 회생절차에서 구상채무가 확정되면 확정된 금액의 63%를 출자전환하고 37%를 현금 변제하는 내용의 회생계획이 인가되었는데, 그 후 乙 회사가 피보험자에 보험금을 지급한 후 주채무자인 丙 회사에 대한 담보권을 실행하여 채권 일부를 회수한 사안에서, 최초 성립한 구상금채무를 기준으로 甲 회사의 현금 변제액 및 출자전환액을 산정한 후 주채무자의 변제 등으로 소멸하고 남은 금액을 한도로 甲 회사의 변제의무 범위를 판단하여야 한다고 한 사례

[4] 회생계획에서 출자전환으로 회생채권의 변제를 갈음하기로 한 경우, 변제된 것으로 보아야 하는 채권액의 범위(=회생계획에 따라 변제를 갈음하기로 한 액수를 한도로 회생채권자가 인수한 신주의 시가 평가액에 상당하는 채권액)

【판결요지】

[1] 채무자 회생 및 파산에 관한 법률(이하 '채무자회생법'이라 한다) 제126조 제1항은 "여럿이 각각 전부의 이행을 하여야 하는 의무를 지는 경우 그 전원 또는 일부에 관하여 회생절차가 개시된 때에는 채권자는 회생절차개시 당시 가진 채권의 전액에 관하여 각 회생절차에서 회생채권자로서 그 권리를 행사할 수 있다."라고 정하고, 같은 조 제2항은 "제1항의 경우에 다른 전부의 이행을 할 의무를 지는 자가 회생절차개시 후에 채권자에 대하여 변제 그 밖에 채무를 소멸시키는 행위를 한 때라도 그 채권의 전액이 소멸한 경우를 제외하고는 그 채권자는 회생절차의 개시 시에 가지는 채권의 전액에 관하여 그 권리를 행사할 수 있다."라고 정한다.

이러한 채무자회생법 제126조 제1항, 제2항은 회생절차개시 후에 다른 전부의무자의 변제 등으로 채권자의 채권 일부가 소멸한 사정을 회생절차에서 채권자의 채권액에 반영하지 않는다는 취지이다. 이로써 채권자가 회생절차개시 당시의 채권 전액으로 권리를 행사하는 것을 인정하여 회생절차에서 채권자가 확실히 채권의 만족을 얻을 수 있도록 채권자를 보호한다.

[2] 보증인에 대한 회생계획인가로 보증채무가 감면되면 보증인이 주채무자의 채무를 일정한 한도에서 보증하기로 하는 이른바 일부보증과 유사한 법률관계가 성립한다. 일부보증의 경우 주채무자가 일부 변제를 하면 보증인은 남은 주채무자의 채무 중 보증한 범위 내의 것에 대하여 보증책임을 부담한다. 따라서 보증인에 대한 회생계획인가가 후 주채무자의 변제 등으로 주채무가 일부 소멸하는 경우 보증인은 회생계획에 따른 변제금

액 중 주채무자의 변제 등으로 소멸하고 남은 주채무를 한도로 한 금액을 변제할 의무가 있다.

[3] 甲 주식회사가, 乙 보험회사와 丙 주식회사가 체결한 이행보증보험계약에 따라 丙 회사가 乙 회사에 대하여 부담하게 될 구상금채무를 연대보증하였고, 甲 회사에 대하여 회생절차가 개시되자 乙 회사는 甲 회사에 대한 '장래 구상채권액 전액'을 회생채권으로 신고하였으며, 회생절차에서 구상채무가 확정되면 확정된 금액의 63%를 출자전환하고 37%를 현금 변제하는 내용의 회생계획이 인가되었는데, 그 후 乙 회사가 피보험자에 보험금을 지급한 후 주채무자인 丙 회사에 대한 담보권을 실행하여 채권 일부(이하 '주채무자의 변제 등 금액'이라 한다)를 회수한 사안에서, 회생절차개시 이후 주채무자의 변제 등으로 채권금액이 일부 소멸하였더라도 채권자는 회생절차개시 당시의 채권 전액에 관하여 권리를 행사할 수 있는바, 乙 회사는 최초 성립한 구상금채무 전액의 권리를 행사할 수 있으므로, 최초 성립한 구상금채무를 기준으로 甲 회사의 현금 변제액 및 출자전환액을 산정한 후 주채무자의 변제 등으로 소멸하고 남은 금액을 한도로 甲 회사의 변제의무 범위를 판단하여야 하는데도, 최초 성립한 구상금채무에서 회생절차개시 이후 주채무자의 변제 등 금액을 공제한 나머지를 기준으로 甲 회사의 현금 변제액 및 출자전환액을 산정한 원심판단에 법리오해 등의 잘못이 있다고 한 사례.

[4] 회생계획에서 출자전환으로 회생채권의 변제를 갈음하기로 한 경우에는 회생채권자가 인수한 신주의 시가를 평가하여 회생계획에 따라 변제를 갈음하기로 한 액수를 한도로 그 평가액에 상당하는 채권액이 변제된 것으로 보아야 한다.

제431조(보증인의 조건) ① 채무자가 보증인을 세울 의무가 있는 경우에는 그 보증인은 행위능력 및 변제자력이 있는 자로 하여야 한다.
② 보증인이 변제자력이 없게 된 때에는 채권자는 보증인의 변경을 청구할 수 있다.
③ 채권자가 보증인을 지명한 경우에는 전2항의 규정을 적용하지 아니한다.

제432조(타담보의 제공) 채무자는 다른 상당한 담보를 제공함으로써 보증인을 세울 의무를 면할 수 있다.

제433조(보증인과 주채무자항변권) ① 보증인은 주채무자의 항변으로 채권자에게 대항할 수 있다.
② 주채무자의 항변포기는 보증인에게 효력이 없다.

제434조(보증인과 주채무자상계권) 보증인은 주채무자의 채권에 의한 상계로 채권자에게 대항할 수 있다.

제435조(보증인과 주채무자의 취소권 등) 주채무자가 채권자에 대하여 취소권 또는 해제권이나 해지권이 있는 동안은 보증인은 채권자에 대하여 채무의 이행을 거절할 수 있다.

제436조 삭제 〈2015. 2. 3.〉

제436조의2(채권자의 정보제공의무와 통지의무 등) ① 채권자는 보증계약을 체결할 때 보증계약의 체결 여부 또는 그 내용에 영향을 미칠 수 있는 주채무자의 채무 관련 신용정보를 보유하고 있거나 알고 있는 경우에는 보증인에게 그 정보를 알려야 한다. 보증계약을 갱신할 때에도 또한 같다.
② 채권자는 보증계약을 체결한 후에 다음 각 호의 어느 하나에 해당하는 사유가 있는 경우에는 지체 없이 보증인에게 그 사실을 알려야 한다.
  1. 주채무자가 원본, 이자, 위약금, 손해배상 또는 그 밖에 주채무에 종속한 채무를 3개월 이상 이행하지 아니하는 경우
  2. 주채무자가 이행기에 이행할 수 없음을 미리 안 경우
  3. 주채무자의 채무 관련 신용정보에 중대한 변화가 생겼음을 알게 된 경우
③ 채권자는 보증인의 청구가 있으면 주채무의 내용 및 그 이행 여부를 알려야 한다.
④ 채권자가 제1항부터 제3항까지의 규정에 따른 의무를 위반하여 보증인에게 손해를 입힌 경우에는 법원은 그 내용과 정도 등을 고려하여 보증채무를 감경하거나 면제할 수 있다.
[본조신설 2015. 2. 3.]

제437조(보증인의 최고, 검색의 항변) 채권자가 보증인에게 채무의 이행을 청구한 때에는 보증인은 주채무자의 변제자력이 있는 사실 및 그 집행이 용이할 것을 증명하여 먼저 주채무자에게 청구할 것과 그 재산에 대하여 집행할 것을 항변할 수 있다. 그러나 보증인이 주채무자와 연대하여 채무를 부담한 때에는 그러하지 아니하다.

제438조(최고, 검색의 해태의 효과) 전조의 규정에 의한 보증인의 항변에 불구하고 채권자의 해태로 인하여 채무자로부터 전부나 일부의 변제를 받지 못한 경우에는 채권자가 해태하지 아니하였으면 변제받았을 한도에서 보증인은 그 의무를 면한다.

제439조(공동보증의 분별의 이익) 수인의 보증인이 각자의 행위로 보증채무를 부담한 경우에도 제408조의 규정을 적용한다.

제440조(시효중단의 보증인에 대한 효력) 주채무자에 대한 시효의 중단은 보증인에 대하여 그 효력이 있다.

양수금
[대법원 2022. 7. 28. 선고 2020다46663 판결]
【판시사항】
[1] 최고 후 6개월 내에 채무자의 승인이 있는 경우에도 민법 제174조를 유추적용하여 시효중단의 효력이 발생한다고 할 수 있는지 여부(적극)
[2] 채권자가 주채무자에 대하여 이행을 최고한 후 주채무자가 6개월 내에 채무를 승인한 경우, 시효중단의 효력이 민법 제440조에 따라 보증인에게도 미치는지 여부(적극)

제441조(수탁보증인의 구상권) ① 주채무자의 부탁으로 보증인이 된 자가 과실없이 변

제 기타의 출재로 주채무를 소멸하게 한 때에는 주채무자에 대하여 구상권이 있다.
② 제425조제2항의 규정은 전항의 경우에 준용한다.

제442조(수탁보증인의 사전구상권) ① 주채무자의 부탁으로 보증인이 된 자는 다음 각
호의 경우에 주채무자에 대하여 미리 구상권을 행사할 수 있다.

  1. 보증인이 과실없이 채권자에게 변제할 재판을 받은 때
  2. 주채무자가 파산선고를 받은 경우에 채권자가 파산재단에 가입하지 아니한 때
  3. 채무의 이행기가 확정되지 아니하고 그 최장기도 확정할 수 없는 경우에 보증계약후 5년
    을 경과한 때
  4. 채무의 이행기가 도래한 때
② 전항제4호의 경우에는 보증계약후에 채권자가 주채무자에게 허여한 기한으로 보
  증인에게 대항하지 못한다.

구상금

[대법원 2023. 2. 2., 선고, 2020다283578, 판결]

【판시사항】
수탁보증인이 민법 제442조에 따라 주채무자에게 사전구상의무 이행을 구한 경우, 주채무
자가 민법 제443조 전단을 근거로 수탁보증인에게 담보의 제공을 구할 수 있는지 여부(적
극) 및 이 경우 담보제공이 있을 때까지 사전구상의무 이행을 거절할 수 있는지 여부(적극)
/ 수탁보증인이 주채무자의 담보제공청구를 거절하거나 구상금액에 상당한 담보를 제공하
려는 의사를 표시하지 않는 경우, 법원은 수탁보증인의 사전구상금 청구를 기각하여야 하
는지 여부(적극)

【판결요지】
민법 제443조 전단은 '전조의 규정에 의하여 주채무자가 보증인에게 배상하는 경우에 주
채무자는 자기에게 담보를 제공할 것을 보증인에게 청구할 수 있다.'고 정한다. 따라서 주
채무자는 수탁보증인이 민법 제442조에 정한 바에 따라 주채무자에게 사전구상의무 이행
을 구하면 민법 제443조 전단을 근거로 수탁보증인에게 담보의 제공을 구할 수 있고, 그
러한 담보제공이 있을 때까지 사전구상의무 이행을 거절할 수 있다. 만약 수탁보증인이 주
채무자의 담보제공청구에 응하여 구상금액에 상당한 담보를 특정하여 제공할 의사를 표시
한다면 법원은 주채무자가 수탁보증인으로부터 그 특정한 담보를 제공받음과 동시에 사전
구상의무를 이행하여야 한다고 판결하여야 하지만, 수탁보증인이 주채무자의 담보제공청구
를 거절하거나 구상금액에 상당한 담보를 제공하려는 의사를 표시하지 않는다면 법원은 수
탁보증인의 사전구상금 청구를 기각하는 판결을 하여야 한다.

제443조(주채무자의 면책청구) 전조의 규정에 의하여 주채무자가 보증인에게 배상하
는 경우에 주채무자는 자기를 면책하게 하거나 자기에게 담보를 제공할 것을 보증인
에게 청구할 수 있고 또는 배상할 금액을 공탁하거나 담보를 제공하거나 보증인을
면책하게 함으로써 그 배상의무를 면할 수 있다.

제444조(부탁없는 보증인의 구상권) ① 주채무자의 부탁없이 보증인이 된 자가 변제
기타 자기의 출재로 주채무를 소멸하게 한 때에는 주채무자는 그 당시에 이익을 받

은 한도에서 배상하여야 한다.

② 주채무자의 의사에 반하여 보증인이 된 자가 변제 기타 자기의 출재로 주채무를 소멸하게 한 때에는 주채무자는 현존이익의 한도에서 배상하여야 한다.

③ 전항의 경우에 주채무자가 구상한 날 이전에 상계원인이 있음을 주장한 때에는 그 상계로 소멸할 채권은 보증인에게 이전된다.

제445조(구상요건으로서의 통지) ① 보증인이 주채무자에게 통지하지 아니하고 변제 기타 자기의 출재로 주채무를 소멸하게 한 경우에 주채무자가 채권자에게 대항할 수 있는 사유가 있었을 때에는 이 사유로 보증인에게 대항할 수 있고 그 대항사유가 상계인 때에는 상계로 소멸할 채권은 보증인에게 이전된다.

② 보증인이 변제 기타 자기의 출재로 면책되었음을 주채무자에게 통지하지 아니한 경우에 주채무자가 선의로 채권자에게 변제 기타 유상의 면책행위를 한 때에는 주채무자는 자기의 면책행위의 유효를 주장할 수 있다.

제446조(주채무자의 보증인에 대한 면책통지의무) 주채무자가 자기의 행위로 면책하였음을 그 부탁으로 보증인이 된 자에게 통지하지 아니한 경우에 보증인이 선의로 채권자에게 변제 기타 유상의 면책행위를 한 때에는 보증인은 자기의 면책행위의 유효를 주장할 수 있다.

제447조(연대, 불가분채무의 보증인의 구상권) 어느 연대채무자나 어느 불가분채무자를 위하여 보증인이 된 자는 다른 연대채무자나 다른 불가분채무자에 대하여 그 부담부분에 한하여 구상권이 있다.

제448조(공동보증인간의 구상권) ① 수인의 보증인이 있는 경우에 어느 보증인이 자기의 부담부분을 넘은 변제를 한 때에는 제444조의 규정을 준용한다.

② 주채무가 불가분이거나 각 보증인이 상호연대로 또는 주채무자와 연대로 채무를 부담한 경우에 어느 보증인이 자기의 부담부분을 넘은 변제를 한 때에는 제425조 내지 제427조의 규정을 준용한다.

제4절 채권의 양도

제449조(채권의 양도성) ① 채권은 양도할 수 있다. 그러나 채권의 성질이 양도를 허용하지 아니하는 때에는 그러하지 아니하다.

② 채권은 당사자가 반대의 의사를 표시한 경우에는 양도하지 못한다. 그러나 그 의사표시로써 선의의 제삼자에게 대항하지 못한다.

제450조(지명채권양도의 대항요건) ① 지명채권의 양도는 양도인이 채무자에게 통지하거나 채무자가 승낙하지 아니하면 채무자 기타 제삼자에게 대항하지 못한다.

② 전항의 통지나 승낙은 확정일자있는 증서에 의하지 아니하면 채무자 이외의 제삼

자에게 대항하지 못한다.

사해행위취소
[대법원 2023. 9. 27. 선고 2018다260565 판결]

【판시사항】

[1] 부동산등기의 추정력

[2] 계약인수에 따른 법률관계

[3] 집합건물의 구분소유자들이 건물의 대지 중 일부 지분만 가지고 있고 구분소유자 아닌 대지공유자가 나머지 지분을 가진 경우, 구분소유자 중 자신의 전유부분 면적 비율에 상응하는 적정 대지지분보다 부족한 대지지분을 가진 구분소유자는 구분소유자 아닌 대지공유자에게 적정 대지지분에서 부족한 지분의 비율에 해당하는 차임 상당의 부당이득반환의무를 부담하는지 여부(원칙적 적극)

제451조(승낙, 통지의 효과) ① 채무자가 이의를 보류하지 아니하고 전조의 승낙을 한 때에는 양도인에게 대항할 수 있는 사유로써 양수인에게 대항하지 못한다. 그러나 채무자가 채무를 소멸하게 하기 위하여 양도인에게 급여한 것이 있으면 이를 회수할 수 있고 양도인에 대하여 부담한 채무가 있으면 그 성립되지 아니함을 주장할 수 있다.
② 양도인이 양도통지만을 한 때에는 채무자는 그 통지를 받은 때까지 양도인에 대하여 생긴 사유로써 양수인에게 대항할 수 있다.

제452조(양도통지와 금반언) ① 양도인이 채무자에게 채권양도를 통지한 때에는 아직 양도하지 아니하였거나 그 양도가 무효인 경우에도 선의인 채무자는 양수인에게 대항할 수 있는 사유로 양도인에게 대항할 수 있다.
② 전항의 통지는 양수인의 동의가 없으면 철회하지 못한다.

제5절 채무의 인수

제453조(채권자와의 계약에 의한 채무인수) ① 제삼자는 채권자와의 계약으로 채무를 인수하여 채무자의 채무를 면하게 할 수 있다. 그러나 채무의 성질이 인수를 허용하지 아니하는 때에는 그러하지 아니하다.
② 이해관계없는 제삼자는 채무자의 의사에 반하여 채무를 인수하지 못한다.

제454조(채무자와의 계약에 의한 채무인수) ① 제삼자가 채무자와의 계약으로 채무를 인수한 경우에는 채권자의 승낙에 의하여 그 효력이 생긴다.
② 채권자의 승낙 또는 거절의 상대방은 채무자나 제삼자이다.

보험금
[대법원 2024. 6. 13. 선고 2024다215542 판결]

【판시사항】

[1] 주택 임차인이 법인인 경우, 임차주택의 양수인이 임대인의 지위를 당연히 승계한다는

내용의 주택임대차보호법 제3조 제4항이 적용되는지 여부(원칙적 소극) / 임대인이 법인을 임차인으로 하는 주택을 양도한 경우, 임대인의 법인에 대한 임대차보증금 반환채무가 소멸하는지 여부(원칙적 소극)

[2] 부동산 매수인이 매매목적물에 관한 임대차보증금 반환채무 등을 인수하는 한편 그 채무액을 매매대금에서 공제하기로 약정한 경우, 위 인수가 면책적 채무인수라고 볼 수 있는지 여부(원칙적 소극) / 부동산 매도인과 매수인 사이에 임대차보증금 반환채무를 면책적으로 인수하는 약정이 있는 경우, 그에 기한 면책적 채무인수의 효력이 발생하기 위한 요건(=채권자인 임차인의 승낙) 및 이때 임차인의 승낙은 묵시적 의사표시로도 가능한지 여부(적극) / 임대보증금 반환채권의 회수가능성 등이 의문시되는 상황인 경우, 임차인의 어떠한 행위를 임대차보증금 반환채무의 면책적 인수에 대한 묵시적 승낙의 의사표시에 해당한다고 단정할 수 있는지 여부(소극)

[3] 한국전력공사가 甲으로부터 아파트를 임차한 후, 乙 주식회사와 전세금보장신용보험계약을 체결하였고, 임대차기간 중에 甲이 丙에게 위 아파트의 소유권을 이전하면서, 매매계약서에 丙이 매매대금에서 위 임대차보증금을 제외한 나머지 금액만 지급하기로 하고 '임차인 - 한국전력공사와 현 임대차 계약을 승계하여 임대인의 지위와 의무를 인수인계하기로 한다.'는 내용의 인수조항을 기재하였는데, 이후 임대차가 종료되었지만 한국전력공사가 보증금을 반환받지 못하자 乙 회사를 상대로 임대차보증금에 상당하는 보험금의 지급을 구하는 소를 제기하였고, 이에 乙 회사가 위 매매계약 당시 임대차보증금 반환채무를 丙이 면책적으로 인수하는 것을 한국전력공사가 묵시적으로 승낙하였다고 주장한 사안에서, 제반 사정을 종합하면 한국전력공사가 乙 회사의 임대차보증금 반환의무를 丙이 면책적으로 인수하는 것을 묵시적으로 승낙하였다고 단정할 수 없는데도, 이와 달리 본 원심판단에 법리오해의 잘못이 있다고 한 사례

【판결요지】

[1] 법인은 주택임대차보호법 제3조 제1항이 정하는 대항요건의 하나인 주민등록을 마칠 수 없는 점에 비추어 보면, 주택을 임차한 법인에는 주택임대차보호법 제3조 제2항, 제3항이 정하는 경우를 제외하고는 주택임대차보호법 제3조가 적용되지 않는다. 그러므로 임차주택의 양수인이 임대인의 지위를 당연히 승계한다는 내용의 주택임대차보호법 제3조 제4항도 주택 임차인이 법인인 경우에는 원칙적으로 적용되지 않는다. 따라서 임대인이 법인을 임차인으로 하는 주택을 양도한 경우에는 임대인의 임대차보증금 반환채무를 양수인이 면책적으로 인수하였다는 등의 특별한 사정이 없는 한 임대인의 법인에 대한 임대차보증금 반환채무는 위 주택 양도에도 불구하고 소멸하지 아니한다.

[2] 면책적 채무인수는 병존적 채무인수 또는 이행인수와는 달리 제3자가 채무를 인수함으로써 기존 채무자가 면책되므로, 어떠한 인수의 법적 성격이 문제 되는 경우 이를 병존적 채무인수 또는 이행인수가 아니라 면책적 채무인수로 보는 데에는 엄격함과 신중함이 요구된다. 그러므로 부동산 매수인이 매매목적물에 관한 임대차보증금 반환채무 등을 인수하는 한편 그 채무액을 매매대금에서 공제하기로 약정한 경우, 그 인수는 특별한 사정이 없는 이상 매도인을 면책시키는 면책적 채무인수라고 볼 수 없다. 또한 부동산 매도인과 매수인 사이에 임대차보증금 반환채무를 면책적으로 인수하는 약정이 있었더라도 그에 기한 면책적 채무인수의 효력이 발생하려면 채권자인 임차인의 승낙이 있어야 한다(민법 제454조 참조). 이때 임차인의 승낙은 반드시 명시적 의사표시로 하여야 하는 것은 아니고 묵시적 의사표시로도 가능하다. 그러나 임차인이 채무자인 임대인을 면책시키는 것은 그의 채권을 처분하는 행위이므로, 임대보증금 반환채권의 회수 가능성 등이 의문시되는

상황이라면 임차인의 어떠한 행위를 임대차보증금 반환채무의 면책적 인수에 대한 묵시적 승낙의 의사표시에 해당한다고 쉽게 단정하여서는 아니 된다.

[3] 한국전력공사가 甲으로부터 아파트를 임차한 후, 乙 주식회사와 전세금보장신용보험계약을 체결하였고, 임대차기간 중에 甲이 丙에게 위 아파트의 소유권을 이전하면서, 매매계약서에 丙이 매매대금에서 위 임대차보증금을 제외한 나머지 금액만 지급하기로 하고 '임차인 - 한국전력공사와 현 임대차 계약을 승계하여 임대인의 지위와 의무를 인수인계하기로 한다.'는 내용의 인수조항을 기재하였는데, 이후 임대차가 종료되었지만 한국전력공사가 보증금을 반환받지 못하자 乙 회사를 상대로 임대차보증금에 상당하는 보험금의 지급을 구하는 소를 제기하였고, 이에 乙 회사가 위 매매계약 당시 임대차보증금 반환채무를 丙이 면책적으로 인수하는 것을 한국전력공사가 묵시적으로 승낙하였다고 주장한 사안에서, 위 인수조항에는 丙이 임대인의 지위와 의무를 인수한다는 취지가 포함되어 있으나, 이를 넘어서서 甲이 채권자인 한국전력공사에 대한 관계에서도 채무를 면한다는 취지가 명시적으로 포함되어 있지는 않으며, 채무인수가 면책적 인수인지, 병존적 인수인지가 분명하지 아니한 때에는 이를 병존적으로 인수하였다고 보아야 하는 점, 한국전력공사는 원칙적으로 주택임대차보호법에 따른 보호를 받을 수 없는 법인이고, 甲이나 丙으로부터 전세권 등 임대차보증금 반환을 담보할 수 있는 수단을 별도로 제공받지 못한 상황에서 한국전력공사의 승낙으로 면책적 채무인수의 효과가 발생하면 한국전력공사의 채권 실현 여부는 새로운 채무자인 丙의 자력이나 채무이행의 성실성에 달려있는바, 丙의 자력은 한국전력공사의 면책적 채무인수 승낙에 중요한 고려 요소인데, 한국전력공사가 위 매매계약 무렵 승낙을 할 것인지 결정하기 위해 丙의 자력을 조사하거나 확인하였다는 사정은 발견되지 않고, 한국전력공사는 매매계약서 사진을 받아보기 전까지는 매수인이 누구인지도 정확히 몰랐던 것으로 보이며, 매매계약 당시 甲이 면책적 채무인수에 대하여 한국전력공사에 구체적으로 설명하였다거나 승낙을 명시적으로 요구하지도 않았던 점 등을 종합하면, 한국전력공사가 乙 회사의 임대차보증금 반환의무를 丙이 면책적으로 인수하는 것을 묵시적으로 승낙하였다고 단정할 수 없는데도, 이와 달리 본 원심판단에 법리오해의 잘못이 있다고 한 사례.

제455조(승낙여부의 최고) ① 전조의 경우에 제삼자나 채무자는 상당한 기간을 정하여 승낙여부의 확답을 채권자에게 최고할 수 있다.
② 채권자가 그 기간내에 확답을 발송하지 아니한 때에는 거절한 것으로 본다.

제456조(채무인수의 철회, 변경) 제삼자와 채무자간의 계약에 의한 채무인수는 채권자의 승낙이 있을 때까지 당사자는 이를 철회하거나 변경할 수 있다.

제457조(채무인수의 소급효) 채권자의 채무인수에 대한 승낙은 다른 의사표시가 없으면 채무를 인수한 때에 소급하여 그 효력이 생긴다. 그러나 제삼자의 권리를 침해하지 못한다.

제458조(전채무자의 항변사유) 인수인은 전채무자의 항변할 수 있는 사유로 채권자에게 대항할 수 있다.

제459조(채무인수와 보증, 담보의 소멸) 전채무자의 채무에 대한 보증이나 제삼자가 제공한 담보는 채무인수로 인하여 소멸한다. 그러나 보증인이나 제삼자가 채무인수에

동의한 경우에는 그러하지 아니하다.

제6절 채권의 소멸

제1관 변제

제460조(변제제공의 방법) 변제는 채무내용에 좇은 현실제공으로 이를 하여야 한다. 그러나 채권자가 미리 변제받기를 거절하거나 채무의 이행에 채권자의 행위를 요하는 경우에는 변제준비의 완료를 통지하고 그 수령을 최고하면 된다.

근저당권말소

[물상보증인이 피담보채무 잔액을 공탁하였음을 이유로 근저당권의 말소를 구한 사건]

[대법원 2023. 4. 13. 선고 2021다305338 판결]

【판시사항】

[1] 채권자와 채무자 모두가 기한의 이익을 갖는 이자부 금전소비대차계약 등에 있어서, 채무자가 기한의 이익을 포기하고 변제기 전에 변제하는 경우, 변제기까지의 약정이자 등 채권자의 손해를 배상하여야 하는지 여부(적극) 및 이러한 약정이자 등 손해액을 함께 제공하지 않으면 채권자가 수령을 거절할 수 있는지 여부(적극) / 이는 제3자가 변제하는 경우에도 마찬가지인지 여부(적극)

[2] 은행여신거래에 있어서 당사자는 계약 내용에 편입된 약관에서 정한 바에 따라 기한의 이익과 포기에 관한 민법 제153조 제2항, 변제기 전의 변제에 관한 민법 제468조의 규정들과 다른 약정을 할 수 있는지 여부(적극)

【판결요지】

[1] 기한의 이익은 포기할 수 있으나, 상대방의 이익을 해하지 못한다(민법 제153조 제2항). 변제기 전이라도 채무자는 변제할 수 있으나, 상대방의 손해는 배상하여야 한다(민법 제468조). 채무의 변제는 제3자도 할 수 있으나(민법 제469조 제1항 본문), 그 경우에도 급부행위는 채무내용에 좇은 것이어야 한다(민법 제460조).

채권자와 채무자 모두가 기한의 이익을 갖는 이자부 금전소비대차계약 등에 있어서, 채무자가 변제로 인한 기한의 이익을 포기하고 변제기 전에 변제하는 경우 변제기까지의 약정이자 등 채권자의 손해를 배상하여야 하고, 이러한 약정이자 등 손해액을 함께 제공하지 않으면 채무의 내용에 따른 변제제공이라고 볼 수 없으므로, 채권자는 수령을 거절할 수 있다. 이는 제3자가 변제하는 경우에도 마찬가지이다.

[2] 기한의 이익과 그 포기에 관한 민법 제153조 제2항, 변제기 전의 변제에 관한 민법 제468조의 규정들은 임의규정으로서 당사자가 그와 다른 약정을 할 수 있다. 은행여신거래에 있어서 당사자는 계약 내용에 편입된 약관에서 정한 바에 따라 위 민법 규정들과 다른 약정을 할 수도 있다.

제461조(변제제공의 효과) 변제의 제공은 그때로부터 채무불이행의 책임을 면하게 한다.

제462조(특정물의 현상인도) 특정물의 인도가 채권의 목적인 때에는 채무자는 이행기

의 현상대로 그 물건을 인도하여야 한다.

제463조(변제로서의 타인의 물건의 인도) 채무의 변제로 타인의 물건을 인도한 채무자는 다시 유효한 변제를 하지 아니하면 그 물건의 반환을 청구하지 못한다.

제464조(양도능력없는 소유자의 물건인도) 양도할 능력없는 소유자가 채무의 변제로 물건을 인도한 경우에는 그 변제가 취소된 때에도 다시 유효한 변제를 하지 아니하면 그 물건의 반환을 청구하지 못한다.

제465조(채권자의 선의소비, 양도와 구상권) ① 전2조의 경우에 채권자가 변제로 받은 물건을 선의로 소비하거나 타인에게 양도한 때에는 그 변제는 효력이 있다.
② 전항의 경우에 채권자가 제삼자로부터 배상의 청구를 받은 때에는 채무자에 대하여 구상권을 행사할 수 있다.

제466조(대물변제) 채무자가 채권자의 승낙을 얻어 본래의 채무이행에 갈음하여 다른 급여를 한 때에는 변제와 같은 효력이 있다. 〈개정 2014. 12. 30.〉

유류분반환청구의소
[대법원 2024. 6. 13. 선고 2023다304568 판결]

【판시사항】
[1] 피상속인의 재산처분행위가 유류분 산정의 기초재산에 산입되는 증여에 해당하는지 판단하는 방법
[2] 계약명의신탁약정이 부동산 실권리자명의 등기에 관한 법률 시행 후에 이루어진 경우, 위 약정의 무효로 명의수탁자가 명의신탁자에게 반환하여야 할 부당이득의 대상(=매수자금) 및 명의수탁자가 완전한 소유권 취득을 전제로 사후적으로 명의신탁자와 매수자금반환의무의 이행을 갈음하여 명의신탁된 부동산을 양도하기로 합의하고 이에 기해 명의신탁자 앞으로 소유권이전등기를 마쳐준 경우, 그 소유권이전등기의 효력(원칙적 유효)

【판결요지】
[1] 유류분제도는 피상속인의 재산처분행위로부터 유족의 생존권을 보호하고 법정상속분의 일정비율에 해당하는 부분을 유류분으로 산정하여 상속인의 상속재산 형성에 대한 기여와 상속재산에 대한 기대를 보장하는 데 그 목적이 있다. 민법 제1118조에 따라 준용되는 민법 제1008조는 공동상속인 중에 피상속인으로부터 재산의 증여 또는 유증을 받은 특별수익자가 있는 경우에 공동상속인들 사이의 공평을 기하기 위하여 그 수증재산을 상속분의 선급으로 다루어 구체적인 상속분을 산정하는 데 참작하도록 하려는 데 그 취지가 있다. 이러한 유류분제도의 입법 목적과 민법 제1008조의 취지에 비추어 보면, 유류분 산정의 기초재산에 산입되는 증여에 해당하는지 여부를 판단할 때에는 피상속인의 재산처분행위의 법적 성질을 형식적·추상적으로 파악하는 데 그쳐서는 안 되고, 재산처분행위가 실질적인 관점에서 피상속인의 재산을 감소시키는 무상처분에 해당하는지 여부에 따라 판단하여야 한다.
[2] 이른바 계약명의신탁약정이 '부동산 실권리자명의 등기에 관한 법률' 시행 후에 이루어진 경우에는 명의신탁자는 애초부터 당해 부동산의 소유권을 취득할 수 없었으므로 위

명의신탁약정의 무효로 인하여 명의신탁자가 입은 손해는 당해 부동산 자체가 아니라 명의수탁자에게 제공한 매수자금이라 할 것이고, 따라서 명의수탁자는 당해 부동산 자체가 아니라 명의신탁자로부터 제공받은 매수자금만을 부당이득한다고 할 것이다. 그러나 그 경우에도 명의수탁자가 명의수탁자의 완전한 소유권 취득을 전제로 하여 사후적으로 명의신탁자와의 사이에 위에서 본 매수자금반환의무의 이행을 갈음하여 명의신탁된 부동산 자체를 양도하기로 합의하고 그에 기하여 명의신탁자 앞으로 소유권이전등기를 마쳐준 경우에는 그 소유권이전등기는 새로운 소유권 이전의 원인인 대물급부의 약정에 기한 것이므로 그 약정이 무효인 명의신탁약정을 명의신탁자를 위하여 사후에 보완하는 방책에 불과한 등의 다른 특별한 사정이 없는 한 유효하다.

제467조(변제의 장소) ① 채무의 성질 또는 당사자의 의사표시로 변제장소를 정하지 아니한 때에는 특정물의 인도는 채권성립당시에 그 물건이 있던 장소에서 하여야 한다.
② 전항의 경우에 특정물인도 이외의 채무변제는 채권자의 현주소에서 하여야 한다. 그러나 영업에 관한 채무의 변제는 채권자의 현영업소에서 하여야 한다.

제468조(변제기전의 변제) 당사자의 특별한 의사표시가 없으면 변제기전이라도 채무자는 변제할 수 있다. 그러나 상대방의 손해는 배상하여야 한다.

제469조(제삼자의 변제) ① 채무의 변제는 제삼자도 할 수 있다. 그러나 채무의 성질 또는 당사자의 의사표시로 제삼자의 변제를 허용하지 아니하는 때에는 그러하지 아니하다.
② 이해관계없는 제삼자는 채무자의 의사에 반하여 변제하지 못한다.

구상금
[대법원 2024. 2. 15. 선고 2023다272883 판결]

【판시사항】
[1] 무보험자동차에 의한 상해 담보특약의 법적 성질(=손해보험형 상해보험) 및 하나의 사고에 관하여 여러 개의 무보험자동차에 의한 상해 담보특약 보험계약이 체결되고 보험금액의 총액이 피보험자가 입은 손해액을 초과하는 경우, 상법 제672조 제1항이 준용되는지 여부(적극) / 상법 제672조 제1항이 준용됨에 따라 여러 보험자가 각자의 보험금액의 한도에서 연대책임을 지는 경우, 각 보험자가 보험금 지급채무에 대하여 부진정연대관계에 있는지 여부(원칙적 적극) 및 이때 피보험자의 보험금 지급 청구 방법과 보험금을 지급한 보험자의 구상권 행사 방법 / 각 보험계약의 당사자가 중복보험에서 보험자의 보상책임 방식이나 보험자들 사이의 책임 분담 방식을 상법 제672조 제1항과 달리 정할 수 있는지 여부(적극)
[2] 자동차보험 구상금분쟁심의에 관한 상호협정과 그 시행규약에 따른 중복보험 선처리사의 후처리사에 대한 구상이 부진정연대관계에 있는 중복보험자 간에 이루어지는 구상의 성격을 갖는지 여부(적극)
[3] 채무자가 자신의 채무에 관하여 스스로 또는 이행보조자를 사용하여 법률상 원인 없는 변제를 한 경우 또는 제3자가 타인의 채무에 관하여 법률상 원인 없는 변제를 한 경우, 그 변제로 이루어진 급부에 대하여 부당이득반환을 구할 수 있는 사람(=변제 주체

인 채무자 또는 제3자) 및 이러한 변제 주체에 대한 증명책임의 소재(=변제 주체임을 전제로 부당이득반환을 구하는 사람)

【판결요지】

[1] 피보험자가 무보험자동차에 의한 교통사고로 인하여 상해를 입었을 때 그 손해에 대하여 배상할 의무자가 있는 경우 보험자가 약관에 정한 바에 따라 피보험자에게 그 손해를 보상하는 것을 내용으로 하는 무보험자동차에 의한 상해 담보특약(이하 '무보험자동차특약보험'이라고 한다)은 상해보험의 성질과 함께 손해보험의 성질도 갖고 있는 손해보험형 상해보험이다. 그러므로 하나의 사고에 관하여 여러 개의 무보험자동차특약보험계약이 체결되고 그 보험금액의 총액이 피보험자가 입은 손해액을 초과하는 때에는 손해보험에 관한 상법 제672조 제1항이 준용되어 보험자는 각자의 보험금액의 한도에서 연대책임을 지고, 이 경우 각 보험자 사이에서는 각자의 보험금액의 비율에 따른 보상책임을 진다.

위와 같이 상법 제672조 제1항이 준용됨에 따라 여러 보험자가 각자 보험금액 한도에서 연대책임을 지는 경우 특별한 사정이 없는 한 그 보험금 지급책임의 부담에 관하여 각 보험자 사이에 주관적 공동관계가 있다고 보기 어려우므로, 각 보험자는 그 보험금 지급채무에 대하여 부진정연대관계에 있다. 이때 피보험자는 여러 보험자 중 한 보험자에게 그 보험금액 한도에서 보험금 지급을 청구할 수 있고, 그 보험자는 그 청구에 따라 피보험자에게 보험금을 지급한 후 부진정연대관계에 있는 다른 보험자에게 그 부담부분 범위 내에서 구상권을 행사할 수 있다. 다만 상법 제672조 제1항은 강행규정이 아니므로 각 보험계약의 당사자는 중복보험에 있어서 피보험자에 대한 보험자의 보상책임 방식이나 보험자들 사이의 책임 분담 방식에 대하여 상법의 규정과 다른 내용으로 정할 수 있다.

[2] 자동차손해배상 보장법 등에 정한 자동차보험 책임이 경합되었음을 이유로 그 책임의 유무와 범위에 관하여 보험사업자 사이에 발생한 분쟁을 합리적·경제적으로 신속히 해결함을 목적으로 하는 '자동차보험 구상금분쟁심의에 관한 상호협정'과 그 시행규약은 중복보험의 경우 선처리사(보험금 지급책임이 있는 복수의 협정회사 중 보험금을 받을 권리가 있는 자에게 보험금을 우선하여 지급한 협정회사)가 먼저 보험금을 지급한 뒤 후처리사(보험금 지급책임이 있는 복수의 협정회사 중 선처리사에 구상금을 지급할 책임이 있는 협정회사)에 그 부담부분에 해당하는 금액을 구상하는 방식을 상정하고 있는데, 여기에서의 구상은 부진정연대관계에 있는 중복보험자 간에 이루어지는 구상의 성격을 가진다.

[3] 변제를 목적으로 하는 급부가 이루어졌으나 그 급부에 법률상 원인이 없는 경우 그 급부는 비채변제에 해당하여 부당이득으로 반환되어야 한다. 이러한 급부부당이득의 반환은 법률상 원인 없는 변제를 한 주체가 청구할 수 있다. 변제는 채무자 외에 제3자도 할 수 있는데(민법 제469조 참조), 이행보조자의 변제는 채무자의 변제로 취급된다(민법 제391조 참조). 채무자가 자신의 채무에 관하여 스스로 또는 이행보조자를 사용하여 법률상 원인 없는 변제를 한 경우에는 채무자, 제3자가 타인의 채무에 관하여 법률상 원인 없는 변제를 한 경우에는 제3자가 각각 변제의 주체로서 그 변제로서 이루어진 급부의 반환을 청구할 수 있다. 이러한 변제 주체에 대한 증명책임은 자신이 변제 주체임을 전제로 변제에 법률상 원인이 없다고 주장하며 부당이득 반환청구를 하는 사람에게 있다.

제470조(채권의 준점유자에 대한 변제) 채권의 준점유자에 대한 변제는 변제자가 선의

이며 과실없는 때에 한하여 효력이 있다.

제471조(영수증소지자에 대한 변제) 영수증을 소지한 자에 대한 변제는 그 소지자가 변제를 받을 권한이 없는 경우에도 효력이 있다. 그러나 변제자가 그 권한없음을 알았거나 알 수 있었을 경우에는 그러하지 아니하다.

제472조(권한없는 자에 대한 변제) 전2조의 경우외에 변제받을 권한없는 자에 대한 변제는 채권자가 이익을 받은 한도에서 효력이 있다.

제473조(변제비용의 부담) 변제비용은 다른 의사표시가 없으면 채무자의 부담으로 한다. 그러나 채권자의 주소이전 기타의 행위로 인하여 변제비용이 증가된 때에는 그 증가액은 채권자의 부담으로 한다.

제474조(영수증청구권) 변제자는 변제를 받는 자에게 영수증을 청구할 수 있다.

제475조(채권증서반환청구권) 채권증서가 있는 경우에 변제자가 채무전부를 변제한 때에는 채권증서의 반환을 청구할 수 있다. 채권이 변제 이외의 사유로 전부 소멸한 때에도 같다.

제476조(지정변제충당) ① 채무자가 동일한 채권자에 대하여 같은 종류를 목적으로 한 수개의 채무를 부담한 경우에 변제의 제공이 그 채무전부를 소멸하게 하지 못하는 때에는 변제자는 그 당시 어느 채무를 지정하여 그 변제에 충당할 수 있다.
② 변제자가 전항의 지정을 하지 아니할 때에는 변제받는 자는 그 당시 어느 채무를 지정하여 변제에 충당할 수 있다. 그러나 변제자가 그 충당에 대하여 즉시 이의를 한 때에는 그러하지 아니하다.
③ 전2항의 변제충당은 상대방에 대한 의사표시로써 한다.

대여금
[대법원 2024. 2. 29. 선고 2023다299789 판결]

【판시사항】
[1] 비용, 이자, 원본에 대한 변제충당에서 충당의 순서 및 당사자 사이에 특별한 합의가 있는 경우, 임의충당을 인정할 수 있는지 여부(적극) / 변제자(채무자)와 변제수령자(채권자)가 급부를 마친 뒤에 기존의 충당방법을 배제하고 제공된 급부를 어느 채무에 어떤 방법으로 다시 충당할 것인가를 약정할 수 있는지 여부(원칙적 적극)
[2] 재판상 자백의 의미 및 법원에 제출되어 상대방에게 송달된 준비서면 등에 자백에 해당하는 내용이 기재되어 있는 경우, 그것이 변론기일이나 변론준비기일에서 진술 또는 진술간주 되면 재판상 자백이 성립하는지 여부(적극) / 당사자가 변론에서 상대방이 주장하기 전에 스스로 자신에게 불이익한 사실을 진술하고 상대방이 이를 명시적으로 원용하거나 그 진술과 일치되는 진술을 하는 경우에도 재판상 자백이 성립하는지 여부(적극) / 법원이 재판상 자백과 다른 판단을 할 수 있는지 여부(소극)

제477조(법정변제충당) 당사자가 변제에 충당할 채무를 지정하지 아니한 때에는 다음 각호의 규정에 의한다.
1. 채무중에 이행기가 도래한 것과 도래하지 아니한 것이 있으면 이행기가 도래한 채무의 변제에 충당한다.
2. 채무전부의 이행기가 도래하였거나 도래하지 아니한 때에는 채무자에게 변제이익이 많은 채무의 변제에 충당한다.
3. 채무자에게 변제이익이 같으면 이행기가 먼저 도래한 채무나 먼저 도래할 채무의 변제에 충당한다.
4. 전2호의 사항이 같은 때에는 그 채무액에 비례하여 각 채무의 변제에 충당한다.

대여금반환
[대법원 2024. 2. 29. 선고 2023다290829 판결]

【판시사항】
[1] 채무자가 특정한 채무의 변제조로 돈을 지급하였다고 주장함에 대하여, 채권자가 변제 금원의 수령 사실을 인정하면서도 이를 다른 채무의 변제에 충당하였다고 주장하는 경우, 채권자가 부담하는 주장·증명책임의 내용
[2] 민사소송법 제202조가 선언한 자유심증주의의 의미 및 한계

제478조(부족변제의 충당) 1개의 채무에 수개의 급여를 요할 경우에 변제자가 그 채무전부를 소멸하게 하지 못한 급여를 한 때에는 전2조의 규정을 준용한다.

제479조(비용, 이자, 원본에 대한 변제충당의 순서) ① 채무자가 1개 또는 수개의 채무의 비용 및 이자를 지급할 경우에 변제자가 그 전부를 소멸하게 하지 못한 급여를 한 때에는 비용, 이자, 원본의 순서로 변제에 충당하여야 한다.
② 전항의 경우에 제477조의 규정을 준용한다.

제480조(변제자의 임의대위) ① 채무자를 위하여 변제한 자는 변제와 동시에 채권자의 승낙을 얻어 채권자를 대위할 수 있다.
② 전항의 경우에 제450조 내지 제452조의 규정을 준용한다.

제481조(변제자의 법정대위) 변제할 정당한 이익이 있는 자는 변제로 당연히 채권자를 대위한다.

구상금
[대법원 2022. 12. 29., 선고, 2017다261882, 판결]

【판시사항】
[1] 채권자가 고의나 과실로 담보를 상실하게 하거나 감소하게 한 경우, 법정대위를 할 자가 민법 제485조에 따라 면책을 주장할 수 있는지 여부(원칙적 적극) 및 이때 채권자가 제3자에 대하여 자신의 담보권을 성실하게 보존·행사하여야 할 의무를 부담하는 특별한 사정이 인정되는 경우, 채권자의 담보권 포기 행위가 불법행위에 해당할 수 있는

지 여부(적극)

[2] 甲과 乙이 각 1/2 지분을 소유하고 있는 토지에 관하여 乙이 丙으로부터 대출받으면서 丙을 근저당권자로, 채무자를 乙로 하는 근저당권을 설정하였는데, 위 토지 중 甲 지분에만 경매절차가 개시되어 제3자가 매각대금을 완납하자, 丙은 乙 지분에 관한 근저당권설정등기를 말소해주었고, 이후 개시된 배당절차에서 丙이 채권액 전부를 배당받은 사안에서, 채권자인 丙이 甲에 대하여 자신의 담보권을 성실하게 보존·행사하여야 할 의무를 부담함에도 곧 변제자대위의 대상이 될 채무자에 대한 근저당권설정등기를 말소하여 줌으로써 저당권을 포기한 행위는 민법 제750조에 정한 불법행위에 해당한다고 한 사례

【판결요지】

[1] 민법 제485조는 "제481조의 규정에 의하여 대위할 자가 있는 경우에 채권자의 고의나 과실로 담보가 상실되거나 감소된 때에는 대위할 자는 그 상실 또는 감소로 인하여 상환을 받을 수 없는 한도에서 그 책임을 면한다."라고 정한다. 이는 보증인 등 법정대위를 할 자가 있는 경우에 채권자에게 담보보존의무를 부담시킴으로써 대위할 자의 구상권과 대위에 대한 기대권을 보호하려는 것이다. 법정대위를 할 자는 채권자가 고의나 과실로 담보를 상실하게 하거나 감소하게 한 때에는 원칙적으로 민법 제485조에 따라 면책을 주장할 수 있을 뿐이지만, 채권자가 제3자에 대하여 자신의 담보권을 성실하게 보존·행사하여야 할 의무를 부담하는 특별한 사정이 인정되는 경우에는 채권자의 담보권의 포기 행위가 불법행위에 해당할 수 있다.

[2] 甲과 乙이 각 1/2 지분을 소유하고 있는 토지에 관하여 乙이 丙으로부터 대출받으면서 丙을 근저당권자로, 채무자를 乙로 하는 근저당권을 설정하였는데, 위 토지 중 甲 지분에만 경매절차가 개시되어 제3자가 매각대금을 완납하자, 丙은 乙 지분에 관한 근저당권설정등기를 말소해주었고, 이후 개시된 배당절차에서 丙에게 신고채권액 전부를 배당하는 것으로 배당표가 작성된 사안에서, 위 배당절차에서 채권자인 丙에게 배당이 이루어지면 민법 제481조, 제482조의 규정에 따라 위 토지 중 채무자인 乙 지분에 관한 丙 명의의 근저당권에 대하여 甲의 변제자대위가 당연히 이루어질 것으로 예상되던 상황이었으므로, 물상보증인인 甲의 지분에 관하여 담보권이 실행될 가능성이 단순히 예상되는 수준을 넘어 실제로 현실화됨으로써 甲은 배당절차를 통하여 변제가 이루어졌을 때에 준하는 변제자대위에 관한 정당한 기대를 가지게 되었고, 채권자인 丙이 甲에 대하여 자신의 담보권을 성실하게 보존·행사하여야 할 의무를 부담함에도 곧 변제자대위의 대상이 될 채무자에 대한 근저당권설정등기를 말소하여 줌으로써 저당권을 포기한 행위는 변제자대위에 의하여 취득한 권리의 침해에 준하는 물상보증인의 변제자대위에 대한 정당한 기대를 침해하는 행위로서 민법 제750조에 정한 불법행위에 해당한다고 한 사례.

제482조(변제자대위의 효과, 대위자간의 관계) ① 전2조의 규정에 의하여 채권자를 대위한 자는 자기의 권리에 의하여 구상할 수 있는 범위에서 채권 및 그 담보에 관한 권리를 행사할 수 있다.

② 전항의 권리행사는 다음 각호의 규정에 의하여야 한다.
  1. 보증인은 미리 전세권이나 저당권의 등기에 그 대위를 부기하지 아니하면 전세물이나 저당물에 권리를 취득한 제삼자에 대하여 채권자를 대위하지 못한다.

2. 제삼취득자는 보증인에 대하여 채권자를 대위하지 못한다.
3. 제삼취득자 중의 1인은 각 부동산의 가액에 비례하여 다른 제삼취득자에 대하여 채권자를 대위한다.
4. 자기의 재산을 타인의 채무의 담보로 제공한 자가 수인인 경우에는 전호의 규정을 준용한다.
5. 자기의 재산을 타인의 채무의 담보로 제공한 자와 보증인간에는 그 인원수에 비례하여 채권자를 대위한다. 그러나 자기의 재산을 타인의 채무의 담보로 제공한 자가 수인인 때에는 보증인의 부담부분을 제외하고 그 잔액에 대하여 각 재산의 가액에 비례하여 대위한다. 이 경우에 그 재산이 부동산인 때에는 제1호의 규정을 준용한다.

부당이득금
[대법원 2022. 5. 12., 선고, 2017다278187, 판결]

【판시사항】
[1] 채무자가 아닌 위탁자가 타인의 채무를 담보하기 위하여 금전채권자를 우선수익자로 하는 부동산담보신탁을 설정한 경우, 위탁자가 물상보증인에 해당하는지 여부(소극)
[2] 채무자가 아닌 제3자인 위탁자가 채권자를 우선수익자로 정하여 부동산담보신탁을 한 경우, 채권자의 우선수익권에 대한 보증인의 변제자대위도 보증인과 물상보증인 상호 간의 관계와 마찬가지로 인원수에 비례하여 채권자를 대위하는 제한을 받는지 여부(적극)

【판결요지】
[1] 위탁자가 금전채권을 담보하기 위하여 금전채권자를 우선수익자, 위탁자를 수익자로 하여 위탁자 소유의 부동산을 신탁법에 따라 수탁자에게 이전하면서 채무불이행 시에는 신탁부동산을 처분하여 우선수익자의 채권 변제 등에 충당하고 나머지를 위탁자에게 반환하기로 하는 내용의 담보신탁을 한 경우, 특별한 사정이 없는 한 우선수익권은 경제적으로 금전채권에 대한 담보로 기능하지만, 그 성질상 금전채권과는 독립한 신탁계약상의 별개의 권리이다. 우선수익권은 수익급부의 순위가 다른 수익자에 앞선다는 점을 제외하면 일반적인 수익권과 법적 성질이 다르지 않고, 채권자가 담보신탁을 통하여 담보물권을 얻는 것도 아니다. 그러므로 채무자가 아닌 위탁자가 타인의 채무를 담보하기 위하여 금전채권자를 우선수익자로 하는 부동산담보신탁을 설정한 경우에, 설령 경제적인 실질에 있어 위탁자가 부동산담보신탁을 통하여 신탁부동산의 처분대금을 타인의 채무의 담보로 제공한 것과 같이 볼 수 있다고 하더라도, 위탁자가 자기의 재산 그 자체를 타인의 채무의 담보로 제공한 물상보증인에 해당한다고 볼 수는 없다.
[2] 민법 제482조 제2항 제4호, 제5호가 물상보증인 상호 간에는 재산의 가액에 비례하여 부담 부분을 정하도록 하면서, 보증인과 물상보증인 상호 간에는 보증인의 총재산의 가액이나 자력 여부, 물상보증인이 담보로 제공한 재산의 가액 등을 고려하지 않고 형식적으로 인원수에 비례하여 평등하게 대위비율을 결정하도록 규정한 것은, 인적 무한책임을 부담하는 보증인과 물적 유한책임을 부담하는 물상보증인 사이에는 보증인 상호 간이나 물상보증인 상호 간과 같이 상호 이해 조정을 위한 합리적인 기준을 정하는 것이 곤란하고, 당사자 간의 특약이 있다는 등의 특별한 사정이 없는 한 오히려 인원수에 따라 대위비율을 정하는 것이 공평하고 법률관계를 간명하게 처리할 수 있어 합리적이며 그것이 대위자의 통상의 의사 내지 기대에 부합하기 때문이다.
그리고 이와 같이 법정대위자 상호 간의 관계에 관하여 민법 제482조 제2항 제5호가 보증인과 물상보증인 사이에 우열을 인정하지 않고 양자를 동등하게 취급하여 그에 따라

변제자대위를 제한하거나 같은 항 제4호가 물상보증인 상호 간에 그 재산의 가액에 따라 변제자대위의 범위를 제한하거나 민법의 해석상 공동보증인 상호 간의 변제자대위가 구상권의 범위에 따라 제한된다고 보는 것은 변제자대위의 순환을 방지하여 혼란을 피하고 채무자의 무자력 위험을 보증인과 물상보증인 등 법정대위자 어느 일방이 종국적으로 부담하지 않도록 함으로써 당사자 사이의 공평을 도모하고자 하는 데 그 취지가 있다.

이러한 취지에 비추어 볼 때, 채무자가 아닌 제3자인 위탁자가 채권자를 우선수익자로 정하여 부동산담보신탁을 한 경우에 채권자가 가지는 우선수익권이 민법 제481조, 제482조 제1항에 의하여 보증채무를 이행한 보증인이 법정대위할 수 있는 '담보에 관한 권리'에 해당한다고 하더라도, 먼저 보증채무를 이행한 보증인이 채권자의 우선수익권에 대하여 아무런 제한 없이 보증채무를 이행한 전액에 대하여 변제자대위를 할 수 있다고 볼 수는 없으며, 다른 기준이나 별도의 약정 등 특별한 사정이 없는 이상, 채권자의 우선수익권에 대한 보증인의 변제자대위도 인원수에 비례하여 채권자를 대위할 수 있다고 보는 것이 대위자 상호 간의 합리적이고 통상적인 기대에도 부합한다고 할 것이므로, 채권자의 우선수익권에 대한 보증인의 변제자대위도 보증인과 물상보증인 상호 간의 관계와 마찬가지로 그 인원수에 비례하여 채권자를 대위하는 제한을 받는다고 해석함이 타당하다.

제483조(일부의 대위) ① 채권의 일부에 대하여 대위변제가 있는 때에는 대위자는 그 변제한 가액에 비례하여 채권자와 함께 그 권리를 행사한다.

② 전항의 경우에 채무불이행을 원인으로 하는 계약의 해지 또는 해제는 채권자만이 할 수 있고 채권자는 대위자에게 그 변제한 가액과 이자를 상환하여야 한다.

제484조(대위변제와 채권증서, 담보물) ① 채권전부의 대위변제를 받은 채권자는 그 채권에 관한 증서 및 점유한 담보물을 대위자에게 교부하여야 한다.

② 채권의 일부에 대한 대위변제가 있는 때에는 채권자는 채권증서에 그 대위를 기입하고 자기가 점유한 담보물의 보존에 관하여 대위자의 감독을 받아야 한다.

제485조(채권자의 담보상실, 감소행위와 법정대위자의 면책) 제481조의 규정에 의하여 대위할 자가 있는 경우에 채권자의 고의나 과실로 담보가 상실되거나 감소된 때에는 대위할 자는 그 상실 또는 감소로 인하여 상환을 받을 수 없는 한도에서 그 책임을 면한다.

제486조(변제 이외의 방법에 의한 채무소멸과 대위) 제삼자가 공탁 기타 자기의 출재로 채무자의 채무를 면하게 한 경우에도 전6조의 규정을 준용한다.

제2관 공탁

제487조(변제공탁의 요건, 효과) 채권자가 변제를 받지 아니하거나 받을 수 없는 때에는 변제자는 채권자를 위하여 변제의 목적물을 공탁하여 그 채무를 면할 수 있다. 변제자가 과실없이 채권자를 알 수 없는 경우에도 같다.

청구이의

[대법원 2023. 5. 18., 선고, 2020다295298, 판결]

【판시사항】

[1] 구 국세징수법 제5조, 지방세징수법 제5조, 국민연금법 제95조의2, 국민건강보험법 제81조의3 및 구 국세징수법 시행령 제4조 제1항 제1호, 지방세징수법 시행령 제4조 제1항 제1호, 국민연금법 시행령 제70조의3 제4항 제1호, 국민건강보험법 시행령 제47조의3 제3항 제1호에서 정한 바에 따라 납세자 등이 국가로부터 납세증명서 등의 제출을 요구받고도 불응한 경우, 국가가 대금의 지급을 거절할 수 있는지 여부(적극) 및 납세증명서 등 제출 시까지 국가가 대금지급채무에 관한 이행지체책임을 면하는지 여부(소극) / 이러한 경우 국가가 변제공탁으로 대금지급채무에서 벗어나 지체책임을 면할 수 있는지 여부(적극) / 이때 납세증명서 등의 제출이라는 반대급부를 조건으로 하는 변제공탁의 효력(유효) 및 이는 채권양도로 인하여 양도인의 납세증명서 등을 제출하여야 하는 경우에도 마찬가지인지 여부(적극)

[2] 구 국세징수법 시행령 제4조 제1항 제1호, 지방세징수법 시행령 제4조 제1항 제1호, 국민연금법 시행령 제70조의3 제4항 제1호, 국민건강보험법 시행령 제47조의3 제3항 제1호가 위임 입법의 한계를 일탈하거나 법률유보원칙, 자기책임원칙, 과잉금지원칙, 조세법률주의, 평등권 등에 위배되어 무효인지 여부(소극)

【판결요지】

[1] 구 국세징수법(2020. 12. 29. 법률 제17758호로 전부 개정되기 전의 것) 제5조, 지방세징수법 제5조, 국민연금법 제95조의2, 국민건강보험법 제81조의3(이하 '각 법률 조항'이라 한다) 및 구 국세징수법 시행령(2021. 2. 17. 대통령령 제31453호로 전부 개정되기 전의 것) 제4조 제1항 제1호, 지방세징수법 시행령 제4조 제1항 제1호, 국민연금법 시행령 제70조의3 제4항 제1호, 국민건강보험법 시행령 제47조의3 제3항 제1호(이하 '각 시행령 조항'이라 한다)에서 정한 바에 따라 납세자 등이 국가로부터 납세증명서 등의 제출을 요구받고도 이에 불응하면, 국가는 대금의 지급을 거절할 수 있으나, 납세자 등이 납세증명서 등을 제출할 때까지 그 대금지급채무에 관하여 이행지체책임을 면하는 것은 아니다. 이러한 경우 국가는 채권자인 납세자 등의 수령불능을 이유로 변제공탁함으로써 대금지급채무에서 벗어날 수 있고, 그에 따라 지체책임도 면할 수 있다.

한편 채권자가 본래의 채권을 변제받기 위하여 어떠한 반대급부 기타의 조건이행을 할 필요가 있는 경우에는 이를 조건으로 하는 채무자의 변제공탁은 유효하다. 각 법률 조항 및 시행령 조항에서 납세자 등이 국가로부터 대금을 지급받을 때에는 납세증명서 등을 제출하도록 규정하고 있으므로, 납세증명서 등의 제출이라는 반대급부를 이행할 필요가 있는 경우에 해당하고, 따라서 이러한 반대급부를 조건으로 하는 변제공탁은 유효하다. 이는 채권양도로 인하여 양도인의 납세증명서 등을 제출하여야 하는 때에도 마찬가지이다.

[2] 구 국세징수법(2020. 12. 29. 법률 제17758호로 전부 개정되기 전의 것) 제5조, 지방세징수법 제5조, 국민연금법 제95조의2, 국민건강보험법 제81조의3(이하 '각 법률 조항'이라 한다)의 입법 목적은 납세의무 등의 이행을 간접적으로 강제함으로써 조세 등의 체납을 방지하고 그 징수를 촉진하려는 데에 있다. 따라서 각 법률 조항의 위임에 따라 시행령에서 구체화될 내용에는 채권양도가 있는 경우에 양도인의 납세증명서 등을 제출하도록 함으로써 체납자가 국가 등에 대한 대금채권을 체

납액이 없는 제3자에게 양도하는 형식을 취하여 각 법률 조항을 무력화하려는 시도를 방지하고자 하는 것이 포함될 수 있음을 충분히 예측할 수 있다. 또한 국가 등에 대한 대금채권의 양수인이 받을 수 있는 불이익은 양도계약을 체결할 때에 양수인이 양도인으로부터 납세증명서 등을 제시받거나 국세 등의 체납 여부에 관한 별도의 약정을 추가하는 등 양도계약 당사자들 사이의 정보교환과 자율적 판단으로 어느 정도 회피하거나 감소시킬 수 있다. 이러한 점 등을 종합하여 보면, 구 국세징수법 시행령(2021. 2. 17. 대통령령 제31453호로 전부 개정되기 전의 것) 제4조 제1항 제1호, 지방세징수법 시행령 제4조 제1항 제1호, 국민연금법 시행령 제70조의3 제4항 제1호, 국민건강보험법 시행령 제47조의3 제3항 제1호가 위임 입법의 한계를 일탈하거나, 법률유보원칙, 자기책임원칙, 과잉금지원칙, 조세법률주의 및 평등권 등에 위배되어 무효라고 볼 수 없다.

제488조(공탁의 방법) ① 공탁은 채무이행지의 공탁소에 하여야 한다.
② 공탁소에 관하여 법률에 특별한 규정이 없으면 법원은 변제자의 청구에 의하여 공탁소를 지정하고 공탁물보관자를 선임하여야 한다.
③ 공탁자는 지체없이 채권자에게 공탁통지를 하여야 한다.

제489조(공탁물의 회수) ① 채권자가 공탁을 승인하거나 공탁소에 대하여 공탁물을 받기를 통고하거나 공탁유효의 판결이 확정되기까지는 변제자는 공탁물을 회수할 수 있다. 이 경우에는 공탁하지 아니한 것으로 본다.
② 전항의 규정은 질권 또는 저당권이 공탁으로 인하여 소멸한 때에는 적용하지 아니한다.

공탁관의처분에대한이의
[대법원 2020. 5. 22., 자, 2018마5697, 결정]

【판시사항】
변제공탁의 피공탁자를 포함한 제3자가 공탁자에 대하여 가지는 별도 채권의 집행권원으로써 공탁자의 공탁물 회수청구권에 대하여 압류 및 추심명령을 받아 그 집행으로 공탁물을 회수한 경우, 공탁에 따른 채권소멸의 효력이 소급하여 없어지는지 여부(적극) / 부적법한 변제공탁으로 변제의 효력이 발생하지 않았더라도 피공탁자가 공탁자에 대한 다른 채권에 기하여 공탁자의 공탁물 회수청구권에 대하여 압류 및 추심명령을 받아 그 집행으로 공탁물을 회수할 수 있는지 여부(적극) / 공탁물 출급청구권에 대한 압류 등이 공탁물 회수청구권에 대하여 효력을 미치는지 여부(소극)

【판결요지】
변제공탁이 적법한 경우에는 채권자가 공탁물 출급청구를 하였는지 여부와는 관계없이 공탁을 한 때에 변제의 효력이 발생하나, 피공탁자를 포함한 제3자가 공탁자에 대하여 가지는 별도 채권의 집행권원으로써 공탁자의 공탁물 회수청구권에 대하여 압류 및 추심명령을 받아 그 집행으로 공탁물을 회수한 경우 채권소멸의 효력은 소급하여 없어진다.
나아가 부적법한 변제공탁으로 변제의 효력이 발생하지 않았다고 하더라도, 피공탁자는 이를 수락하여 공탁물 출급청구를 하는 대신 공탁자에 대한 다른 채권에 기하여 공탁자의 공탁물 회수청구권에 대하여 압류 및 추심명령을 받아 그 집행으로 공탁물을 회수할 수 있다.
한편 공탁물 출급청구권과 공탁물 회수청구권은 서로 독립한 별개의 청구권이므로 설령 공탁물 출급청구권에 대한 압류 등이 있었다고 하더라도 이는 공탁물 회수청구권에 대하여 아무런 영향을 미치지 않는다.

제490조(자조매각금의 공탁) 변제의 목적물이 공탁에 적당하지 아니하거나 멸실 또는 훼손될 염려가 있거나 공탁에 과다한 비용을 요하는 경우에는 변제자는 법원의 허가를 얻어 그 물건을 경매하거나 시가로 방매하여 대금을 공탁할 수 있다.

제491조(공탁물수령과 상대의무이행) 채무자가 채권자의 상대의무이행과 동시에 변제할 경우에는 채권자는 그 의무이행을 하지 아니하면 공탁물을 수령하지 못한다.

제3관 상계

제492조(상계의 요건) ① 쌍방이 서로 같은 종류를 목적으로 한 채무를 부담한 경우에 그 쌍방의 채무의 이행기가 도래한 때에는 각 채무자는 대등액에 관하여 상계할 수 있다. 그러나 채무의 성질이 상계를 허용하지 아니할 때에는 그러하지 아니하다.
② 전항의 규정은 당사자가 다른 의사를 표시한 경우에는 적용하지 아니한다. 그러나 그 의사표시로써 선의의 제삼자에게 대항하지 못한다.

전부금
[대법원 2023. 10. 12. 선고 2022다214477 판결]

【판시사항】
송금의뢰인이 착오송금을 이유로 수취은행에 송금액의 반환을 요청하고 수취인도 착오송금을 인정하여 수취은행에 반환을 승낙하고 있는 경우, 수취은행이 수취인에 대한 대출채권 등을 자동채권으로 하여 수취인 계좌에 착오송금된 금원 상당의 예금채권과 상계하는 것이 송금의뢰인에 대한 관계에서 신의칙에 반하거나 상계권 남용인지 여부(원칙적 적극) / 이때 수취인의 계좌에 착오로 입금된 금원 상당의 예금채권이 이미 제3자에 의하여 압류되었다는 특별한 사정이 있는 경우, 수취은행이 수취인에 대한 대출채권 등을 자동채권으로 하여 수취인의 예금채권과 상계할 수 있는 범위(=피압류채권액의 범위 내)

제493조(상계의 방법, 효과) ① 상계는 상대방에 대한 의사표시로 한다. 이 의사표시에는 조건 또는 기한을 붙이지 못한다.
② 상계의 의사표시는 각 채무가 상계할 수 있는 때에 대등액에 관하여 소멸한 것으로 본다.

제494조(이행지를 달리하는 채무의 상계) 각 채무의 이행지가 다른 경우에도 상계할 수 있다. 그러나 상계하는 당사자는 상대방에게 상계로 인한 손해를 배상하여야 한다.

제495조(소멸시효완성된 채권에 의한 상계) 소멸시효가 완성된 채권이 그 완성전에 상계할 수 있었던 것이면 그 채권자는 상계할 수 있다.

제496조(불법행위채권을 수동채권으로 하는 상계의 금지) 채무가 고의의 불법행위로

인한 것인 때에는 그 채무자는 상계로 채권자에게 대항하지 못한다.

제497조(압류금지채권을 수동채권으로 하는 상계의 금지) 채권이 압류하지 못할 것인 때에는 그 채무자는 상계로 채권자에게 대항하지 못한다.

제498조(지급금지채권을 수동채권으로 하는 상계의 금지) 지급을 금지하는 명령을 받은 제삼채무자는 그 후에 취득한 채권에 의한 상계로 그 명령을 신청한 채권자에게 대항하지 못한다.

제499조(준용규정) 제476조 내지 제479조의 규정은 상계에 준용한다.

제4관 경개

제500조(경개의 요건, 효과) 당사자가 채무의 중요한 부분을 변경하는 계약을 한 때에는 구채무는 경개로 인하여 소멸한다.

제501조(채무자변경으로 인한 경개) 채무자의 변경으로 인한 경개는 채권자와 신채무자간의 계약으로 이를 할 수 있다. 그러나 구채무자의 의사에 반하여 이를 하지 못한다.

제502조(채권자변경으로 인한 경개) 채권자의 변경으로 인한 경개는 확정일자있는 증서로 하지 아니하면 이로써 제삼자에게 대항하지 못한다.

제503조(채권자변경의 경개와 채무자승낙의 효과) 제451조제1항의 규정은 채권자의 변경으로 인한 경개에 준용한다.

제504조(구채무불소멸의 경우) 경개로 인한 신채무가 원인의 불법 또는 당사자가 알지 못한 사유로 인하여 성립되지 아니하거나 취소된 때에는 구채무는 소멸되지 아니한다.

제505조(신채무에의 담보이전) 경개의 당사자는 구채무의 담보를 그 목적의 한도에서 신채무의 담보로 할 수 있다. 그러나 제삼자가 제공한 담보는 그 승낙을 얻어야 한다.

제5관 면제

제506조(면제의 요건, 효과) 채권자가 채무자에게 채무를 면제하는 의사를 표시한 때에는 채권은 소멸한다. 그러나 면제로써 정당한 이익을 가진 제삼자에게 대항하지 못한다.

임금
[대법원 2021. 10. 14. 선고 2017다204070 판결]

【판시사항】
[1] 근로자가 전적명령에 응하여 종전 기업에 사직서를 제출하고 퇴직금을 수령한 다음 이

적하게 될 기업에 입사하여 근무를 한 경우, 전적에 대하여 동의한 것으로 볼 수 있는
지 여부(원칙적 적극)

[2] 계약의 묵시적 합의해지를 인정하기 위한 요건

[3] 채권자의 행위 내지 의사표시의 해석에 의하여 채권의 포기 또는 채무의 면제를 인정
할 수 있는지 여부(적극) 및 이때 채권자의 행위 내지 의사표시를 해석하는 방법

[4] 동일한 기업집단에 속한 甲 주식회사 등이 중국 현지법인을 설립한 후 乙 등을 비
롯한 소속 근로자들로 하여금 인사명령을 통해 중국 현지법인에서 근무하도록 하였
고, 乙 등은 중국 현지법인으로 이동할 무렵 甲 회사로부터 중간정산 퇴직금을 지
급받았는데, 그 후 乙 등이 甲 회사를 상대로 중국 현지법인으로부터 지급받지 못
한 임금 등의 지급을 구한 사안에서, 乙 등은 甲 회사 등에 대한 기존 근로계약상
근로제공의무의 이행으로서 중국 현지법인에서 근무하였고, 이에 따라 甲 회사는 乙
등이 중국 현지법인에서 제공한 근로에 대하여 임금지급책임을 부담한다고 볼 여지
가 큰 반면, 근로계약의 해지에 관한 甲 회사 등과 乙 등의 객관적인 의사가 일치
하였다고 단정하기는 어려운데도, 이와 달리 본 원심판단에 법리오해 등의 잘못이
있다고 한 사례

제6관 혼동

제507조(혼동의 요건, 효과) 채권과 채무가 동일한 주체에 귀속한 때에는 채권은 소
멸한다. 그러나 그 채권이 제삼자의 권리의 목적인 때에는 그러하지 아니하다.

제7절 지시채권

제508조(지시채권의 양도방식) 지시채권은 그 증서에 배서하여 양수인에게 교부하는
방식으로 양도할 수 있다.

제509조(환배서) ① 지시채권은 그 채무자에 대하여도 배서하여 양도할 수 있다.
② 배서로 지시채권을 양수한 채무자는 다시 배서하여 이를 양도할 수 있다.

제510조(배서의 방식) ① 배서는 증서 또는 그 보충지에 그 뜻을 기재하고 배서인이
서명 또는 기명날인함으로써 이를 한다.
② 배서는 피배서인을 지정하지 아니하고 할 수 있으며 또 배서인의 서명 또는 기명
날인만으로 할 수 있다.

제511조(약식배서의 처리방식) 배서가 전조제2항의 약식에 의한 때에는 소지인은 다
음 각호의 방식으로 처리할 수 있다.
1. 자기나 타인의 명칭을 피배서인으로 기재할 수 있다.
2. 약식으로 또는 타인을 피배서인으로 표시하여 다시 증서에 배서할 수 있다.
3. 피배서인을 기재하지 아니하고 배서없이 증서를 제삼자에게 교부하여 양도할 수 있다.

제512조(소지인출급배서의 효력) 소지인출급의 배서는 약식배서와 같은 효력이 있다.

제513조(배서의 자격수여력) ① 증서의 점유자가 배서의 연속으로 그 권리를 증명하는 때에는 적법한 소지인으로 본다. 최후의 배서가 약식인 경우에도 같다.

② 약식배서 다음에 다른 배서가 있으면 그 배서인은 약식배서로 증서를 취득한 것으로 본다.

③ 말소된 배서는 배서의 연속에 관하여 그 기재가 없는 것으로 본다.

제514조(동전-선의취득) 누구든지 증서의 적법한 소지인에 대하여 그 반환을 청구하지 못한다. 그러나 소지인이 취득한 때에 양도인이 권리없음을 알았거나 중대한 과실로 알지 못한 때에는 그러하지 아니하다.

제515조(이전배서와 인적항변) 지시채권의 채무자는 소지인의 전자에 대한 인적관계의 항변으로 소지인에게 대항하지 못한다. 그러나 소지인이 그 채무자를 해함을 알고 지시채권을 취득한 때에는 그러하지 아니하다.

제516조(변제의 장소) 증서에 변제장소를 정하지 아니한 때에는 채무자의 현영업소를 변제장소로 한다. 영업소가 없는 때에는 현주소를 변제장소로 한다.

제517조(증서의 제시와 이행지체) 증서에 변제기한이 있는 경우에도 그 기한이 도래한 후에 소지인이 증서를 제시하여 이행을 청구한 때로부터 채무자는 지체책임이 있다.

제518조(채무자의 조사권리의무) 채무자는 배서의 연속여부를 조사할 의무가 있으며 배서인의 서명 또는 날인의 진위나 소지인의 진위를 조사할 권리는 있으나 의무는 없다. 그러나 채무자가 변제하는 때에 소지인이 권리자아님을 알았거나 중대한 과실로 알지 못한 때에는 그 변제는 무효로 한다.

제519조(변제와 증서교부) 채무자는 증서와 교환하여서만 변제할 의무가 있다.

제520조(영수의 기입청구권) ① 채무자는 변제하는 때에 소지인에 대하여 증서에 영수를 증명하는 기재를 할 것을 청구할 수 있다.

② 일부변제의 경우에 채무자의 청구가 있으면 채권자는 증서에 그 뜻을 기재하여야 한다.

제521조(공시최고절차에 의한 증서의 실효) 멸실한 증서나 소지인의 점유를 이탈한 증서는 공시최고의 절차에 의하여 무효로 할 수 있다.

제522조(공시최고절차에 의한 공탁, 변제) 공시최고의 신청이 있는 때에는 채무자로 하여금 채무의 목적물을 공탁하게 할 수 있고 소지인이 상당한 담보를 제공하면 변제하게 할 수 있다.

제8절 무기명채권

제523조(무기명채권의 양도방식) 무기명채권은 양수인에게 그 증서를 교부함으로써 양도의 효력이 있다.

제524조(준용규정) 제514조 내지 제522조의 규정은 무기명채권에 준용한다.

제525조(지명소지인출급채권) 채권자를 지정하고 소지인에게도 변제할 것을 부기한 증서는 무기명채권과 같은 효력이 있다.

제526조(면책증서) 제516조, 제517조 및 제520조의 규정은 채무자가 증서소지인에게 변제하여 그 책임을 면할 목적으로 발행한 증서에 준용한다.

제2장 계약

제1절 총칙

제1관 계약의 성립

제527조(계약의 청약의 구속력) 계약의 청약은 이를 철회하지 못한다.

제528조(승낙기간을 정한 계약의 청약) ① 승낙의 기간을 정한 계약의 청약은 청약자가 그 기간 내에 승낙의 통지를 받지 못한 때에는 그 효력을 잃는다.
② 승낙의 통지가 전항의 기간후에 도달한 경우에 보통 그 기간내에 도달할 수 있는 발송인 때에는 청약자는 지체없이 상대방에게 그 연착의 통지를 하여야 한다. 그러나 그 도달전에 지연의 통지를 발송한 때에는 그러하지 아니하다.
③ 청약자가 전항의 통지를 하지 아니한 때에는 승낙의 통지는 연착되지 아니한 것으로 본다.

제529조(승낙기간을 정하지 아니한 계약의 청약) 승낙의 기간을 정하지 아니한 계약의 청약은 청약자가 상당한 기간내에 승낙의 통지를 받지 못한 때에는 그 효력을 잃는다.

제530조(연착된 승낙의 효력) 전2조의 경우에 연착된 승낙은 청약자가 이를 새 청약으로 볼 수 있다.

제531조(격지자간의 계약성립시기) 격지자간의 계약은 승낙의 통지를 발송한 때에 성립한다.

제532조(의사실현에 의한 계약성립) 청약자의 의사표시나 관습에 의하여 승낙의 통지

가 필요하지 아니한 경우에는 계약은 승낙의 의사표시로 인정되는 사실이 있는 때에 성립한다.

제533조(교차청약) 당사자간에 동일한 내용의 청약이 상호교차된 경우에는 양청약이 상대방에게 도달한 때에 계약이 성립한다.

제534조(변경을 가한 승낙) 승낙자가 청약에 대하여 조건을 붙이거나 변경을 가하여 승낙한 때에는 그 청약의 거절과 동시에 새로 청약한 것으로 본다.

제535조(계약체결상의 과실) ① 목적이 불능한 계약을 체결할 때에 그 불능을 알았거나 알 수 있었을 자는 상대방이 그 계약의 유효를 믿었음으로 인하여 받은 손해를 배상하여야 한다. 그러나 그 배상액은 계약이 유효함으로 인하여 생길 이익액을 넘지 못한다.
② 전항의 규정은 상대방이 그 불능을 알았거나 알 수 있었을 경우에는 적용하지 아니한다.

매매대금
[대법원 2022. 7. 14., 선고, 2021다216773, 판결]

【판시사항】
[1] 계약 체결을 위한 교섭 과정에서 어느 일방이 보호가치 있는 기대나 신뢰를 가지게 된 경우, 상대방이 상당한 이유 없이 이를 침해하여 손해를 입혔다면 불법행위를 구성할 수 있는지 여부(적극)
[2] 당사자 중 일방이 계약의 성립을 기대하고 이행을 위하여 지출하였거나 지출할 것이 확실한 비용이 계약 교섭의 부당파기로 인한 손해배상의 범위에 해당할 수 있는 경우
[3] 甲 증권회사의 직원이 乙 증권회사의 직원에게 丙 증권회사가 甲 회사로부터 매수하여 보관하고 있던 丁 주식회사 발행의 기업어음을 乙 회사가 매수하여 보관해 달라고 요청하자, 乙 회사의 직원이 乙 회사는 위 어음을 매수하여 5영업일간 보관할 수 있다고 답변하였고, 그 직후 乙 회사가 위 어음을 매수하였는데, 그로부터 약 6개월 후 위 어음이 부도처리되자, 乙 회사가 甲 회사를 상대로 주위적으로는 매매대금 등의 지급을 구하고, 예비적으로는 불법행위를 이유로 손해배상을 구한 사안에서, 甲 회사가 乙 회사로부터 위 어음을 매수하는 내용의 매매계약 등이 체결되었다고 볼 수는 없으나, 甲 회사가 위 어음에 관한 매매계약 체결을 거부한 것은 계약 교섭의 부당파기에 해당하므로, 乙 회사가 위 어음을 매수하는 데 지출한 매매비용 등을 배상할 의무가 있다고 본 원심판단에 법리오해 등의 잘못이 없다고 한 사례

【판결요지】
[1] 계약 체결을 위한 교섭 과정에서 어느 일방이 보호가치 있는 기대나 신뢰를 가지게 된 경우에, 그러한 기대나 신뢰를 보호하고 배려해야 할 의무를 부담하게 된 상대방이 오히려 상당한 이유 없이 이를 침해하여 손해를 입혔다면, 신의성실의 원칙에 비추어 볼 때 계약 체결의 준비 단계에서 협력관계에 있었던 당사자 사이의 신뢰관계를 해치는 위법한 행위로서 불법행위를 구성할 수 있다.

[2] 계약 교섭 단계에서는 아직 계약이 성립된 것이 아니므로 당사자 중 일방이 계약의 이행행위를 준비하거나 이를 착수하는 것은 이례적인 일로서, 설령 이행에 착수하였다고 하더라도 이는 자기의 위험 판단과 책임에 따른 것이라고 평가할 수 있다. 그러나 만일 이행의 착수가 상대방의 적극적인 요구에 따른 것이고 바로 위와 같은 이행에 들인 비용의 지급에 관하여 이미 계약 교섭이 진행되고 있었다는 등의 특별한 사정이 있다면, 당사자 중 일방이 계약의 성립을 기대하고 이행을 위하여 지출하였거나 지출할 것이 확실한 비용은 계약체결을 신뢰하여 발생한 손해로서 계약 교섭의 부당파기로 인한 손해배상의 범위에 해당할 수 있다.

[3] 甲 증권회사의 직원이 乙 증권회사의 직원에게 丙 증권회사가 甲 회사로부터 매수하여 보관하고 있던 丁 주식회사 발행의 기업어음을 乙 회사가 매수하여 보관해 달라고 요청하자, 乙 회사의 직원이 乙 회사는 위 어음을 매수하여 5영업일간 보관할 수 있다고 답변하였고, 그 직후 乙 회사가 위 어음을 매수하였는데, 그로부터 약 6개월 후 위 어음이 부도처리되자, 乙 회사가 甲 회사를 상대로 주위적으로는 乙 회사가 위 어음을 매수할 당시 甲 회사와 乙 회사 사이에 5영업일이 지난 후에는 위 어음을 甲 회사에 이전하기로 하는 내용의 매매계약 또는 이러한 내용의 매매계약을 체결하기로 하는 매매예약이 체결되었거나 위 어음에 관한 매매위탁 또는 위임계약이 체결되었다고 주장하면서 매매대금 등의 지급을 구하고, 예비적으로는 계약 교섭의 부당파기에 따른 불법행위를 이유로 손해배상을 구한 사안에서, 甲 회사와 乙 회사 사이에 甲 회사가 乙 회사로부터 위 어음을 매수하는 내용의 매매계약 등이 체결되었다고 볼 수는 없으나, 甲 회사가 乙 회사에 위 어음에 관한 매매계약이 체결되리라는 정당한 기대 또는 신뢰를 부여하여 乙 회사가 그 신뢰에 따라 丙 회사로부터 위 어음을 매수하였는데도 甲 회사가 상당한 이유 없이 위 어음에 관한 매매계약 체결을 거부하였고, 이는 신의성실 원칙에 비추어 계약자유 원칙의 한계를 넘는 위법한 행위에 해당하므로, 甲 회사는 乙 회사가 위 어음을 매수하는 데 지출한 매매비용과 지연손해금을 배상할 의무가 있다고 본 원심판단에 법리오해 등의 잘못이 없다고 한 사례.

제2관 계약의 효력

제536조(동시이행의 항변권) ① 쌍무계약의 당사자 일방은 상대방이 그 채무이행을 제공할 때 까지 자기의 채무이행을 거절할 수 있다. 그러나 상대방의 채무가 변제기에 있지 아니하는 때에는 그러하지 아니하다.
② 당사자 일방이 상대방에게 먼저 이행하여야 할 경우에 상대방의 이행이 곤란할 현저한 사유가 있는 때에는 전항 본문과 같다.

매매대금반환
[대법원 2024. 2. 29. 선고 2023다289720 판결]

【판시사항】
[1] 쌍방의 채무가 동시이행관계에 있는 경우, 일방 채무의 이행기가 도래하더라도 상대방 채무의 이행제공이 있을 때까지는 지체책임을 지지 않는지 여부(적극) 및 이러한 지체책임의 면책은 이를 주장하는 자가 동시이행의 항변권을 행사하여야 발생하는지 여부(소극) / 매매계약의 해제로 당사자가 상대방에 대하여 원상회복의무와 손해배상의무를

148   민 법

부담하는 경우, 원상회복의무뿐만 아니라 손해배상의무도 동시이행관계에 있는지 여부 (적극)

[2] 계약해제로 인한 원상회복의무의 이행으로서 반환하는 금전에 가산하도록 민법 제548조 제2항에서 정한 이자의 법적 성질(=부당이득반환) 및 위 이자에 소송촉진 등에 관한 특례법 제3조 제1항에서 정한 이율을 적용할 수 있는지 여부(소극)

[3] 매매계약이 해제된 경우, 매수인이 목적물을 인도받아 사용하였다면 사용이익 반환의무를 부담하는지 여부(적극) 및 이때 반환하여야 할 사용이익의 범위(=매수인이 점유·사용한 기간 동안의 임료 상당액)

【판결요지】

[1] 쌍무계약에서 쌍방의 채무가 동시이행관계에 있는 경우 일방 채무의 이행기가 도래하더라도 상대방 채무의 이행제공이 있을 때까지는 그 채무를 이행하지 않아도 지체책임을 지지 않는 것이고, 이는 지체책임의 면책을 주장하는 자가 상대방의 이행청구에 대하여 동시이행의 항변권을 재판상 또는 재판 외에서 행사하여야만 발생하는 것은 아니다. 한편 매매계약이 해제된 경우에 당사자 쌍방의 원상회복의무는 동시이행의 관계에 있고, 이때 계약의 해제로 인하여 당사자가 상대방에 대하여 원상회복의무와 손해배상의무를 부담하는 경우에는 당사자가 부담하는 원상회복의무뿐만 아니라 손해배상의무도 함께 동시이행관계에 있다.

[2] 민법 제548조 제2항은 계약해제로 인한 원상회복의무의 이행으로서 반환하는 금전에는 받은 날로부터 이자를 가산하여야 한다고 정하였는데, 위 이자의 반환은 원상회복의무의 범위에 속하는 것으로 일종의 부당이득반환의 성질을 가지는 것이지 반환의무의 이행지체로 인한 손해배상은 아니고, 소송촉진 등에 관한 특례법(이하 '소송촉진법'이라 한다) 제3조 제1항은 금전채무의 전부 또는 일부의 이행을 명하는 판결을 선고할 경우에 있어서 금전채무불이행으로 인한 손해배상액 산정의 기준이 되는 법정이율에 관한 특별규정이므로, 위 이자에는 소송촉진법 제3조 제1항에서 정한 이율을 적용할 수 없다.

[3] 매매계약이 해제된 경우에 매수인이 목적물을 인도받아 사용하였다면 원상회복으로서 목적물을 반환하는 외에 사용이익을 반환할 의무를 부담하고, 이때 사용이익의 반환의무는 부당이득반환의무에 해당하므로, 특별한 사정이 없는 한 매수인이 점유·사용한 기간 당해 재산으로부터 통상 수익할 수 있을 것으로 예상되는 이익, 즉 임료 상당액을 매수인이 반환하여야 할 사용이익으로 보아야 한다.

제537조(채무자위험부담주의) 쌍무계약의 당사자 일방의 채무가 당사자쌍방의 책임없는 사유로 이행할 수 없게 된 때에는 채무자는 상대방의 이행을 청구하지 못한다.

제538조(채권자귀책사유로 인한 이행불능) ① 쌍무계약의 당사자 일방의 채무가 채권자의 책임있는 사유로 이행할 수 없게 된 때에는 채무자는 상대방의 이행을 청구할 수 있다. 채권자의 수령지체 중에 당사자쌍방의 책임없는 사유로 이행할 수 없게 된 때에도 같다.

② 전항의 경우에 채무자는 자기의 채무를 면함으로써 이익을 얻은 때에는 이를 채권자에게 상환하여야 한다.

임금등청구의소│부당하게 해고된 후 원직이 아닌 업무에 복직된 근로자가 사용자를

상대로 미지급 임금의 지급을 구하는 사건
[대법원 2024. 4. 12. 선고 2023다300559 판결]

【판시사항】

사용자가 부당하게 해고한 근로자를 원직이 아닌 업무에 복직시켜 근로를 제공하게 한 경우, 근로자가 사용자에게 원직에서 지급받을 수 있는 임금 상당액을 청구할 수 있는지 여부(적극) 및 이때 근로자가 원직이 아닌 업무를 수행하여 지급받은 임금 전액을 청구액에서 공제하여야 하는지 여부(적극)

【판결요지】

사용자가 부당하게 해고한 근로자를 원직(종전의 일과 다소 다르더라도 원직에 복직시킨 것으로 볼 수 있는 경우를 포함한다)이 아닌 업무에 복직시켜 근로를 제공하게 하였다면 근로자는 사용자에게 원직에서 지급받을 수 있는 임금 상당액을 청구할 수 있다. 그런데 이 경우 근로자가 복직하여 실제 근로를 제공한 이상 휴업하였다고 볼 수는 없으므로 근로자가 원직이 아닌 업무를 수행하여 지급받은 임금은 그 전액을 청구액에서 공제하여야 하지, 근로기준법 제46조를 적용하여 휴업수당을 초과하는 금액의 범위 내에서만 이른바 중간수입을 공제할 것은 아니다.

제539조(제삼자를 위한 계약) ① 계약에 의하여 당사자 일방이 제삼자에게 이행할 것을 약정한 때에는 그 제삼자는 채무자에게 직접 그 이행을 청구할 수 있다.
② 전항의 경우에 제삼자의 권리는 그 제삼자가 채무자에 대하여 계약의 이익을 받을 의사를 표시한 때에 생긴다.

제540조(채무자의 제삼자에 대한 최고권) 전조의 경우에 채무자는 상당한 기간을 정하여 계약의 이익의 향수여부의 확답을 제삼자에게 최고할 수 있다. 채무자가 그 기간내에 확답을 받지 못한 때에는 제삼자가 계약의 이익을 받을 것을 거절한 것으로 본다.

제541조(제삼자의 권리의 확정) 제539조의 규정에 의하여 제삼자의 권리가 생긴 후에는 당사자는 이를 변경 또는 소멸시키지 못한다.

제542조(채무자의 항변권) 채무자는 제539조의 계약에 기한 항변으로 그 계약의 이익을 받을 제삼자에게 대항할 수 있다.

제3관 계약의 해지, 해제

제543조(해지, 해제권) ① 계약 또는 법률의 규정에 의하여 당사자의 일방이나 쌍방이 해지 또는 해제의 권리가 있는 때에는 그 해지 또는 해제는 상대방에 대한 의사표시로 한다.
② 전항의 의사표시는 철회하지 못한다.

소유권이전등기[아파트 매매계약서에 인도일과 실제 명도일 약정이 별도로 있는 경우 매도인의 현실인도의무 인정 여부가 문제된 사건]
[대법원 2023. 12. 7. 선고 2023다269139 판결]

【판시사항】

[1] 당사자 사이에 계약의 해석을 둘러싸고 이견이 있어 당사자의 의사 해석이 문제 되는 경우, 계약 해석의 방법

[2] 민법 제536조 제2항에서 정한 '선이행의무를 지고 있는 당사자가 상대방의 이행이 곤란할 현저한 사유가 있는 때에 자기의 채무이행을 거절할 수 있는 경우'의 의미 및 상대방의 채무가 아직 이행기에 이르지 않았지만 이행기에 이행될 것인지 여부가 현저히 불확실하게 된 경우도 이에 해당하는지 여부(적극)

[3] 甲이 乙로부터 아파트를 매수하기로 하는 계약을 체결하였고, 위 계약 체결 무렵 위 아파트에 거주 중인 임차인 丙이 임대차계약기간 만료 후 계약갱신요구권을 행사하지 않고 아파트를 인도할 것이라고 하였는데, 잔금 지급일 직전 丙이 계약갱신요구권을 행사해 위 아파트에 2년 더 거주하겠다고 통보하자, 실거주할 목적으로 계약을 체결한 甲이 乙에게 잔금 지급을 하지 않았고, 乙이 이를 이유로 계약 해제를 주장한 사안에서, 매매계약 체결 당시 갱신요구권을 행사하지 않겠다고 한 丙이 잔금 지급일 직전 갱신요구권을 행사하였고, 이에 따라 乙의 현실인도의무 이행이 곤란할 현저한 사정변경이 생겼다고 볼 수 있어, 당초 계약 내용에 따라 甲이 선이행의무를 이행하게 하는 것이 공평과 신의칙에 반하게 되었다고 볼 여지가 있다고 한 사례.

【판결요지】

[1] 일반적으로 계약을 해석할 때에는 형식적인 문구에만 얽매여서는 안 되고 쌍방당사자의 진정한 의사가 무엇인가를 탐구하여야 한다. 계약 내용이 명확하지 않은 경우 계약서의 문언이 계약 해석의 출발점이지만, 당사자들 사이에 계약서의 문언과 다른 내용으로 의사가 합치된 경우 그 의사에 따라 계약이 성립한 것으로 해석하여야 한다. 당사자 사이에 계약의 해석을 둘러싸고 이견이 있어 당사자의 의사 해석이 문제 되는 경우에는 계약의 형식과 내용, 계약이 체결된 동기와 경위, 계약으로 달성하려는 목적, 당사자의 진정한 의사, 거래 관행 등을 종합적으로 고려하여 논리와 경험의 법칙, 그리고 사회일반의 상식과 거래의 통념에 따라 합리적으로 해석하여야 한다.

[2] 민법 제536조 제2항에서 정한 '선이행의무를 지고 있는 당사자가 상대방의 이행이 곤란할 현저한 사유가 있는 때에 자기의 채무이행을 거절할 수 있는 경우'란 선이행채무를 지고 있는 당사자가 계약 성립 후 상대방의 신용불안이나 재산상태 악화 등과 같은 사정으로 상대방의 이행을 받을 수 없는 사정변경이 생기고 이로 말미암아 당초의 계약 내용에 따른 선이행의무를 이행하게 하는 것이 공평과 신의칙에 반하게 되는 경우를 가리킨다. 상대방의 채무가 아직 이행기에 이르지 않았지만 이행기에 이행될 것인지 여부가 현저히 불확실하게 된 경우에는 선이행채무를 지고 있는 당사자라도 상대방의 이행이 확실하게 될 때까지 선이행의무의 이행을 거절할 수 있다.

[3] 甲이 乙로부터 아파트를 매수하기로 하는 계약을 체결하였고, 위 계약 체결 무렵 위 아파트에 거주 중인 임차인 丙이 임대차계약기간 만료 후 계약갱신요구권을 행사하지 않고 아파트를 인도할 것이라고 하였는데, 잔금 지급일 직전 丙이 계약갱신요구권을 행사해 위 아파트에 2년 더 거주하겠다고 통보하자, 실거주할 목적으로 계약을 체결한 甲이 乙에게 잔금 지급을 하지 않았고, 乙이 이를 이유로 계약 해제를 주장한 사안에서, 위 매매계약에서 '매도인은 매매대금의 잔금 수령과 동시에 매수인에게 소유권이전등기에 필요한 모든 서류를 교부하고 등기절차에 협력한다.'는 내용과 특약사항으로 실제명도일을 정하고 있고, 매매계약의 문언 해석상 쌍방이 乙의 현실인도의무 이행일은

실제명도일로 하되, 임차인 丙에 대한 위 아파트의 반환청구권 양도에 의한 간접점유의 이전의무는 그보다 앞서 잔금 지급, 소유권이전등기의무의 이행과 함께 이행하기로 합의한 것으로 볼 수 있으며, 이러한 해석은 완전한 권리의 이전을 목적으로 하는 매매계약의 성격이나 매매계약 체결 당시 당사자 쌍방의 동기, 목적, 계약체결 경위, 부동산매매계약서 작성 관행, 사회일반의 상식과 거래의 통념에 부합하는데, 매매계약 체결 당시 주택임대차보호법 제6조의3 제1항 본문에 따른 갱신요구권을 행사하지 않겠다고 한 丙이 잔금 지급일 직전 갱신요구권을 행사하였고, 이에 따라 乙의 현실인도의무 이행이 곤란한 현저한 사정변경이 생겼다고 볼 수 있어, 당초 계약 내용에 따라 甲이 선이행의무를 이행하게 하는 것이 공평과 신의칙에 반하게 되었다고 볼 여지가 있으므로, 甲의 잔금 지급의무의 이행거절이 정당한 것은 아닌지, 그 결과 甲의 위 의무 불이행을 이유로 한 乙의 해제권 행사에 문제는 없는지 심리할 필요가 있는데도, 이와 달리 본 원심판단에 법리오해 등의 잘못이 있다고 한 사례.

제544조(이행지체와 해제) 당사자 일방이 그 채무를 이행하지 아니하는 때에는 상대방은 상당한 기간을 정하여 그 이행을 최고하고 그 기간내에 이행하지 아니한 때에는 계약을 해제할 수 있다. 그러나 채무자가 미리 이행하지 아니할 의사를 표시한 경우에는 최고를 요하지 아니한다.

제545조(정기행위와 해제) 계약의 성질 또는 당사자의 의사표시에 의하여 일정한 시일 또는 일정한 기간내에 이행하지 아니하면 계약의 목적을 달성할 수 없을 경우에 당사자 일방이 그 시기에 이행하지 아니한 때에는 상대방은 전조의 최고를 하지 아니하고 계약을 해제할 수 있다.

제546조(이행불능과 해제) 채무자의 책임있는 사유로 이행이 불능하게 된 때에는 채권자는 계약을 해제할 수 있다.

약정금
[대법원 2023. 6. 1., 선고, 2022다275915, 판결]

【판시사항】
[1] 주택법 시행령 제20조 제3항, 주택법 시행규칙 제7조 제5항 제3호에서 정한 '예산으로 정한 사항 외에 조합원에게 부담이 될 계약의 체결'에 해당함에도 관련 법령과 이에 근거한 조합규약에 정한 총회의결 없이 이루어진 법률행위의 상대방이 절차적 요건의 흠결을 과실 없이 알지 못하였다는 등의 특별한 사정을 밝히지 못한 경우, 절차적 요건의 충족을 전제로 하는 계약의 효력을 주장할 수 있는지 여부(소극)
[2] 지역주택조합의 조합원이 된 사람이 조합의 사업추진 과정에서 조합규약이나 사업계획 등에 따라 당초 체결한 조합가입계약의 내용과 다르게 조합원으로서의 권리·의무가 변경될 수 있음을 전제로 조합가입계약을 체결한 경우, 그러한 권리·의무의 변경을 계약불이행으로 보아 조합가입계약을 해제할 수 있는지 여부(원칙적 소극)

【판결요지】
[1] 주택법 시행령 제20조 제3항, 주택법 시행규칙 제7조 제5항 제3호는 반드시 지역주택조합 총회의 의결을 거쳐야 하는 사항 중 하나로 '예산으로 정한 사항 외에 조합원에게 부담이 될 계약의 체결'을 규정하고 있다. 여기서 말하는 '예산으로 정한 사항 이외에 조합

원에게 부담이 될 계약'이란 조합의 예산으로 정해진 항목과 범위를 벗어나서 돈을 지출하거나 채무를 짐으로써 조합원에게 그 비용에 대한 부담이 되는 계약을 의미한다.

위와 같은 규정의 취지는 단순히 비법인사단의 자율적·내부적인 대표권 제한의 문제가 아니라 법률행위의 상대방인 제3자와의 계약 해석에 있어서도 그 제3자의 귀책을 물을 수 없는 예외적인 경우가 아닌 한 원칙적으로 그 조항의 효력이 미치도록 하려는 것으로 볼 수 있다. 따라서 '예산으로 정한 사항 외에 조합원에게 부담이 될 계약의 체결'에 해당함에도 주택법 등 관련 법령과 이에 근거한 조합규약에 정한 총회의결 없이 이루어진 법률행위의 상대방은 그 절차적 요건의 흠결을 과실 없이 알지 못하였다는 등의 특별한 사정을 밝히지 못하는 한 절차적 요건의 충족을 전제로 하는 계약의 효력을 주장할 수 없다.

[2] 지역주택조합의 조합원이 된 사람이 조합의 사업추진 과정에서 조합규약이나 사업계획 등에 따라 당초 체결한 조합가입계약의 내용과 다르게 조합원으로서의 권리·의무가 변경될 수 있음을 전제로 조합가입계약을 체결한 경우, 그 조합원은 그러한 권리·의무의 변경이 있더라도 그것이 당사자가 예측가능한 범위를 초과하였다는 등의 특별한 사정이 없는 한 이를 조합가입계약의 불이행으로 보아 조합가입계약을 해제할 수는 없다.

제547조(해지, 해제권의 불가분성) ① 당사자의 일방 또는 쌍방이 수인인 경우에는 계약의 해지나 해제는 그 전원으로부터 또는 전원에 대하여 하여야 한다.
② 전항의 경우에 해지나 해제의 권리가 당사자 1인에 대하여 소멸한 때에는 다른 당사자에 대하여도 소멸한다.

제548조(해제의 효과, 원상회복의무) ① 당사자 일방이 계약을 해제한 때에는 각 당사자는 그 상대방에 대하여 원상회복의 의무가 있다. 그러나 제삼자의 권리를 해하지 못한다.
② 전항의 경우에 반환할 금전에는 그 받은 날로부터 이자를 가하여야 한다.

매매대금반환
[대법원 2024. 2. 29. 선고 2023다289720 판결]

【판시사항】
[1] 쌍방의 채무가 동시이행관계에 있는 경우, 일방 채무의 이행기가 도래하더라도 상대방 채무의 이행제공이 있을 때까지는 지체책임을 지지 않는지 여부(적극) 및 이러한 지체책임의 면책은 이를 주장하는 자가 동시이행의 항변권을 행사하여야 발생하는지 여부(소극) / 매매계약의 해제로 당사자가 상대방에 대하여 원상회복의무와 손해배상의무를 부담하는 경우, 원상회복의무뿐만 아니라 손해배상의무도 동시이행관계에 있는지 여부(적극)
[2] 계약해제로 인한 원상회복의무의 이행으로서 반환하는 금전에 가산하도록 민법 제548조 제2항에서 정한 이자의 법적 성질(=부당이득반환) 및 위 이자에 소송촉진 등에 관한 특례법 제3조 제1항에서 정한 이율을 적용할 수 있는지 여부(소극)
[3] 매매계약이 해제된 경우, 매수인이 목적물을 인도받아 사용하였다면 사용이익 반환의무를 부담하는지 여부(적극) 및 이때 반환하여야 할 사용이익의 범위(=매수인이 점유·사용한 기간 동안의 임료 상당액)

【판결요지】

[1] 쌍무계약에서 쌍방의 채무가 동시이행관계에 있는 경우 일방 채무의 이행기가 도래하더라도 상대방 채무의 이행제공이 있을 때까지는 그 채무를 이행하지 않아도 지체책임을 지지 않는 것이고, 이는 지체책임의 면책을 주장하는 자가 상대방의 이행청구에 대하여 동시이행의 항변권을 재판상 또는 재판 외에서 행사하여야만 발생하는 것은 아니다. 한편 매매계약이 해제된 경우에 당사자 쌍방의 원상회복의무는 동시이행의 관계에 있고, 이때 계약의 해제로 인하여 당사자가 상대방에 대하여 원상회복의무와 손해배상의무를 부담하는 경우에는 당사자가 부담하는 원상회복의무뿐만 아니라 손해배상의무도 함께 동시이행관계에 있다.

[2] 민법 제548조 제2항은 계약해제로 인한 원상회복의무의 이행으로서 반환하는 금전에는 받은 날로부터 이자를 가산하여야 한다고 정하였는데, 위 이자의 반환은 원상회복의무의 범위에 속하는 것으로 일종의 부당이득반환의 성질을 가지는 것이지 반환의무의 이행지체로 인한 손해배상은 아니고, 소송촉진 등에 관한 특례법(이하 '소송촉진법'이라 한다) 제3조 제1항은 금전채무의 전부 또는 일부의 이행을 명하는 판결을 선고할 경우에 있어서 금전채무불이행으로 인한 손해배상액 산정의 기준이 되는 법정이율에 관한 특별규정이므로, 위 이자에는 소송촉진법 제3조 제1항에서 정한 이율을 적용할 수 없다.

[3] 매매계약이 해제된 경우에 매수인이 목적물을 인도받아 사용하였다면 원상회복으로서 목적물을 반환하는 외에 사용이익을 반환할 의무를 부담하고, 이때 사용이익의 반환의무는 부당이득반환의무에 해당하므로, 특별한 사정이 없는 한 매수인이 점유·사용한 기간 당해 재산으로부터 통상 수익할 수 있을 것으로 예상되는 이익, 즉 임료 상당액을 매수인이 반환하여야 할 사용이익으로 보아야 한다.

제549조(원상회복의무와 동시이행) 제536조의 규정은 전조의 경우에 준용한다.

제550조(해지의 효과) 당사자 일방이 계약을 해지한 때에는 계약은 장래에 대하여 그 효력을 잃는다.

제551조(해지, 해제와 손해배상) 계약의 해지 또는 해제는 손해배상의 청구에 영향을 미치지 아니한다.

제552조(해제권행사여부의 최고권) ① 해제권의 행사의 기간을 정하지 아니한 때에는 상대방은 상당한 기간을 정하여 해제권행사여부의 확답을 해제권자에게 최고할 수 있다.
② 전항의 기간내에 해제의 통지를 받지 못한 때에는 해제권은 소멸한다.

제553조(훼손 등으로 인한 해제권의 소멸) 해제권자의 고의나 과실로 인하여 계약의 목적물이 현저히 훼손되거나 이를 반환할 수 없게 된 때 또는 가공이나 개조로 인하여 다른 종류의 물건으로 변경된 때에는 해제권은 소멸한다.

제2절 증여

제554조(증여의 의의) 증여는 당사자 일방이 무상으로 재산을 상대방에 수여하는 의사를 표시하고 상대방이 이를 승낙함으로써 그 효력이 생긴다.

토지인도·소유권이전등기[부담부증여계약의 증여자가 수증자의 부담 이행이 완료된 후 서면에 의하지 않은 증여임을 이유로 민법 제555조에 따른 해제를 주장한 사건]
[대법원 2022. 9. 29., 선고, 2021다299976, 299983, 판결]

【판시사항】

증여의 의사가 서면으로 표시되지 않은 경우, 민법 제555조에 따라 부담부증여계약을 해제할 수 있는지 여부(원칙적 적극) / 부담부증여계약에서 증여자의 증여 이행이 완료되지 않았더라도 수증자가 부담의 이행을 완료한 경우, 서면에 의하지 않은 증여임을 이유로 증여계약의 전부 또는 일부를 해제할 수 있는지 여부(원칙적 소극)

【판결요지】

민법 제555조는 "증여의 의사가 서면으로 표시되지 아니한 경우에는 각 당사자는 이를 해제할 수 있다."라고 정하고, 민법 제561조는 "상대부담있는 증여에 대하여는 본절의 규정 외에 쌍무계약에 관한 규정을 적용한다."라고 정한다. 이처럼 부담부증여에도 민법 제3편 제2장 제2절(제554조부터 제562조까지)의 증여에 관한 일반 조항들이 그대로 적용되므로, 증여의 의사가 서면으로 표시되지 않은 경우 각 당사자는 원칙적으로 민법 제555조에 따라 부담부증여계약을 해제할 수 있다.

그러나 부담부증여계약에서 증여자의 증여 이행이 완료되지 않았더라도 수증자가 부담의 이행을 완료한 경우에는, 그러한 부담이 의례적·명목적인 것에 그치거나 그 이행에 특별한 노력과 비용이 필요하지 않는 등 실질적으로는 부담 없는 증여가 이루어지는 것과 마찬가지라고 볼 만한 특별한 사정이 없는 한, 각 당사자가 서면에 의하지 않은 증여임을 이유로 증여계약의 전부 또는 일부를 해제할 수는 없다고 봄이 타당하다. 그 이유는 다음과 같다.

① 부담부증여계약이 체결된 경우 민법 제561조에 따라 쌍무계약에 관한 규정이 준용되고, 민법 제559조 제2항에 따라 증여자는 그 부담의 한도에서 매도인과 같은 담보책임을 진다. 이처럼 민법에서는 부담부증여에 부담 없는 증여와 구별되는 성격이 있음을 고려하여 계약의 이행과 소멸 과정에서 증여자와 수증자의 공평을 특별히 도모하고 있다.

② 민법 제558조는 제555조에 따라 증여계약을 해제하더라도 이미 이행한 부분에 대해서는 영향을 미치지 못한다고 정하고, 부담부증여에서는 이미 이행한 부담 역시 제558조에서의 '이미 이행한 부분'에 포함된다. 따라서 수증자가 부담의 이행을 완료하였음에도 증여자가 증여를 이행하지 않은 상태에서 민법 제555조에 따라 부담부증여계약을 자유롭게 해제할 수 있다고 본다면, 증여자가 아무런 노력 없이 수증자의 부담 이행에 따른 이익을 그대로 보유하는 부당한 결과가 발생할 수 있다.

③ 민법 제555조에서 말하는 해제는 일종의 특수한 철회로서 민법 제543조 이하에서 규정한 본래 의미의 해제와는 다르고, 그 사유가 증여계약 체결 당시 이미 존재했다는 측면에서 수증자의 망은행위 등을 이유로 한 민법 제556조에 따른 해제, 증여자의 재산상태변경을 이유로 한 민법 제557조에 따른 해제와도 다르다. 따라서 부담부증여에서 수증자의 채무불이행이나 각 당사자의 사정변경이 없고 오히려 수증자가 증여자의 증여 의사를 신뢰하여 계약 본지에 따른 부담 이행을 완료한 상태임에도 증여자가 민법 제555조에 따른 특수한 철회를 통해 손쉽게 계약의 구속력에서 벗어나게 할 경우 법적

안정성을 해치게 된다.

④ 민법 제555조에서 서면에 의하지 아니한 증여를 해제할 수 있도록 정한 것은 증여자가 경솔하게 증여하는 것을 방지함과 동시에 증여자의 의사를 명확하게 하여 후일에 분쟁이 생기는 것을 피하려는 데 있다. 그러나 부담부증여의 경우 부담 없는 증여와 달리 증여자의 재산의 수여뿐만 아니라 수증자의 부담 이행까지 의사표시의 내용이 되므로 증여자가 경솔하게 증여하거나 증여 의사가 불분명할 가능성이 많지 않다. 수증자가 부담의 이행을 완료한 상황이라면 더욱 그러하다.

제555조(서면에 의하지 아니한 증여와 해제) 증여의 의사가 서면으로 표시되지 아니한 경우에는 각 당사자는 이를 해제할 수 있다.

제556조(수증자의 행위와 증여의 해제) ① 수증자가 증여자에 대하여 다음 각호의 사유가 있는 때에는 증여자는 그 증여를 해제할 수 있다.
  1. 증여자 또는 그 배우자나 직계혈족에 대한 범죄행위가 있는 때
  2. 증여자에 대하여 부양의무있는 경우에 이를 이행하지 아니하는 때
② 전항의 해제권은 해제원인있음을 안 날로부터 6월을 경과하거나 증여자가 수증자에 대하여 용서의 의사를 표시한 때에는 소멸한다.

제557조(증여자의 재산상태변경과 증여의 해제) 증여계약후에 증여자의 재산상태가 현저히 변경되고 그 이행으로 인하여 생계에 중대한 영향을 미칠 경우에는 증여자는 증여를 해제할 수 있다.

제558조(해제와 이행완료부분) 전3조의 규정에 의한 계약의 해제는 이미 이행한 부분에 대하여는 영향을 미치지 아니한다.

제559조(증여자의 담보책임) ① 증여자는 증여의 목적인 물건 또는 권리의 하자나 흠결에 대하여 책임을 지지 아니한다. 그러나 증여자가 그 하자나 흠결을 알고 수증자에게 고지하지 아니한 때에는 그러하지 아니하다.
② 상대부담있는 증여에 대하여는 증여자는 그 부담의 한도에서 매도인과 같은 담보의 책임이 있다.

제560조(정기증여와 사망으로 인한 실효) 정기의 급여를 목적으로 한 증여는 증여자 또는 수증자의 사망으로 인하여 그 효력을 잃는다.

제561조(부담부증여) 상대부담있는 증여에 대하여는 본절의 규정외에 쌍무계약에 관한 규정을 적용한다.

제562조(사인증여) 증여자의 사망으로 인하여 효력이 생길 증여에는 유증에 관한 규정을 준용한다.

소유권이전등기|망인이 사망 전 유언하는 모습을 촬영한 망인의 차남인 원고가

사인증여를 원인으로 다른 상속인들 상대로 소유권이전등기를 청구하는 사건
[대법원 2023. 9. 27. 선고 2022다302237 판결]

【판시사항】

[1] '유증'과 '사인증여'의 구별

[2] 망인이 단독행위로서 유증을 하였으나 유언의 요건을 갖추지 못하여 효력이 없는 경우, 유언자인 망인과 일부 상속인 사이에서만 사인증여로서의 효력을 인정할 때 고려할 사항

【판결요지】

[1] 유증은 유언으로 수증자에게 일정한 재산을 무상으로 주기로 하는 행위로서 상대방 없는 단독행위이다. 사인증여는 증여자가 생전에 무상으로 재산의 수여를 약속하고 증여자의 사망으로 약속의 효력이 발생하는 증여계약의 일종으로 수증자와의 의사의 합치가 있어야 하는 점에서 단독행위인 유증과 구별된다.

[2] 망인이 단독행위로서 유증을 하였으나 유언의 요건을 갖추지 못하여 효력이 없는 경우 이를 '사인증여'로서 효력을 인정하려면 증여자와 수증자 사이에 청약과 승낙에 의한 의사합치가 이루어져야 하는데, 유언자인 망인이 자신의 상속인인 여러 명의 자녀들에게 재산을 분배하는 내용의 유언을 하였으나 민법상 요건을 갖추지 못하여 유언의 효력이 부정되는 경우 유언을 하는 자리에 동석하였던 일부 자녀와 사이에서만 '청약'과 '승낙'이 있다고 보아 사인증여로서의 효력을 인정한다면, 자신의 재산을 배우자와 자녀들에게 모두 배분하고자 하는 망인의 의사에 부합하지 않고 그 자리에 참석하지 않았던 나머지 상속인들과의 형평에도 맞지 않는 결과가 초래된다.

따라서 이러한 경우 유언자인 망인과 일부 상속인 사이에서만 사인증여로서의 효력을 인정하여야 할 특별한 사정이 없는 이상 그와 같은 효력을 인정하는 판단에는 신중을 기해야 한다.

제3절 매매

제1관 총칙

제563조(매매의 의의) 매매는 당사자 일방이 재산권을 상대방에게 이전할 것을 약정하고 상대방이 그 대금을 지급할 것을 약정함으로써 그 효력이 생긴다.

제564조(매매의 일방예약) ① 매매의 일방예약은 상대방이 매매를 완결할 의사를 표시하는 때에 매매의 효력이 생긴다.

② 전항의 의사표시의 기간을 정하지 아니한 때에는 예약자는 상당한 기간을 정하여 매매완결여부의 확답을 상대방에게 최고할 수 있다.

③ 예약자가 전항의 기간내에 확답을 받지 못한 때에는 예약은 그 효력을 잃는다.

제565조(해약금) ① 매매의 당사자 일방이 계약당시에 금전 기타 물건을 계약금, 보증금등의 명목으로 상대방에게 교부한 때에는 당사자간에 다른 약정이 없는 한 당사자의 일방이 이행에 착수할 때까지 교부자는 이를 포기하고 수령자는 그 배액을 상환하여 매매계약을 해제할 수 있다.

② 제551조의 규정은 전항의 경우에 이를 적용하지 아니한다.

제566조(매매계약의 비용의 부담) 매매계약에 관한 비용은 당사자 쌍방이 균분하여 부담한다.

제567조(유상계약에의 준용) 본절의 규정은 매매 이외의 유상계약에 준용한다. 그러나 그 계약의 성질이 이를 허용하지 아니하는 때에는 그러하지 아니하다.

제2관 매매의 효력

제568조(매매의 효력) ① 매도인은 매수인에 대하여 매매의 목적이 된 권리를 이전하여야 하며 매수인은 매도인에게 그 대금을 지급하여야 한다.
② 전항의 쌍방의무는 특별한 약정이나 관습이 없으면 동시에 이행하여야 한다.

소유권이전등기
[대법원 2023. 9. 21. 선고 2023다249876 판결]

【판시사항】
[1] 부동산의 매수인이 매매목적물을 인도 받아 사용·수익하고 있는 경우, 매수인의 이전등기청구권에 관한 소멸시효가 진행하는지 여부(소극) / 부동산의 매수인이 부동산을 인도받아 사용·수익하다가 다른 사람에게 부동산을 처분하고 점유를 승계하여 준 경우, 이전등기청구권의 소멸시효가 진행되는지 여부(소극)
[2] 건물의 소유자가 현실적으로 건물이나 그 대지를 점유하지 않더라도 대지인 토지를 점유하고 있다고 볼 수 있는지 여부(적극) 및 건물의 소유권을 상실한 경우, 대지에 대한 점유도 함께 상실하는지 여부(원칙적 적극)

제569조(타인의 권리의 매매) 매매의 목적이 된 권리가 타인에게 속한 경우에는 매도인은 그 권리를 취득하여 매수인에게 이전하여야 한다.

제570조(동전-매도인의 담보책임) 전조의 경우에 매도인이 그 권리를 취득하여 매수인에게 이전할 수 없는 때에는 매수인은 계약을 해제할 수 있다. 그러나 매수인이 계약당시 그 권리가 매도인에게 속하지 아니함을 안 때에는 손해배상을 청구하지 못한다.

제571조(동전-선의의 매도인의 담보책임) ① 매도인이 계약당시에 매매의 목적이 된 권리가 자기에게 속하지 아니함을 알지 못한 경우에 그 권리를 취득하여 매수인에게 이전할 수 없는 때에는 매도인은 손해를 배상하고 계약을 해제할 수 있다.
② 전항의 경우에 매수인이 계약당시 그 권리가 매도인에게 속하지 아니함을 안 때에는 매도인은 매수인에 대하여 그 권리를 이전할 수 없음을 통지하고 계약을 해제할 수 있다.

제572조(권리의 일부가 타인에게 속한 경우와 매도인의 담보책임) ① 매매의 목적이 된 권리의 일부가 타인에게 속함으로 인하여 매도인이 그 권리를 취득하여 매수인에게 이전할 수 없는 때에는 매수인은 그 부분의 비율로 대금의 감액을 청구할 수 있다.

② 전항의 경우에 잔존한 부분만이면 매수인이 이를 매수하지 아니하였을 때에는 선의의 매수인은 계약전부를 해제할 수 있다.

③ 선의의 매수인은 감액청구 또는 계약해제외에 손해배상을 청구할 수 있다.

제573조(전조의 권리행사의 기간) 전조의 권리는 매수인이 선의인 경우에는 사실을 안 날로부터, 악의인 경우에는 계약한 날로부터 1년내에 행사하여야 한다.

제574조(수량부족, 일부멸실의 경우와 매도인의 담보책임) 전2조의 규정은 수량을 지정한 매매의 목적물이 부족되는 경우와 매매목적물의 일부가 계약당시에 이미 멸실된 경우에 매수인이 그 부족 또는 멸실을 알지 못한 때에 준용한다.

제575조(제한물권있는 경우와 매도인의 담보책임) ① 매매의 목적물이 지상권, 지역권, 전세권, 질권 또는 유치권의 목적이 된 경우에 매수인이 이를 알지 못한 때에는 이로 인하여 계약의 목적을 달성할 수 없는 경우에 한하여 매수인은 계약을 해제할 수 있다. 기타의 경우에는 손해배상만을 청구할 수 있다.

② 전항의 규정은 매매의 목적이 된 부동산을 위하여 존재할 지역권이 없거나 그 부동산에 등기된 임대차계약이 있는 경우에 준용한다.

③ 전2항의 권리는 매수인이 그 사실을 안 날로부터 1년내에 행사하여야 한다.

손해배상(기)

[대법원 2020. 5. 28., 선고, 2017다265389, 판결]

【판시사항】

[1] 한국토지공사가 공익사업을 위한 토지 등의 취득 및 보상에 관한 법률에 따라 택지개발사업 지구 내 토지에 관하여 토지소유자와 매매계약을 체결한 행위가 상행위인지 여부(소극)

[2] 공익사업을 위한 토지 등의 취득 및 보상에 관한 법률에 따라 공공사업의 시행자가 토지를 협의취득하는 경우, 일방 당사자의 채무불이행에 대하여 민법에 따른 손해배상 또는 하자담보책임을 물을 수 있는지 여부(적극) 및 이 경우 매도인의 하자담보책임에 따른 손해배상청구권에 적용되는 소멸시효기간(=10년)과 기산점(=매수인이 매매의 목적물을 인도받은 때)

[3] 甲 공사가 택지개발사업을 시행하면서 乙 등이 소유한 토지를 공공용지로 협의취득하였고, 甲 공사를 합병한 丙 공사가 위 택지개발사업을 준공한 다음 위 토지 중 일부를 丁에게 매도하여 소유권이전등기를 마쳐주었는데, 丁이 건물을 신축하기 위해 터파기공사를 하던 중 위 토지 지하에 폐기물이 매립되어 있는 것을 발견하여 丙 공사에 통보하자, 丙 공사가 乙 등을 상대로 매도인의 하자담보책임에 기한 손해배상을 구한 사안에서, 甲 공사가 乙 등 소유의 토지를 매수한 행위는 상행위에 해당하지 않아 상법 제64조가 적용되지 않고, 丙 공사가 乙 등에게 매도인의 담보책임을 구하고 있으므로, 甲 공사가 위 토지에 관하여 소유권이전등기를 마친 때부터 민법 제162조 제1항에 따른 10년의 소멸시효가 진행되고, 그로부터 10년이 지나기 전에 소가 제기되어 丙 공사의 손해배상청구권은 소멸시효가 완성되지 않았다고 한 사례

【판결요지】

[1] 어느 행위가 상법 제46조의 기본적 상행위에 해당하기 위하여는 영업으로 같은 조 각 호의 행위를 하는 경우이어야 하고, 여기서 '영업으로 한다'는 것은 영리를 목적으로 동종의 행위를 계속 반복적으로 하는 것을 의미한다. 구 한국토지공사법(2009. 5. 22. 법률 제9706호 한국토지주택공사법 부칙 제2조로 폐지)에 따라 설립된 한국토지공사 는 토지를 취득·관리·개발 및 공급하게 함으로써 토지자원의 효율적인 이용을 촉진하고 국토의 종합적인 이용·개발을 도모하여 건전한 국민경제의 발전에 이바지하게 하기 위 하여 설립된 법인이다. 따라서 한국토지공사가 택지개발사업을 시행하기 위하여 공익 사업을 위한 토지 등의 취득 및 보상에 관한 법률에 따라 토지소유자로부터 사업 시행 을 위한 토지를 매수하는 행위를 하더라도 한국토지공사를 상인이라 할 수 없고, 한국 토지공사가 택지개발사업 지구 내에 있는 토지에 관하여 토지소유자와 매매계약을 체 결한 행위를 상행위로 볼 수 없다.

[2] 공익사업을 위한 토지 등의 취득 및 보상에 관한 법률에 따라 공공사업의 시행자가 토 지를 협의취득하는 행위는 사법상의 법률행위로 일방 당사자의 채무불이행에 대하여 민법에 따른 손해배상 또는 하자담보책임을 물을 수 있다. 이 경우 매도인에 대한 하 자담보에 기한 손해배상청구권에 대하여는 민법 제162조 제1항의 채권 소멸시효의 규 정이 적용되고, 매수인이 매매의 목적물을 인도받은 때부터 소멸시효가 진행한다.

[3] 甲 공사가 택지개발사업을 시행하면서 乙 등이 소유한 토지를 공공용지로 협의취득하였 고, 甲 공사를 합병한 丙 공사가 위 택지개발사업을 준공한 다음 위 토지 중 일부를 丁에게 매도하여 소유권이전등기를 마쳐주었는데, 丁이 건물을 신축하기 위해 터파기공 사를 하던 중 위 토지 지하에 폐기물이 매립되어 있는 것을 발견하여 丙 공사에 통보 하자, 丙 공사가 乙 등을 상대로 매도인의 하자담보책임에 기한 손해배상을 구한 사안 에서, 甲 공사가 택지개발사업을 시행하기 위하여 공익사업을 위한 토지 등의 취득 및 보상에 관한 법률에 따라 乙 등 소유의 토지를 매수한 행위는 상행위에 해당하지 않아 상법 제64조가 적용되지 않고, 甲 공사를 합병한 丙 공사가 乙 등에게 매도인의 담보 책임을 구하고 있으므로, 甲 공사가 위 토지에 관하여 소유권이전등기를 마친 때부터 민법 제162조 제1항에 따른 10년의 소멸시효가 진행되고, 그로부터 10년이 지나기 전 에 소가 제기되어 丙 공사의 손해배상청구권은 소멸시효가 완성되지 않았는데도, 甲 공사가 영업으로 부동산을 개발하여 매각할 목적으로 이를 매수하였다는 점 등을 근거 로 甲 공사와 乙 등이 체결한 매매계약은 상행위에 해당하므로 상법 제64조가 적용되 어 丙 공사의 손해배상청구권이 5년의 소멸시효 완성으로 소멸하였다고 본 원심판단에 는 상행위와 소멸시효에 관한 법리오해의 위법이 있다고 한 사례.

제576조(저당권, 전세권의 행사와 매도인의 담보책임) ① 매매의 목적이 된 부동산에 설정된 저당권 또는 전세권의 행사로 인하여 매수인이 그 소유권을 취득할 수 없거 나 취득한 소유권을 잃은 때에는 매수인은 계약을 해제할 수 있다.

② 전항의 경우에 매수인의 출재로 그 소유권을 보존한 때에는 매도인에 대하여 그 상환을 청구할 수 있다.

③ 전2항의 경우에 매수인이 손해를 받은 때에는 그 배상을 청구할 수 있다.

제577조(저당권의 목적이 된 지상권, 전세권의 매매와 매도인의 담보책임) 전조의 규정 은 저당권의 목적이 된 지상권 또는 전세권이 매매의 목적이 된 경우에 준용한다.

제578조(경매와 매도인의 담보책임) ① 경매의 경우에는 경락인은 전8조의 규정에 의하여 채무자에게 계약의 해제 또는 대금감액의 청구를 할 수 있다.
② 전항의 경우에 채무자가 자력이 없는 때에는 경락인은 대금의 배당을 받은 채권자에 대하여 그 대금전부나 일부의 반환을 청구할 수 있다.
③ 전2항의 경우에 채무자가 물건 또는 권리의 흠결을 알고 고지하지 아니하거나 채권자가 이를 알고 경매를 청구한 때에는 경락인은 그 흠결을 안 채무자나 채권자에 대하여 손해배상을 청구할 수 있다.

제579조(채권매매와 매도인의 담보책임) ① 채권의 매도인이 채무자의 자력을 담보한 때에는 매매계약당시의 자력을 담보한 것으로 추정한다.
② 변제기에 도달하지 아니한 채권의 매도인이 채무자의 자력을 담보한 때에는 변제기의 자력을 담보한 것으로 추정한다.

제580조(매도인의 하자담보책임) ① 매매의 목적물에 하자가 있는 때에는 제575조제1항의 규정을 준용한다. 그러나 매수인이 하자있는 것을 알았거나 과실로 인하여 이를 알지 못한 때에는 그러하지 아니하다.
② 전항의 규정은 경매의 경우에 적용하지 아니한다.

공사대금

[대법원 2023. 2. 2., 선고, 2022다276789, 판결]

【판시사항】
[1] 대물변제에서 본래 채무의 이행에 갈음한 다른 급여가 부동산의 소유권이전인 경우, 기존채무가 소멸하는 시기(=소유권이전등기 완료 시) 및 이때 목적물에 하자가 있을 경우, 매도인의 담보책임에 관한 민법 조항이 준용되는지 여부(적극)
[2] 甲 주식회사가 다세대주택 신축공사의 전기공사를 乙 합자회사에 하도급 주면서 공사대금을 다세대주택 구분건물로 대물변제하기로 약정하고, 이후 乙 회사가 구분건물에 관하여 소유권이전등기를 넘겨받은 사안에서, 乙 회사가 약정한 목적물에 관하여 대물변제를 원인으로 소유권이전등기를 넘겨받았는데도, 대물변제가 이행되었다는 甲 회사의 항변을 배척한 원심판단에 법리오해의 잘못이 있다고 한 사례

【판결요지】
[1] 대물변제는 본래 채무의 이행에 갈음하여 다른 급여를 현실적으로 하는 때에 성립하는 계약이므로, 다른 급여가 부동산의 소유권이전인 경우 등기를 완료하면 대물변제가 성립되어 기존채무가 소멸한다. 한편 대물변제도 유상계약이므로 목적물에 하자가 있을 경우 매도인의 담보책임에 관한 민법 조항이 준용된다.
[2] 甲 주식회사가 다세대주택 신축공사의 전기공사를 乙 합자회사에 하도급 주면서 공사대금을 다세대주택 구분건물로 대물변제하기로 약정하고, 이후 乙 회사가 구분건물에 관하여 소유권이전등기를 넘겨받은 사안에서, 乙 회사가 당초의 약정대로 하도급 공사대금에 대한 대물변제를 원인으로 구분건물에 관하여 소유권이전등기를 마친 이상 甲 회사는 본래 채무에 갈음하여 이행하기로 한 다른 급여를 현실적으로 한 것으로 보아야

하고, 구분건물이 아직 사용승인을 받지 않았으며 대지지분에 제한물권이 설정되어 있다는 사정은 대물변제 목적물의 하자로서 담보책임을 물을 수 있는 사유가 될 뿐이므로 乙 회사가 약정한 목적물에 관하여 대물변제를 원인으로 소유권이전등기를 넘겨받았는데도, 대물변제가 이행되었다는 甲 회사의 항변을 배척한 원심판단에 법리오해의 잘못이 있다고 한 사례.

제581조(종류매매와 매도인의 담보책임) ① 매매의 목적물을 종류로 지정한 경우에도 그 후 특정된 목적물에 하자가 있는 때에는 전조의 규정을 준용한다.
② 전항의 경우에 매수인은 계약의 해제 또는 손해배상의 청구를 하지 아니하고 하자없는 물건을 청구할 수 있다.

제582조(전2조의 권리행사기간) 전2조에 의한 권리는 매수인이 그 사실을 안 날로부터 6월내에 행사하여야 한다.

제583조(담보책임과 동시이행) 제536조의 규정은 제572조 내지 제575조, 제580조 및 제581조의 경우에 준용한다.

제584조(담보책임면제의 특약) 매도인은 전15조에 의한 담보책임을 면하는 특약을 한 경우에도 매도인이 알고 고지하지 아니한 사실 및 제삼자에게 권리를 설정 또는 양도한 행위에 대하여는 책임을 면하지 못한다.

제585조(동일기한의 추정) 매매의 당사자 일방에 대한 의무이행의 기한이 있는 때에는 상대방의 의무이행에 대하여도 동일한 기한이 있는 것으로 추정한다.

제586조(대금지급장소) 매매의 목적물의 인도와 동시에 대금을 지급할 경우에는 그 인도장소에서 이를 지급하여야 한다.

제587조(과실의 귀속, 대금의 이자) 매매계약있은 후에도 인도하지 아니한 목적물로부터 생긴 과실은 매도인에게 속한다. 매수인은 목적물의 인도를 받은 날로부터 대금의 이자를 지급하여야 한다. 그러나 대금의 지급에 대하여 기한이 있는 때에는 그러하지 아니하다.

제588조(권리주장자가 있는 경우와 대금지급거절권) 매매의 목적물에 대하여 권리를 주장하는 자가 있는 경우에 매수인이 매수한 권리의 전부나 일부를 잃을 염려가 있는 때에는 매수인은 그 위험의 한도에서 대금의 전부나 일부의 지급을 거절할 수 있다. 그러나 매도인이 상당한 담보를 제공한 때에는 그러하지 아니하다.

제589조(대금공탁청구권) 전조의 경우에 매도인은 매수인에 대하여 대금의 공탁을 청구할 수 있다.

제3관 환매

제590조(환매의 의의) ① 매도인이 매매계약과 동시에 환매할 권리를 보류한 때에는 그 영수한 대금 및 매수인이 부담한 매매비용을 반환하고 그 목적물을 환매할 수 있다.
② 전항의 환매대금에 관하여 특별한 약정이 있으면 그 약정에 의한다.
③ 전2항의 경우에 목적물의 과실과 대금의 이자는 특별한 약정이 없으면 이를 상계한 것으로 본다.

제591조(환매기간) ① 환매기간은 부동산은 5년, 동산은 3년을 넘지 못한다. 약정기간이 이를 넘는 때에는 부동산은 5년, 동산은 3년으로 단축한다.
② 환매기간을 정한 때에는 다시 이를 연장하지 못한다.
③ 환매기간을 정하지 아니한 때에는 그 기간은 부동산은 5년, 동산은 3년으로 한다.

제592조(환매등기) 매매의 목적물이 부동산인 경우에 매매등기와 동시에 환매권의 보류를 등기한 때에는 제삼자에 대하여 그 효력이 있다.

제593조(환매권의 대위행사와 매수인의 권리) 매도인의 채권자가 매도인을 대위하여 환매하고자 하는 때에는 매수인은 법원이 선정한 감정인의 평가액에서 매도인이 반환할 금액을 공제한 잔액으로 매도인의 채무를 변제하고 잉여액이 있으면 이를 매도인에게 지급하여 환매권을 소멸시킬 수 있다.

제594조(환매의 실행) ① 매도인은 기간내에 대금과 매매비용을 매수인에게 제공하지 아니하면 환매할 권리를 잃는다.
② 매수인이나 전득자가 목적물에 대하여 비용을 지출한 때에는 매도인은 제203조의 규정에 의하여 이를 상환하여야 한다. 그러나 유익비에 대하여는 법원은 매도인의 청구에 의하여 상당한 상환기간을 허여할 수 있다.

제595조(공유지분의 환매) 공유자의 1인이 환매할 권리를 보류하고 그 지분을 매도한 후 그 목적물의 분할이나 경매가 있는 때에는 매도인은 매수인이 받은 또는 받을 부분이나 대금에 대하여 환매권을 행사할 수 있다. 그러나 매도인에게 통지하지 아니한 매수인은 그 분할이나 경매로써 매도인에게 대항하지 못한다.

제4절 교환

제596조(교환의 의의) 교환은 당사자 쌍방이 금전 이외의 재산권을 상호이전할 것을 약정함으로써 그 효력이 생긴다.

제597조(금전의 보충지급의 경우) 당사자 일방이 전조의 재산권이전과 금전의 보충지급을 약정한 때에는 그 금전에 대하여는 매매대금에 관한 규정을 준용한다.

제5절 소비대차

제598조(소비대차의 의의) 소비대차는 당사자 일방이 금전 기타 대체물의 소유권을 상대방에게 이전할 것을 약정하고 상대방은 그와 같은 종류, 품질 및 수량으로 반환할 것을 약정함으로써 그 효력이 생긴다.

대여금
[대법원 2023. 2. 2., 선고, 2019다232277, 판결]

【판시사항】

[1] 일부무효 법리를 정한 민법 제137조에서 '당사자의 의사'의 의미 / 여러 개의 계약 전부가 경제적, 사실적으로 일체로서 행하여져 하나의 계약인 것과 같은 관계에 있는 경우, 법률행위의 일부무효 법리가 적용되는지 여부(적극) 및 이때 계약 전부가 일체로서 하나의 계약인 것과 같은 관계에 있는지 판단하는 방법

[2] 甲 주택재개발정비사업조합설립추진위원회가 주택재개발사업을 시행하기 위해 乙 주식회사를 시공사로 선정하는 결의를 한 후, 乙 회사와 공사도급계약을 체결하면서 乙 회사가 甲 추진위원회에 정비사업 시행을 위하여 소요되는 자금을 대여하는 내용의 소비대차약정을 체결하였는데, 시공사 선정결의와 공사도급계약이 무효가 되어 소비대차약정도 무효가 되는지 문제 된 사안에서, 제반 사정에 비추어 甲 추진위원회와 乙 회사는 공사도급계약과 소비대차약정을 체결할 당시 공사도급계약이 무효로 된다고 하더라도 소비대차약정을 체결, 유지하려는 의사가 있었다고 볼 여지가 있는데도, 이와 달리 본 원심판단에 심리미진 등의 잘못이 있다고 한 사례

【판결요지】

[1] 법률행위의 일부분이 무효인 때에는 그 전부를 무효로 하나, 그 무효 부분이 없더라도 법률행위를 하였을 것이라고 인정될 때에는 나머지 부분은 무효가 되지 아니한다(민법 제137조). 여기서 당사자의 의사는 법률행위의 일부가 무효임을 법률행위 당시에 알았다면 의욕하였을 가정적 효과의사를 가리키는 것이다. 그리고 이와 같은 법률행위의 일부무효 법리는 여러 개의 계약이 체결된 경우에 그 계약 전부가 경제적, 사실적으로 일체로서 행하여져서 하나의 계약인 것과 같은 관계에 있는 경우에도 적용된다. 이때 그 계약 전부가 일체로서 하나의 계약인 것과 같은 관계에 있는 것인지의 여부는 계약 체결의 경위와 목적 및 당사자의 의사 등을 종합적으로 고려하여 판단해야 한다.

[2] 甲 주택재개발정비사업조합설립추진위원회가 주택재개발사업을 시행하기 위해 乙 주식회사를 시공사로 선정하는 결의를 한 후, 乙 회사와 공사도급계약을 체결하면서 乙 회사가 甲 추진위원회에 정비사업 시행을 위하여 소요되는 자금을 대여하는 내용의 소비대차약정을 체결하였는데, 시공사 선정결의와 공사도급계약이 무효가 되어 소비대차약정도 무효가 되는지 문제 된 사안에서, 甲 추진위원회와 乙 회사는 추진위원회 단계에서 이루어진 시공사 선정결의의 법적 효력이 분명하지 않아 공사도급계약이 무효로 될 가능성이 있었음에도 공사도급계약을 체결하였고 거기에 소비대차약정도 포함시킨 점, 甲 추진위원회와 乙 회사는 공사도급계약이 무효가 된다고 하더라도 장차 조합이 설립되면 조합 총회 결의를 통하여 추진위원회 단계에서 이루어진 시공사 선정결의나 공사도급계약이 유효로 될 수 있다는 사정을 염두에 두었다고도 볼 수 있는 점, 乙 회사는 시공사 선정결의에 관하여 무효확인을 구하는 소가 계속 중인데도 지속적으로 甲 추진위원회에 금전을 대여하고 일부 대여금에 관하여는 추가로 소비대차계약 공정증서를

작성받기도 한 점 등에 비추어 보면, 甲 추진위원회와 乙 회사는 공사도급계약과 소비
대차약정을 체결할 당시 공사도급계약이 무효로 된다고 하더라도 소비대차약정을 체결,
유지하려는 의사가 있었다고 볼 여지가 있는데도, 이와 달리 본 원심판단에 심리미진
등의 잘못이 있다고 한 사례.

제599조(파산과 소비대차의 실효) 대주가 목적물을 차주에게 인도하기 전에 당사자
일방이 파산선고를 받은 때에는 소비대차는 그 효력을 잃는다.

제600조(이자계산의 시기) 이자있는 소비대차는 차주가 목적물의 인도를 받은 때로부
터 이자를 계산하여야 하며 차주가 그 책임있는 사유로 수령을 지체할 때에는 대주
가 이행을 제공한 때로부터 이자를 계산하여야 한다.

제601조(무이자소비대차와 해제권) 이자없는 소비대차의 당사자는 목적물의 인도전에
는 언제든지 계약을 해제할 수 있다. 그러나 상대방에게 생긴 손해가 있는 때에는
이를 배상하여야 한다.

제602조(대주의 담보책임) ① 이자있는 소비대차의 목적물에 하자가 있는 경우에는
제580조 내지 제582조의 규정을 준용한다.
② 이자없는 소비대차의 경우에는 차주는 하자있는 물건의 가액으로 반환할 수 있다.
그러나 대주가 그 하자를 알고 차주에게 고지하지 아니한 때에는 전항과 같다.

제603조(반환시기) ① 차주는 약정시기에 차용물과 같은 종류, 품질 및 수량의 물건
을 반환하여야 한다.
② 반환시기의 약정이 없는 때에는 대주는 상당한 기간을 정하여 반환을 최고하여야
한다. 그러나 차주는 언제든지 반환할 수 있다.

제604조(반환불능으로 인한 시가상환) 차주가 차용물과 같은 종류, 품질 및 수량의 물
건을 반환할 수 없는 때에는 그때의 시가로 상환하여야 한다. 그러나 제376조 및 제
377조제2항의 경우에는 그러하지 아니하다.

제605조(준소비대차) 당사자 쌍방이 소비대차에 의하지 아니하고 금전 기타의 대체물
을 지급할 의무가 있는 경우에 당사자가 그 목적물을 소비대차의 목적으로 할 것을
약정한 때에는 소비대차의 효력이 생긴다.

제606조(대물대차) 금전대차의 경우에 차주가 금전에 갈음하여 유가증권 기타 물건의
인도를 받은 때에는 그 인도시의 가액으로써 차용액으로 한다. 〈개정 2014. 12. 30.〉

제607조(대물반환의 예약) 차용물의 반환에 관하여 차주가 차용물에 갈음하여 다른
재산권을 이전할 것을 예약한 경우에는 그 재산의 예약당시의 가액이 차용액 및 이
에 붙인 이자의 합산액을 넘지 못한다. 〈개정 2014. 12. 30.〉

제608조(차주에 불이익한 약정의 금지) 전2조의 규정에 위반한 당사자의 약정으로서 차주에 불리한 것은 환매 기타 여하한 명목이라도 그 효력이 없다.

제6절 사용대차

제609조(사용대차의 의의) 사용대차는 당사자 일방이 상대방에게 무상으로 사용, 수익하게 하기 위하여 목적물을 인도할 것을 약정하고 상대방은 이를 사용, 수익한 후 그 물건을 반환할 것을 약정함으로써 그 효력이 생긴다.

소유권이전등기 · 토지인도
[대법원 2021. 2. 4., 선고, 2019다202795, 202801, 판결]

【판시사항】

[1] 점유회수의 청구 요건 및 여기서 '점유'의 의미와 판단 기준 / 점유권에 기한 본소에 대하여 본권자가 본소청구 인용에 대비하여 본권에 기한 예비적 반소를 제기하고 양 청구가 모두 이유 있는 경우, 법원은 위 본소와 반소를 모두 인용하여야 하는지 여부(적극) 및 점유권에 기한 본소를 본권에 관한 이유로 배척할 수 있는지 여부(소극)

[2] 점유회수의 본소에 대하여 본권자가 소유권에 기한 인도를 구하는 반소를 제기하여 본소청구와 예비적 반소청구가 모두 인용되어 확정된 경우, 점유자는 본소 확정판결에 의하여 집행문을 부여받아 강제집행으로 물건의 점유를 회복할 수 있는지 여부(적극) / 이때 본권자는 위 본소 집행 후 집행문을 부여받아 비로소 반소 확정판결에 따른 강제집행으로 물건의 점유를 회복할 수 있는지 여부(적극) 및 점유자가 제기하여 승소한 본소 확정판결에 대한 청구이의의 소를 통해서 점유권에 기한 강제집행을 저지할 수 있는 경우

[3] 사용대차에서 대주의 승낙 없이 차주의 권리를 양도받은 자가 대주에게 대항할 수 있는지 여부(소극)

【판결요지】

[1] 점유자가 점유의 침탈을 당한 때에는 그 물건의 반환 등을 청구할 수 있고 이러한 점유회수의 청구에 있어서는 점유를 침탈당하였다고 주장하는 당시에 점유하고 있었는지의 여부만을 살피면 된다(민법 제204조 제1항). 여기서 점유란 물건이 사회통념상 그 사람의 사실적 지배에 속한다고 보여지는 객관적 관계에 있는 것을 말하고 사실상의 지배가 있다고 하기 위하여는 반드시 물건을 물리적, 현실적으로 지배하는 것만을 의미하는 것이 아니고 물건과 사람과의 시간적, 공간적 관계와 본권관계, 타인지배의 배제가능성 등을 고려하여 사회관념에 따라 합목적적으로 판단하여야 한다.

점유권에 기인한 소와 본권에 기인한 소는 서로 영향을 미치지 아니하고, 점유권에 기인한 소는 본권에 관한 이유로 재판하지 못하므로 점유회수의 청구에 대하여 점유침탈자가 점유물에 대한 본권이 있다는 주장으로 점유회수를 배척할 수 없다(민법 제208조). 그러므로 점유권에 기한 본소에 대하여 본권자가 본소청구 인용에 대비하여 본권에 기한 예비적 반소를 제기하고 양 청구가 모두 이유 있는 경우, 법원은 점유권에 기한 본소와 본권에 기한 예비적 반소를 모두 인용해야 하고 점유권에 기한 본소를 본권에 관한

이유로 배척할 수 없다.

[2] 점유회수의 본소에 대하여 본권자가 소유권에 기한 인도를 구하는 반소를 제기하여 본
소청구와 예비적 반소청구가 모두 인용되어 확정되면, 점유자가 본소 확정판결에 의하
여 집행문을 부여받아 강제집행으로 물건의 점유를 회복할 수 있다. 본권자의 소유권
에 기한 반소청구는 본소의 의무 실현을 정지조건으로 하므로, 본권자는 위 본소 집행
후 집행문을 부여받아 비로소 반소 확정판결에 따른 강제집행으로 물건의 점유를 회복
할 수 있다. 이러한 과정은 애당초 본권자가 허용되지 않는 자력구제로 점유를 회복한
데 따른 것으로 그 과정에서 본권자가 점유 침탈 중 설치한 장애물 등이 제거될 수 있
다. 다만 점유자의 점유회수의 집행이 무의미한 점유상태의 변경을 반복하는 것에 불
과할 뿐 아무런 실익이 없거나 본권자로 하여금 점유회수의 집행을 수인하도록 하는
것이 명백히 정의에 반하여 사회생활상 용인할 수 없다고 인정되는 경우, 또는 점유자
가 점유권에 기한 본소 승소 확정판결을 장기간 강제집행하지 않음으로써 본권자의 예
비적 반소 승소 확정판결까지 조건불성취로 강제집행에 나아갈 수 없게 되는 등 특별
한 사정이 있다면 본권자는 점유자가 제기하여 승소한 본소 확정판결에 대한 청구이의
의 소를 통해서 점유권에 기한 강제집행을 저지할 수 있다.

[3] 사용대차와 같은 무상계약은 증여와 같이 개인적 관계에 중점을 두는 것이므로 당사자
사이에 특약이 있다는 등의 특별한 사정이 없으면 사용대차의 차주는 대주의 승낙이 없
이 제3자에게 차용물을 사용, 수익하게 하지 못한다(민법 제610조 제2항). 차주가 위 규
정에 위반한 때에는 대주는 계약을 해지하거나(민법 제610조 제3항) 계약을 해지하지 않
고서도 제3자에 대하여 그 목적물의 인도를 청구할 수 있으며, 사용대차에서 차주의 권
리를 양도받은 자는 그 양도에 관한 대주의 승낙이 없으면 대주에게 대항할 수 없다.

제610조(차주의 사용, 수익권) ① 차주는 계약 또는 그 목적물의 성질에 의하여 정하
여진 용법으로 이를 사용, 수익하여야 한다.
② 차주는 대주의 승낙이 없으면 제삼자에게 차용물을 사용, 수익하게 하지 못한다.
③ 차주가 전2항의 규정에 위반한 때에는 대주는 계약을 해지할 수 있다.

제611조(비용의 부담) ① 차주는 차용물의 통상의 필요비를 부담한다.
② 기타의 비용에 대하여는 제594조제2항의 규정을 준용한다.

제612조(준용규정) 제559조, 제601조의 규정은 사용대차에 준용한다.

제613조(차용물의 반환시기) ① 차주는 약정시기에 차용물을 반환하여야 한다.
② 시기의 약정이 없는 경우에는 차주는 계약 또는 목적물의 성질에 의한 사용, 수
익이 종료한 때에 반환하여야 한다. 그러나 사용, 수익에 족한 기간이 경과한 때
에는 대주는 언제든지 계약을 해지할 수 있다.

제614조(차주의 사망, 파산과 해지) 차주가 사망하거나 파산선고를 받은 때에는 대주
는 계약을 해지할 수 있다.

제615조(차주의 원상회복의무와 철거권) 차주가 차용물을 반환하는 때에는 이를 원상

에 회복하여야 한다. 이에 부속시킨 물건은 철거할 수 있다.

토지인도[임대인이 임차인을 상대로 원상회복으로 종전 임차인 등이 설치한 부분의 철거를 구한 사건]
[대법원 2023. 11. 2. 선고 2023다249661 판결]

【판시사항】
임대 당시 이미 임차목적물인 토지에 종전 임차인 등이 설치한 가건물 기타 공작물이 있는 경우, 임차인이 임차목적물을 반환할 때 종전 임차인 등이 설치한 부분까지 원상회복할 의무가 있는지 여부(원칙적 소극) 및 임차인이 위 부분에 대한 원상회복의무까지 부담한다고 볼 특별한 사정이 있는지 판단하는 방법

【판결요지】
임차인이 임대인에게 임차목적물을 반환하는 때에는 원상회복의무가 있다(민법 제654조, 제615조). 임차인이 임차목적물의 현상을 변경한 때에는 원칙적으로 변경 부분을 철거하는 등으로 임차목적물을 임대 당시의 상태로 사용할 수 있도록 해야 하나, 토지 임대 당시 이미 임차목적물인 토지에 종전 임차인 등이 설치한 가건물 기타 공작물이 있는 경우에는 특별한 사정이 없는 한 임차인은 그가 임차하였을 때의 상태로 임차목적물을 반환하면 되고 종전 임차인 등이 설치한 부분까지 원상회복할 의무는 없다. 위 특별한 사정의 인정은 임대차계약의 체결 경위와 내용, 임대 당시 목적물의 상태, 임차인에 의한 현상 변경 유무 등을 심리하여 구체적·개별적으로 이루어져야 한다.

제616조(공동차주의 연대의무) 수인이 공동하여 물건을 차용한 때에는 연대하여 그 의무를 부담한다.

제617조(손해배상, 비용상환청구의 기간) 계약 또는 목적물의 성질에 위반한 사용, 수익으로 인하여 생긴 손해배상의 청구와 차주가 지출한 비용의 상환청구는 대주가 물건의 반환을 받은 날로부터 6월내에 하여야 한다.

제7절 임대차

제618조(임대차의 의의) 임대차는 당사자 일방이 상대방에게 목적물을 사용, 수익하게 할 것을 약정하고 상대방이 이에 대하여 차임을 지급할 것을 약정함으로써 그 효력이 생긴다.

원상회복금
[대법원 2024. 8. 1. 선고 2024다227699 판결]

【판시사항】
[1] 처분문서에 나타난 당사자의 의사를 해석하는 방법
[2] 공제와 상계의 유사점과 차이점 / 공제나 상계에 관한 약정을 하는 경우, 당사자가 공제나 상계적상 요건을 어떻게 설정할 것인지, 공제 기준시점이나 상계적상 시점을 언제로 할 것인지, 공제나 상계의 의사표시가 별도로 필요한지 등을 자유롭게 정할 수 있는지 여부(적극) / 공제와 상계 중 무엇에 관한 약정인지 해석하는 방법
[3] 법원의 판결에 당사자가 주장한 사항에 대한 구체적·직접적인 판단이 표시되어 있지 않

더라도 판결 이유의 전반적인 취지에 비추어 그 주장을 인용하거나 배척하였음을 알 수 있는 경우, 판단누락이라고 할 수 있는지 여부(소극)

【판결요지】

[1] 처분문서는 그 진정성립이 인정되면 특별한 사정이 없는 한 그 처분문서에 기재되어 있는 문언의 내용에 따라 당사자의 의사표시가 있었던 것으로 객관적으로 해석하여야 하고, 당사자 사이에 계약의 해석을 둘러싸고 이견이 있어 처분문서에 나타난 당사자의 의사해석이 문제 되는 경우에는 문언의 내용, 그와 같은 약정이 이루어진 동기와 경위, 약정에 의하여 달성하려는 목적, 당사자의 진정한 의사 등을 종합적으로 고찰하여 논리와 경험칙에 따라 합리적으로 해석하여야 한다.

[2] 공제는 복수 채권·채무의 상호 정산을 내용으로 하는 채권소멸 원인이라는 점에서 상계와 유사하다. 그러나 공제에는 원칙적으로 상계적상, 상계 금지나 제한, 상계의 기판력 등 상계에 관한 법률 규정이 적용되지 않는다는 점, 부동산임대차관계 등 특정 법률관계에서는 일정한 사유가 발생하면 원칙적으로 공제의 의사표시 없이도 당연히 공제가 이루어진다고 보는 점 등에서 공제는 상계와 구별된다. 또한 공제는 상계 금지나 제한과 무관하게 제3자에 우선하여 채권의 실질적 만족을 얻게 한다는 점에서 상계보다 강한 담보적 효력을 가진다. 한편 계약자유의 원칙에 따라 당사자는 강행규정에 반하지 않는 한 공제나 상계에 관한 약정을 할 수 있으므로, 공제나 상계적상 요건을 어떻게 설정할 것인지, 공제 기준시점이나 상계적상 시점을 언제로 할 것인지, 공제나 상계의 의사표시가 별도로 필요한지 등을 자유롭게 정하여 당사자 사이에 그 효력을 발생시킬 수 있다. 또한 공제와 상계 중 무엇에 관한 약정인지는 약정의 문언과 체계, 약정의 경위와 목적, 채권들의 상호관계, 제3자의 이해관계 등을 종합적으로 고려하여 합리적으로 해석하여야 한다.

[3] 판결서의 이유에는 주문이 정당하다는 것을 인정할 수 있을 정도로 당사자의 주장, 그 밖의 공격·방어방법에 관한 판단을 표시하면 되고 당사자의 모든 주장이나 공격·방어방법에 관하여 판단할 필요가 없다(민사소송법 제208조). 따라서 법원의 판결에 당사자가 주장한 사항에 대한 구체적·직접적인 판단이 표시되어 있지 않더라도 판결 이유의 전반적인 취지에 비추어 그 주장을 인용하거나 배척하였음을 알 수 있는 정도라면 판단누락이라고 할 수 없다.

제619조(처분능력, 권한없는 자의 할 수 있는 단기임대차) 처분의 능력 또는 권한없는 자가 임대차를 하는 경우에는 그 임대차는 다음 각호의 기간을 넘지 못한다.
1. 식목, 채염 또는 석조, 석회조, 연와조 및 이와 유사한 건축을 목적으로 한 토지의 임대차는 10년
2. 기타 토지의 임대차는 5년
3. 건물 기타 공작물의 임대차는 3년
4. 동산의 임대차는 6월

소유권이전등기 임대차기간을 '영구'로 설정한 임대차계약을 원인으로 한 임차권설정등기절차 이행 청구 사건
[대법원 2023. 6. 1., 선고, 2023다209045, 판결]

【판시사항】
임대차기간을 영구로 정한 임대차계약이 허용되는지 여부(원칙적 적극) / 임차인은 언제라

도 영구 임대차기간에 관한 권리를 포기할 수 있는지 여부(적극) 및 이때 임대차계약은 임차인에게 기간의 정함이 없는 임대차가 되는지 여부(적극)

【판결요지】

구 민법(2016. 1. 6. 법률 제13710호로 삭제되기 전의 것) 제651조에서는 '석조, 석회조, 연와조 또는 이와 유사한 견고한 건물 기타 공작물의 소유를 목적으로 하는 토지임대차 및 식목, 채염을 목적으로 하는 토지임대차'를 제외한 임대차의 존속기간을 20년으로 제한하고 있었으나, 헌법재판소는 2013. 12. 26. 위 조항의 입법 취지가 불명확하고, 과잉금지 원칙을 위반하여 계약의 자유를 침해한다는 이유로 헌법에 위반된다는 결정을 선고하였다. 결국 민법 제619조에서 처분능력, 권한 없는 자의 단기임대차의 경우에만 임대차기간의 최장기를 제한하는 규정만 있을 뿐, 민법상 임대차기간이 영구인 임대차계약의 체결을 불허하는 규정은 없다.

소유자가 소유권의 핵심적 권능에 속하는 사용·수익의 권능을 대세적으로 포기하는 것은 특별한 사정이 없는 한 허용되지 않으나, 특정인에 대한 관계에서 채권적으로 사용·수익권을 포기하는 것까지 금지되는 것은 아니다.

따라서 임대차기간이 영구인 임대차계약을 인정할 실제의 필요성도 있고, 이러한 임대차계약을 인정한다고 하더라도 사정변경에 의한 차임증감청구권이나 계약 해지 등으로 당사자들의 이해관계를 조정할 수 있는 방법이 있을 뿐만 아니라, 임차인에 대한 관계에서만 사용·수익권이 제한되는 외에 임대인의 소유권을 전면적으로 제한하는 것도 아닌 점 등에 비추어 보면, 당사자들이 자유로운 의사에 따라 임대차기간을 영구로 정한 약정은 이를 무효로 볼 만한 특별한 사정이 없는 한 계약자유의 원칙에 의하여 허용된다고 보아야 한다.

특히 영구임대라는 취지는, 임대인이 차임지급 지체 등 임차인의 귀책사유로 인한 채무불이행이 없는 한 임차인이 임대차관계의 유지를 원하는 동안 임대차계약이 존속되도록 이를 보장하여 주는 의미로, 위와 같은 임대차기간의 보장은 임대인에게는 의무가 되나 임차인에게는 권리의 성격을 갖는 것이므로 임차인으로서는 언제라도 그 권리를 포기할 수 있고, 그렇게 되면 임대차계약은 임차인에게 기간의 정함이 없는 임대차가 된다.

제620조(단기임대차의 갱신) 전조의 기간은 갱신할 수 있다. 그러나 그 기간만료전 토지에 대하여는 1년, 건물 기타 공작물에 대하여는 3월, 동산에 대하여는 1월내에 갱신하여야 한다.

제621조(임대차의 등기) ① 부동산임차인은 당사자간에 반대약정이 없으면 임대인에 대하여 그 임대차등기절차에 협력할 것을 청구할 수 있다.
② 부동산임대차를 등기한 때에는 그때부터 제삼자에 대하여 효력이 생긴다.

제622조(건물등기있는 차지권의 대항력) ① 건물의 소유를 목적으로 한 토지임대차는 이를 등기하지 아니한 경우에도 임차인이 그 지상건물을 등기한 때에는 제삼자에 대하여 임대차의 효력이 생긴다.
② 건물이 임대차기간만료전에 멸실 또는 후폐한 때에는 전항의 효력을 잃는다.

제623조(임대인의 의무) 임대인은 목적물을 임차인에게 인도하고 계약존속중 그 사용, 수익에 필요한 상태를 유지하게 할 의무를 부담한다.

제624조(임대인의 보존행위, 인용의무) 임대인이 임대물의 보존에 필요한 행위를 하는 때에는 임차인은 이를 거절하지 못한다.

제625조(임차인의 의사에 반하는 보존행위와 해지권) 임대인이 임차인의 의사에 반하여 보존행위를 하는 경우에 임차인이 이로 인하여 임차의 목적을 달성할 수 없는 때에는 계약을 해지할 수 있다.

제626조(임차인의 상환청구권) ① 임차인이 임차물의 보존에 관한 필요비를 지출한 때에는 임대인에 대하여 그 상환을 청구할 수 있다.
② 임차인이 유익비를 지출한 경우에는 임대인은 임대차종료시에 그 가액의 증가가 현존한 때에 한하여 임차인의 지출한 금액이나 그 증가액을 상환하여야 한다. 이 경우에 법원은 임대인의 청구에 의하여 상당한 상환기간을 허여할 수 있다.

제627조(일부멸실 등과 감액청구, 해지권) ① 임차물의 일부가 임차인의 과실없이 멸실 기타 사유로 인하여 사용, 수익할 수 없는 때에는 임차인은 그 부분의 비율에 의한 차임의 감액을 청구할 수 있다.
② 전항의 경우에 그 잔존부분으로 임차의 목적을 달성할 수 없는 때에는 임차인은 계약을 해지할 수 있다.

제628조(차임증감청구권) 임대물에 대한 공과부담의 증감 기타 경제사정의 변동으로 인하여 약정한 차임이 상당하지 아니하게 된 때에는 당사자는 장래에 대한 차임의 증감을 청구할 수 있다.

제629조(임차권의 양도, 전대의 제한) ① 임차인은 임대인의 동의없이 그 권리를 양도하거나 임차물을 전대하지 못한다.
② 임차인이 전항의 규정에 위반한 때에는 임대인은 계약을 해지할 수 있다.

부당이득금

[대법원 2023. 3. 30. 선고 2022다296165 판결]

【판시사항】
[1] 계약당사자 지위 승계를 목적으로 하는 계약인수의 성립 요건 및 계약인수 여부의 판단 기준
[2] 임차인이 임대인의 동의를 받지 않고 제3자에게 임차권을 양도하거나 전대하는 등의 방법으로 임차물을 사용·수익하게 한 경우, 임대인은 임대차계약이 존속하는 한도 내에서 제3자에게 불법점유를 이유로 한 차임 상당 손해배상청구나 부당이득반환청구를 할 수 있는지 여부(소극) / 임대차계약이 종료된 이후 임차물을 소유하고 있는 임대인이 제3자를 상대로 위와 같은 손해배상청구나 부당이득반환청구를 할 수 있는지 여부(적극)

【판결요지】
[1] 계약당사자로서의 지위 승계를 목적으로 하는 계약인수는 계약당사자 및 인수인의 3면

합의에 의하여 계약당사자 중 일방이 당사자로서의 지위를 포괄적으로 제3자에게 이전하여 계약관계에서 탈퇴하고 제3자가 그 지위를 승계하는 것을 목적으로 하는 계약으로서 3면 계약으로 이루어지는 것이 보통이나 관계 당사자 중 2인이 합의하고 나머지 당사자가 이를 동의 내지 승낙하는 방법으로도 가능하고, 나머지 당사자의 동의 내지 승낙이 반드시 명시적 의사표시에 의하여야 하는 것은 아니며 묵시적 의사표시에 의하여서도 가능하다. 이러한 계약인수 여부가 다투어지는 경우에는, 그것이 계약 주체의 변동을 초래하는 등 당사자 사이의 법률상 지위에 중대한 영향을 미치는 법률행위인 점을 고려하여, 계약의 성질, 당사자의 거래 동기와 경위, 거래 형식 및 내용, 당사자가 그 거래행위에 의하여 달성하려는 목적, 거래관행 등에 비추어 신중하게 판단하여야 할 것이다.

[2] 임차인이 임대인의 동의를 받지 않고 제3자에게 임차권을 양도하거나 전대하는 등의 방법으로 임차물을 사용·수익하게 하더라도, 임대인이 이를 이유로 임대차계약을 해지하거나 그 밖의 다른 사유로 임대차계약이 적법하게 종료되지 않는 한 임대인은 임차인에 대하여 여전히 차임청구권을 가지므로, 임대차계약이 존속하는 한도 내에서는 제3자에게 불법점유를 이유로 한 차임 상당 손해배상청구나 부당이득반환청구를 할 수 없다. 그러나 임대차계약이 종료된 이후에는 임차물을 소유하고 있는 임대인은 제3자를 상대로 위와 같은 손해배상청구나 부당이득반환청구를 할 수 있다.

제630조(전대의 효과) ① 임차인이 임대인의 동의를 얻어 임차물을 전대한 때에는 전차인은 직접 임대인에 대하여 의무를 부담한다. 이 경우에 전차인은 전대인에 대한 차임의 지급으로써 임대인에게 대항하지 못한다.

② 전항의 규정은 임대인의 임차인에 대한 권리행사에 영향을 미치지 아니한다.

제631조(전차인의 권리의 확정) 임차인이 임대인의 동의를 얻어 임차물을 전대한 경우에는 임대인과 임차인의 합의로 계약을 종료한 때에도 전차인의 권리는 소멸하지 아니한다.

제632조(임차건물의 소부분을 타인에게 사용케 하는 경우) 전3조의 규정은 건물의 임차인이 그 건물의 소부분을 타인에게 사용하게 하는 경우에 적용하지 아니한다.

제633조(차임지급의 시기) 차임은 동산, 건물이나 대지에 대하여는 매월말에, 기타 토지에 대하여는 매년말에 지급하여야 한다. 그러나 수확기있는 것에 대하여는 그 수확후 지체없이 지급하여야 한다.

제634조(임차인의 통지의무) 임차물의 수리를 요하거나 임차물에 대하여 권리를 주장하는 자가 있는 때에는 임차인은 지체없이 임대인에게 이를 통지하여야 한다. 그러나 임대인이 이미 이를 안 때에는 그러하지 아니하다.

제635조(기간의 약정없는 임대차의 해지통고) ① 임대차기간의 약정이 없는 때에는 당사자는 언제든지 계약해지의 통고를 할 수 있다.

② 상대방이 전항의 통고를 받은 날로부터 다음 각호의 기간이 경과하면 해지의 효력이 생긴다.

1. 토지, 건물 기타 공작물에 대하여는 임대인이 해지를 통고한 경우에는 6월, 임차인이 해지를 통고한 경우에는 1월
2. 동산에 대하여는 5일

제636조(기간의 약정있는 임대차의 해지통고) 임대차기간의 약정이 있는 경우에도 당사자일방 또는 쌍방이 그 기간내에 해지할 권리를 보류한 때에는 전조의 규정을 준용한다.

제637조(임차인의 파산과 해지통고) ① 임차인이 파산선고를 받은 경우에는 임대차기간의 약정이 있는 때에도 임대인 또는 파산관재인은 제635조의 규정에 의하여 계약해지의 통고를 할 수 있다.
② 전항의 경우에 각 당사자는 상대방에 대하여 계약해지로 인하여 생긴 손해의 배상을 청구하지 못한다.

제638조(해지통고의 전차인에 대한 통지) ① 임대차계약이 해지의 통고로 인하여 종료된 경우에 그 임대물이 적법하게 전대되었을 때에는 임대인은 전차인에 대하여 그 사유를 통지하지 아니하면 해지로써 전차인에게 대항하지 못한다.
② 전차인이 전항의 통지를 받은 때에는 제635조제2항의 규정을 준용한다.

제639조(묵시의 갱신) ① 임대차기간이 만료한 후 임차인이 임차물의 사용, 수익을 계속하는 경우에 임대인이 상당한 기간내에 이의를 하지 아니한 때에는 전임대차와 동일한 조건으로 다시 임대한 것으로 본다. 그러나 당사자는 제635조의 규정에 의하여 해지의 통고를 할 수 있다.
② 전항의 경우에 전임대차에 대하여 제삼자가 제공한 담보는 기간의 만료로 인하여 소멸한다.

임대차보증금[상가건물 임대차계약의 묵시적 갱신이 문제된 사건]
[대법원 2024. 6. 27. 선고 2023다307024 판결]

【판시사항】
[1] 소액사건에 관하여 상고이유로 할 수 있는 '대법원의 판례에 상반되는 판단을 한 때'의 요건을 갖추지 않았더라도 대법원이 실체법 해석적용의 잘못에 관하여 판단할 수 있는 경우
[2] 상가의 임차인이 임대차기간 만료 1개월 전부터 만료일 사이에 갱신거절의 통지를 한 경우, 임대차계약의 묵시적 갱신이 인정되지 않고 임대차기간의 만료일에 종료하는지 여부(적극)

【판결요지】
[1] 소액사건에서 구체적 사건에 적용할 법령의 해석에 관한 대법원 판례가 아직 없는 상황에서 같은 법령의 해석이 쟁점으로 되어 있는 다수의 소액사건들이 하급심에 계속되어 있을 뿐만 아니라 재판부에 따라 엇갈리는 판단을 하는 사례가 나타나고 있는 경우, 소액사건이라는 이유로 대법원이 그 법령의 해석에 관하여 판단을 하지 아니한 채

사건을 종결하고 만다면 국민생활의 법적 안전성을 해칠 것이 우려된다고 할 것인바, 이와 같은 특별한 사정이 있는 경우에는 소액사건에 관하여 상고이유로 할 수 있는 '대법원의 판례에 상반되는 판단을 한 때'의 요건을 갖추지 아니하였다고 하더라도 법령해석의 통일이라는 대법원의 본질적 기능을 수행하는 차원에서 실체법 해석적용에 있어서의 잘못에 관하여 판단할 수 있다고 보아야 한다.

[2] 상가의 임차인이 임대차기간 만료 1개월 전부터 만료일 사이에 갱신거절의 통지를 한 경우 해당 임대차계약은 묵시적 갱신이 인정되지 않고 임대차기간의 만료일에 종료한다고 보아야 한다. 그 이유는 다음과 같다.

① 기간을 정한 임대차계약은 법률의 특별한 규정이 없는 한 기간이 만료함으로써 종료한다. 민법 제639조는 임대차기간이 만료한 후 임차인이 임차물의 사용, 수익을 계속하는 경우에 임대인이 상당한 기간 안에 이의를 하지 아니하는 때에는 묵시의 갱신을 인정하고 있다. 민법에 의하면 임차인이 임대차기간 만료 전에 갱신거절의 통지를 하는 경우에는 묵시의 갱신이 인정될 여지가 없다.

② 상가건물 임대차보호법(이하 '상가임대차법'이라 한다) 제10조 제1항은 "임대인은 임차인이 임대차기간이 만료되기 6개월 전부터 1개월 전까지 사이에 계약갱신을 요구할 경우 정당한 사유 없이 거절하지 못한다."라고 정하여 임차인의 계약갱신 요구권을 인정할 뿐이고, 임차인이 갱신거절의 통지를 할 수 있는 기간은 제한하지 않았다. 상가임대차법 제10조 제4항은 "임대인이 제1항의 기간 이내에 임차인에게 갱신거절의 통지 또는 조건변경의 통지를 하지 아니한 경우에는 그 기간이 만료된 때에 전 임대차와 동일한 조건으로 다시 임대차한 것으로 본다."라고 정하여 묵시적 갱신을 규정하면서 임대인의 갱신거절 또는 조건변경의 통지기간을 제한하였을 뿐, 주택임대차보호법 제6조 제1항 후문과 달리 상가의 임차인에 대하여는 기간의 제한을 두지 않았다. 상가임대차법에 임차인의 갱신거절 통지기간에 대하여 명시적인 규정이 없는 이상 원칙으로 돌아가 임차인의 갱신거절 통지기간은 제한이 없다고 보아야 한다.

③ 임대차기간이 만료되기 6개월 전부터 1개월 전까지 사이에 임차인이 별다른 조치를 취하지 아니한 경우, 임대차계약이 기간만료일 전 1개월이 경과하여 묵시적으로 갱신된다고 판단하는 것은 문언해석에 반한다. 또한 상가임대차법 제10조 제1항이 임차인의 갱신거절 통지기간도 한정한 것으로 해석한다면, 위 기간 이후 임대차기간 만료 전에 갱신거절 통지를 한 임차인의 의사에 반하여 상가임대차법 제10조 제4항에 따른 묵시적 갱신을 강제하는 결과가 되고, 이는 상가건물 임차인을 보호함으로써 그 경제생활의 안정을 보장하고자 하는 상가임대차법의 입법 취지에도 반한다.

제640조(차임연체와 해지) 건물 기타 공작물의 임대차에는 임차인의 차임연체액이 2기의 차임액에 달하는 때에는 임대인은 계약을 해지할 수 있다.

제641조(동전) 건물 기타 공작물의 소유 또는 식목, 채염, 목축을 목적으로 한 토지임대차의 경우에도 전조의 규정을 준용한다.

제642조(토지임대차의 해지와 지상건물 등에 대한 담보물권자에의 통지) 전조의 경우에

그 지상에 있는 건물 기타 공작물이 담보물권의 목적이 된 때에는 제288조의 규정을 준용한다.

제643조(임차인의 갱신청구권, 매수청구권) 건물 기타 공작물의 소유 또는 식목, 채염, 목축을 목적으로 한 토지임대차의 기간이 만료한 경우에 건물, 수목 기타 지상시설이 현존한 때에는 제283조의 규정을 준용한다.

토지인도·매매대금

[대법원 2024. 4. 12. 선고 2023다309020, 309037 판결]

【판시사항】

건물 소유를 목적으로 한 토지임대차계약의 기간이 만료함에 따라 지상건물 소유자가 임대인에 대하여 민법 제643조에 따른 지상물매수청구권을 행사한 경우, 그 건물의 매수가격(=매수청구권의 행사 당시 건물이 현재하는 대로의 상태에서 평가된 시가) / 민법 제643조에서 정한 지상물매수청구권의 법적 성질 및 효과 / 지상물매수청구의 대상이 된 건물의 매수가격에 관하여 당사자 사이에 의사합치가 이루어지지 않은 경우, 법원이 위와 같이 인정된 시가를 임의로 증감하여 직권으로 매매대금을 정할 수 있는지 여부(소극)

【판결요지】

건물 소유를 목적으로 한 토지임대차계약의 기간이 만료함에 따라 지상건물 소유자가 임대인에 대하여 민법 제643조에 따른 지상물매수청구권을 행사한 경우에 그 건물의 매수가격은 건물 자체의 가격 외에 건물의 위치, 주변 토지의 여러 사정 등을 종합적으로 고려하여 매수청구권의 행사 당시 건물이 현재하는 대로의 상태에서 평가된 시가를 말한다. 그런데 민법 제643조에서 정한 지상물매수청구권은 이른바 형성권이므로, 그 행사로써 곧바로 임대인과 임차인 사이에 임차 토지 지상의 건물에 관하여 매수청구권 행사 당시의 건물 시가를 대금으로 하는 매매계약이 체결된 것과 같은 효과가 발생한다. 따라서 지상물매수청구의 대상이 된 건물의 매수가격에 관하여 당사자 사이에 의사합치가 이루어지지 않았다면, 법원은 위와 같은 여러 사정을 종합적으로 고려하여 인정된 매수청구권 행사 당시의 건물 시가를 매매대금으로 하는 매매계약이 성립하였음을 인정할 수 있을 뿐, 그와 같이 인정된 시가를 임의로 증감하여 직권으로 매매대금을 정할 수는 없다.

제644조(전차인의 임대청구권, 매수청구권) ① 건물 기타 공작물의 소유 또는 식목, 채염, 목축을 목적으로 한 토지임차인이 적법하게 그 토지를 전대한 경우에 임대차 및 전대차의 기간이 동시에 만료되고 건물, 수목 기타 지상시설이 현존한 때에는 전차인은 임대인에 대하여 전전대차와 동일한 조건으로 임대할 것을 청구할 수 있다.
② 전항의 경우에 임대인이 임대할 것을 원하지 아니하는 때에는 제283조제2항의 규정을 준용한다.

제645조(지상권목적토지의 임차인의 임대청구권, 매수청구권) 전조의 규정은 지상권자가 그 토지를 임대한 경우에 준용한다.

제646조(임차인의 부속물매수청구권) ① 건물 기타 공작물의 임차인이 그 사용의 편익을 위하여 임대인의 동의를 얻어 이에 부속한 물건이 있는 때에는 임대차의 종료시

에 임대인에 대하여 그 부속물의 매수를 청구할 수 있다.
② 임대인으로부터 매수한 부속물에 대하여도 전항과 같다.

제647조(전차인의 부속물매수청구권) ① 건물 기타 공작물의 임차인이 적법하게 전대한 경우에 전차인이 그 사용의 편익을 위하여 임대인의 동의를 얻어 이에 부속한 물건이 있는 때에는 전대차의 종료시에 임대인에 대하여 그 부속물의 매수를 청구할 수 있다.
② 임대인으로부터 매수하였거나 그 동의를 얻어 임차인으로부터 매수한 부속물에
  대하여도 전항과 같다.

제648조(임차지의 부속물, 과실 등에 대한 법정질권) 토지임대인이 임대차에 관한 채권에 의하여 임차지에 부속 또는 그 사용의 편익에 공용한 임차인의 소유동산 및 그 토지의 과실을 압류한 때에는 질권과 동일한 효력이 있다.

제649조(임차지상의 건물에 대한 법정저당권) 토지임대인이 변제기를 경과한 최후 2년의 차임채권에 의하여 그 지상에 있는 임차인소유의 건물을 압류한 때에는 저당권과 동일한 효력이 있다.

제650조(임차건물등의 부속물에 대한 법정질권) 건물 기타 공작물의 임대인이 임대차에 관한 채권에 의하여 그 건물 기타 공작물에 부속한 임차인소유의 동산을 압류한 때에는 질권과 동일한 효력이 있다.

제651조 삭제 〈2016. 1. 6.〉
[2016. 1. 6. 법률 제13710호에 의하여 2013. 12. 26. 헌법재판소에서 위헌결정 된 이 조를 삭제함.]

제652조(강행규정) 제627조, 제628조, 제631조, 제635조, 제638조, 제640조, 제641조, 제643조 내지 제647조의 규정에 위반하는 약정으로 임차인이나 전차인에게 불리한 것은 그 효력이 없다.

제653조(일시사용을 위한 임대차의 특례) 제628조, 제638조, 제640조, 제646조 내지 제648조, 제650조 및 전조의 규정은 일시사용하기 위한 임대차 또는 전대차인 것이 명백한 경우에는 적용하지 아니한다.

제654조(준용규정) 제610조제1항, 제615조 내지 제617조의 규정은 임대차에 이를 준용한다.

제8절 고용

제655조(고용의 의의) 고용은 당사자 일방이 상대방에 대하여 노무를 제공할 것을 약정하고 상대방이 이에 대하여 보수를 지급할 것을 약정함으로써 그 효력이 생긴다.

제656조(보수액과 그 지급시기) ① 보수 또는 보수액의 약정이 없는 때에는 관습에 의하여 지급하여야 한다.
② 보수는 약정한 시기에 지급하여야 하며 시기의 약정이 없으면 관습에 의하고 관습이 없으면 약정한 노무를 종료한 후 지체없이 지급하여야 한다.

제657조(권리의무의 전속성) ① 사용자는 노무자의 동의없이 그 권리를 제삼자에게 양도하지 못한다.
② 노무자는 사용자의 동의없이 제삼자로 하여금 자기에 갈음하여 노무를 제공하게 하지 못한다.〈개정 2014. 12. 30.〉
③ 당사자 일방이 전2항의 규정에 위반한 때에는 상대방은 계약을 해지할 수 있다.

제658조(노무의 내용과 해지권) ① 사용자가 노무자에 대하여 약정하지 아니한 노무의 제공을 요구한 때에는 노무자는 계약을 해지할 수 있다.
② 약정한 노무가 특수한 기능을 요하는 경우에 노무자가 그 기능이 없는 때에는 사용자는 계약을 해지할 수 있다.

제659조(3년 이상의 경과와 해지통고권) ① 고용의 약정기간이 3년을 넘거나 당사자의 일방 또는 제삼자의 종신까지로 된 때에는 각 당사자는 3년을 경과한 후 언제든지 계약해지의 통고를 할 수 있다.
② 전항의 경우에는 상대방이 해지의 통고를 받은 날로부터 3월이 경과하면 해지의 효력이 생긴다.

제660조(기간의 약정이 없는 고용의 해지통고) ① 고용기간의 약정이 없는 때에는 당사자는 언제든지 계약해지의 통고를 할 수 있다.
② 전항의 경우우에는 상대방이 해지의 통고를 받은 날로부터 1월이 경과하면 해지의 효력이 생긴다.
③ 기간으로 보수를 정한 때에는 상대방이 해지의 통고를 받은 당기후의 일기를 경과함으로써 해지의 효력이 생긴다.

제661조(부득이한 사유와 해지권) 고용기간의 약정이 있는 경우에도 부득이한 사유있는 때에는 각 당사자는 계약을 해지할 수 있다. 그러나 그 사유가 당사자 일방의 과실로 인하여 생긴 때에는 상대방에 대하여 손해를 배상하여야 한다.

제662조(묵시의 갱신) ① 고용기간이 만료한 후 노무자가 계속하여 그 노무를 제공하는 경우에 사용자가 상당한 기간내에 이의를 하지 아니한 때에는 전고용과 동일한 조건으로 다시 고용한 것으로 본다. 그러나 당사자는 제660조의 규정에 의하여 해지의 통고를 할 수 있다.
② 전항의 경우에는 전고용에 대하여 제삼자가 제공한 담보는 기간의 만료로 인하여 소멸한다.

제663조(사용자파산과 해지통고) ① 사용자가 파산선고를 받은 경우에는 고용기간의 약정이 있는 때에도 노무자 또는 파산관재인은 계약을 해지할 수 있다.
② 전항의 경우에는 각 당사자는 계약해지로 인한 손해의 배상을 청구하지 못한다.

제9절 도급

제664조(도급의 의의) 도급은 당사자 일방이 어느 일을 완성할 것을 약정하고 상대방이 그 일의 결과에 대하여 보수를 지급할 것을 약정함으로써 그 효력이 생긴다.

구상금·공사대금
[대법원 2023. 10. 12. 선고 2020다210860, 210877 판결]

【판시사항】
[1] 수급인이 공사를 완공하지 못한 채 공사도급계약이 해제되어 기성고에 따른 공사비를 정산하여야 할 경우, 공사비를 산정하는 방법 및 이때 기성고 비율의 의미 / 공사도급계약에서 설계 및 사양의 변경에 따라 공사대금이 변경되는 것으로 특약한 경우, 기성고에 따른 공사비를 산정하는 방법
[2] 소장에서 청구의 대상으로 삼은 채권 중 일부만을 청구하면서 소송의 진행경과에 따라 장차 청구금액을 확장할 뜻을 표시하고 해당 소송이 종료될 때까지 실제로 청구금액을 확장한 경우, 소 제기 당시부터 채권 전부에 관하여 재판상 청구로 인한 시효중단의 효력이 발생하는지 여부(적극)
[3] 법률상 사항에 관한 법원의 석명 또는 지적의무
【판결요지】
[1] 수급인이 공사를 완공하지 못한 채 공사도급계약이 해제되어 기성고에 따른 공사비를 정산하여야 할 경우, 기성 부분과 미시공 부분에 실제로 소요되거나 소요될 공사비를 기초로 산출한 기성고 비율을 약정 공사비에 적용하여 그 공사비를 산정하여야 하고, 기성고 비율은 이미 완성된 부분에 소요된 공사비에다가 미시공 부분을 완성하는 데 소요될 공사비를 합친 전체 공사비 가운데 이미 완성된 부분에 소요된 공사비가 차지하는 비율이라고 할 것이고, 만약 공사도급계약에서 설계 및 사양의 변경이 있는 때에는 그 설계 및 사양의 변경에 따라 공사대금이 변경되는 것으로 특약하고, 변경된 설계 및 사양에 따라 공사가 진행되다가 중단되었다면 설계 및 사양의 변경에 따라 변경된 공사대금에 기성고 비율을 적용하는 방법으로 기성고에 따른 공사비를 산정하여야 한다.
[2] 하나의 채권 중 일부에 관하여만 판결을 구한다는 취지를 명백히 하여 소송을 제기한 경우에는 소 제기에 의한 소멸시효중단의 효력이 그 일부에 관하여만 발생하고 나머지 부분에는 발생하지 않으나, 소장에서 청구의 대상으로 삼은 채권 중 일부만을 청구하면서 소송의 진행경과에 따라 장차 청구금액을 확장할 뜻을 표시하고 해당 소송이 종료될 때까지 실제로 청구금액을 확장한 경우에는 소 제기 당시부터 채권 전부에 관하여 재판상 청구로 인한 시효중단의 효력이 발생한다.
[3] 민사소송법 제136조 제1항은 "재판장은 소송관계를 분명하게 하기 위하여 당사자에게 사실상 또는 법률상 사항에 대하여 질문할 수 있고, 증명을 하도록 촉구할 수 있다."라

고 규정하고, 제4항은 "법원은 당사자가 간과하였음이 분명하다고 인정되는 법률상 사항에 관하여 당사자에게 의견을 진술할 기회를 주어야 한다."라고 규정하고 있다. 따라서 당사자가 부주의 또는 오해로 증명하지 아니한 것이 분명하거나 쟁점으로 될 사항에 관하여 당사자 사이에 명시적인 다툼이 없는 경우에는 법원은 석명을 구하고 증명을 촉구하여야 하고, 만일 당사자가 전혀 의식하지 못하거나 예상하지 못하였던 법률적 관점을 이유로 법원이 청구의 당부를 판단하려는 경우에는 그 법률적 관점에 대하여 당사자에게 의견진술의 기회를 주어야 한다. 그와 같이 하지 않고 예상외의 재판으로 당사자 일방에게 불의의 타격을 가하는 것은 석명의무를 다하지 않아 심리를 제대로 하지 않은 위법을 범한 것이 된다.

제665조(보수의 지급시기) ① 보수는 그 완성된 목적물의 인도와 동시에 지급하여야 한다. 그러나 목적물의 인도를 요하지 아니하는 경우에는 그 일을 완성한 후 지체없이 지급하여야 한다.
② 전항의 보수에 관하여는 제656조제2항의 규정을 준용한다.

제666조(수급인의 목적부동산에 대한 저당권설정청구권) 부동산공사의 수급인은 전조의 보수에 관한 채권을 담보하기 위하여 그 부동산을 목적으로 한 저당권의 설정을 청구할 수 있다.

제667조(수급인의 담보책임) ① 완성된 목적물 또는 완성전의 성취된 부분에 하자가 있는 때에는 도급인은 수급인에 대하여 상당한 기간을 정하여 그 하자의 보수를 청구할 수 있다. 그러나 하자가 중요하지 아니한 경우에 그 보수에 과다한 비용을 요할 때에는 그러하지 아니하다.
② 도급인은 하자의 보수에 갈음하여 또는 보수와 함께 손해배상을 청구할 수 있다.
〈개정 2014. 12. 30.〉
③ 전항의 경우에는 제536조의 규정을 준용한다.

손해배상(기)·용역비
[대법원 2024. 2. 29. 선고 2021다219802, 219826 판결]

【판시사항】
甲 주식회사가 乙 등과 공장의 설계 및 감리계약을 체결하고, 乙 등이 공장 설계업무를 수행하였는데, 乙 등의 설계를 바탕으로 완공된 공장에 기계가 설치되자, 그 지상 1, 2층 바닥에서 균열과 슬래브 처짐 등이 발생한 사안에서, 감정인의 의견 등에 비추어 보면, 위 공장 바닥의 균열과 슬래브 처짐 등의 발생을 막고 안전성을 확보하기 위해서 반드시 위 공장을 철거하고 라멘 구조로 변경하여 재시공하여야 하는 것은 아니고 구조보강공사 등의 방법으로도 그러한 목적이 달성될 여지가 있어 보이고, 만약 철거와 재시공이 아닌 구조보강공사 등의 방법으로 안전성 확보가 가능하다면 그 방법으로도 甲 회사의 손해 회복이 가능할 것이고 구조보강공사 등에 관한 비용 상당액이 甲 회사의 손해에 해당하는데도, 위 공장의 구조보강이 불가능하고 위 공장을 철거한 뒤 라멘 구조로 재시공하여야 한다고 단정한 원심판단에 법리오해의 잘못이 있다고 한 사례

제668조(동전-도급인의 해제권) 도급인이 완성된 목적물의 하자로 인하여 계약의 목적을 달성할 수 없는 때에는 계약을 해제할 수 있다. 그러나 건물 기타 토지의 공작물에 대하여는 그러하지 아니하다.

제669조(동전-하자가 도급인의 제공한 재료 또는 지시에 기인한 경우의 면책) 전2조의 규정은 목적물의 하자가 도급인이 제공한 재료의 성질 또는 도급인의 지시에 기인한 때에는 적용하지 아니한다. 그러나 수급인이 그 재료 또는 지시의 부적당함을 알고 도급인에게 고지하지 아니한 때에는 그러하지 아니하다.

제670조(담보책임의 존속기간) ① 전3조의 규정에 의한 하자의 보수, 손해배상의 청구 및 계약의 해제는 목적물의 인도를 받은 날로부터 1년내에 하여야 한다.
② 목적물의 인도를 요하지 아니하는 경우에는 전항의 기간은 일의 종료한 날로부터 기산한다.

제671조(수급인의 담보책임-토지, 건물 등에 대한 특칙) ① 토지, 건물 기타 공작물의 수급인은 목적물 또는 지반공사의 하자에 대하여 인도후 5년간 담보의 책임이 있다. 그러나 목적물이 석조, 석회조, 연와조, 금속 기타 이와 유사한 재료로 조성된 것인 때에는 그 기간을 10년으로 한다.
② 전항의 하자로 인하여 목적물이 멸실 또는 훼손된 때에는 도급인은 그 멸실 또는 훼손된 날로부터 1년내에 제667조의 권리를 행사하여야 한다.

양수금
[대법원 2023. 1. 12. 선고 2019다278228 판결]

【판시사항】
[1] '건축물의 하자'의 의미와 그 판단 기준 및 사업승인도면이나 착공도면과 다르게 시공되었으나 준공도면에 따라 시공된 경우, 이를 하자라고 볼 수 있는지 여부(원칙적 소극) / 이러한 법리는 위 각 도면 사이에 해당 시공내역을 구체적·명시적으로 기재한 도면·시방서와 모순된 다른 도면·시방서가 존재하지 않거나, 그 차이·모순에 관한 증명이 없는 경우에도 그대로 적용되는지 여부(소극)
[2] 감정인의 감정 결과의 증명력 및 동일한 감정인이 동일한 감정사항에 대하여 서로 모순되거나 불명료한 감정의견을 내놓고 있는 경우, 그 감정 결과를 증거로 채용하여 사실인정을 하기 위하여 법원이 취하여야 할 조치 / 하자가 중요하지 아니하면서 동시에 보수에 과다한 비용을 요하는 경우, 손해배상청구의 방법과 통상 손해의 범위 및 그 손해액의 산정방법

제672조(담보책임면제의 특약) 수급인은 제667조, 제668조의 담보책임이 없음을 약정한 경우에도 알고 고지하지 아니한 사실에 대하여는 그 책임을 면하지 못한다.

제673조(완성전의 도급인의 해제권) 수급인이 일을 완성하기 전에는 도급인은 손해를 배상하고 계약을 해제할 수 있다.

제674조(도급인의 파산과 해제권) ① 도급인이 파산선고를 받은 때에는 수급인 또는 파산관재인은 계약을 해제할 수 있다. 이 경우에는 수급인은 일의 완성된 부분에 대한 보수 및 보수에 포함되지 아니한 비용에 대하여 파산재단의 배당에 가입할 수 있다.
② 전항의 경우에는 각 당사자는 상대방에 대하여 계약해제로 인한 손해의 배상을 청구하지 못한다.

제9절의2 여행계약

〈신설 2015. 2. 3.〉

제674조의2(여행계약의 의의) 여행계약은 당사자 한쪽이 상대방에게 운송, 숙박, 관광 또는 그 밖의 여행 관련 용역을 결합하여 제공하기로 약정하고 상대방이 그 대금을 지급하기로 약정함으로써 효력이 생긴다.
[본조신설 2015. 2. 3.]

제674조의3(여행 개시 전의 계약 해제) 여행자는 여행을 시작하기 전에는 언제든지 계약을 해제할 수 있다. 다만, 여행자는 상대방에게 발생한 손해를 배상하여야 한다.
[본조신설 2015. 2. 3.]

제674조의4(부득이한 사유로 인한 계약 해지) ① 부득이한 사유가 있는 경우에는 각 당사자는 계약을 해지할 수 있다. 다만, 그 사유가 당사자 한쪽의 과실로 인하여 생긴 경우에는 상대방에게 손해를 배상하여야 한다.
② 제1항에 따라 계약이 해지된 경우에도 계약상 귀환운송(歸還運送) 의무가 있는 여행주최자는 여행자를 귀환운송할 의무가 있다.
③ 제1항의 해지로 인하여 발생하는 추가 비용은 그 해지 사유가 어느 당사자의 사정에 속하는 경우에는 그 당사자가 부담하고, 누구의 사정에도 속하지 아니하는 경우에는 각 당사자가 절반씩 부담한다.
[본조신설 2015. 2. 3.]

제674조의5(대금의 지급시기) 여행자는 약정한 시기에 대금을 지급하여야 하며, 그 시기의 약정이 없으면 관습에 따르고, 관습이 없으면 여행의 종료 후 지체 없이 지급하여야 한다.
[본조신설 2015. 2. 3.]

제674조의6(여행주최자의 담보책임) ① 여행에 하자가 있는 경우에는 여행자는 여행주최자에게 하자의 시정 또는 대금의 감액을 청구할 수 있다. 다만, 그 시정에 지나치게 많은 비용이 들거나 그 밖에 시정을 합리적으로 기대할 수 없는 경우에는 시정을 청구할 수 없다.
② 제1항의 시정 청구는 상당한 기간을 정하여 하여야 한다. 다만, 즉시 시정할 필요

가 있는 경우에는 그러하지 아니하다.

③ 여행자는 시정 청구, 감액 청구를 갈음하여 손해배상을 청구하거나 시정 청구, 감액 청구와 함께 손해배상을 청구할 수 있다.

[본조신설 2015. 2. 3.]

제674조의7(여행주최자의 담보책임과 여행자의 해지권) ① 여행자는 여행에 중대한 하자가 있는 경우에 그 시정이 이루어지지 아니하거나 계약의 내용에 따른 이행을 기대할 수 없는 경우에는 계약을 해지할 수 있다.

② 계약이 해지된 경우에는 여행주최자는 대금청구권을 상실한다. 다만, 여행자가 실행된 여행으로 이익을 얻은 경우에는 그 이익을 여행주최자에게 상환하여야 한다.

③ 여행주최자는 계약의 해지로 인하여 필요하게 된 조치를 할 의무를 지며, 계약상 귀환운송 의무가 있으면 여행자를 귀환운송하여야 한다. 이 경우 상당한 이유가 있는 때에는 여행주최자는 여행자에게 그 비용의 일부를 청구할 수 있다.

[본조신설 2015. 2. 3.]

제674조의8(담보책임의 존속기간) 제674조의6과 제674조의7에 따른 권리는 여행 기간 중에도 행사할 수 있으며, 계약에서 정한 여행 종료일부터 6개월 내에 행사하여야 한다.

[본조신설 2015. 2. 3.]

제674조의9(강행규정) 제674조의3, 제674조의4 또는 제674조의6부터 제674조의8까지의 규정을 위반하는 약정으로서 여행자에게 불리한 것은 효력이 없다.

[본조신설 2015. 2. 3.]

제10절 현상광고

제675조(현상광고의 의의) 현상광고는 광고자가 어느 행위를 한 자에게 일정한 보수를 지급할 의사를 표시하고 이에 응한 자가 그 광고에 정한 행위를 완료함으로써 그 효력이 생긴다.

제676조(보수수령권자) ① 광고에 정한 행위를 완료한 자가 수인인 경우에는 먼저 그 행위를 완료한 자가 보수를 받을 권리가 있다.

② 수인이 동시에 완료한 경우에는 각각 균등한 비율로 보수를 받을 권리가 있다. 그러나 보수가 그 성질상 분할할 수 없거나 광고에 1인만이 보수를 받을 것으로 정한 때에는 추첨에 의하여 결정한다.

제677조(광고부지의 행위) 전조의 규정은 광고있음을 알지 못하고 광고에 정한 행위를 완료한 경우에 준용한다.

제678조(우수현상광고) ① 광고에 정한 행위를 완료한 자가 수인인 경우에 그 우수한

자에 한하여 보수를 지급할 것을 정하는 때에는 그 광고에 응모기간을 정한 때에 한하여 그 효력이 생긴다.

② 전항의 경우에 우수의 판정은 광고 중에 정한 자가 한다. 광고 중에 판정자를 정하지 아니한 때에는 광고자가 판정한다.

③ 우수한 자 없다는 판정은 이를 할 수 없다. 그러나 광고 중에 다른 의사표시가 있거나 광고의 성질상 판정의 표준이 정하여져 있는 때에는 그러하지 아니하다.

④ 응모자는 전2항의 판정에 대하여 이의를 하지 못한다.

⑤ 수인의 행위가 동등으로 판정된 때에는 제676조제2항의 규정을 준용한다.

제679조(현상광고의 철회) ① 광고에 그 지정한 행위의 완료기간을 정한 때에는 그 기간만료전에 광고를 철회하지 못한다.

② 광고에 행위의 완료기간을 정하지 아니한 때에는 그 행위를 완료한 자 있기 전에는 그 광고와 동일한 방법으로 광고를 철회할 수 있다.

③ 전광고와 동일한 방법으로 철회할 수 없는 때에는 그와 유사한 방법으로 철회할 수 있다. 이 철회는 철회한 것을 안 자에 대하여만 그 효력이 있다.

제11절 위임

제680조(위임의 의의) 위임은 당사자 일방이 상대방에 대하여 사무의 처리를 위탁하고 상대방이 이를 승낙함으로써 그 효력이 생긴다.

업무방해

[대법원 2023. 4. 27., 선고, 2020도34, 판결]

【판시사항】

[1] 집행관의 직무 내용 및 성격(=독립된 단독의 사법기관) / 채권자의 집행관에 대한 집행위임의 성격(=집행개시를 구하는 신청) 및 위 집행위임이 민법상 위임에 해당하는지 여부(소극)

[2] 주택재개발정비사업조합 구역 내 건물의 소유자인 피고인들이 위 건물에 대한 건물명도 소송 확정판결에 따른 강제집행을 보상액이 적다는 이유로 위력으로 방해함으로써 집행관에게 집행위임을 한 조합의 이주·철거업무를 방해하였다는 내용으로 기소된 사안에서, 위 강제집행은 특별한 사정이 없는 한 집행위임을 한 조합의 업무가 아닌 집행관의 고유한 직무에 해당하고, 설령 피고인들이 집행관의 강제집행 업무를 방해하였더라도 이를 채권자인 조합의 업무를 직접 방해한 것으로 볼 만한 증거도 부족하므로, 피고인들이 조합의 업무를 방해하였다고 볼 수 없고 피고인들의 행위와 조합의 업무방해 사이에 상당인과관계가 있다고 단정할 수도 없다고 한 사례

【판결요지】

[1] 집행관은 집행관법 제2조에 따라 재판의 집행 등을 담당하면서 그 직무 행위의 구체적 내용이나 방법 등에 관하여 전문적 판단에 따라 합리적인 재량을 가진 독립된 단독의 사법기관이다. 따라서 채권자의 집행관에 대한 집행위임은 비록 민사집행법 제16조 제3항, 제42조 제1항, 제43조 등에 '위임'으로 규정되어 있더라도 이는 집행개시를 구하

는 신청을 의미하는 것이지 일반적인 민법상 위임이라고 볼 수는 없다.

[2] 주택재개발정비사업조합(이하 '조합'이라 한다) 구역 내 건물의 소유자인 피고인들이 위 건물에 대한 건물명도소송 확정판결에 따른 강제집행을 보상액이 적다는 이유로 위력으로 방해함으로써 집행관에게 집행위임을 한 조합의 이주·철거업무를 방해하였다는 내용으로 기소된 사안에서, 위 강제집행은 특별한 사정이 없는 한 집행위임을 한 조합의 업무가 아닌 집행관의 고유한 직무에 해당하고, 설령 피고인들이 집행관의 강제집행 업무를 방해하였더라도 이를 채권자인 조합의 업무를 직접 방해한 것으로 볼 만한 증거도 부족하므로, 피고인들이 조합의 업무를 방해하였다고 볼 수 없고 피고인들의 행위와 조합의 업무방해 사이에 상당인과관계가 있다고 단정할 수도 없다는 이유로, 이와 달리 보아 피고인들에게 유죄를 인정한 원심판결에 심리미진 및 업무방해죄의 업무에 관한 법리오해의 잘못이 있다고 한 사례.

제681조(수임인의 선관의무) 수임인은 위임의 본지에 따라 선량한 관리자의 주의로써 위임사무를 처리하여야 한다.

제682조(복임권의 제한) ① 수임인은 위임인의 승낙이나 부득이한 사유없이 제삼자로 하여금 자기에 갈음하여 위임사무를 처리하게 하지 못한다. 〈개정 2014. 12. 30.〉
② 수임인이 전항의 규정에 의하여 제삼자에게 위임사무를 처리하게 한 경우에는 제121조, 제123조의 규정을 준용한다.

제683조(수임인의 보고의무) 수임인은 위임인의 청구가 있는 때에는 위임사무의 처리 상황을 보고하고 위임이 종료한 때에는 지체없이 그 전말을 보고하여야 한다.

추심금
[대법원 2022. 11. 17., 선고, 2018다294179, 판결]

【판시사항】
민법 제923조 제1항에서 정한 '관리의 계산'의 의미 / 친권자가 자녀의 특유재산을 통상적인 양육비용으로 사용할 수 있는 경우 / 친권자가 자녀에 대한 재산 관리 권한에 기하여 자녀에게 지급되어야 할 돈을 자녀 대신 수령한 경우, 재산 관리 권한이 소멸하면 그 돈 중 재산 관리 권한 소멸 시까지 정당하게 지출한 부분을 공제한 나머지를 자녀 또는 그 법정대리인에게 반환할 의무가 있는지 여부(적극) 및 이때 친권자가 자녀를 대신하여 수령한 돈을 정당하게 지출하였다는 점에 대한 증명책임의 소재(=친권자) / 자녀의 친권자에 대한 위와 같은 반환청구권을 자녀의 채권자가 압류할 수 있는지 여부(적극)

【판결요지】
친권자는 자녀가 그 명의로 취득한 특유재산을 관리할 권한이 있는데(민법 제916조), 그 재산 관리 권한이 소멸하면 자녀의 재산에 대한 관리의 계산을 하여야 한다(민법 제923조 제1항). 여기서 '관리의 계산'이란 자녀의 재산을 관리하던 기간의 그 재산에 관한 수입과 지출을 명확히 결산하여 자녀에게 귀속되어야 할 재산과 그 액수를 확정하는 것을 말한다. 친권자의 위와 같은 재산 관리 권한이 소멸한 때에는 위임에 관한 민법 제683조, 제684조가 유추적용되므로, 친권자는 자녀 또는 그 법정대리인에게 위와 같은 계산 결과를 보고하고, 자녀에게 귀속되어야 할 재산을 인도하거나 이전할 의무가 있다.

한편 부모는 자녀를 공동으로 양육할 책임이 있고 양육에 소요되는 비용도 원칙적으로 공동으로 부담하여야 하는 점을 고려할 때, 친권자는 자녀의 특유재산을 자신의 이익을 위하여 임의로 사용할 수 없음은 물론 자녀의 통상적인 양육비용으로도 사용할 수도 없는 것이 원칙이나, 친권자가 자신의 자력으로는 자녀를 부양하거나 생활을 영위하기 곤란한 경우, 친권자의 자산, 수입, 생활수준, 가정상황 등에 비추어 볼 때 통상적인 범위를 넘는 현저한 양육비용이 필요한 경우 등과 같이 정당한 사유가 있는 경우에는 자녀의 특유재산을 그와 같은 목적으로 사용할 수 있다.

따라서 친권자는 자녀에 대한 재산 관리 권한에 기하여 자녀에게 지급되어야 할 돈을 자녀 대신 수령한 경우 그 재산 관리 권한이 소멸하면 그 돈 중 재산 관리 권한 소멸 시까지 위와 같이 정당하게 지출한 부분을 공제한 나머지를 자녀 또는 그 법정대리인에게 반환할 의무가 있다. 이 경우 친권자가 자녀를 대신하여 수령한 돈을 정당하게 지출하였다는 점에 대한 증명책임은 친권자에게 있다.

친권자의 위와 같은 반환의무는 민법 제923조 제1항의 계산의무 이행 여부를 불문하고 그 재산 관리 권한이 소멸한 때 발생한다고 봄이 타당하다. 이에 대응하는 자녀의 친권자에 대한 위와 같은 반환청구권은 재산적 권리로서 일신전속적인 권리라고 볼 수 없으므로, 자녀의 채권자가 그 반환청구권을 압류할 수 있다.

제684조(수임인의 취득물 등의 인도, 이전의무) ① 수임인은 위임사무의 처리로 인하여 받은 금전 기타의 물건 및 그 수취한 과실을 위임인에게 인도하여야 한다.
② 수임인이 위임인을 위하여 자기의 명의로 취득한 권리는 위임인에게 이전하여야 한다.

제685조(수임인의 금전소비의 책임) 수임인이 위임인에게 인도할 금전 또는 위임인의 이익을 위하여 사용할 금전을 자기를 위하여 소비한 때에는 소비한 날 이후의 이자를 지급하여야 하며 그 외의 손해가 있으면 배상하여야 한다.

제686조(수임인의 보수청구권) ① 수임인은 특별한 약정이 없으면 위임인에 대하여 보수를 청구하지 못한다.
② 수임인이 보수를 받을 경우에는 위임사무를 완료한 후가 아니면 이를 청구하지 못한다. 그러나 기간으로 보수를 정한 때에는 그 기간이 경과한 후에 이를 청구할 수 있다.
③ 수임인이 위임사무를 처리하는 중에 수임인의 책임없는 사유로 인하여 위임이 종료된 때에는 수임인은 이미 처리한 사무의 비율에 따른 보수를 청구할 수 있다.

소송비용액확정[본안소송과 보전소송을 모두 수행한 소송대리인의 변호사보수에 관한 소송비용액확정 신청사건]

[대법원 2023. 11. 9. 자 2023마6427 결정]

【판시사항】
변호사에게 계쟁사건 처리를 위임하면서 보수지급 및 수액에 관하여 명시적인 약정을 하지 않은 경우에도 보수지급의 묵시적 약정이 있는 것으로 보아야 하는지 여부(원칙적 적극) / 소송비용액확정 절차에 편입될 변호사보수를 판단할 때 지급방법이나 실제 지급 여부가 영향을 미치는지 여부(소극) / 당사자가 본안소송과 보전소송을 동일한 소송대리인에게 위임

하면서 두 소송을 구별하여 별도로 변호사보수 지급 약정을 하였는지 판단하는 방법
【판결요지】
변호사에게 계쟁사건 처리를 위임하면서 보수지급 및 수액에 관하여 명시적인 약정을 아니
하였더라도, 무보수로 한다는 등 특별한 사정이 없는 한 보수지급의 묵시적 약정이 있는
것으로 보아야 한다. 소송비용에 산입되는 변호사의 보수에는 보수계약에 의하여 현실적으
로 지급한 것뿐만 아니라 사후에 지급하기로 약정한 것까지 포함되므로, 소송비용액확정
절차에 편입될 변호사보수를 판단할 때에는 특정금액의 지급의무가 발생하였는지가 문제
될 뿐 그 지급방법이나 실제 지급 여부는 영향을 미치지 아니한다. 다만 당사자가 본안소
송과 보전소송을 동일한 소송대리인에게 위임한 경우 본안소송과 보전소송을 구별하여 별
도로 변호사보수 지급 약정을 하였는지는 소송위임계약의 체결 경위와 내용, 본안소송과
보전소송의 진행 경과 등 여러 사정을 고려하여 구체적·개별적으로 판단하여야 한다.

제687조(수임인의 비용선급청구권) 위임사무의 처리에 비용을 요하는 때에는 위임인은
수임인의 청구에 의하여 이를 선급하여야 한다.

제688조(수임인의 비용상환청구권 등) ① 수임인이 위임사무의 처리에 관하여 필요비
를 지출한 때에는 위임인에 대하여 지출한 날 이후의 이자를 청구할 수 있다.
② 수임인이 위임사무의 처리에 필요한 채무를 부담한 때에는 위임인에게 자기에 갈
음하여 이를 변제하게 할 수 있고 그 채무가 변제기에 있지 아니한 때에는 상당
한 담보를 제공하게 할 수 있다.〈개정 2014. 12. 30.〉
③ 수임인이 위임사무의 처리를 위하여 과실없이 손해를 받은 때에는 위임인에 대하
여 그 배상을 청구할 수 있다.

사업비청구등·손해배상(기)
[대법원 2024. 2. 29. 선고 2023다294470, 294487 판결]

【판시사항】
민법 제688조 제1항에 따라 수임인이 상환을 청구할 수 있는 필요비의 의미(=선량한 관리
자의 주의를 가지고 수임인이 필요하다고 판단하여 지출한 비용) / 수임인이 위임사무를
처리하는 과정에서 선관주의의무를 위반하였더라도 이후 위임사무 처리를 위해 비용을 지
출하였고, 해당 비용의 지출 과정에서 수임인이 선량한 관리자로서의 주의를 다한 경우,
위임인에 대하여 필요비의 상환을 청구할 수 있는지 여부(적극)

【판결요지】
수임인이 위임사무의 처리에 관하여 필요비를 지출한 때에는 위임인에 대하여 지출한 날 이후의
이자를 청구할 수 있는바(민법 제688조 제1항), 위 규정에 따라 수임인이 상환을 청구할 수 있
는 필요비는 선량한 관리자의 주의를 가지고 수임인이 필요하다고 판단하여 지출한 비용으로서
위임인에게 실익이 생기는지 여부 또는 위임인이 소기의 목적을 달성하였는지 여부는 불문한다.
한편 수임인이 위임사무를 처리하는 과정에서 선관주의의무를 위반한 사실이 있다 하더라
도, 그 이후 수임인이 위임사무 처리를 위해 비용을 지출하였고, 해당 비용의 지출 과정에
서 수임인이 선량한 관리자로서의 주의를 다하였다면, 수임인은 선행 선관주의의무 위반과
상당인과관계 있는 비용 증가에 대하여 손해배상의무를 부담하는 것은 별론으로 하고 위임
인에 대하여 필요비의 상환을 청구할 수 있다.

제689조(위임의 상호해지의 자유) ① 위임계약은 각 당사자가 언제든지 해지할 수 있다. ② 당사자 일방이 부득이한 사유없이 상대방의 불리한 시기에 계약을 해지한 때에는 그 손해를 배상하여야 한다.

제690조(사망·파산 등과 위임의 종료) 위임은 당사자 한쪽의 사망이나 파산으로 종료된다. 수임인이 성년후견개시의 심판을 받은 경우에도 이와 같다.
[전문개정 2011. 3. 7.]

제691조(위임종료시의 긴급처리) 위임종료의 경우에 급박한 사정이 있는 때에는 수임인, 그 상속인이나 법정대리인은 위임인, 그 상속인이나 법정대리인이 위임사무를 처리할 수 있을 때까지 그 사무의 처리를 계속하여야 한다. 이 경우에는 위임의 존속과 동일한 효력이 있다.

제692조(위임종료의 대항요건) 위임종료의 사유는 이를 상대방에게 통지하거나 상대방이 이를 안 때가 아니면 이로써 상대방에게 대항하지 못한다.

제12절 임치

제693조(임치의 의의) 임치는 당사자 일방이 상대방에 대하여 금전이나 유가증권 기타 물건의 보관을 위탁하고 상대방이 이를 승낙함으로써 효력이 생긴다.

손해배상(기)|신용장 개설은행이 보세창고업자를 상대로 운송물의 무단 반출에 따른 손해배상을 구하는 사건|
[대법원 2023. 12. 14. 선고 2022다208649 판결]

【판시사항】
[1] 민사법의 영역에서 과실에 의한 방조가 가능한지 여부(적극) 및 이 경우 과실의 내용 / 과실에 의한 방조행위와 불법행위에 의한 손해 발생 사이의 상당인과관계를 판단하는 기준

[2] 해상운송화물이 통관을 위하여 보세창고에 입고된 경우, 운송인과 보세창고업자 사이의 법률관계 / 해상화물운송에서 선하증권이 발행된 경우, 운송인의 이행보조자인 보세창고업자도 선하증권의 소지인에게 화물을 인도할 의무를 부담하는지 여부(적극) / 보세창고업자가 화물인도지시서의 적법 발행 등을 확인할 주의의무를 부담하는지 여부(적극) / 보세창고업자가 화물 인도에 관하여 부담하는 주의의무를 선하증권을 취득하지 못한 신용장 개설은행에 대해서까지 부담하는지 여부(소극)

【판결요지】
[1] 민법 제760조 제3항은 불법행위의 방조자를 공동불법행위자로 보아 방조자에게 공동불법행위의 책임을 지우고 있다. 방조는 불법행위를 용이하게 하는 직접, 간접의 모든 행위를 가리키는 것으로서 손해의 전보를 목적으로 하여 과실을 원칙적으로 고의와 동일시하는 민사법의 영역에서는 과실에 의한 방조도 가능하고, 이 경우 과실의 내용은 불법행위에 도움을 주지 말아야 할 주의의무가 있음을 전제로 하여 그 의무를 위반하는

것을 말한다. 그런데 타인의 불법행위에 대하여 과실에 의한 방조로서 공동불법행위의 책임을 지우기 위해서는 방조행위와 불법행위에 의한 피해자의 손해 발생 사이에 상당인과관계가 인정되어야 하고, 상당인과관계를 판단할 때에는 과실에 의한 행위로 인하여 해당 불법행위를 용이하게 한다는 사정에 관한 예견가능성과 아울러 과실에 의한 행위가 피해 발생에 끼친 영향, 피해자의 신뢰 형성에 기여한 정도, 피해자 스스로 쉽게 피해를 방지할 수 있었는지 여부, 주의의무를 부과하는 법령 기타 행동규범의 목적과 보호법익 등을 종합적으로 고려하여 그 책임이 지나치게 확대되지 않도록 신중을 기하여야 한다.

[2] 해상운송화물이 통관을 위하여 보세창고에 입고된 경우에는 운송인과 보세창고업자 사이에 해상운송화물에 관하여 묵시적 임치계약이 성립하고, 보세창고업자는 운송인과의 임치계약에 따라 운송인 또는 그가 지정하는 자에게 화물을 인도할 의무가 있다. 해상화물운송에 있어서 선하증권이 발행된 경우 운송인은 선하증권의 소지인에게 화물을 인도할 의무를 부담하므로, 운송인의 이행보조자인 보세창고업자도 해상운송의 정당한 수령인인 선하증권의 소지인에게 화물을 인도할 의무를 부담한다. 나아가 보세창고업자는 화물 인도 과정에서 운송인이 발행한 화물인도지시서가 화물을 인도할 수 있는 근거서류로 적법하게 발행되었는지 등을 확인할 주의의무를 부담한다. 이와 같이 보세창고업자가 화물 인도에 관하여 부담하는 주의의무는 선하증권 소지인의 권리 기타 재산상의 이익을 보호하고 손해를 방지하는 것을 목적으로 할 뿐, 선하증권을 취득하지 못한 신용장 개설은행에 대해서까지 이러한 주의의무를 부담한다고 보기 어렵다.

제694조(수치인의 임치물사용금지) 수치인은 임치인의 동의없이 임치물을 사용하지 못한다.

제695조(무상수치인의 주의의무) 보수없이 임치를 받은 자는 임치물을 자기재산과 동일한 주의로 보관하여야 한다.

제696조(수치인의 통지의무) 임치물에 대한 권리를 주장하는 제삼자가 수치인에 대하여 소를 제기하거나 압류한 때에는 수치인은 지체없이 임치인에게 이를 통지하여야 한다.

제697조(임치물의 성질, 하자로 인한 임치인의 손해배상의무) 임치인은 임치물의 성질 또는 하자로 인하여 생긴 손해를 수치인에게 배상하여야 한다. 그러나 수치인이 그 성질 또는 하자를 안 때에는 그러하지 아니하다.

제698조(기간의 약정있는 임치의 해지) 임치기간의 약정이 있는 때에는 수치인은 부득이한 사유없이 그 기간만료전에 계약을 해지하지 못한다. 그러나 임치인은 언제든지 계약을 해지할 수 있다.

제699조(기간의 약정없는 임치의 해지) 임치기간의 약정이 없는 때에는 각 당사자는 언제든지 계약을 해지할 수 있다.

제700조(임치물의 반환장소) 임치물은 그 보관한 장소에서 반환하여야 한다. 그러나 수치인이 정당한 사유로 인하여 그 물건을 전치한 때에는 현존하는 장소에서 반환할 수 있다.

제701조(준용규정) 제682조, 제684조 내지 제687조 및 제688조제1항, 제2항의 규정은 임치에 준용한다.

제702조(소비임치) 수치인이 계약에 의하여 임치물을 소비할 수 있는 경우에는 소비대차에 관한 규정을 준용한다. 그러나 반환시기의 약정이 없는 때에는 임치인은 언제든지 그 반환을 청구할 수 있다.

예금
[대법원 2023. 6. 29., 선고, 2023다218353, 판결]

【판시사항】
예금계약의 법적 성질(=금전의 소비임치 계약) / 예금계약의 만기가 도래한 사정만으로 금융기관이 예금 반환 지연으로 인한 지체책임을 부담하는지 여부(소극) 및 이때 지체책임의 발생 시기(=특별한 사정이 없는 한 임치인의 적법한 지급 청구에도 불구하고 수치인이 예금 반환을 지체한 때)

【판결요지】
예금계약은 은행 등 법률이 정하는 금융기관을 수치인으로 하는 금전의 소비임치 계약으로서 수치인은 임치물인 금전 등을 보관하고 그 기간 중 이를 소비할 수 있고 임치인의 청구에 따라 동종 동액의 금전을 반환할 것을 약정함으로써 성립하는 것이므로 소비대차에 관한 민법의 규정이 준용되나 사실상 그 계약의 내용은 약관에 따라 정해진다고 보아야 한다.
또한 만기가 정해진 예금계약에 따른 금융기관의 예금 반환채무는 만기가 도래하더라도 임치인이 미리 만기 후 예금 수령방법을 지정한 경우와 같은 특별한 사정이 없는 한 임치인의 적법한 지급 청구가 있어야 비로소 이행할 수 있으므로, 예금계약의 만기가 도래한 것만으로 금융기관인 수치인이 임치인에 대하여 예금 반환 지연으로 인한 지체책임을 부담한다고 볼 수는 없고, 정당한 권한이 있는 임치인의 지급 청구에도 불구하고 수치인이 예금 반환을 지체한 경우에 지체책임을 물을 수 있다고 보아야 한다.

제13절 조합

제703조(조합의 의의) ① 조합은 2인 이상이 상호출자하여 공동사업을 경영할 것을 약정함으로써 그 효력이 생긴다.
② 전항의 출자는 금전 기타 재산 또는 노무로 할 수 있다.

손해배상(기)
[대법원 2023. 8. 31. 선고 2021다284035 판결]

【판시사항】
공동이행방식의 공동수급체가 민법상 조합에 해당하는지 여부(원칙적 적극) / 한쪽 당사자가 조합 구성원들 사이의 내부적인 법률관계를 규율하기 위한 약정에 따른 의무를 이행하지 않아 상대방이 도급인에 대한 의무를 이행하기 위하여 손해가 발생한 경우, 상대방에게 채무불이행에 기한 손해배상책임을 지는지 여부(적극) / 조합의 내부적인 법률관계를 규율하기 위한 약정을 해석하는 방법

제704조(조합재산의 합유) 조합원의 출자 기타 조합재산은 조합원의 합유로 한다.

제705조(금전출자지체의 책임) 금전을 출자의 목적으로 한 조합원이 출자시기를 지체한 때에는 연체이자를 지급하는 외에 손해를 배상하여야 한다.

제706조(사무집행의 방법) ① 조합계약으로 업무집행자를 정하지 아니한 경우에는 조합원의 3분의 2 이상의 찬성으로써 이를 선임한다.
② 조합의 업무집행은 조합원의 과반수로써 결정한다. 업무집행자 수인인 때에는 그 과반수로써 결정한다.
③ 조합의 통상사무는 전항의 규정에 불구하고 각 조합원 또는 각 업무집행자가 전행할 수 있다. 그러나 그 사무의 완료전에 다른 조합원 또는 다른 업무집행자의 이의가 있는 때에는 즉시 중지하여야 한다.

제707조(준용규정) 조합업무를 집행하는 조합원에는 제681조 내지 제688조의 규정을 준용한다.

제708조(업무집행자의 사임, 해임) 업무집행자인 조합원은 정당한 사유없이 사임하지 못하며 다른 조합원의 일치가 아니면 해임하지 못한다.

제709조(업무집행자의 대리권추정) 조합의 업무를 집행하는 조합원은 그 업무집행의 대리권있는 것으로 추정한다.

제710조(조합원의 업무, 재산상태검사권) 각 조합원은 언제든지 조합의 업무 및 재산상태를 검사할 수 있다.

제711조(손익분배의 비율) ① 당사자가 손익분배의 비율을 정하지 아니한 때에는 각 조합원의 출자가액에 비례하여 이를 정한다.
② 이익 또는 손실에 대하여 분배의 비율을 정한 때에는 그 비율은 이익과 손실에 공통된 것으로 추정한다.

정산금등·정산금등
[대법원 2023. 10. 12. 선고 2022다285523, 285530 판결]

【판시사항】
조합에서 조합원이 탈퇴하는 경우, 탈퇴자와 잔존자 사이의 탈퇴로 인한 계산 방법 및 이 경우 조합원의 지분비율은 조합 내부의 손익분배 비율을 기준으로 계산하는 것이 원칙인지 여부(적극)

【판결요지】
조합에서 조합원이 탈퇴하는 경우, 탈퇴자와 잔존자 사이의 탈퇴로 인한 계산은 특별한 사정이 없는 한 민법 제719조 제1항, 제2항에 따라 '탈퇴 당시의 조합재산상태'를 기준으로 평가한 조합재산 중 탈퇴자의 지분에 해당하는 금액을 금전으로 반환하여야 하고, 조합원의 지분비율은 조합청산의 경우에 실제 출자한 자산가액의 비율에 의하는 것과는 달리 조합 내부의 손익분배 비율을 기준으로 계산하여야 하는 것이 원칙이다.

제712조(조합원에 대한 채권자의 권리행사) 조합채권자는 그 채권발생 당시에 조합원의 손실부담의 비율을 알지 못한 때에는 각 조합원에게 균분하여 그 권리를 행사할 수 있다.

제713조(무자력조합원의 채무와 타조합원의 변제책임) 조합원 중에 변제할 자력없는 자가 있는 때에는 그 변제할 수 없는 부분은 다른 조합원이 균분하여 변제할 책임이 있다.

제714조(지분에 대한 압류의 효력) 조합원의 지분에 대한 압류는 그 조합원의 장래의 이익배당 및 지분의 반환을 받을 권리에 대하여 효력이 있다.

제715조(조합채무자의 상계의 금지) 조합의 채무자는 그 채무와 조합원에 대한 채권으로 상계하지 못한다.

제716조(임의탈퇴) ① 조합계약으로 조합의 존속기간을 정하지 아니하거나 조합원의 종신까지 존속할 것을 정한 때에는 각 조합원은 언제든지 탈퇴할 수 있다. 그러나 부득이한 사유없이 조합의 불리한 시기에 탈퇴하지 못한다.
② 조합의 존속기간을 정한 때에도 조합원은 부득이한 사유가 있으면 탈퇴할 수 있다.

제717조(비임의 탈퇴) 제716조의 경우 외에 조합원은 다음 각 호의 어느 하나에 해당하는 사유가 있으면 탈퇴된다.
  1. 사망
  2. 파산
  3. 성년후견의 개시
  4. 제명(除名)
[전문개정 2011. 3. 7.]

제718조(제명) ① 조합원의 제명은 정당한 사유있는 때에 한하여 다른 조합원의 일치로써 이를 결정한다.
② 전항의 제명결정은 제명된 조합원에게 통지하지 아니하면 그 조합원에게 대항하지 못한다.

제719조(탈퇴조합원의 지분의 계산) ① 탈퇴한 조합원과 다른 조합원간의 계산은 탈퇴 당시의 조합재산상태에 의하여 한다.
② 탈퇴한 조합원의 지분은 그 출자의 종류여하에 불구하고 금전으로 반환할 수 있다.
③ 탈퇴당시에 완결되지 아니한 사항에 대하여는 완결후에 계산할 수 있다.

제720조(부득이한 사유로 인한 해산청구) 부득이한 사유가 있는 때에는 각 조합원은 조합의 해산을 청구할 수 있다.

제721조(청산인) ① 조합이 해산한 때에는 청산은 총조합원 공동으로 또는 그들이 선임한 자가 그 사무를 집행한다.
② 전항의 청산인의 선임은 조합원의 과반수로써 결정한다.

제722조(청산인의 업무집행방법) 청산인이 수인인 때에는 제706조제2항 후단의 규정을 준용한다.

제723조(조합원인 청산인의 사임, 해임) 조합원 중에서 청산인을 정한 때에는 제708조의 규정을 준용한다.

제724조(청산인의 직무, 권한과 잔여재산의 분배) ① 청산인의 직무 및 권한에 관하여는 제87조의 규정을 준용한다.
② 잔여재산은 각 조합원의 출자가액에 비례하여 이를 분배한다.

가등기말소·소유권이전등기
[대법원 2024. 2. 29. 선고 2023다290799, 290805 판결]

【판시사항】
[1] 조합관계가 종료되고 채권자가 조합원인 조합채무의 변제 사무만 남은 경우, 동업체 자산을 보유하는 자가 동업체 자산에서 채권자 조합원에 대한 조합채무를 공제하여 분배대상 잔여재산액을 산출한 다음 다른 조합원들에게 잔여재산 중 각 조합원의 출자가액에 비례한 몫을 반환함과 아울러 채권자 조합원에게 조합채무를 이행하는 방법으로 별도의 청산절차 없이 잔여재산을 분배할 수 있는지 여부(적극) / 2인으로 구성된 조합의 조합관계가 종료되고 조합원 중 1인에 대한 조합채권의 추심 사무가 완료되지 아니하는 등의 경우에도 위와 같이 별도의 청산절차 없이 간이한 방법으로 잔여재산을 분배하는 것이 허용되는지 여부(한정 적극)
[2] 부동산에 관한 물권을 취득하기 위한 계약에서 명의수탁자가 어느 한쪽 당사자가 되고 상대방 당사자는 명의신탁약정이 있다는 사실을 알지 못한 경우, 명의수탁자가 부동산의 완전한 소유권을 취득하고 명의신탁자에게 부당이득반환의무를 부담하는지 여부(적극) / 조합원들이 공동사업을 위하여 매수한 부동산에 관하여 합유등기를 하지 않고 조합원 중 1인 명의로 소유권이전등기를 한 경우, 조합체가 조합원에게 명의신탁한 것으로 보아야 하는지 여부(적극) 및 이때 신탁부동산 자체가 조합재산이 될 수 있는지 여부(소극)

제14절 종신정기금

제725조(종신정기금계약의 의의) 종신정기금계약은 당사자 일방이 자기, 상대방 또는 제삼자의 종신까지 정기로 금전 기타의 물건을 상대방 또는 제삼자에게 지급할 것을 약정함으로써 그 효력이 생긴다.

제726조(종신정기금의 계산) 종신정기금은 일수로 계산한다.

제727조(종신정기금계약의 해제) ① 정기금채무자가 정기금채무의 원본을 받은 경우에 그 정기금채무의 지급을 해태하거나 기타 의무를 이행하지 아니한 때에는 정기금채권자는 원본의 반환을 청구할 수 있다. 그러나 이미 지급을 받은 채무액에서 그 원본의 이자를 공제한 잔액을 정기금채무자에게 반환하여야 한다.
② 전항의 규정은 손해배상의 청구에 영향을 미치지 아니한다.

제728조(해제와 동시이행) 제536조의 규정은 전조의 경우에 준용한다.

제729조(채무자귀책사유로 인한 사망과 채권존속선고) ① 사망이 정기금채무자의 책임 있는 사유로 인한 때에는 법원은 정기금채권자 또는 그 상속인의 청구에 의하여 상당한 기간 채권의 존속을 선고할 수 있다.
② 전항의 경우에도 제727조의 권리를 행사할 수 있다.

제730조(유증에 의한 종신정기금) 본절의 규정은 유증에 의한 종신정기금채권에 준용한다.

제15절 화해

제731조(화해의 의의) 화해는 당사자가 상호양보하여 당사자간의 분쟁을 종지할 것을 약정함으로써 그 효력이 생긴다.

제732조(화해의 창설적효력) 화해계약은 당사자 일방이 양보한 권리가 소멸되고 상대방이 화해로 인하여 그 권리를 취득하는 효력이 있다.

제733조(화해의 효력과 착오) 화해계약은 착오를 이유로 하여 취소하지 못한다. 그러나 화해당사자의 자격 또는 화해의 목적인 분쟁 이외의 사항에 착오가 있는 때에는 그러하지 아니하다.

제3장 사무관리

제734조(사무관리의 내용) ① 의무없이 타인을 위하여 사무를 관리하는 자는 그 사무의 성질에 좇아 가장 본인에게 이익되는 방법으로 이를 관리하여야 한다.
② 관리자가 본인의 의사를 알거나 알 수 있는 때에는 그 의사에 적합하도록 관리하여야 한다.
③ 관리자가 전2항의 규정에 위반하여 사무를 관리한 경우에는 과실없는 때에도 이로 인한 손해를 배상할 책임이 있다. 그러나 그 관리행위가 공공의 이익에 적합한 때에는 중대한 과실이 없으면 배상할 책임이 없다.

구상금
[대법원 2022. 3. 17., 선고, 2021다276539, 판결]

【판시사항】

[1] 제3자가 유효하게 채무자가 부담하는 채무를 변제한 경우, 채무자와 계약관계가 없으면 민법 제739조에서 정한 사무관리비용의 상환청구권에 따라 구상권을 취득하는지 여부(원칙적 적극)

[2] 甲의 전처인 乙이 甲 사망 후 그 상속인인 丙 등을 상대로 자신이 甲의 채무를 대위변제하였다며 상속분에 따른 구상금을 구한 사안에서, 위 대위변제에 관하여 사무관리가 성립하고, 乙이 甲에게 그에 따른 구상금을 취득하였다고 볼 여지가 있는데도, 乙의 청구를 배척한 원심판결에는 법리오해 등 잘못이 있다고 한 사례

[3] 채무자를 위하여 채무를 변제한 자가 취득하는 구상권과 민법 제480조 제1항에 따른 변제자대위권이 별개의 권리인지 여부(적극)

【판결요지】

[1] 채무의 변제는 제3자도 할 수 있다. 그러나 채무의 성질 또는 당사자의 의사표시로 제3자의 변제를 허용하지 아니하는 때에는 그러하지 아니하다(민법 제469조 제1항). 이해관계 없는 제3자는 채무자의 의사에 반하여 변제하지 못한다(같은 조 제2항).

제3자가 유효하게 채무자가 부담하는 채무를 변제한 경우에 채무자와 계약관계가 있으면 그에 따라 구상권을 취득하고, 그러한 계약관계가 없으면 특별한 사정이 없는 한 민법 제734조 제1항에서 정한 사무관리가 성립하여 민법 제739조에 정한 사무관리비용의 상환청구권에 따라 구상권을 취득한다.

[2] 甲의 전처인 乙이 甲 사망 후 그 상속인인 丙 등을 상대로 자신이 甲의 채무를 대위변제하였다며 상속분에 따른 구상금을 구한 사안에서, 위 대위변제에 관하여 사무관리가 성립하고, 乙이 甲에게 그에 따른 구상금을 취득하였다고 볼 여지가 있는데도, 대위변제가 甲의 의사에 따라 이루어졌다고 볼 수 없다거나 대위변제로 인한 이익을 자녀들에게 주고자 한 것이지 甲에게 주려는 의도가 아니었다는 이유로 乙의 청구를 배척한 원심판결에는 법리오해 등 잘못이 있다고 한 사례.

[3] 채무자를 위하여 채무를 변제한 자는 채무자에 대한 구상권을 취득할 수 있는데, 구상권은 변제자가 민법 제480조 제1항에 따라 가지는 변제자대위권과 원본, 변제기, 이자, 지연손해금 유무 등에서 그 내용이 다른 별개의 권리이다.

제735조(긴급사무관리) 관리자가 타인의 생명, 신체, 명예 또는 재산에 대한 급박한 위해를 면하게 하기 위하여 그 사무를 관리한 때에는 고의나 중대한 과실이 없으면 이로 인한 손해를 배상할 책임이 없다.

제736조(관리자의 통지의무) 관리자가 관리를 개시한 때에는 지체없이 본인에게 통지하여야 한다. 그러나 본인이 이미 이를 안 때에는 그러하지 아니하다.

제737조(관리자의 관리계속의무) 관리자는 본인, 그 상속인이나 법정대리인이 그 사무를 관리하는 때까지 관리를 계속하여야 한다. 그러나 관리의 계속이 본인의 의사에 반하거나 본인에게 불리함이 명백한 때에는 그러하지 아니하다.

제738조(준용규정) 제683조 내지 제685조의 규정은 사무관리에 준용한다.

제739조(관리자의 비용상환청구권) ① 관리자가 본인을 위하여 필요비 또는 유익비를 지출한 때에는 본인에 대하여 그 상환을 청구할 수 있다.
② 관리자가 본인을 위하여 필요 또는 유익한 채무를 부담한 때에는 제688조제2항의 규정을 준용한다.
③ 관리자가 본인의 의사에 반하여 관리한 때에는 본인의 현존이익의 한도에서 전2항의 규정을 준용한다.

제740조(관리자의 무과실손해보상청구권) 관리자가 사무관리를 함에 있어서 과실없이 손해를 받은 때에는 본인의 현존이익의 한도에서 그 손해의 보상을 청구할 수 있다.

제4장 부당이득

제741조(부당이득의 내용) 법률상 원인없이 타인의 재산 또는 노무로 인하여 이익을 얻고 이로 인하여 타인에게 손해를 가한 자는 그 이익을 반환하여야 한다.

부당이득금[사방시설이 적법하게 설치되지 않았음을 이유로 부당이득반환을 구하는 사건]
[대법원 2024. 6. 27. 선고 2023다275530 판결]

【판시사항】
[1] 국가 또는 지방자치단체가 위법하게 사유지에 대한 점유를 개시한 경우, 공익사업을 위한 토지 등의 취득 및 보상에 관한 법률에 따라 해당 토지에 대한 수용 또는 사용 절차를 거쳐 손실보상금을 지급할 가능성이 있었다는 사정만으로 토지 소유자에 대한 부당이득반환의무가 소멸하는지 여부(소극)
[2] 우면산 일대에 기습적 폭우로 산사태가 발생하자 甲 지방자치단체가 사방지를 지정·고시한 후 사방시설을 설치하였고, 그 후 乙 등이 콘크리트로 이루어진 사방시설과 이를 관리하기 위한 CCTV 등이 설치된 토지의 공유지분을 취득하였는데, 乙 등이 甲 지방자치단체를 상대로 사방시설의 설치를 통해 법률상 원인 없이 토지를 점유·사용하고 있음을 이유로 부당이득반환을 구한 사안에서, 甲 지방자치단체가 사방시설 설치에 앞서 공익사업을 위한 토지 등의 취득 및 보상에 관한 법률상의 적법한 수용 또는 사용 절차를 거치지 않았으므로 乙 등에게 사방시설을 통해 토지를 법률상 원인 없이 점유·사용한 이익을 부당이득으로 반환할 의무가 있고, 해당 토지에 대한 수용 또는 사용 절차를 거쳐 손실보상금을 지급할 가능성이 있었다는 사정만으로 부당이득반환의무가 소멸한다고 볼 수 없다고 한 사례
[3] 당사자가 주장한 사항에 대한 구체적·직접적인 판단이 표시되어 있지 않더라도 판결 이유의 전반적인 취지에 비추어 주장의 인용 여부를 알 수 있는 경우 또는 판결에서 실제로 판단을 하지 않았더라도 주장이 배척될 것이 분명한 경우, 판단누락의 잘못이 있다고 할 수 있는지 여부(소극)
【판결요지】
[1] 국가 또는 지방자치단체가 위법하게 사유지에 대한 점유를 개시한 경우, 국가 또는 지

방자치단체가 공익사업을 위한 토지 등의 취득 및 보상에 관한 법률(이하 '토지보상법' 이라고 한다)에 따라 해당 토지에 대한 수용 또는 사용 절차를 거쳐 손실보상금을 지급할 가능성이 있었다는 사정만으로 토지 소유자에 대한 부당이득반환의무가 소멸한다고 볼 수 없다. 국가 또는 지방자치단체로서는 토지보상법에 따른 적법한 수용 또는 사용 절차를 통해 정당한 보상을 함으로써 토지에 대한 사용권을 획득한 이후에야 그 범위 내에서 부당이득반환의무를 면할 뿐이다.

[2] 우면산 일대에 기습적 폭우로 산사태가 발생하자 甲 지방자치단체가 사방지를 지정·고시한 후 사방시설을 설치하였고, 그 후 乙 등이 콘크리트로 이루어진 사방시설과 이를 관리하기 위한 CCTV 등이 설치된 토지의 공유지분을 취득하였는데, 乙 등이 甲 지방자치단체를 상대로 사방시설의 설치를 통해 법률상 원인 없이 토지를 점유·사용하고 있음을 이유로 부당이득반환을 구한 사안에서, 위 사방시설은 2013. 8. 13. 법률 제12052호로 개정된 사방사업법이 시행되기 전에 준공되었으므로 위 사방시설의 설치에 관하여는 구 사방사업법(2013. 8. 13. 법률 제12052호로 개정되기 전의 것, 이하 같다)이 적용되는데, 구 사방사업법 제9조 제3항은 국가사방사업의 시행을 위해 사유지에 인공구조물을 설치할 수 있다는 규정을 두고 있지 않으므로 위 사방시설 설치의 근거 규정이 될 수 없고, 그 결과 乙 등도 구 사방사업법 제10조에 근거하여 손실보상을 구할 수 없으며, 甲 지방자치단체로서는 공익사업을 위한 토지 등의 취득 및 보상에 관한 법률(이하 '토지보상법'이라고 한다)에 따라 사유지에 대한 수용·사용 절차를 거쳐야만 사유지에 사방사업을 위한 인공구조물을 설치할 수 있었는데, 甲 지방자치단체가 사방시설 설치에 앞서 토지보상법상의 적법한 수용 또는 사용 절차를 거치지 않았으므로 乙 등에게 사방시설을 통해 토지를 법률상 원인 없이 점유·사용한 이익을 부당이득으로 반환할 의무가 있고, 토지보상법에 따라 해당 토지에 대한 수용 또는 사용 절차를 거쳐 손실보상금을 지급할 가능성이 있었다는 사정만으로 부당이득반환의무가 소멸한다고 볼 수 없다고 한 사례.

[3] 법원의 판결에 당사자가 주장한 사항에 대한 구체적·직접적인 판단이 표시되어 있지 않더라도 판결 이유의 전반적인 취지에 비추어 그 주장을 인용하거나 배척하였음을 알 수 있는 정도라면 판단누락이라고 할 수 없다. 설령 판결에서 실제로 판단을 하지 않았더라도 그 주장이 배척될 것이 분명하다면 판결 결과에 영향이 없어 판단누락의 잘못이 있다고 할 수 없다.

제742조(비채변제) 채무없음을 알고 이를 변제한 때에는 그 반환을 청구하지 못한다.

제743조(기한전의 변제) 변제기에 있지 아니한 채무를 변제한 때에는 그 반환을 청구하지 못한다. 그러나 채무자가 착오로 인하여 변제한 때에는 채권자는 이로 인하여 얻은 이익을 반환하여야 한다.

제744조(도의관념에 적합한 비채변제) 채무없는 자가 착오로 인하여 변제한 경우에 그 변제가 도의관념에 적합한 때에는 그 반환을 청구하지 못한다.

제745조(타인의 채무의 변제) ① 채무자아닌 자가 착오로 인하여 타인의 채무를 변제한 경우에 채권자가 선의로 증서를 훼멸하거나 담보를 포기하거나 시효로 인하여 그 채권을 잃은 때에는 변제자는 그 반환을 청구하지 못한다.

② 전항의 경우에 변제자는 채무자에 대하여 구상권을 행사할 수 있다.

제746조(불법원인급여) 불법의 원인으로 인하여 재산을 급여하거나 노무를 제공한 때에는 그 이익의 반환을 청구하지 못한다. 그러나 그 불법원인이 수익자에게만 있는 때에는 그러하지 아니하다.

제747조(원물반환불능한 경우와 가액반환, 전득자의 책임) ① 수익자가 그 받은 목적물을 반환할 수 없는 때에는 그 가액을 반환하여야 한다.
② 수익자가 그 이익을 반환할 수 없는 경우에는 수익자로부터 무상으로 그 이익의 목적물을 양수한 악의의 제삼자는 전항의 규정에 의하여 반환할 책임이 있다.

제748조(수익자의 반환범위) ① 선의의 수익자는 그 받은 이익이 현존한 한도에서 전조의 책임이 있다.
② 악의의 수익자는 그 받은 이익에 이자를 붙여 반환하고 손해가 있으면 이를 배상하여야 한다.

제749조(수익자의 악의인정) ① 수익자가 이익을 받은 후 법률상 원인없음을 안 때에는 그때부터 악의의 수익자로서 이익반환의 책임이 있다.
② 선의의 수익자가 패소한 때에는 그 소를 제기한 때부터 악의의 수익자로 본다.

제5장 불법행위

제750조(불법행위의 내용) 고의 또는 과실로 인한 위법행위로 타인에게 손해를 가한 자는 그 손해를 배상할 책임이 있다.

손해배상(기)[비법인사단의 대표자가 선량한 관리자의 주의의무를 위반한 경우, 비법인사단의 구성원에 대한 불법행위 손해배상책임의 성립 여부가 문제된 사건]
[대법원 2024. 7. 11. 선고 2023다314022 판결]

【판시사항】
[1] 민법 제750조에서 정한 '위법행위'의 의미 / 위법성은 문제가 되는 행위마다 개별적·상대적으로 판단하여야 하는지 여부(적극) / 법률상 보호할 가치가 있는 이익을 침해하는 경우에도 위법성이 인정되면 불법행위가 성립하는지 여부(적극)
[2] 甲 마을 주민들을 구성원으로 하는 마을회가 총회 결의를 통해 동물테마파크 개발사업에 반대하는 입장을 정하였는데, 위 마을회 이장인 乙이 개발업자로부터 부정한 청탁을 받아 개발업자와 위 개발사업에 찬성하는 내용의 상호협약서를 작성하고, 관계기관에 위 개발사업에 관한 위 마을회의 공식적인 반대 입장을 철회한다는 내용의 공문을 보내는 등 위 마을회의 입장에 정면으로 반하는 행위를 한 사안에서, 乙의 위와 같은 행위는 마을회 구성원들의 법익을 침해한 위법한 행위로 보기 어려울 뿐만 아니라, 乙의 행위로 인하여 마을회 구성원들에게 손해가 발생하였다고 보기 어려운데도, 이와 달리 본 원심판단에 법리오해의 잘못이 있다고 한 사례

【판결요지】

[1] 민법 제750조는 "고의 또는 과실로 인한 위법행위로 타인에게 손해를 가한 자는 그 손해를 배상할 책임이 있다."라고 정하고 있다. 위법행위는 불법행위의 핵심적인 성립요건으로서, 법률을 위반한 경우에 한정되지 않고 전체 법질서의 관점에서 사회통념상 위법하다고 판단되는 경우도 포함할 수 있는 탄력적인 개념이다.

불법행위의 성립요건으로서 위법성은 관련 행위 전체를 일체로 보아 판단하여 결정해야만 하는 것은 아니고, 문제가 되는 행위마다 개별적·상대적으로 판단하여야 한다. 소유권을 비롯한 절대권을 침해한 경우뿐만 아니라 법률상 보호할 가치가 있는 이익을 침해하는 경우에도 침해행위의 양태, 피침해이익의 성질과 그 정도에 비추어 그 위법성이 인정되면 불법행위가 성립할 수 있다.

[2] 甲 마을 주민들을 구성원으로 하는 마을회가 총회 결의를 통해 동물테마파크 개발사업에 반대하는 입장을 정하였는데, 위 마을회 이장인 乙이 개발업자로부터 부정한 청탁을 받아 개발업자와 위 개발사업에 찬성하는 내용의 상호협약서를 작성하고, 관계기관에 위 개발사업에 관한 위 마을회의 공식적인 반대 입장을 철회한다는 내용의 공문을 보내는 등 위 마을회의 입장에 정면으로 반하는 행위를 한 사안에서, 乙의 행위들은 마을회의 총회에서 마을 주민들의 의결권 행사를 통해 위 개발사업에 반대하는 내용의 결의가 이루어진 후에 한 행위들이므로, 乙이 위 마을회의 사업 반대 결의 후에 그 결의와 상충되는 행위를 하였다는 것만으로 마을회 구성원들의 의결권을 침해하였다고 보기 어려운 점, 乙이 관계기관에 찬성위원회 구성 통지를 하거나 위 개발사업에 대한 반대 입장을 철회한다는 공문을 보내고 개발업자와 상호협약서를 작성한 행위는 법적 효력이 없거나 불분명한 행위일 뿐만 아니라, 그로 인하여 위 마을회나 마을회 구성원들이 위 개발사업의 추진과 관련하여 법적 의무를 부담하게 되었다고 단정하기 어려우므로, 乙의 위와 같은 행위로 말미암아 마을회 구성원들의 권리 또는 이익이 침해되었다고 보기 어려운 점, 설령 乙의 위와 같은 행위로 인하여 위 개발사업을 둘러싸고 혼란이 발생하였다고 하더라도, 乙의 행위에 힘입어 위 개발사업이 실제로 추진되거나 성사되는 데까지 나아가지 아니한 이상, 마을회 구성원들이 위자료로 배상할 만한 정신적 고통을 입었다고 보기 어려운 점에 비추어, 乙의 위와 같은 행위는 마을회 구성원들의 법익을 침해한 위법한 행위로 보기 어려울 뿐만 아니라, 乙의 행위로 인하여 마을회 구성원들에게 손해가 발생하였다고 보기 어려운데도, 이와 달리 본 원심판단에 법리오해의 잘못이 있다고 한 사례.

제751조(재산 이외의 손해의 배상) ① 타인의 신체, 자유 또는 명예를 해하거나 기타 정신상고통을 가한 자는 재산 이외의 손해에 대하여도 배상할 책임이 있다.
② 법원은 전항의 손해배상을 정기금채무로 지급할 것을 명할 수 있고 그 이행을 확보하기 위하여 상당한 담보의 제공을 명할 수 있다.

이혼등청구의소[부정행위를 한 부부의 일방이 배우자에게 위자료 및 재산분할 등으로 금원을 지급한 경우 이를 부정행위를 한 제3자의 위자료액수를 산정할 때 참작할 수 있는지 여부가 문제된 사건]
[대법원 2024. 6. 27. 선고 2023므12782 판결]

【판시사항】

제3자가 부부의 일방과 부정행위를 함으로써 혼인의 본질에 해당하는 부부공동생활을 침해하거나 그 유지를 방해하고 그에 대한 배우자로서의 권리를 침해하여 배우자에게 정신적 고통을 가하는 행위가 불법행위를 구성하는지 여부(원칙적 적극) 및 부부의 일방과 제3자가 부담하는 불법행위책임이 공동불법행위책임으로서 부진정연대채무 관계에 있는지 여부(적극) / 부정행위를 한 부부의 일방이 배우자에게 공동불법행위로 인한 손해배상금을 지급한 경우, 그 변제의 효과가 제3자에 대하여도 효력이 있는지 여부(적극) / 부정행위를 한 부부의 일방이 이혼과정에서 배우자에게 위자료 등의 명목으로 금원을 지급하였는데 그 금원에 위자료뿐만 아니라 재산분할금이나 양육비 등 다른 성격의 금원이 포함되어 있고, 그러한 이유로 그 금원 중 공동불법행위로 인한 위자료를 구분·특정하기 어려운 경우, 법원은 이를 제3자가 부담하는 위자료 액수를 산정할 때 참작할 수 있는지 여부(적극)

【판결요지】

제3자가 부부의 일방과 부정행위를 함으로써 혼인의 본질에 해당하는 부부공동생활을 침해하거나 그 유지를 방해하고 그에 대한 배우자로서의 권리를 침해하여 배우자에게 정신적 고통을 가하는 행위는 원칙적으로 불법행위를 구성한다. 그리고 이에 따라 제3자가 부담하는 불법행위책임은 부정행위를 한 부부의 일방이 배우자에 대하여 부담하는 불법행위책임과 공동불법행위책임으로서 부진정연대채무 관계에 있다.

부진정연대채무자 상호 간에 채권의 목적을 달성시키는 변제와 같은 사유는 채무자 전원에 대하여 절대적 효력을 발생하므로, 부정행위를 한 부부의 일방이 배우자에게 공동불법행위로 인한 손해배상금을 지급한 경우 그 변제의 효과는 부진정연대채무자인 제3자에 대하여도 효력이 있다.

부정행위를 한 부부의 일방이 이혼과정에서 배우자에게 위자료 등의 명목으로 금원을 지급하였는데 그 금원에 위자료뿐만 아니라 재산분할금이나 양육비 등 다른 성격의 금원이 포함되어 있고, 그러한 이유로 그 금원 중 공동불법행위로 인한 위자료를 구분·특정하기 어려운 경우가 있다. 이러한 경우 법원은 부부의 일방이 배우자에게 위자료의 일부로서 금원을 지급한 사정을 제3자가 부담하는 위자료 액수를 산정할 때 참작할 수 있다.

제752조(생명침해로 인한 위자료) 타인의 생명을 해한 자는 피해자의 직계존속, 직계비속 및 배우자에 대하여는 재산상의 손해없는 경우에도 손해배상의 책임이 있다.

제753조(미성년자의 책임능력) 미성년자가 타인에게 손해를 가한 경우에 그 행위의 책임을 변식할 지능이 없는 때에는 배상의 책임이 없다.

제754조(심신상실자의 책임능력) 심신상실 중에 타인에게 손해를 가한 자는 배상의 책임이 없다. 그러나 고의 또는 과실로 인하여 심신상실을 초래한 때에는 그러하지 아니하다.

제755조(감독자의 책임) ① 다른 자에게 손해를 가한 사람이 제753조 또는 제754조에 따라 책임이 없는 경우에는 그를 감독할 법정의무가 있는 자가 그 손해를 배상할 책임이 있다. 다만, 감독의무를 게을리하지 아니한 경우에는 그러하지 아니하다.
② 감독의무자를 갈음하여 제753조 또는 제754조에 따라 책임이 없는 사람을 감독

하는 자도 제1항의 책임이 있다.
[전문개정 2011. 3. 7.]

제756조(사용자의 배상책임) ① 타인을 사용하여 어느 사무에 종사하게 한 자는 피용자가 그 사무집행에 관하여 제삼자에게 가한 손해를 배상할 책임이 있다. 그러나 사용자가 피용자의 선임 및 그 사무감독에 상당한 주의를 한 때 또는 상당한 주의를 하여도 손해가 있을 경우에는 그러하지 아니하다.
② 사용자에 갈음하여 그 사무를 감독하는 자도 전항의 책임이 있다.〈개정 2014. 12. 30.〉
③ 전2항의 경우에 사용자 또는 감독자는 피용자에 대하여 구상권을 행사할 수 있다.

제757조(도급인의 책임) 도급인은 수급인이 그 일에 관하여 제삼자에게 가한 손해를 배상할 책임이 없다. 그러나 도급 또는 지시에 관하여 도급인에게 중대한 과실이 있는 때에는 그러하지 아니하다.

제758조(공작물등의 점유자, 소유자의 책임) ① 공작물의 설치 또는 보존의 하자로 인하여 타인에게 손해를 가한 때에는 공작물점유자가 손해를 배상할 책임이 있다. 그러나 점유자가 손해의 방지에 필요한 주의를 해태하지 아니한 때에는 그 소유자가 손해를 배상할 책임이 있다.
② 전항의 규정은 수목의 재식 또는 보존에 하자있는 경우에 준용한다.
③ 전2항의 경우 점유자 또는 소유자는 그 손해의 원인에 대한 책임있는 자에 대하여 구상권을 행사할 수 있다.〈개정 2022. 12. 13.〉

손해배상(기)
[대법원 2024. 3. 12. 선고 2019다301029 판결]

【판시사항】
[1] 물건에 대한 점유의 의미 및 판단 기준 / 민법 제758조 제1항에서 정한 공작물 점유자의 의미 / 가사상, 영업상 기타 유사한 관계에 의하여 타인의 지시를 받아서 공작물에 대한 사실상의 지배를 하는 자가 민법 제758조 제1항에 의한 공작물 점유자의 책임을 부담하는 자에 해당하는지 여부(소극)
[2] 집합투자업자인 甲 주식회사의 운용지시에 따라 신탁회사인 乙 은행이 투자신탁재산으로 소유권을 취득한 건물의 주차장 천장에서 화재가 발생하여 임차인인 丙 주식회사가 피해를 입자, 甲 회사, 乙 은행 및 甲 회사와 체결한 자산관리 위탁계약에 따라 건물에 관한 자산관리 업무를 수행한 丁 주식회사, 丁 회사와 체결한 시설관리 용역계약에 따라 건물의 시설관리 업무를 수행한 戊 주식회사를 상대로 민법 제758조 제1항에 의한 공작물 점유자의 책임을 구한 사안에서, 丁 회사와 戊 회사는 甲 회사의 점유를 돕기 위한 점유보조자의 지위에 있을 뿐이므로 공작물 점유자로서의 책임을 부담하지 않으나, 甲 회사와 乙 은행은 위 주차장의 설치 또는 보존상 하자로 발생할 수 있는 각종 사고를 방지하기 위하여 이를 보수·관리할 권한 및 책임의 귀속주체로서 점유보조관계를 통하여 위 주차장을 직접점유하였다고 볼 수 있으므로 위 화재와 관련하여 민법 제758조 제1항에 의한 공작물 점유자의 책임을 부담한다고 본 원심의 결론을 수긍한 사례

[3] 실화책임에 관한 법률의 입법 취지 및 발화점과 불가분의 일체를 이루는 물건의 소실에 대하여도 위 법률이 적용되는지 여부(소극)

[4] 집합투자업자와 신탁업자가 민법 제758조 제1항에 따라 투자신탁재산인 공작물의 점유자로서 공작물의 설치 또는 보존의 하자로 피해를 입은 제3자에게 손해배상책임을 부담하는 경우, 투자신탁재산을 한도로만 책임을 부담하는 것이 아니라 고유재산으로도 책임을 부담하는지 여부(적극) / 신탁법 제114조 제1항에 따른 유한책임신탁의 효력발생요건(=유한책임신탁의 등기)

제759조(동물의 점유자의 책임) ① 동물의 점유자는 그 동물이 타인에게 가한 손해를 배상할 책임이 있다. 그러나 동물의 종류와 성질에 따라 그 보관에 상당한 주의를 해태하지 아니한 때에는 그러하지 아니하다.

② 점유자에 갈음하여 동물을 보관한 자도 전항의 책임이 있다.〈개정 2014. 12. 30.〉

제760조(공동불법행위자의 책임) ① 수인이 공동의 불법행위로 타인에게 손해를 가한 때에는 연대하여 그 손해를 배상할 책임이 있다.

② 공동 아닌 수인의 행위중 어느 자의 행위가 그 손해를 가한 것인지를 알 수 없는 때에도 전항과 같다.

③ 교사자나 방조자는 공동행위자로 본다.

위자료[부부 사이의 이혼을 원인으로 한 위자료 청구소송이 쌍방 책임정도가 대등하다고 판단되어 기각된 경우, 제3자에 대하여 이혼을 원인으로 한 위자료 청구를 할 수 있는지 여부가 문제된 사건]
[대법원 2024. 6. 27. 선고 2023므16678 판결]

【판시사항】

부부의 일방이 상대방 배우자의 부정행위로 인하여 혼인관계가 파탄되었다고 주장하면서 배우자를 상대로 위자료 청구를 하였으나, 법원이 혼인관계 파탄에 관한 부부 쌍방의 책임정도가 대등하다고 판단하여 위자료 청구를 기각하는 경우, 상대방 배우자에게 혼인관계 파탄에 대한 손해배상의무가 처음부터 성립하지 않는지 여부(적극) / 부정행위를 한 배우자의 손해배상의무가 성립하지 않는 경우, 배우자의 부정행위에 가공한 제3자에게 이혼을 원인으로 하는 손해배상책임이 인정되는지 여부(소극) / 이러한 법리는 부부의 일방이 상대방 배우자의 부정행위로 인하여 혼인관계가 파탄되었다고 주장하면서 배우자를 상대로 본소로 위자료 청구를 하고 이에 대하여 상대방 배우자가 반소로 위자료 청구를 하였으나, 법원이 혼인관계 파탄에 관한 부부 쌍방의 책임정도가 대등하다고 판단하여 본소·반소 위자료 청구를 모두 기각하는 경우에도 마찬가지인지 여부(적극)

【판결요지】

부부의 일방이 상대방 배우자의 부정행위로 인하여 혼인관계가 파탄되었다고 주장하면서 배우자를 상대로 위자료 청구를 하였으나, 법원이 혼인관계 파탄에 관한 부부 쌍방의 책임정도가 대등하다고 판단하여 위자료 청구를 기각하는 경우 상대방 배우자에게 혼인관계 파탄에 대한 손해배상의무가 처음부터 성립하지 않는다고 보아야 한다. 이혼을 원인으로 하는 손해배상책임을 인정하는 근거는 부정행위 등 이혼의 원인이 되는 개별적 유책행위에 있는 것이 아니라 그로 인하여 혼인관계가 파탄되어 이혼에 이르게 된 데에 있으므로, 혼인관계 파탄에 대하여 부부 쌍방의 책임정도가 대등한 경우 부부 일방에게 혼인관계 파탄의 책임을 지울 수 없기 때문이다. 나아가 부정행위를 한 배우자의 손해배상의무가 성립하지 않는 이상 배우자의 부정행위에 가공한 제3자에게도 이혼을 원인으로 하는 손해배상책임이 인정되지 않는다고 할 것이다. 그리고 이러한 법리는 부부의 일방이 상대방 배우자의 부정행위로 인하여 혼인관계가 파탄되었다고 주장하면서 배우자를 상대로 본소로 위자료 청구를 하고 이에 대하여 상대방 배우자가 반소로 위자료 청구를 하였으나, 법원이 혼인관계 파탄에 관한 부부 쌍방의 책임정도가 대등하다고 판단하여 본소·반소 위자료 청구를 모두 기각하는 경우에도 마찬가지이다.

제761조(정당방위, 긴급피난) ① 타인의 불법행위에 대하여 자기 또는 제삼자의 이익을 방위하기 위하여 부득이 타인에게 손해를 가한 자는 배상할 책임이 없다. 그러나 피해자는 불법행위에 대하여 손해의 배상을 청구할 수 있다.
② 전항의 규정은 급박한 위난을 피하기 위하여 부득이 타인에게 손해를 가한 경우에 준용한다.

제762조(손해배상청구권에 있어서의 태아의 지위) 태아는 손해배상의 청구권에 관하여는 이미 출생한 것으로 본다.

제763조(준용규정) 제393조, 제394조, 제396조, 제399조의 규정은 불법행위로 인한 손해배상에 준용한다.

구상금[도시 일용근로자의 월 가동일수가 문제된 사건]
[대법원 2024. 4. 25. 선고 2020다271650 판결]

【판시사항】

[1] 도시 일용근로자의 일실수입을 그 1일 노임에 관한 통계사실에 기초하여 평가하는 경우, 가동일수의 인정방법

[2] 甲이 크레인의 후크에 연결된 안전망에서 작업을 하던 중 바닥으로 추락하여 골절 등의 상해를 입었는데, 근로복지공단이 위 사고를 업무상 재해로 인정하여 甲에게 휴업급여 등을 지급한 후 위 크레인의 보험자인 乙 주식회사에 제기한 구상금 소송에서 도시 일용근로자의 월 가동일수가 문제 된 사안에서, 특별한 사정이 없는 한 위 사고 당시 도시 일용근로자의 월 가동일수를 20일을 초과하여 인정하기는 어려운데도, 이와 달리 도시 일용근로자의 월 가동일수를 22일로 인정한 원심판단에 법리오해 등의 잘못이 있다고 한 사례

【판결요지】

[1] 근로조건이 산업환경에 따라 해마다 변동하는 도시 일용근로자의 일실수입을 그 1일 노임에 관한 통계사실에 기초하여 평가하는 경우에는, 그 가동일수에 관하여도 법원에 현저한 사실을 포함한 각종 통계자료 등에 나타난 월평균 근로일수와 직종별 근로조건 등 여러 사정들을 감안하고 그 밖의 적절한 자료들을 보태어 합리적인 사실인정을 하여야 한다.

[2] 甲이 크레인의 후크에 연결된 안전망에서 작업을 하던 중 바닥으로 추락하여 골절 등의 상해를 입었는데, 근로복지공단이 위 사고를 업무상 재해로 인정하여 甲에게 휴업급여

등을 지급한 후 위 크레인의 보험자인 乙 주식회사에 제기한 구상금 소송에서 도시 일용근로자의 월 가동일수가 문제 된 사안에서, 우리나라는 2003. 9. 15. 법률 제6974호로 근로기준법을 개정하여 1주간 근로시간의 상한을 44시간에서 40시간으로 줄이면서 그 시행일을 사업 규모에 따라 단계적으로 정한 결과 2011. 7. 1.부터는 원칙적으로 5인 이상의 근로자를 사용하는 모든 사업이나 사업장에 적용되는 등 근로현장에서 근로시간의 감소가 이루어졌고, 이와 아울러 근로자들의 월 가동일수가 지속적으로 감소하는 경향을 보이고 있으며, 대통령령인 '관공서의 공휴일에 관한 규정'의 개정 등으로 대체공휴일이 신설되고 임시공휴일의 지정도 가능하게 되어 연간 공휴일이 증가하는 등 사회적·경제적 구조에 지속적인 변화가 있는 점, 근로자의 삶의 질 향상과 일과 삶의 균형이 강조되는 등 근로여건과 생활여건의 많은 부분도 과거와 달라진 점, 고용노동부가 매년 실시하고 있는 통계법에 의해 지정통계로 지정된 법정통계조사인 고용형태별 근로실태 조사의 고용형태별·직종별·산업별 최근 10년간 월 평균 근로일수 등에 의하면 과거 대법원이 도시 일용근로자의 월 가동일수를 22일 정도로 보는 근거가 되었던 각종 통계자료 등의 내용이 많이 바뀌어 그대로 적용하기 어렵게 된 점을 고려하면, 특별한 사정이 없는 한 위 사고 당시 도시 일용근로자의 월 가동일수를 20일을 초과하여 인정하기는 어려운데도, 이와 달리 도시 일용근로자의 월 가동일수를 22일로 인정한 원심판단에 법리오해 등의 잘못이 있다고 한 사례.

제764조(명예훼손의 경우의 특칙) 타인의 명예를 훼손한 자에 대하여는 법원은 피해자의 청구에 의하여 손해배상에 갈음하거나 손해배상과 함께 명예회복에 적당한 처분을 명할 수 있다. 〈개정 2014. 12. 30.〉

[89헌마160 1991. 4. 1.민법 제764조(1958. 2. 22. 법률 제471호)의 "명예회복에 적당한 처분"에 사죄광고를 포함시키는 것은 헌법에 위반된다.]

제765조(배상액의 경감청구) ① 본장의 규정에 의한 배상의무자는 그 손해가 고의 또는 중대한 과실에 의한 것이 아니고 그 배상으로 인하여 배상자의 생계에 중대한 영향을 미치게 될 경우에는 법원에 그 배상액의 경감을 청구할 수 있다.
② 법원은 전항의 청구가 있는 때에는 채권자 및 채무자의 경제상태와 손해의 원인 등을 참작하여 배상액을 경감할 수 있다.

제766조(손해배상청구권의 소멸시효) ① 불법행위로 인한 손해배상의 청구권은 피해자나 그 법정대리인이 그 손해 및 가해자를 안 날로부터 3년간 이를 행사하지 아니하면 시효로 인하여 소멸한다.
② 불법행위를 한 날로부터 10년을 경과한 때에도 전항과 같다.
③ 미성년자가 성폭력, 성추행, 성희롱, 그 밖의 성적(性的) 침해를 당한 경우에 이로 인한 손해배상청구권의 소멸시효는 그가 성년이 될 때까지는 진행되지 아니한다. 〈신설 2020. 10. 20.〉

[단순위헌, 2014헌바148, 2018. 8. 30. 민법(1958. 2. 22. 법률 제471호로 제정된 것) 제766조 제2항 중 '진실·화해를 위한 과거사정리 기본법' 제2조 제1항 제3호, 제4호에 규정된 사건에 적용되는 부분은 헌법에 위반된다.]

손해배상

[대법원 2024. 1. 25. 선고 2019다3226 판결]

【판시사항】

[1] 객관적으로 채권자가 권리를 행사할 수 없는 장애사유가 있었던 경우, 채무자가 소멸시효 완성을 주장하는 것이 신의성실의 원칙에 반하는 권리남용에 해당하는지 여부(적극)

[2] 채권자에게 권리의 행사를 기대할 수 없는 객관적인 사실상의 장애사유가 있었으나 대법원이 채권자의 권리행사가 가능하다는 법률적 판단을 내린 경우, 그 시점 이후에는 장애사유가 해소되었다고 볼 수 있는지 여부(원칙적 적극)

[3] 일제강점기에 강제동원되어 후지코시 주식회사가 운영하는 공장에서 강제노동에 종사한 甲 등이 위 회사를 상대로 위자료 지급을 구한 사안에서, 강제동원 피해자의 일본 기업에 대한 위자료청구권은 '대한민국과 일본국 간의 재산 및 청구권에 관한 문제의 해결과 경제협력에 관한 협정'의 적용 대상에 포함되지 않는다는 법적 견해를 최종적으로 명확하게 밝힌 대법원 2018. 10. 30. 선고 2013다61381 전원합의체 판결이 선고될 때까지는 강제동원 피해자 또는 그 상속인들에게는 객관적으로 권리를 사실상 행사할 수 없는 장애사유가 있었다고 봄이 타당하다고 한 사례

제4편 친족

제1장 총칙

제767조(친족의 정의) 배우자, 혈족 및 인척을 친족으로 한다.

제768조(혈족의 정의) 자기의 직계존속과 직계비속을 직계혈족이라 하고 자기의 형제자매와 형제자매의 직계비속, 직계존속의 형제자매 및 그 형제자매의 직계비속을 방계혈족이라 한다. 〈개정 1990. 1. 13.〉

제769조(인척의 계원) 혈족의 배우자, 배우자의 혈족, 배우자의 혈족의 배우자를 인척으로 한다. 〈개정 1990. 1. 13.〉

제770조(혈족의 촌수의 계산) ① 직계혈족은 자기로부터 직계존속에 이르고 자기로부터 직계비속에 이르러 그 세수를 정한다.
② 방계혈족은 자기로부터 동원의 직계존속에 이르는 세수와 그 동원의 직계존속으로부터 그 직계비속에 이르는 세수를 통산하여 그 촌수를 정한다.

제771조(인척의 촌수의 계산) 인척은 배우자의 혈족에 대하여는 배우자의 그 혈족에 대한 촌수에 따르고, 혈족의 배우자에 대하여는 그 혈족에 대한 촌수에 따른다.
[전문개정 1990. 1. 13.]

제772조(양자와의 친계와 촌수) ① 양자와 양부모 및 그 혈족, 인척사이의 친계와 촌수는 입양한 때로부터 혼인 중의 출생자와 동일한 것으로 본다.
② 양자의 배우자, 직계비속과 그 배우자는 전항의 양자의 친계를 기준으로 하여 촌

수를 정한다.

미성년자입양허가[조부모가 미성년 손자녀의 입양허가를 청구하는 사건]
[대법원 2021. 12. 23., 자, 2018스5, 전원합의체 결정]

【판시사항】

조부모가 손자녀를 입양할 수 있는지 여부(적극) / 조부모에 의한 미성년 손자녀 입양의
허가 여부를 판단하는 기준 및 이때 법원이 고려하여야 할 요소

【판결요지】

[다수의견] (가) 입양은 출생이 아니라 법에 정한 절차에 따라 원래는 부모·자녀가 아닌 사
람 사이에 부모·자녀 관계를 형성하는 제도이다. 조부모와 손자녀 사이에는 이미 혈족관계
가 존재하지만 부모·자녀 관계에 있는 것은 아니다. 민법은 입양의 요건으로 동의와 허가
등에 관하여 규정하고 있을 뿐이고 존속을 제외하고는 혈족의 입양을 금지하고 있지 않다
(민법 제877조 참조). 따라서 조부모가 손자녀를 입양하여 부모·자녀 관계를 맺는 것이 입
양의 의미와 본질에 부합하지 않거나 불가능하다고 볼 이유가 없다.

조부모가 자녀의 입양허가를 청구하는 경우에 입양의 요건을 갖추고 입양이 자녀의 복리에
부합한다면 이를 허가할 수 있다. 다만 조부모가 자녀를 입양하는 경우에는, 양부모가 될
사람과 자녀 사이에 이미 조손(祖孫)관계가 존재하고 있고 입양 후에도 양부모가 여전히
자녀의 친생부 또는 친생모에 대하여 부모의 지위에 있다는 특수성이 있으므로, 이러한 사
정이 자녀의 복리에 미칠 영향에 관하여 세심하게 살필 필요가 있다.

(나) 법원은 조부모가 단순한 양육을 넘어 양친자로서 신분적 생활관계를 형성하려는 실질적
인 의사를 가지고 있는지, 입양의 주된 목적이 부모로서 자녀를 안정적·영속적으로 양육·보
호하기 위한 것인지, 친생부모의 재혼이나 국적 취득, 그 밖의 다른 혜택 등을 목적으로 한
것은 아닌지를 살펴보아야 한다. 또한 친생부모의 입양동의가 자녀 양육과 입양에 관한 충
분한 정보를 제공받은 상태에서 자발적이고 확정적으로 이루어진 것인지를 확인하고 필요한
경우 가사조사, 상담 등을 통해 관련 정보를 제공할 필요가 있다. 그 밖에 조부모가 양육능
력이나 양부모로서의 적합성과 같은 일반적인 요건을 갖추는 것 외에도, 자녀와 조부모의
나이, 현재까지의 양육 상황, 입양에 이르게 된 경위, 친생부모의 생존 여부나 교류 관계 등
에 비추어 조부모와 자녀 사이에 양친자관계가 자연스럽게 형성될 것을 기대할 수 있는지를
살피고 조부모의 입양이 자녀에게 도움이 되는 사항과 우려되는 사항을 비교·형량하여, 개별
적·구체적인 사안에서 입양이 자녀의 복리에 적합한지를 판단하여야 한다. 심리 과정에서는
입양되는 자녀가 13세 미만인 경우에도 자신의 의견을 형성할 능력이 있다면 자녀의 나이와
상황에 비추어 적절한 방법으로 자녀의 의견을 청취하는 것이 바람직하다.

[대법관 조재연, 대법관 민유숙, 대법관 이동원의 반대의견] 2촌 직계혈족인 조부모가 미성년
손자녀를 입양하는 것은 법정 친자관계의 기본적인 의미에 자연스럽게 부합하지 않는 데
가, 조부모가 입양 사실을 감추고 친생부모인 것처럼 양육하기 위하여 하는 비밀 입양은 향
후 자녀의 정체성 혼란을 야기할 우려가 크다. 국제 규범과 국내 법령은 원가정 양육의 원칙
을 천명하고 이를 위한 후견 제도나 각종 사회보장제도가 정비되어 있는데, 친생부모의 가장
가까운 직계존속으로서 친생부모에 의한 원가정 양육을 지지하고 원조하여야 할 조부모가 오
히려 사회적·경제적 지위가 열악한 친생부모의 양육능력이 부족하다는 이유로 부모의 지위를
대체하는 것은 바람직하지 않다. 미성년 손자녀의 친생부모가 생존하고 있는데도 조부모가
손자녀의 입양허가를 청구하는 경우 입양허가는 엄격하게 이루어져야 한다. 조부모에게 실질

적인 입양 의사가 있다는 사정은 입양허가의 한 요건에 불과하고 앞서 본 여러 가지 우려를
극복하기 어려운 점을 고려하면, 조부모의 입양은 위의 우려가 모두 해소될 수 있음이 밝혀
진 경우에 허가할 수 있다. 가정법원은 직권탐지주의에 따라 후견적 입장에서 제반 사정들을
심리한 다음 자녀의 복리를 위하여 입양허가 여부를 결정할 넓은 재량권을 갖는다.

제773조 삭제 〈1990. 1. 13.〉

제774조 삭제 〈1990. 1. 13.〉

제775조(인척관계 등의 소멸) ① 인척관계는 혼인의 취소 또는 이혼으로 인하여 종료
한다. 〈개정 1990. 1. 13.〉
② 부부의 일방이 사망한 경우 생존 배우자가 재혼한 때에도 제1항과 같다.〈개정
1990. 1. 13.〉

제776조(입양으로 인한 친족관계의 소멸) 입양으로 인한 친족관계는 입양의 취소 또는
파양으로 인하여 종료한다.

제777조(친족의 범위) 친족관계로 인한 법률상 효력은 이 법 또는 다른 법률에 특별
한 규정이 없는 한 다음 각호에 해당하는 자에 미친다.
　1. 8촌 이내의 혈족
　2. 4촌 이내의 인척
　3. 배우자
[전문개정 1990. 1. 13.]

제2장 가족의 범위와 자의 성과 본
〈개정 2005. 3. 31.〉

제778조 삭제 〈2005. 3. 31.〉

제779조(가족의 범위) ① 다음의 자는 가족으로 한다.
　1. 배우자, 직계혈족 및 형제자매
　2. 직계혈족의 배우자, 배우자의 직계혈족 및 배우자의 형제자매
② 제1항제2호의 경우에는 생계를 같이 하는 경우에 한한다.
[전문개정 2005. 3. 31.]

제780조 삭제 〈2005. 3. 31.〉

제781조(자의 성과 본) ① 자는 부의 성과 본을 따른다. 다만, 부모가 혼인신고시 모
의 성과 본을 따르기로 협의한 경우에는 모의 성과 본을 따른다.
② 부가 외국인인 경우에는 자는 모의 성과 본을 따를 수 있다.
③ 부를 알 수 없는 자는 모의 성과 본을 따른다.

④ 부모를 알 수 없는 자는 법원의 허가를 받아 성과 본을 창설한다. 다만, 성과 본을 창설한 후 부 또는 모를 알게 된 때에는 부 또는 모의 성과 본을 따를 수 있다.

⑤ 혼인외의 출생자가 인지된 경우 자는 부모의 협의에 따라 종전의 성과 본을 계속 사용할 수 있다. 다만, 부모가 협의할 수 없거나 협의가 이루어지지 아니한 경우에는 자는 법원의 허가를 받아 종전의 성과 본을 계속 사용할 수 있다.

⑥ 자의 복리를 위하여 자의 성과 본을 변경할 필요가 있을 때에는 부, 모 또는 자의 청구에 의하여 법원의 허가를 받아 이를 변경할 수 있다. 다만, 자가 미성년자이고 법정대리인이 청구할 수 없는 경우에는 제777조의 규정에 따른 친족 또는 검사가 청구할 수 있다.

[전문개정 2005. 3. 31.]

자의성과본의변경허가
[대법원 2022. 3. 31. 자 2021스3 결정]

【판시사항】

[1] 민법 제781조 제6항에 따른 자의 성·본 변경허가 심판의 성격 및 이때 가정법원이 '성·본 변경이 청구된 자녀의 복리에 적합한지'를 최우선적으로 고려하여 후견적 입장에서 허가 여부를 판단하여야 하는지 여부(적극)

[2] 민법 제781조 제6항에서 정한 '자녀의 복리를 위하여 자의 성과 본을 변경할 필요가 있을 때'에 해당하는지 판단할 때 고려하여야 할 사항

[3] 자의 성·본 변경을 청구하는 부, 모 중 일방이 이를 희망하고 타방이 동의하였다는 사정만으로 성·본 변경허가의 요건을 충족하였다고 볼 수 있는지 여부(소극) 및 특히 미성년 자녀를 둔 부부가 이혼한 후 부 또는 모가 자의 성·본 변경허가를 청구하는 경우, 법원이 고려할 사항

【판결요지】

[1] 민법 제781조 제6항 본문은 "자의 복리를 위하여 자의 성과 본을 변경할 필요가 있을 때에는 부, 모 또는 자의 청구에 의하여 법원의 허가를 받아 이를 변경할 수 있다."라고 규정하고, 이에 따른 성·본 변경허가 심판은 '라류 가사비송사건'에 속한다[가사소송법 제2조 제1항 제2호 (가)목 6)]. 가사비송사건은 가정법원이 후견적인 지위에서 재량에 의해 합목적적으로 법률관계를 형성하는 재판으로서, 직권탐지주의가 적용된다(가사소송규칙 제23조 제1항). 특히 라류 가사비송사건은 상대방이 없는 비대심적 구조로서 비송재판으로서의 성격이 더욱 두드러진다.

앞서 본 민법 제781조 제6항의 문언과 성·본 변경허가제의 도입 취지, 가사소송법이 성·본 변경허가 재판을 라류 가사비송사건으로 규정한 점에 비추어 보면, 가정법원은 청구인의 주장에 구애되지 않고 직권으로 탐지한 자료에 따라 '성·본 변경이 청구된 자녀의 복리에 적합한지'를 최우선적으로 고려하여 후견적 입장에서 재량권의 범위에서 그 허가 여부를 판단하여야 한다.

[2] 민법 제781조 제6항에서 '자녀의 복리를 위하여 자의 성과 본을 변경할 필요가 있을 때'에 해당하는지 여부는 자녀의 나이와 성숙도를 감안하여 자 또는 친권자·양육자의 의사를 고려하되, 성·본 변경이 이루어지지 아니함으로 인하여 가족 구성원 사이의 정서적 통합, 가족 구성원에 대한 편견이나 오해 등으로 학교생활이나 사회생활에서 겪게 되는 불이익과 함께 성·본 변경으로 초래될 자녀 본인의 정체성 혼란, 자녀와 성·본

을 함께 하고 있는 친부나 형제자매 등과의 유대관계 단절 등의 사정을 심리한 다음, 자녀의 복리를 위하여 성·본의 변경이 필요하다고 인정되어야 한다. 또한 성·본 변경으로 인하여 학교생활이나 사회생활에 있어서의 불편 내지 혼란, 타인에게 불필요한 호기심이나 의구심 등을 일으키게 하여 사건본인의 정체성 유지에 영향을 미칠 개연성 등의 불이익 등도 함께 고려하여 허가 여부를 신중하게 판단하여야 한다.

[3] 자의 성·본 변경허가 청구에 관하여 가사소송규칙은 가정법원이 부, 모 등의 의견을 청취할 수 있다고만 규정하고 있을 뿐(가사소송규칙 제59조의2 제2항), 법령상 부, 모 등의 동의를 요건으로 하지 않는 점(민법 제781조 제6항 참조) 등에 비추어 보면, 성·본 변경을 청구하는 부, 모 중 일방이 단지 이를 희망한다는 사정은 주관적·개인적인 선호의 정도에 불과하며 이에 대하여 타방이 동의를 하였더라도 그 사정만으로는 성·본 변경허가의 요건을 충족하였다고 보기 어렵다. 특히 미성년 자녀를 둔 부부가 이혼한 후 부 또는 모가 자의 성·본 변경허가를 청구하는 경우, 성·본 변경허가 청구에 이르게 된 경위에 관하여 설령 청구인이 표면적으로는 자녀의 복리를 내세우더라도 비양육친이 미성년 자녀에 대해 당연히 지급하여야 할 양육비(민법 제837조, 제843조 참조)의 지급 여부나 그 액수 혹은 비양육친과 미성년 자녀가 상호 간 지닌 면접교섭권(민법 제837조의2 제1항 참조) 행사에 관련한 조건이 연계된 것은 아닌지, 양육비의 지급이나 면접교섭권의 행사를 둘러싼 갈등 상황에서 이를 해결하기 위해 마련된 법적 절차(가사소송법 제64조의 이행명령 및 그 위반 시 같은 법 제67조 제1항의 과태료, 같은 법 제68조 제1항의 감치 등)를 거치지 않고 상대방을 사실상 압박하기 위함이 주요한 동기는 아닌지, 자녀의 성과 본을 변경함으로써 비양육친과 미성년 자녀의 관계 자체를 차단하려는 의도가 엿보이는지, 이혼 당사자가 스스로 극복하여야 하는 이혼에 따른 심리적 갈등, 전 배우자에 대한 보복적 감정 기타 이혼의 후유증에서 벗어나기 위한 수단으로 여겨지는 등 미성년 자녀가 아닌 청구인의 관점이나 이해관계가 주로 반영된 측면은 없는지, 나아가 이혼 이후의 후속 분쟁에서의 유불리를 고려한 것은 아닌지 역시 살펴보아야 한다.

제782조 삭제 〈2005. 3. 31.〉

제783조 삭제 〈2005. 3. 31.〉

제784조 삭제 〈2005. 3. 31.〉

제785조 삭제 〈2005. 3. 31.〉

제786조 삭제 〈2005. 3. 31.〉

제787조 삭제 〈2005. 3. 31.〉

제788조 삭제 〈2005. 3. 31.〉

제789조 삭제 〈2005. 3. 31.〉

제790조 삭제 〈1990. 1. 13.〉

제791조 삭제 〈2005. 3. 31.〉

제792조 삭제 〈1990. 1. 13.〉

제793조 삭제 〈2005. 3. 31.〉

제794조 삭제 〈2005. 3. 31.〉

제795조 삭제 〈2005. 3. 31.〉

제796조 삭제 〈2005. 3. 31.〉

제797조 삭제 〈1990. 1. 13.〉

제798조 삭제 〈1990. 1. 13.〉

제799조 삭제 〈1990. 1. 13.〉

제3장 혼인

제1절 약혼

제800조(약혼의 자유) 성년에 달한 자는 자유로 약혼할 수 있다.

제801조(약혼 나이) 18세가 된 사람은 부모나 미성년후견인의 동의를 받아 약혼할 수 있다. 이 경우 제808조를 준용한다.
[전문개정 2011. 3. 7.]
[제목개정 2022. 12. 27.]

제802조(성년후견과 약혼) 피성년후견인은 부모나 성년후견인의 동의를 받아 약혼할 수 있다. 이 경우 제808조를 준용한다.
[전문개정 2011. 3. 7.]

제803조(약혼의 강제이행금지) 약혼은 강제이행을 청구하지 못한다.

제804조(약혼해제의 사유) 당사자 한쪽에 다음 각 호의 어느 하나에 해당하는 사유가 있는 경우에는 상대방은 약혼을 해제할 수 있다.
  1. 약혼 후 자격정지 이상의 형을 선고받은 경우
  2. 약혼 후 성년후견개시나 한정후견개시의 심판을 받은 경우
  3. 성병, 불치의 정신병, 그 밖의 불치의 병질(病疾)이 있는 경우
  4. 약혼 후 다른 사람과 약혼이나 혼인을 한 경우

5. 약혼 후 다른 사람과 간음(姦淫)한 경우
6. 약혼 후 1년 이상 생사(生死)가 불명한 경우
7. 정당한 이유 없이 혼인을 거절하거나 그 시기를 늦추는 경우
8. 그 밖에 중대한 사유가 있는 경우
[전문개정 2011. 3. 7.]

제805조(약혼해제의 방법) 약혼의 해제는 상대방에 대한 의사표시로 한다. 그러나 상대방에 대하여 의사표시를 할 수 없는 때에는 그 해제의 원인있음을 안 때에 해제된 것으로 본다.

제806조(약혼해제와 손해배상청구권) ① 약혼을 해제한 때에는 당사자 일방은 과실있는 상대방에 대하여 이로 인한 손해의 배상을 청구할 수 있다.
② 전항의 경우에는 재산상 손해외에 정신상 고통에 대하여도 손해배상의 책임이 있다.
③ 정신상 고통에 대한 배상청구권은 양도 또는 승계하지 못한다. 그러나 당사자간에 이미 그 배상에 관한 계약이 성립되거나 소를 제기한 후에는 그러하지 아니하다.

제2절 혼인의 성립

제807조(혼인적령) 18세가 된 사람은 혼인할 수 있다. 〈개정 2022. 12. 27.〉
[전문개정 2007. 12. 21.]

제808조(동의가 필요한 혼인) ① 미성년자가 혼인을 하는 경우에는 부모의 동의를 받아야 하며, 부모 중 한쪽이 동의권을 행사할 수 없을 때에는 다른 한쪽의 동의를 받아야 하고, 부모가 모두 동의권을 행사할 수 없을 때에는 미성년후견인의 동의를 받아야 한다.
② 피성년후견인은 부모나 성년후견인의 동의를 받아 혼인할 수 있다.
[전문개정 2011. 3. 7.]

제809조(근친혼 등의 금지) ① 8촌 이내의 혈족(친양자의 입양 전의 혈족을 포함한다) 사이에서는 혼인하지 못한다.
② 6촌 이내의 혈족의 배우자, 배우자의 6촌 이내의 혈족, 배우자의 4촌 이내의 혈족의 배우자인 인척이거나 이러한 인척이었던 자 사이에서는 혼인하지 못한다.
③ 6촌 이내의 양부모계(養父母系)의 혈족이었던 자와 4촌 이내의 양부모계의 인척이었던 자 사이에서는 혼인하지 못한다.
[전문개정 2005. 3. 31.]

혼인의무효[혼인관계가 이혼으로 해소된 후 혼인관계의 무효 확인을 구할 수 있는지 여부가 문제된 사건]
[대법원 2024. 5. 23. 선고 2020므15896 전원합의체 판결]

【판시사항】
혼인관계가 이혼으로 해소된 이후에도 과거 일정기간 존재하였던 혼인관계의 무효 확인을

구할 확인의 이익이 있는지 여부(원칙적 적극)

【판결요지】

이혼으로 혼인관계가 이미 해소되었다면 기왕의 혼인관계는 과거의 법률관계가 된다. 그러나 신분관계인 혼인관계는 그것을 전제로 하여 수많은 법률관계가 형성되고 그에 관하여 일일이 효력의 확인을 구하는 절차를 반복하는 것보다 과거의 법률관계인 혼인관계 자체의 무효 확인을 구하는 편이 관련된 분쟁을 한꺼번에 해결하는 유효·적절한 수단일 수 있으므로, 특별한 사정이 없는 한 혼인관계가 이미 해소된 이후라고 하더라도 혼인무효의 확인을 구할 이익이 인정된다고 보아야 한다. 그 상세한 이유는 다음과 같다.

① 무효인 혼인과 이혼은 법적 효과가 다르다. 무효인 혼인은 처음부터 혼인의 효력이 발생하지 않는다. 따라서 인척이거나 인척이었던 사람과의 혼인금지 규정(민법 제809조 제2항)이나 친족 사이에 발생한 재산범죄에 대하여 형을 면제하는 친족상도례 규정(형법 제328조 제1항 등) 등이 적용되지 않는다. 반면 혼인관계가 이혼으로 해소되었더라도 그 효력은 장래에 대해서만 발생하므로 이혼 전에 혼인을 전제로 발생한 법률관계는 여전히 유효하다. 그러므로 이혼 이후에도 혼인관계가 무효임을 확인할 실익이 존재한다.

② 가사소송법은 부부 중 어느 한쪽이 사망하여 혼인관계가 해소된 경우 혼인관계 무효 확인의 소를 제기하는 방법에 관한 규정을 두고 있다. 이러한 가사소송법 규정에 비추어 이혼한 이후 제기되는 혼인무효 확인의 소가 과거의 법률관계를 대상으로 한다는 이유로 확인의 이익이 없다고 볼 것은 아니다.

③ 대법원은 협의파양으로 양친자관계가 해소된 이후 제기된 입양무효 확인의 소에서 확인의 이익을 인정하였다. 대법원의 위와 같은 판단은 이혼으로 혼인관계가 해소된 이후 제기된 혼인무효 확인의 소에서 확인의 이익을 판단할 때에도 동일하게 적용될 수 있다.

④ 무효인 혼인 전력이 잘못 기재된 가족관계등록부의 정정 요구를 위한 객관적 증빙자료를 확보하기 위해서는 혼인관계 무효 확인의 소를 제기할 필요가 있다.

⑤ 가족관계등록부의 잘못된 기재가 단순한 불명예이거나 간접적·사실상의 불이익에 불과하다고 보아 그 기재의 정정에 필요한 자료를 확보하기 위하여 기재 내용의 무효 확인을 구하는 소에서 확인의 이익을 부정한다면, 혼인무효 사유의 존부에 대하여 법원의 판단을 구할 방법을 미리 막아버림으로써 국민이 온전히 권리구제를 받을 수 없게 되는 결과를 가져올 수 있다.

제810조(중혼의 금지) 배우자 있는 자는 다시 혼인하지 못한다.

제811조 삭제 *(2005. 3. 31.)*

제812조(혼인의 성립) ① 혼인은 「가족관계의 등록 등에 관한 법률」에 정한 바에 의하여 신고함으로써 그 효력이 생긴다. *(개정 2007. 5. 17.)*
② 전항의 신고는 당사자 쌍방과 성년자인 증인 2인의 연서한 서면으로 하여야 한다.

제813조(혼인신고의 심사) 혼인의 신고는 그 혼인이 제807조 내지 제810조 및 제812조 제2항의 규정 기타 법령에 위반함이 없는 때에는 이를 수리하여야 한다. *(개정 2005. 3. 31.)*

제814조(외국에서의 혼인신고) ① 외국에 있는 본국민사이의 혼인은 그 외국에 주재하는 대사, 공사 또는 영사에게 신고할 수 있다.

② 제1항의 신고를 수리한 대사, 공사 또는 영사는 지체없이 그 신고서류를 본국의 재외국민 가족관계등록사무소에 송부하여야 한다. 〈개정 2005. 3. 31., 2007. 5. 17., 2015. 2. 3.〉

제3절 혼인의 무효와 취소

제815조(혼인의 무효) 혼인은 다음 각 호의 어느 하나의 경우에는 무효로 한다. 〈개정 2005. 3. 31.〉

1. 당사자간에 혼인의 합의가 없는 때
2. 혼인이 제809조제1항의 규정을 위반한 때
3. 당사자간에 직계인척관계(直系姻戚關係)가 있거나 있었던 때
4. 당사자간에 양부모계의 직계혈족관계가 있었던 때

[헌법불합치, 2018헌바115, 2022.10.27, 민법(2005. 3. 31. 법률 제7427호로 개정된 것) 제815조 제2호는 헌법에 합치되지 아니한다. 위 법률조항은 2024. 12. 31.을 시한으로 개정될 때까지 계속 적용된다.]

제816조(혼인취소의 사유) 혼인은 다음 각 호의 어느 하나의 경우에는 법원에 그 취소를 청구할 수 있다. 〈개정 1990. 1. 13., 2005. 3. 31.〉

1. 혼인이 제807조 내지 제809조(제815조의 규정에 의하여 혼인의 무효사유에 해당하는 경우를 제외한다. 이하 제817조 및 제820조에서 같다) 또는 제810조의 규정에 위반한 때
2. 혼인당시 당사자 일방에 부부생활을 계속할 수 없는 악질 기타 중대사유있음을 알지 못한 때
3. 사기 또는 강박으로 인하여 혼인의 의사표시를 한 때

제817조(나이위반 혼인 등의 취소청구권자) 혼인이 제807조, 제808조의 규정에 위반한 때에는 당사자 또는 그 법정대리인이 그 취소를 청구할 수 있고 제809조의 규정에 위반한 때에는 당사자, 그 직계존속 또는 4촌 이내의 방계혈족이 그 취소를 청구할 수 있다. 〈개정 2005. 3. 31.〉

[제목개정 2022. 12. 27.]

제818조(중혼의 취소청구권자) 당사자 및 그 배우자, 직계혈족, 4촌 이내의 방계혈족 또는 검사는 제810조를 위반한 혼인의 취소를 청구할 수 있다.

[전문개정 2012. 2. 10.]

[2012. 2. 10. 법률 제11300호에 의하여 2010. 7. 29. 헌법재판소에서 헌법불합치 결정된 이 조를 개정함.]

제819조(동의 없는 혼인의 취소청구권의 소멸) 제808조를 위반한 혼인은 그 당사자가 19세가 된 후 또는 성년후견종료의 심판이 있은 후 3개월이 지나거나 혼인 중에 임신한 경우에는 그 취소를 청구하지 못한다.

[전문개정 2011. 3. 7.]

제820조(근친혼등의 취소청구권의 소멸) 제809조의 규정에 위반한 혼인은 그 당사자 간에 혼인중 포태(胞胎)한 때에는 그 취소를 청구하지 못한다. 〈개정 2005. 3. 31.〉
[제목개정 2005. 3. 31.]

제821조 삭제 〈2005. 3. 31.〉

제822조(악질 등 사유에 의한 혼인취소청구권의 소멸) 제816조제2호의 규정에 해당하는 사유있는 혼인은 상대방이 그 사유있음을 안 날로부터 6월을 경과한 때에는 그 취소를 청구하지 못한다.

제823조(사기, 강박으로 인한 혼인취소청구권의 소멸) 사기 또는 강박으로 인한 혼인은 사기를 안 날 또는 강박을 면한 날로부터 3월을 경과한 때에는 그 취소를 청구하지 못한다.

제824조(혼인취소의 효력) 혼인의 취소의 효력은 기왕에 소급하지 아니한다.

제824조의2(혼인의 취소와 자의 양육 등) 제837조 및 제837조의2의 규정은 혼인의 취소의 경우에 자의 양육책임과 면접교섭권에 관하여 이를 준용한다.
[본조신설 2005. 3. 31.]

제825조(혼인취소와 손해배상청구권) 제806조의 규정은 혼인의 무효 또는 취소의 경우에 준용한다.

제4절 혼인의 효력

제1관 일반적 효력

제826조(부부간의 의무) ① 부부는 동거하며 서로 부양하고 협조하여야 한다. 그러나 정당한 이유로 일시적으로 동거하지 아니하는 경우에는 서로 인용하여야 한다.
② 부부의 동거장소는 부부의 협의에 따라 정한다. 그러나 협의가 이루어지지 아니하는 경우에는 당사자의 청구에 의하여 가정법원이 이를 정한다.〈개정 1990. 1. 13.〉
③ 삭제〈2005. 3. 31.〉
④ 삭제〈2005. 3. 31.〉

손해배상(기)·손해배상(기)
[대법원 2024. 6. 27. 선고 2022므13504, 13511 판결]

【판시사항】
제3자가 부부의 일방과 부정행위를 함으로써 혼인의 본질에 해당하는 부부공동생활을 침해하거나 유지를 방해하고 그에 대한 배우자로서의 권리를 침해하여 배우자에게 정신적 고통을 가하는 행위가 불법행위를 구성하는지 여부(원칙적 적극) / 부부가 아직 이혼하지 아니하였지만 실질적으로 부부공동생활이 파탄되어 회복할 수 없을 정도의 상태에 이른 경

우, 제3자가 부부의 일방과 한 성적인 행위가 불법행위인지 여부(소극) 및 여기서 부부 일
방과 부정행위를 할 당시 그 부부의 공동생활이 실질적으로 파탄되어 회복할 수 없는 정도
의 상태에 있었다는 사정에 대한 증명책임의 소재(=이를 주장하는 제3자)

【판결요지】

제3자가 부부의 일방과 부정행위를 함으로써 혼인의 본질에 해당하는 부부공동생활을 침
해하거나 유지를 방해하고 그에 대한 배우자로서의 권리를 침해하여 배우자에게 정신적 고
통을 가하는 행위는 원칙적으로 불법행위를 구성한다. 그러나 비록 부부가 아직 이혼하지
아니하였지만 실질적으로 부부공동생활이 파탄되어 회복할 수 없을 정도의 상태에 이르렀
다면, 제3자가 부부의 일방과 성적인 행위를 하더라도 이를 두고 부부공동생활을 침해하거
나 그 유지를 방해하는 행위라고 할 수 없고 또한 그로 인하여 배우자의 부부공동생활에
관한 권리가 침해되는 손해가 생긴다고 할 수도 없으므로 불법행위가 성립한다고 보기 어
렵다. 여기서 부부 일방과 부정행위를 할 당시 그 부부의 공동생활이 실질적으로 파탄되어
회복할 수 없는 정도의 상태에 있었다는 사정은 이를 주장하는 제3자가 증명하여야 한다.

제826조의2(성년의제) 미성년자가 혼인을 한 때에는 성년자로 본다.
[본조신설 1977. 12. 31.]

제827조(부부간의 가사대리권) ① 부부는 일상의 가사에 관하여 서로 대리권이 있다.
② 전항의 대리권에 가한 제한은 선의의 제삼자에게 대항하지 못한다.

제828조 삭제 ⟨2012. 2. 10.⟩

제2관 재산상 효력

제829조(부부재산의 약정과 그 변경) ① 부부가 혼인성립전에 그 재산에 관하여 따로
약정을 하지 아니한 때에는 그 재산관계는 본관중 다음 각조에 정하는 바에 의한다.
② 부부가 혼인성립전에 그 재산에 관하여 약정한 때에는 혼인중 이를 변경하지 못
한다. 그러나 정당한 사유가 있는 때에는 법원의 허가를 얻어 변경할 수 있다.
③ 전항의 약정에 의하여 부부의 일방이 다른 일방의 재산을 관리하는 경우에 부적당
한 관리로 인하여 그 재산을 위태하게 한 때에는 다른 일방은 자기가 관리할 것을
법원에 청구할 수 있고 그 재산이 부부의 공유인 때에는 그 분할을 청구할 수 있다.
④ 부부가 그 재산에 관하여 따로 약정을 한 때에는 혼인성립까지에 그 등기를 하지
아니하면 이로써 부부의 승계인 또는 제삼자에게 대항하지 못한다.
⑤ 제2항, 제3항의 규정이나 약정에 의하여 관리자를 변경하거나 공유재산을 분할하였을 때
에는 그 등기를 하지 아니하면 이로써 부부의 승계인 또는 제삼자에게 대항하지 못한다.

제830조(특유재산과 귀속불명재산) ① 부부의 일방이 혼인전부터 가진 고유재산과 혼
인중 자기의 명의로 취득한 재산은 그 특유재산으로 한다.
② 부부의 누구에게 속한 것인지 분명하지 아니한 재산은 부부의 공유로 추정한다.
⟨개정 1977. 12. 31.⟩

제831조(특유재산의 관리 등) 부부는 그 특유재산을 각자 관리, 사용, 수익한다.

제832조(가사로 인한 채무의 연대책임) 부부의 일방이 일상의 가사에 관하여 제삼자와 법률행위를 한 때에는 다른 일방은 이로 인한 채무에 대하여 연대책임이 있다. 그러나 이미 제삼자에 대하여 다른 일방의 책임없음을 명시한 때에는 그러하지 아니하다.

제833조(생활비용) 부부의 공동생활에 필요한 비용은 당사자간에 특별한 약정이 없으면 부부가 공동으로 부담한다.
[전문개정 1990. 1. 13.]

제5절 이혼

제1관 협의상 이혼

제834조(협의상 이혼) 부부는 협의에 의하여 이혼할 수 있다.

제835조(성년후견과 협의상 이혼) 피성년후견인의 협의상 이혼에 관하여는 제808조제2항을 준용한다.
[전문개정 2011. 3. 7.]

제836조(이혼의 성립과 신고방식) ① 협의상 이혼은 가정법원의 확인을 받아 「가족관계의 등록 등에 관한 법률」의 정한 바에 의하여 신고함으로써 그 효력이 생긴다. *(개정 1977. 12. 31., 2007. 5. 17.)*
② 전항의 신고는 당사자 쌍방과 성년자인 증인 2인의 연서한 서면으로 하여야 한다.

부양료변경심판청구
[대법원 2023. 3. 24. 자 2022스771 결정]

【판시사항】
혼인이 사실상 파탄되어 부부가 별거하면서 서로 이혼소송을 제기하는 경우, 이혼을 명한 판결의 확정 등으로 법률상 혼인관계가 완전히 해소될 때까지 부부간 부양의무는 소멸하지 않는지 여부(원칙적 적극)

【판결요지】
부부간 부양의무는 혼인관계의 본질적 의무로서 부양받을 자의 생활을 부양의무자의 생활과 같은 정도로 보장하여 부부공동생활의 유지를 가능하게 하는 것이다. 따라서 혼인이 사실상 파탄되어 부부가 별거하면서 서로 이혼소송을 제기하는 경우라고 하더라도, 특별한 사정이 없는 한 이혼을 명한 판결의 확정 등으로 법률상 혼인관계가 완전히 해소될 때까지는 부부간 부양의무가 소멸하지 않는다고 보아야 한다.
① 부부간에 부양받을 자의 생활을 부양의무자와 같은 정도로 보장하고자 하는 부부간 부양의무는 부부가 동거하면서 정상적인 부부관계를 유지하는 경우보다는 부부가 어떤 이유에서든지 별거하여 배우자 일방이 상대방에 대하여 부양의무를 이행할 필요성이 있는 경우에 더 큰 의미가 있다.

② 민법상 혼인관계의 해소는 혼인이 무효이거나 취소된 때가 아닌 한 협의 또는 재판상 이혼에 의해야 하므로 그와 같은 이혼의 효력이 발생되지 않으면 여전히 법률상 부부관계가 남아 있는 것이고 당사자의 의사에 따라 언제든지 다시 정상적인 부부관계로 회복될 여지가 있다. 협의이혼 신고의 수리 전 철회나 재판상 이혼청구(반소 포함)의 종국판결 확정 전 취하를 통해 사실상 종료된 혼인관계를 다시 유지할 수도 있기 때문이다.

③ 재산분할청구 사건에서 혼인 중 이룩한 재산관계의 청산뿐 아니라 이혼 이후 당사자들의 생활보장에 대한 배려 등 부양적 요소, 사실심 변론종결 당시까지의 부양 상황 등을 함께 고려하여 재산분할의 대상과 액수를 정하게 되는데, 이러한 재산분할에 따른 권리는 이혼의 확정을 전제로 발생하는 것이므로 이혼이 확정되기 전까지의 부양적 요소는 별도의 부양료 심판 등에서 고려될 필요가 있고, 특히 부양이 필요한 배우자가 소득이 없는 경우에는 더욱 그러하다.

④ 재판상 이혼의 경우 일방의 이혼, 위자료 및 재산분할 등을 구하는 본소 제기는 물론 이에 대한 상대방의 이혼 등의 반소 제기는, 모두 이혼의 의사가 있으니 법원의 형성판결을 통해 혼인관계를 해소하고 혼인파탄의 책임 및 부부공동재산의 범위를 따져 위자료 및 재산분할 내용을 정해 달라는 재판상 청구권을 행사하는 것이다. 따라서 부양의무자의 이혼 등 본소에 대하여 부양권리자가 이혼 등의 반소를 제기하였다는 사정은 이혼 의사가 합치되었다는 사정에 불과할 뿐 여전히 둘 사이에는 혼인파탄의 책임 및 부부공동재산의 범위에 관한 분쟁이 남아 있어 혼인이 완전히 해소되었다고 볼 수는 없다.

⑤ 따라서 배우자 일방이 스스로 정당한 이유 없이 동거를 거부하면서도 상대방에게 부양료의 지급을 청구할 수는 없지만, 그러한 귀책사유 없는 배우자 일방이 상대방에게 부양료의 지급을 청구하는 것은 부양료 지급의 요건 및 필요성이 인정되지 않는 특별한 사정이 없는 한 비록 당사자 쌍방이 이혼소송을 서로 제기한 경우라도 인정되어야 한다.

제836조의2(이혼의 절차) ① 협의상 이혼을 하려는 자는 가정법원이 제공하는 이혼에 관한 안내를 받아야 하고, 가정법원은 필요한 경우 당사자에게 상담에 관하여 전문적인 지식과 경험을 갖춘 전문상담인의 상담을 받을 것을 권고할 수 있다.
② 가정법원에 이혼의사의 확인을 신청한 당사자는 제1항의 안내를 받은 날부터 다음 각 호의 기간이 지난 후에 이혼의사의 확인을 받을 수 있다.
  1. 양육하여야 할 자(포태 중인 자를 포함한다. 이하 이 조에서 같다)가 있는 경우에는 3개월
  2. 제1호에 해당하지 아니하는 경우에는 1개월
③ 가정법원은 폭력으로 인하여 당사자 일방에게 참을 수 없는 고통이 예상되는 등 이혼을 하여야 할 급박한 사정이 있는 경우에는 제2항의 기간을 단축 또는 면제할 수 있다.
④ 양육하여야 할 자가 있는 경우 당사자는 제837조에 따른 자(子)의 양육과 제909조제4항에 따른 자(子)의 친권자결정에 관한 협의서 또는 제837조 및 제909조제4항에 따른 가정법원의 심판정본을 제출하여야 한다.
⑤ 가정법원은 당사자가 협의한 양육비부담에 관한 내용을 확인하는 양육비부담조서를 작성하여야 한다. 이 경우 양육비부담조서의 효력에 대하여는 「가사소송법」 제41조를 준용한다. *(신설 2009. 5. 8.)*

[본조신설 2007. 12. 21.]

제837조(이혼과 자의 양육책임) ① 당사자는 그 자의 양육에 관한 사항을 협의에 의하여 정한다. 〈개정 1990. 1. 13.〉
② 제1항의 협의는 다음의 사항을 포함하여야 한다. 〈개정 2007. 12. 21.〉
 1. 양육자의 결정
 2. 양육비용의 부담
 3. 면접교섭권의 행사 여부 및 그 방법
③ 제1항에 따른 협의가 자(子)의 복리에 반하는 경우에는 가정법원은 보정을 명하거나 직권으로 그 자(子)의 의사(意思) · 나이와 부모의 재산상황, 그 밖의 사정을 참작하여 양육에 필요한 사항을 정한다. 〈개정 2007. 12. 21., 2022. 12. 27.〉
④ 양육에 관한 사항의 협의가 이루어지지 아니하거나 협의할 수 없는 때에는 가정법원은 직권으로 또는 당사자의 청구에 따라 이에 관하여 결정한다. 이 경우 가정법원은 제3항의 사정을 참작하여야 한다. 〈신설 2007. 12. 21.〉
⑤ 가정법원은 자(子)의 복리를 위하여 필요하다고 인정하는 경우에는 부 · 모 · 자(子) 및 검사의 청구 또는 직권으로 자(子)의 양육에 관한 사항을 변경하거나 다른 적당한 처분을 할 수 있다. 〈신설 2007. 12. 21.〉
⑥ 제3항부터 제5항까지의 규정은 양육에 관한 사항 외에는 부모의 권리의무에 변경을 가져오지 아니한다. 〈신설 2007. 12. 21.〉

제837조의2(면접교섭권) ① 자(子)를 직접 양육하지 아니하는 부모의 일방과 자(子)는 상호 면접교섭할 수 있는 권리를 가진다. 〈개정 2007. 12. 21.〉
② 자(子)를 직접 양육하지 아니하는 부모 일방의 직계존속은 그 부모 일방이 사망하였거나 질병, 외국거주, 그 밖에 불가피한 사정으로 자(子)를 면접교섭할 수 없는 경우 가정법원에 자(子)와의 면접교섭을 청구할 수 있다. 이 경우 가정법원은 자(子)의 의사(意思), 면접교섭을 청구한 사람과 자(子)의 관계, 청구의 동기, 그 밖의 사정을 참작하여야 한다. 〈신설 2016. 12. 2.〉
③ 가정법원은 자의 복리를 위하여 필요한 때에는 당사자의 청구 또는 직권에 의하여 면접교섭을 제한 · 배제 · 변경할 수 있다. 〈개정 2005. 3. 31., 2016. 12. 2.〉
[본조신설 1990. 1. 13.]

제838조(사기, 강박으로 인한 이혼의 취소청구권) 사기 또는 강박으로 인하여 이혼의 의사표시를 한 자는 그 취소를 가정법원에 청구할 수 있다. 〈개정 1990. 1. 13.〉

제839조(준용규정) 제823조의 규정은 협의상 이혼에 준용한다.

제839조의2(재산분할청구권) ① 협의상 이혼한 자의 일방은 다른 일방에 대하여 재산분할을 청구할 수 있다.
② 제1항의 재산분할에 관하여 협의가 되지 아니하거나 협의할 수 없는 때에는 가정법원은 당사자의 청구에 의하여 당사자 쌍방의 협력으로 이룩한 재산의 액수 기타 사정을 참작하여 분할의 액수와 방법을 정한다.

③제1항의 재산분할청구권은 이혼한 날부터 2년을 경과한 때에는 소멸한다.
[본조신설 1990. 1. 13.]

사실혼파기에따른위자료등
[대법원 2024. 1. 4. 선고 2022므11027 판결]

【판시사항】

[1] 사실혼 해소를 원인으로 한 재산분할에서 분할의 대상이 되는 재산과 액수를 정하는 기준시점(=사실혼이 해소된 날) / 사실혼 해소 이후 재산분할 청구사건의 사실심 변론종결 시까지 사이에 혼인 중 공동의 노력으로 형성·유지한 부동산 등에 발생한 외부적, 후발적 사정이 있는 경우, 이를 분할대상 재산의 가액 산정에 참작할 수 있는지 여부 (한정 적극)

[2] 甲과 乙이 사실혼 관계에 있던 중 乙이 건물에 관한 소유권이전등기를 마친 후 이를 소유하였는데, 甲과 乙의 사실혼 관계가 해소되어 甲이 乙을 상대로 사실혼 해소에 따른 재산분할청구 소송을 제기하였고, 위 건물의 가액 산정 기준시점이 문제 된 사안에서, 위 건물의 가액 산정을 위한 감정촉탁을 할 때 사실혼 관계가 해소된 날을 기준으로 시가의 산정을 명하거나, 적어도 사실혼 관계가 해소된 시점과 가장 가까운 제1심법원의 감정촉탁 결과에 따라 재산분할을 명하였어야 하는데도, 이와 달리 본 원심판단에 법리오해의 잘못이 있다고 한 사례

【판결요지】

[1] 사실혼 해소를 원인으로 한 재산분할에서 분할의 대상이 되는 재산과 액수는 사실혼이 해소된 날을 기준으로 하여 정하여야 한다. 한편 재산분할제도가 혼인관계 해소 시 부부가 혼인 중 공동으로 형성한 재산을 청산·분배하는 것을 주된 목적으로 하는 것으로서, 부부 쌍방의 협력으로 이룩한 적극재산 및 그 형성에 수반하여 부담한 채무 등을 분할하여 각자에게 귀속될 몫을 정하기 위한 것이므로, 사실혼 해소 이후 재산분할 청구사건의 사실심 변론종결 시까지 사이에 혼인 중 공동의 노력으로 형성·유지한 부동산 등에 발생한 외부적, 후발적 사정으로서, 그로 인한 이익이나 손해를 일방에게 귀속시키는 것이 부부 공동재산의 공평한 청산·분배라고 하는 재산분할제도의 목적에 현저히 부합하지 않는 결과를 가져오는 등의 특별한 사정이 있는 경우에는 이를 분할대상 재산의 가액 산정에 참작할 수 있다.

[2] 甲과 乙이 사실혼 관계에 있던 중 乙이 건물에 관한 소유권이전등기를 마친 후 이를 소유하였는데, 甲과 乙의 사실혼 관계가 해소되어 甲이 乙을 상대로 사실혼 해소에 따른 재산분할청구 소송을 제기하였고, 위 건물의 가액 산정 기준시점이 문제 된 사안에서, 甲과 乙의 사실혼 관계가 해소된 날을 기준으로 재산분할의 대상이 되는 재산과 액수를 산정하여야 하는바, 위 건물의 가액 산정을 위한 감정촉탁을 할 때 사실혼 관계가 해소된 날을 기준으로 시가의 산정을 명하였어야 함에도 '감정일 현재 시가'의 산정만 명하였고, 원심 변론종결일까지 제출된 객관적 자료 중 사실혼 관계가 해소된 날을 기준으로 위 건물의 가액을 추단할 수 있는 자료가 보이지 않는 상황에서, 사실혼 해소 이후 재산분할 청구사건의 사실심 변론종결 시까지 사이에 혼인 중 공동의 노력으로 형성·유지한 부동산 등에 발생한 외부적·후발적 사정으로서, 그로 인한 이익이나 손해를 일방에게 귀속시키는 것이 부부 공동재산의 공평한 청산·분배라고 하는 재산분할제도의 목적에 현저히 부합하지 않는 결과를 가져오는 등의 특별한 사정이 있는지조차 불분명한 이상, 제출된 자료 중 사실혼 관계가 해소된 시점과 가장 가까운 시점을 기

준으로 위 건물의 가액을 산정하였어야 하므로, 적어도 제1심법원의 감정촉탁 결과에
따라 재산분할을 명하였어야 하는데도, 원심 변론종결일에 근접한 시기를 기준으로 한
감정촉탁 결과를 근거로 위 건물의 가액을 산정한 원심판단에 법리오해의 잘못이 있다
고 한 사례.

제839조의3(재산분할청구권 보전을 위한 사해행위취소권) ① 부부의 일방이 다른 일방의
재산분할청구권 행사를 해함을 알면서도 재산권을 목적으로 하는 법률행위를 한 때에는 다
른 일방은 제406조제1항을 준용하여 그 취소 및 원상회복을 가정법원에 청구할 수 있다.
② 제1항의 소는 제406조제2항의 기간 내에 제기하여야 한다.
[본조신설 2007. 12. 21.]

제2관 재판상 이혼

제840조(재판상 이혼원인) 부부의 일방은 다음 각호의 사유가 있는 경우에는 가정법
원에 이혼을 청구할 수 있다. *〈개정 1990. 1. 13.〉*
  1. 배우자에 부정한 행위가 있었을 때
  2. 배우자가 악의로 다른 일방을 유기한 때
  3. 배우자 또는 그 직계존속으로부터 심히 부당한 대우를 받았을 때
  4. 자기의 직계존속이 배우자로부터 심히 부당한 대우를 받았을 때
  5. 배우자의 생사가 3년 이상 분명하지 아니한 때
  6. 기타 혼인을 계속하기 어려운 중대한 사유가 있을 때

**이혼등청구의소[부정행위를 한 부부의 일방이 배우자에게 위자료 및 재산분할 등으로
금원을 지급한 경우 이를 부정행위를 한 제3자의 위자료액수를 산정할 때 참작할 수
있는지 여부가 문제된 사건]**
[대법원 2024. 6. 27. 선고 2023므12782 판결]

【판시사항】
제3자가 부부의 일방과 부정행위를 함으로써 혼인의 본질에 해당하는 부부공동생활을 침
해하거나 그 유지를 방해하고 그에 대한 배우자로서의 권리를 침해하여 배우자에게 정신적
고통을 가하는 행위가 불법행위를 구성하는지 여부(원칙적 적극) 및 부부의 일방과 제3자
가 부담하는 불법행위책임이 공동불법행위책임으로서 부진정연대채무 관계에 있는지 여부
(적극) / 부정행위를 한 부부의 일방이 배우자에게 공동불법행위로 인한 손해배상금을 지
급한 경우, 그 변제의 효과가 제3자에 대하여도 효력이 있는지 여부(적극) / 부정행위를
한 부부의 일방이 이혼과정에서 배우자에게 위자료 등의 명목으로 금원을 지급하였는데 그
금원에 위자료뿐만 아니라 재산분할금이나 양육비 등 다른 성격의 금원이 포함되어 있고,
그러한 이유로 그 금원 중 공동불법행위로 인한 위자료를 구분·특정하기 어려운 경우, 법
원은 이를 제3자가 부담하는 위자료 액수를 산정할 때 참작할 수 있는지 여부(적극)
【판결요지】
제3자가 부부의 일방과 부정행위를 함으로써 혼인의 본질에 해당하는 부부공동생활을 침
해하거나 그 유지를 방해하고 그에 대한 배우자로서의 권리를 침해하여 배우자에게 정신적
고통을 가하는 행위는 원칙적으로 불법행위를 구성한다. 그리고 이에 따라 제3자가 부담하

는 불법행위책임은 부정행위를 한 부부의 일방이 배우자에 대하여 부담하는 불법행위책임과 공동불법행위책임으로서 부진정연대채무 관계에 있다. 부진정연대채무자 상호 간에 채권의 목적을 달성시키는 변제와 같은 사유는 채무자 전원에 대하여 절대적 효력을 발생하므로, 부정행위를 한 부부의 일방이 배우자에게 공동불법행위로 인한 손해배상금을 지급한 경우 그 변제의 효과는 부진정연대채무자인 제3자에 대하여도 효력이 있다.

부정행위를 한 부부의 일방이 이혼과정에서 배우자에게 위자료 등의 명목으로 금원을 지급하였는데 그 금원에 위자료뿐만 아니라 재산분할금이나 양육비 등 다른 성격의 금원이 포함되어 있고, 그러한 이유로 그 금원 중 공동불법행위로 인한 위자료를 구분·특정하기 어려운 경우가 있다. 이러한 경우 법원은 부부의 일방이 배우자에게 위자료의 일부로서 금원을 지급한 사정을 제3자가 부담하는 위자료 액수를 산정할 때 참작할 수 있다.

제841조(부정으로 인한 이혼청구권의 소멸) 전조제1호의 사유는 다른 일방이 사전동의나 사후 용서를 한 때 또는 이를 안 날로부터 6월, 그 사유있은 날로부터 2년을 경과한 때에는 이혼을 청구하지 못한다.

제842조(기타 원인으로 인한 이혼청구권의 소멸) 제840조제6호의 사유는 다른 일방이 이를 안 날로부터 6월, 그 사유있은 날로부터 2년을 경과하면 이혼을 청구하지 못한다.

제843조(준용규정) 재판상 이혼에 따른 손해배상책임에 관하여는 제806조를 준용하고, 재판상 이혼에 따른 자녀의 양육책임 등에 관하여는 제837조를 준용하며, 재판상 이혼에 따른 면접교섭권에 관하여는 제837조의2를 준용하고, 재판상 이혼에 따른 재산분할청구권에 관하여는 제839조의2를 준용하며, 재판상 이혼에 따른 재산분할청구권 보전을 위한 사해행위취소권에 관하여는 제839조의3을 준용한다.
[전문개정 2012. 2. 10.]

재산분할및위자료
[대법원 2023. 12. 21. 선고 2023므11819 판결]

【판시사항】
협의상 또는 재판상 이혼을 하였으나 재산분할을 하지 않아 이혼 후 2년 이내에 최초로 법원에 민법 제839조의2에 따라 재산분할청구를 한 경우, 제척기간 내 이루어진 청구에 대하여 제척기간 준수의 효력이 인정되는지 여부(적극)

【판결요지】
협의상 이혼한 자 일방은 다른 일방에 대하여 재산분할을 청구할 수 있고(민법 제839조의2 제1항), 재산분할청구권은 이혼한 날부터 2년을 경과한 때에는 소멸하는데(민법 제839조의2 제3항), 재판상 이혼에 따른 재산분할청구권에도 위 민법 제839조의2가 준용된다(민법 제843조). 협의상 또는 재판상 이혼을 하였으나 재산분할을 하지 않아 이혼 후 2년 이내에 최초로 법원에 민법 제839조의2에 따라 재산분할청구를 함에 있어 제척기간 내 이루어진 청구에 대하여 제척기간 준수의 효력이 인정된다.

① 재산분할 제도는 혼인관계 해소 시 부부가 혼인 중 공동으로 형성한 재산을 청산·분배하는 것을 주된 목적으로 한다. 재산분할사건은 가사비송사건에 해당하고[가사소송법 제2조 제1항 제2호 (나)목 4)], 가사비송절차에 관하여는 가사소송법에 특별한 규정이 없는 한

비송사건절차법 제1편의 규정을 준용하며(가사소송법 제34조 본문), 비송사건절차에 있어
서는 민사소송의 경우와 달리 당사자의 변론에만 의존하는 것이 아니고, 법원이 자기의 권
능과 책임으로 재판의 기초가 되는 자료를 수집하는, 이른바 직권탐지주의에 의하고 있으
므로(비송사건절차법 제11조), 청구인이 재산분할 대상을 특정하여 주장하더라도 법원으로
서는 당사자의 주장에 구애되지 아니하고 재산분할의 대상이 무엇인지 직권으로 사실조사
를 하여 포함시키거나 제외시킬 수 있다.
② 민법 제839조의2 제3항이 정하는 제척기간은 재판 외에서 권리를 행사하는 것으로 족
한 기간이 아니라 그 기간 내에 재산분할심판 청구를 하여야 하는 출소기간이다. 따라서
이혼한 날부터 2년 내에 재산분할심판 청구를 하였음에도 그 재판에서 특정한 증거신청을
하였는지에 따라 제척기간 준수 여부를 판단할 것은 아니다.

제4장 부모와 자

제1절 친생자

제844조(남편의 친생자의 추정) ① 아내가 혼인 중에 임신한 자녀는 남편의 자녀로
추정한다.
② 혼인이 성립한 날부터 200일 후에 출생한 자녀는 혼인 중에 임신한 것으로 추정
한다.
③ 혼인관계가 종료된 날부터 300일 이내에 출생한 자녀는 혼인 중에 임신한 것으
로 추정한다.
[전문개정 2017. 10. 31.]

[2017. 10. 31. 법률 제14965호에 의하여 2015. 4. 30. 헌법재판소에서 헌법불합치 결정된 이 조를 개
정함.]

제845조(법원에 의한 부의 결정) 재혼한 여자가 해산한 경우에 제844조의 규정에 의
하여 그 자의 부를 정할 수 없는 때에는 법원이 당사자의 청구에 의하여 이를 정한
다. *〈개정 2005. 3. 31.〉*

제846조(자의 친생부인) 부부의 일방은 제844조의 경우에 그 자가 친생자임을 부인
하는 소를 제기할 수 있다. *〈개정 2005. 3. 31.〉*

제847조(친생부인의 소) ① 친생부인(親生否認)의 소(訴)는 부(夫) 또는 처(妻)가 다른 일방
또는 자(子)를 상대로 하여 그 사유가 있음을 안 날부터 2년내에 이를 제기하여야 한다.
② 제1항의 경우에 상대방이 될 자가 모두 사망한 때에는 그 사망을 안 날부터 2년
내에 검사를 상대로 하여 친생부인의 소를 제기할 수 있다.
[전문개정 2005. 3. 31.]

제848조(성년후견과 친생부인의 소) ① 남편이나 아내가 피성년후견인인 경우에는 그
의 성년후견인이 성년후견감독인의 동의를 받아 친생부인의 소를 제기할 수 있다. 성

년후견감독인이 없거나 동의할 수 없을 때에는 가정법원에 그 동의를 갈음하는 허가를 청구할 수 있다.

② 제1항의 경우 성년후견인이 친생부인의 소를 제기하지 아니하는 경우에는 피성년후견인은 성년후견종료의 심판이 있은 날부터 2년 내에 친생부인의 소를 제기할 수 있다.

[전문개정 2011. 3. 7.]

제849조(자사망후의 친생부인) 자가 사망한 후에도 그 직계비속이 있는 때에는 그 모를 상대로, 모가 없으면 검사를 상대로 하여 부인의 소를 제기할 수 있다.

제850조(유언에 의한 친생부인) 부(夫) 또는 처(妻)가 유언으로 부인의 의사를 표시한 때에는 유언집행자는 친생부인의 소를 제기하여야 한다. 〈개정 2005. 3. 31.〉

제851조(부의 자 출생 전 사망 등과 친생부인) 부(夫)가 자(子)의 출생 전에 사망하거나 부(夫) 또는 처(妻)가 제847조제1항의 기간내에 사망한 때에는 부(夫) 또는 처(妻)의 직계존속이나 직계비속에 한하여 그 사망을 안 날부터 2년내에 친생부인의 소를 제기할 수 있다.

[전문개정 2005. 3. 31.]

제852조(친생부인권의 소멸) 자의 출생 후에 친생자(親生子)임을 승인한 자는 다시 친생부인의 소를 제기하지 못한다.

[전문개정 2005. 3. 31.]

제853조 삭제 〈2005. 3. 31.〉

제854조(사기, 강박으로 인한 승인의 취소) 제852조의 승인이 사기 또는 강박으로 인한 때에는 이를 취소할 수 있다. 〈개정 2005. 3. 31.〉

제854조의2(친생부인의 허가 청구) ① 어머니 또는 어머니의 전(前) 남편은 제844조제3항의 경우에 가정법원에 친생부인의 허가를 청구할 수 있다. 다만, 혼인 중의 자녀로 출생신고가 된 경우에는 그러하지 아니하다.

② 제1항의 청구가 있는 경우에 가정법원은 혈액채취에 의한 혈액형 검사, 유전인자의 검사 등 과학적 방법에 따른 검사결과 또는 장기간의 별거 등 그 밖의 사정을 고려하여 허가 여부를 정한다.

③ 제1항 및 제2항에 따른 허가를 받은 경우에는 제844조제1항 및 제3항의 추정이 미치지 아니한다.

[본조신설 2017. 10. 31.]

제855조(인지) ① 혼인외의 출생자는 그 생부나 생모가 이를 인지할 수 있다. 부모의 혼인이 무효인 때에는 출생자는 혼인외의 출생자로 본다.

② 혼인외의 출생자는 그 부모가 혼인한 때에는 그때로부터 혼인 중의 출생자로 본다.

제855조의2(인지의 허가 청구) ① 생부(生父)는 제844조제3항의 경우에 가정법원에 인지의 허가를 청구할 수 있다. 다만, 혼인 중의 자녀로 출생신고가 된 경우에는 그러하지 아니하다.
② 제1항의 청구가 있는 경우에 가정법원은 혈액채취에 의한 혈액형 검사, 유전인자의 검사 등 과학적 방법에 따른 검사결과 또는 장기간의 별거 등 그 밖의 사정을 고려하여 허가 여부를 정한다.
③ 제1항 및 제2항에 따라 허가를 받은 생부가 「가족관계의 등록 등에 관한 법률」 제57조 제1항에 따른 신고를 하는 경우에는 제844조제1항 및 제3항의 추정이 미치지 아니한다.
[본조신설 2017. 10. 31.]

제856조(피성년후견인의 인지) 아버지가 피성년후견인인 경우에는 성년후견인의 동의를 받아 인지할 수 있다.
[전문개정 2011. 3. 7.]

제857조(사망자의 인지) 자가 사망한 후에도 그 직계비속이 있는 때에는 이를 인지할 수 있다.

제858조(포태중인 자의 인지) 부는 포태 중에 있는 자에 대하여도 이를 인지할 수 있다.

제859조(인지의 효력발생) ① 인지는 「가족관계의 등록 등에 관한 법률」의 정하는 바에 의하여 신고함으로써 그 효력이 생긴다. 〈개정 2007. 5. 17.〉
② 인지는 유언으로도 이를 할 수 있다. 이 경우에는 유언집행자가 이를 신고하여야 한다.

제860조(인지의 소급효) 인지는 그 자의 출생시에 소급하여 효력이 생긴다. 그러나 제삼자의 취득한 권리를 해하지 못한다.

제861조(인지의 취소) 사기, 강박 또는 중대한 착오로 인하여 인지를 한 때에는 사기나 착오를 안 날 또는 강박을 면한 날로부터 6월내에 가정법원에 그 취소를 청구할 수 있다. 〈개정 2005. 3. 31.〉

제862조(인지에 대한 이의의 소) 자 기타 이해관계인은 인지의 신고있음을 안 날로부터 1년내에 인지에 대한 이의의 소를 제기할 수 있다.

제863조(인지청구의 소) 자와 그 직계비속 또는 그 법정대리인은 부 또는 모를 상대로 하여 인지청구의 소를 제기할 수 있다.

인지청구
[대법원 2024. 2. 8. 선고 2021므13279 판결]

【판시사항】
미성년자인 자녀의 법정대리인이 인지청구의 소를 제기한 경우, 민법 제864조에서 정한 제척기간의 기산점(=법정대리인이 부 또는 모의 사망사실을 안 날) / 자녀가 미성년자인 동안 법정대리인이 인지청구의 소를 제기하지 않은 경우, 인지청구의 소를 제기할 수 있는 기간(=자녀가 성년이 된 뒤로 부 또는 모의 사망을 안 날로부터 2년 이내)

【판결요지】

자녀와 그 직계비속 또는 그 법정대리인은 부 또는 모를 상대로 하여 인지청구의 소를 제기할 수 있고, 이 경우에 부 또는 모가 사망한 때에는 그 사망을 안 날로부터 2년 내에 검사를 상대로 인지청구의 소를 제기하여야 한다(민법 제863조, 제864조).

이때 미성년자인 자녀의 법정대리인이 인지청구의 소를 제기한 경우에는 그 법정대리인이 부 또는 모의 사망사실을 안 날이 민법 제864조에서 정한 제척기간의 기산일이 된다. 그러나 자녀가 미성년자인 동안 법정대리인이 인지청구의 소를 제기하지 않은 때에는 자녀가 성년이 된 뒤로 부 또는 모의 사망을 안 날로부터 2년 내에 인지청구의 소를 제기할 수 있다고 보아야 한다. 인지청구권은 자녀 본인의 일신전속적인 신분관계상의 권리로서 그 의사가 최대한 존중되어야 하고, 법정대리인에게 인지청구의 소를 제기할 수 있도록 한 것은 소송능력이 제한되는 미성년자인 자녀의 이익을 두텁게 보호하기 위한 것일 뿐 그 권리행사를 제한하기 위한 것이 아니기 때문이다.

제864조(부모의 사망과 인지청구의 소) 제862조 및 제863조의 경우에 부 또는 모가 사망한 때에는 그 사망을 안 날로부터 2년내에 검사를 상대로 하여 인지에 대한 이의 또는 인지청구의 소를 제기할 수 있다. 〈개정 2005. 3. 31.〉

제864조의2(인지와 자의 양육책임 등) 제837조 및 제837조의2의 규정은 자가 인지된 경우에 자의 양육책임과 면접교섭권에 관하여 이를 준용한다.

[본조신설 2005. 3. 31.]

제865조(다른 사유를 원인으로 하는 친생관계존부확인의 소) ① 제845조, 제846조, 제848조, 제850조, 제851조, 제862조와 제863조의 규정에 의하여 소를 제기할 수 있는 자는 다른 사유를 원인으로 하여 친생자관계존부의 확인의 소를 제기할 수 있다.

② 제1항의 경우에 당사자일방이 사망한 때에는 그 사망을 안 날로부터 2년내에 검사를 상대로 하여 소를 제기할 수 있다.〈개정 2005. 3. 31.〉

제2절 양자(養子)

〈개정 2012. 2. 10.〉

제1관 입양의 요건과 효력

〈개정 2012. 2. 10.〉

제866조(입양을 할 능력) 성년이 된 사람은 입양(入養)을 할 수 있다.

[전문개정 2012. 2. 10.]

제867조(미성년자의 입양에 대한 가정법원의 허가) ① 미성년자를 입양하려는 사람은 가정법원의 허가를 받아야 한다.

② 가정법원은 양자가 될 미성년자의 복리를 위하여 그 양육 상황, 입양의 동기, 양

부모(養父母)의 양육능력, 그 밖의 사정을 고려하여 제1항에 따른 입양의 허가를 하지 아니할 수 있다.
[본조신설 2012. 2. 10.]

제868조 삭제 〈1990. 1. 13.〉

제869조(입양의 의사표시) ① 양자가 될 사람이 13세 이상의 미성년자인 경우에는 법정대리인의 동의를 받아 입양을 승낙한다.
② 양자가 될 사람이 13세 미만인 경우에는 법정대리인이 그를 갈음하여 입양을 승낙한다.
③ 가정법원은 다음 각 호의 어느 하나에 해당하는 경우에는 제1항에 따른 동의 또는 제2항에 따른 승낙이 없더라도 제867조제1항에 따른 입양의 허가를 할 수 있다.
  1. 법정대리인이 정당한 이유 없이 동의 또는 승낙을 거부하는 경우. 다만, 법정대리인이 친권자인 경우에는 제870조제2항의 사유가 있어야 한다.
  2. 법정대리인의 소재를 알 수 없는 등의 사유로 동의 또는 승낙을 받을 수 없는 경우
④ 제3항제1호의 경우 가정법원은 법정대리인을 심문하여야 한다.
⑤ 제1항에 따른 동의 또는 제2항에 따른 승낙은 제867조제1항에 따른 입양의 허가가 있기 전까지 철회할 수 있다.
[전문개정 2012. 2. 10.]

양친자관계존재확인
[대법원 2023. 9. 21. 선고 2021므13354 판결]

【판시사항】
입양의 의사로 친생자 출생신고를 하고 입양의 실질적 요건이 모두 구비된 경우, 입양의 효력이 발생하는지 여부(적극) / 파양에 의하여 양친자관계를 해소할 필요가 있는 등 특별한 사정이 있는 경우, 친생자관계부존재확인청구가 허용되는지 여부(적극) / 양친자관계를 해소하기 위한 친생자관계부존재확인청구의 인용판결이 확정된 경우, 양친자관계의 존재를 주장할 수 있는지 여부(소극)

【판결요지】
당사자가 입양의 의사로 친생자 출생신고를 하고 입양의 실질적 요건이 모두 구비되었다면 형식에 다소 잘못이 있더라도 입양의 효력이 발생한다. 이때 친생자 출생신고는 법률상의 친자관계인 양친자관계를 공시하는 입양신고의 기능을 한다. 따라서 파양에 의하여 양친자관계를 해소할 필요가 있는 등 특별한 사정이 있는 경우 호적기재 자체를 말소하여 법률상 친자관계의 존재를 부인하게 하는 친생자관계부존재확인청구가 허용될 수 있다. 이와 같은 양친자관계를 해소하기 위한 친생자관계부존재확인청구의 인용판결이 확정되면 확정일 이후부터는 더 이상 양친자관계의 존재를 주장할 수 없다.

제870조(미성년자 입양에 대한 부모의 동의) ① 양자가 될 미성년자는 부모의 동의를 받아야 한다. 다만, 다음 각 호의 어느 하나에 해당하는 경우에는 그러하지 아니하다.
  1. 부모가 제869조제1항에 따른 동의를 하거나 같은 조 제2항에 따른 승낙을 한 경우
  2. 부모가 친권상실의 선고를 받은 경우
  3. 부모의 소재를 알 수 없는 등의 사유로 동의를 받을 수 없는 경우

② 가정법원은 다음 각 호의 어느 하나에 해당하는 사유가 있는 경우에는 부모가 동의를 거부하더라도 제867조제1항에 따른 입양의 허가를 할 수 있다. 이 경우 가정법원은 부모를 심문하여야 한다.
  1. 부모가 3년 이상 자녀에 대한 부양의무를 이행하지 아니한 경우
  2. 부모가 자녀를 학대 또는 유기(遺棄)하거나 그 밖에 자녀의 복리를 현저히 해친 경우
③ 제1항에 따른 동의는 제867조제1항에 따른 입양의 허가가 있기 전까지 철회할 수 있다.
[전문개정 2012. 2. 10.]

제871조(성년자 입양에 대한 부모의 동의) ① 양자가 될 사람이 성년인 경우에는 부모의 동의를 받아야 한다. 다만, 부모의 소재를 알 수 없는 등의 사유로 동의를 받을 수 없는 경우에는 그러하지 아니하다.
② 가정법원은 부모가 정당한 이유 없이 동의를 거부하는 경우에 양부모가 될 사람이나 양자가 될 사람의 청구에 따라 부모의 동의를 갈음하는 심판을 할 수 있다. 이 경우 가정법원은 부모를 심문하여야 한다.
[전문개정 2012. 2. 10.]

제872조 삭제 *〈2012. 2. 10.〉*

제873조(피성년후견인의 입양) ① 피성년후견인은 성년후견인의 동의를 받아 입양을 할 수 있고 양자가 될 수 있다.
② 피성년후견인이 입양을 하거나 양자가 되는 경우에는 제867조를 준용한다.
③ 가정법원은 성년후견인이 정당한 이유 없이 제1항에 따른 동의를 거부하거나 피성년후견인의 부모가 정당한 이유 없이 제871조제1항에 따른 동의를 거부하는 경우에 그 동의가 없어도 입양을 허가할 수 있다. 이 경우 가정법원은 성년후견인 또는 부모를 심문하여야 한다.
[전문개정 2012. 2. 10.]

제874조(부부의 공동 입양 등) ① 배우자가 있는 사람은 배우자와 공동으로 입양하여야 한다.
② 배우자가 있는 사람은 그 배우자의 동의를 받아야만 양자가 될 수 있다.
[전문개정 2012. 2. 10.]

제875조 삭제 *〈1990. 1. 13.〉*

제876조 삭제 *〈1990. 1. 13.〉*

제877조(입양의 금지) 존속이나 연장자를 입양할 수 없다.
[전문개정 2012. 2. 10.]

제878조(입양의 성립) 입양은 「가족관계의 등록 등에 관한 법률」에서 정한 바에 따라 신고함으로써 그 효력이 생긴다.
[전문개정 2012. 2. 10.]

제879조 삭제 〈1990. 1. 13.〉

제880조 삭제 〈1990. 1. 13.〉

제881조(입양 신고의 심사) 제866조, 제867조, 제869조부터 제871조까지, 제873조, 제874조, 제877조, 그 밖의 법령을 위반하지 아니한 입양 신고는 수리하여야 한다.
[전문개정 2012. 2. 10.]

제882조(외국에서의 입양 신고) 외국에서 입양 신고를 하는 경우에는 제814조를 준용한다.
[전문개정 2012. 2. 10.]

제882조의2(입양의 효력) ① 양자는 입양된 때부터 양부모의 친생자와 같은 지위를 가진다.
② 양자의 입양 전의 친족관계는 존속한다.
[본조신설 2012. 2. 10.]

인지청구
[대법원 2022. 7. 28. 선고 2022므11621 판결]

【판시사항】
[1] 친생자가 아닌 자에 대하여 한 인지신고의 효력(=당연무효) 및 그 무효를 주장하는 방법
[2] 친생자가 아닌 자에 대한 인지에 입양의 효력이 있는 경우, 그 자녀가 생부모를 상대로 인지청구를 할 수 있는지 여부(적극) 및 이 경우 인지청구 전에 허위의 인지신고로 기록된 가족관계등록부상 친생자관계를 양친자관계로 정정하여야 하는지 여부(소극)

제2관 입양의 무효와 취소
〈개정 2012. 2. 10.〉

제883조(입양 무효의 원인) 다음 각 호의 어느 하나에 해당하는 입양은 무효이다.
  1. 당사자 사이에 입양의 합의가 없는 경우
  2. 제867조제1항(제873조제2항에 따라 준용되는 경우를 포함한다), 제869조제2항, 제877조를 위반한 경우
[전문개정 2012. 2. 10.]

제884조(입양 취소의 원인) ① 입양이 다음 각 호의 어느 하나에 해당하는 경우에는 가정법원에 그 취소를 청구할 수 있다.
  1. 제866조, 제869조제1항, 같은 조 제3항제2호, 제870조제1항, 제871조제1항, 제873조제

1항, 제874조를 위반한 경우
2. 입양 당시 양부모와 양자 중 어느 한쪽에게 악질(惡疾)이나 그 밖에 중대한 사유가 있음을 알지 못한 경우
3. 사기 또는 강박으로 인하여 입양의 의사표시를 한 경우
② 입양 취소에 관하여는 제867조제2항을 준용한다.
[전문개정 2012. 2. 10.]

제885조(입양 취소 청구권자) 양부모, 양자와 그 법정대리인 또는 직계혈족은 제866조를 위반한 입양의 취소를 청구할 수 있다.
[전문개정 2012. 2. 10.]

제886조(입양 취소 청구권자) 양자나 동의권자는 제869조제1항, 같은 조 제3항제2호, 제870조제1항을 위반한 입양의 취소를 청구할 수 있고, 동의권자는 제871조제1항을 위반한 입양의 취소를 청구할 수 있다.
[전문개정 2012. 2. 10.]

제887조(입양 취소 청구권자) 피성년후견인이나 성년후견인은 제873조제1항을 위반한 입양의 취소를 청구할 수 있다.
[전문개정 2012. 2. 10.]

제888조(입양 취소 청구권자) 배우자는 제874조를 위반한 입양의 취소를 청구할 수 있다.
[전문개정 2012. 2. 10.]

제889조(입양 취소 청구권의 소멸) 양부모가 성년이 되면 제866조를 위반한 입양의 취소를 청구하지 못한다.
[전문개정 2012. 2. 10.]

제890조 삭제 〈1990. 1. 13.〉

제891조(입양 취소 청구권의 소멸) ① 양자가 성년이 된 후 3개월이 지나거나 사망하면 제869조제1항, 같은 조 제3항제2호, 제870조제1항을 위반한 입양의 취소를 청구하지 못한다.
② 양자가 사망하면 제871조제1항을 위반한 입양의 취소를 청구하지 못한다.
[전문개정 2012. 2. 10.]

제892조 삭제 〈2012. 2. 10.〉

제893조(입양 취소 청구권의 소멸) 성년후견개시의 심판이 취소된 후 3개월이 지나면 제873조제1항을 위반한 입양의 취소를 청구하지 못한다.
[전문개정 2012. 2. 10.]

제894조(입양 취소 청구권의 소멸) 제869조제1항, 같은 조 제3항제2호, 제870조제1

항, 제871조제1항, 제873조제1항, 제874조를 위반한 입양은 그 사유가 있음을 안 날부터 6개월, 그 사유가 있었던 날부터 1년이 지나면 그 취소를 청구하지 못한다.
[전문개정 2012. 2. 10.]

제895조 삭제 ⟨1990. 1. 13.⟩

제896조(입양 취소 청구권의 소멸) 제884조제1항제2호에 해당하는 사유가 있는 입양은 양부모와 양자 중 어느 한 쪽이 그 사유가 있음을 안 날부터 6개월이 지나면 그 취소를 청구하지 못한다.
[전문개정 2012. 2. 10.]

제897조(준용규정) 입양의 무효 또는 취소에 따른 손해배상책임에 관하여는 제806조를 준용하고, 사기 또는 강박으로 인한 입양 취소 청구권의 소멸에 관하여는 제823조를 준용하며, 입양 취소의 효력에 관하여는 제824조를 준용한다.
[전문개정 2012. 2. 10.]

제3관 파양(罷養)
⟨개정 2012. 2. 10.⟩

제1항 협의상 파양
⟨개정 2012. 2. 10.⟩

제898조(협의상 파양) 양부모와 양자는 협의하여 파양(罷養)할 수 있다. 다만, 양자가 미성년자 또는 피성년후견인인 경우에는 그러하지 아니하다.
[전문개정 2012. 2. 10.]

제899조 삭제 ⟨2012. 2. 10.⟩

제900조 삭제 ⟨2012. 2. 10.⟩

제901조 삭제 ⟨2012. 2. 10.⟩

제902조(피성년후견인의 협의상 파양) 피성년후견인인 양부모는 성년후견인의 동의를 받아 파양을 협의할 수 있다.
[전문개정 2012. 2. 10.]

제903조(파양 신고의 심사) 제898조, 제902조, 그 밖의 법령을 위반하지 아니한 파양 신고는 수리하여야 한다.
[전문개정 2012. 2. 10.]

제904조(준용규정) 사기 또는 강박으로 인한 파양 취소 청구권의 소멸에 관하여는 제

823조를 준용하고, 협의상 파양의 성립에 관하여는 제878조를 준용한다.
[전문개정 2012. 2. 10.]

제2항 재판상 파양

〈개정 2012. 2. 10.〉

제905조(재판상 파양의 원인) 양부모, 양자 또는 제906조에 따른 청구권자는 다음 각 호의 어느 하나에 해당하는 경우에는 가정법원에 파양을 청구할 수 있다.
  1. 양부모가 양자를 학대 또는 유기하거나 그 밖에 양자의 복리를 현저히 해친 경우
  2. 양부모가 양자로부터 심히 부당한 대우를 받은 경우
  3. 양부모나 양자의 생사가 3년 이상 분명하지 아니한 경우
  4. 그 밖에 양친자관계를 계속하기 어려운 중대한 사유가 있는 경우
[전문개정 2012. 2. 10.]

제906조(파양 청구권자) ① 양자가 13세 미만인 경우에는 제869조제2항에 따른 승낙을 한 사람이 양자를 갈음하여 파양을 청구할 수 있다. 다만, 파양을 청구할 수 있는 사람이 없는 경우에는 제777조에 따른 양자의 친족이나 이해관계인이 가정법원의 허가를 받아 파양을 청구할 수 있다.
② 양자가 13세 이상의 미성년자인 경우에는 제870조제1항에 따른 동의를 한 부모의 동의를 받아 파양을 청구할 수 있다. 다만, 부모가 사망하거나 그 밖의 사유로 동의할 수 없는 경우에는 동의 없이 파양을 청구할 수 있다.
③ 양부모나 양자가 피성년후견인인 경우에는 성년후견인의 동의를 받아 파양을 청구할 수 있다.
④ 검사는 미성년자나 피성년후견인인 양자를 위하여 파양을 청구할 수 있다.
[전문개정 2012. 2. 10.]

제907조(파양 청구권의 소멸) 파양 청구권자는 제905조제1호·제2호·제4호의 사유가 있음을 안 날부터 6개월, 그 사유가 있었던 날부터 3년이 지나면 파양을 청구할 수 없다.
[전문개정 2012. 2. 10.]

제908조(준용규정) 재판상 파양에 따른 손해배상책임에 관하여는 제806조를 준용한다.
[전문개정 2012. 2. 10.]

제4관 친양자

〈신설 2005. 3. 31.〉

제908조의2(친양자 입양의 요건 등) ① 친양자(親養子)를 입양하려는 사람은 다음 각 호의 요건을 갖추어 가정법원에 친양자 입양을 청구하여야 한다.
  1. 3년 이상 혼인 중인 부부로서 공동으로 입양할 것. 다만, 1년 이상 혼인 중인 부부의 한 쪽이 그 배우자의 친생자를 친양자로 하는 경우에는 그러하지 아니하다.
  2. 친양자가 될 사람이 미성년자일 것
  3. 친양자가 될 사람의 친생부모가 친양자 입양에 동의할 것. 다만, 부모가 친권상실의 선고를 받거나 소재를 알 수 없거나 그 밖의 사유로 동의할 수 없는 경우에는 그러하지 아니하다.

4. 친양자가 될 사람이 13세 이상인 경우에는 법정대리인의 동의를 받아 입양을 승낙할 것
5. 친양자가 될 사람이 13세 미만인 경우에는 법정대리인이 그를 갈음하여 입양을 승낙할 것
② 가정법원은 다음 각 호의 어느 하나에 해당하는 경우에는 제1항제3호 · 제 4호에 따른 동의 또는 같은 항 제5호에 따른 승낙이 없어도 제1항의 청 구를 인용할 수 있다. 이 경우 가정법원은 동의권자 또는 승낙권자를 심 문하여야 한다.
   1. 법정대리인이 정당한 이유 없이 동의 또는 승낙을 거부하는 경우. 다만, 법정대리인이 친 권자인 경우에는 제2호 또는 제3호의 사유가 있어야 한다.
   2. 친생부모가 자신에게 책임이 있는 사유로 3년 이상 자녀에 대한 부양의무를 이행하지 아 니하고 면접교섭을 하지 아니한 경우
   3. 친생부모가 자녀를 학대 또는 유기하거나 그 밖에 자녀의 복리를 현저히 해친 경우
③ 가정법원은 친양자가 될 사람의 복리를 위하여 그 양육상황, 친양자 입양의 동기, 양부모의 양육능력, 그 밖의 사정을 고려하여 친양자 입양이 적당하지 아니하다고 인정하는 경우에는 제1항의 청구를 기각할 수 있다.
[전문개정 2012. 2. 10.]

친양자입양신청
[대법원 2022. 5. 31., 자, 2020스514, 결정]

【판시사항】
외국인 부부인 甲과 乙이 아동복지법상 보호대상아동으로 모(母)가 입양에 동의하여 보장시설에 보호의뢰된 丙에 대하여 민법상 친양자 입양을 청구한 사안에서, 丙에 대 하여는 입양특례법에 따른 입양 청구만이 가능한데, 甲과 乙이 민법상 친양자 입양만 을 청구하였으므로, 위 입양은 허가될 수 없다고 한 원심결정에 법리오해 등의 잘못 이 없다고 한 사례

【판결요지】
외국인 부부인 甲과 乙이 아동복지법상 보호대상아동으로 모(母)가 입양에 동의하여 보장 시설에 보호의뢰된 丙에 대하여 민법상 친양자 입양을 청구한 사안에서, 丙에 대하여는 입양에 관한 민법의 특별법인 입양특례법이 적용되어 그에 따른 입양 청구만이 가능한 데, 甲과 乙이 입양특례법에서 정한 입양에 필요한 서류 등을 제출하지 않은 채 민법상 친양자 입양만을 청구하였으므로, 위 입양은 허가될 수 없다고 한 원심결정에 법리오해 등의 잘못이 없다고 사례.

제908조의3(친양자 입양의 효력) ① 친양자는 부부의 혼인중 출생자로 본다.
② 친양자의 입양 전의 친족관계는 제908조의2제1항의 청구에 의한 친양자 입양이 확 정된 때에 종료한다. 다만, 부부의 일방이 그 배우자의 친생자를 단독으로 입양한 경우에 있어서의 배우자 및 그 친족과 친생자간의 친족관계는 그러하지 아니하다.
[본조신설 2005. 3. 31.]

제908조의4(친양자 입양의 취소 등) ① 친양자로 될 사람의 친생(親生)의 아버지 또는 어머니는 자신에게 책임이 없는 사유로 인하여 제908조의2제1항제3호 단서에 따른 동의를 할 수 없었던 경우에 친양자 입양의 사실을 안 날부터 6개월 안에 가정법원

에 친양자 입양의 취소를 청구할 수 있다.

② 친양자 입양에 관하여는 제883조, 제884조를 적용하지 아니한다.

[전문개정 2012. 2. 10.]

제908조의5(친양자의 파양) ① 양친, 친양자, 친생의 부 또는 모나 검사는 다음 각호의 어느 하나의 사유가 있는 경우에는 가정법원에 친양자의 파양(罷養)을 청구할 수 있다.

　1. 양친이 친양자를 학대 또는 유기(遺棄)하거나 그 밖에 친양자의 복리를 현저히 해하는 때

　2. 친양자의 양친에 대한 패륜(悖倫)행위로 인하여 친양자관계를 유지시킬 수 없게된 때

② 제898조 및 제905조의 규정은 친양자의 파양에 관하여 이를 적용하지 아니한다.

[본조신설 2005. 3. 31.]

제908조의6(준용규정) 제908조의2제3항은 친양자 입양의 취소 또는 제908조의5제1항제2호에 따른 파양의 청구에 관하여 이를 준용한다. 〈개정 2012. 2. 10.〉

[본조신설 2005. 3. 31.]

제908조의7(친양자 입양의 취소·파양의 효력) ① 친양자 입양이 취소되거나 파양된 때에는 친양자관계는 소멸하고 입양 전의 친족관계는 부활한다.

② 제1항의 경우에 친양자 입양의 취소의 효력은 소급하지 아니한다.

[본조신설 2005. 3. 31.]

제908조의8(준용규정) 친양자에 관하여 이 관에 특별한 규정이 있는 경우를 제외하고는 그 성질에 반하지 아니하는 범위 안에서 양자에 관한 규정을 준용한다.

[본조신설 2005. 3. 31.]

제3절 친권

제1관 총칙

제909조(친권자) ① 부모는 미성년자인 자의 친권자가 된다. 양자의 경우에는 양부모 (養父母)가 친권자가 된다. 〈개정 2005. 3. 31.〉

② 친권은 부모가 혼인중인 때에는 부모가 공동으로 이를 행사한다. 그러나 부모의 의견이 일치하지 아니하는 경우에는 당사자의 청구에 의하여 가정법원이 이를 정한다.

③ 부모의 일방이 친권을 행사할 수 없을 때에는 다른 일방이 이를 행사한다.

④ 혼인외의 자가 인지된 경우와 부모가 이혼하는 경우에는 부모의 협의로 친권자를 정하여야 하고, 협의할 수 없거나 협의가 이루어지지 아니하는 경우에는 가정법원은 직권으로 또는 당사자의 청구에 따라 친권자를 지정하여야 한다. 다만, 부모의 협의가 자(子)의 복리에 반하는 경우에는 가정법원은 보정을 명하거나 직권으로 친권자를 정한다. 〈개정 2005. 3. 31., 2007. 12. 21.〉

⑤ 가정법원은 혼인의 취소, 재판상 이혼 또는 인지청구의 소의 경우에는 직권으로

친권자를 정한다.〈개정 2005. 3. 31.〉
⑥ 가정법원은 자의 복리를 위하여 필요하다고 인정되는 경우에는 자의 4촌 이내의 친족
  의 청구에 의하여 정하여진 친권자를 다른 일방으로 변경할 수 있다.〈신설 2005. 3. 31.〉
  [전문개정 1990. 1. 13.]

제909조의2(친권자의 지정 등) ① 제909조제4항부터 제6항까지의 규정에 따라 단독
친권자로 정하여진 부모의 일방이 사망한 경우 생존하는 부 또는 모, 미성년자, 미성
년자의 친족은 그 사실을 안 날부터 1개월, 사망한 날부터 6개월 내에 가정법원에
생존하는 부 또는 모를 친권자로 지정할 것을 청구할 수 있다.
② 입양이 취소되거나 파양된 경우 또는 양부모가 모두 사망한 경우 친생부모 일방
  또는 쌍방, 미성년자, 미성년자의 친족은 그 사실을 안 날부터 1개월, 입양이 취
  소되거나 파양된 날 또는 양부모가 모두 사망한 날부터 6개월 내에 가정법원에
  친생부모 일방 또는 쌍방을 친권자로 지정할 것을 청구할 수 있다. 다만, 친양자
  의 양부모가 사망한 경우에는 그러하지 아니하다.
③ 제1항 또는 제2항의 기간 내에 친권자 지정의 청구가 없을 때에는 가정법원은 직
  권으로 또는 미성년자, 미성년자의 친족, 이해관계인, 검사, 지방자치단체의 장의
  청구에 의하여 미성년후견인을 선임할 수 있다. 이 경우 생존하는 부 또는 모, 친
  생부모 일방 또는 쌍방의 소재를 모르거나 그가 정당한 사유 없이 소환에 응하지
  아니하는 경우를 제외하고 그에게 의견을 진술할 기회를 주어야 한다.
④ 가정법원은 제1항 또는 제2항에 따른 친권자 지정 청구나 제3항에 따른 후견인
  선임 청구가 생존하는 부 또는 모, 친생부모 일방 또는 쌍방의 양육의사 및 양육
  능력, 청구 동기, 미성년자의 의사, 그 밖의 사정을 고려하여 미성년자의 복리를
  위하여 적절하지 아니하다고 인정하면 청구를 기각할 수 있다. 이 경우 가정법원
  은 직권으로 미성년후견인을 선임하거나 생존하는 부 또는 모, 친생부모 일방 또
  는 쌍방을 친권자로 지정하여야 한다.
⑤ 가정법원은 다음 각 호의 어느 하나에 해당하는 경우에 직권으로 또는 미성년자,
  미성년자의 친족, 이해관계인, 검사, 지방자치단체의 장의 청구에 의하여 제1항부
  터 제4항까지의 규정에 따라 친권자가 지정되거나 미성년후견인이 선임될 때까지
  그 임무를 대행할 사람을 선임할 수 있다. 이 경우 그 임무를 대행할 사람에 대
  하여는 제25조 및 제954조를 준용한다.
  1. 단독 친권자가 사망한 경우
  2. 입양이 취소되거나 파양된 경우
  3. 양부모가 모두 사망한 경우
⑥ 가정법원은 제3항 또는 제4항에 따라 미성년후견인이 선임된 경우라도 미성년후
  견인 선임 후 양육상황이나 양육능력의 변동, 미성년자의 의사, 그 밖의 사정을
  고려하여 미성년자의 복리를 위하여 필요하면 생존하는 부 또는 모, 친생부모 일
  방 또는 쌍방, 미성년자의 청구에 의하여 후견을 종료하고 생존하는 부 또는 모,
  친생부모 일방 또는 쌍방을 친권자로 지정할 수 있다.

[본조신설 2011. 5. 19.]

제910조(자의 친권의 대행) 친권자는 그 친권에 따르는 자에 갈음하여 그 자에 대한 친권을 행사한다. *⟨개정 2005. 3. 31.⟩*

제911조(미성년자인 자의 법정대리인) 친권을 행사하는 부 또는 모는 미성년자인 자의 법정대리인이 된다.

제912조(친권 행사와 친권자 지정의 기준) ① 친권을 행사함에 있어서는 자의 복리를 우선적으로 고려하여야 한다. *⟨개정 2011. 5. 19.⟩*
② 가정법원이 친권자를 지정함에 있어서는 자(子)의 복리를 우선적으로 고려하여야 한다. 이를 위하여 가정법원은 관련 분야의 전문가나 사회복지기관으로부터 자문을 받을 수 있다. *⟨신설 2011. 5. 19.⟩*
[본조신설 2005. 3. 31.]
[제목개정 2011. 5. 19.]

제2관 친권의 효력

제913조(보호, 교양의 권리의무) 친권자는 자를 보호하고 교양할 권리의무가 있다.

제914조(거소지정권) 자는 친권자의 지정한 장소에 거주하여야 한다.

제915조 삭제 *⟨2021. 1. 26.⟩*

제916조(자의 특유재산과 그 관리) 자가 자기의 명의로 취득한 재산은 그 특유재산으로 하고 법정대리인인 친권자가 이를 관리한다.

추심금
[대법원 2022. 11. 17., 선고, 2018다294179, 판결]

【판시사항】
민법 제923조 제1항에서 정한 '관리의 계산'의 의미 / 친권자가 자녀의 특유재산을 통상적인 양육비용으로 사용할 수 있는 경우 / 친권자가 자녀에 대한 재산 관리 권한에 기하여 자녀에게 지급되어야 할 돈을 자녀 대신 수령한 경우, 재산 관리 권한이 소멸하면 그 돈 중 재산 관리 권한 소멸 시까지 정당하게 지출한 부분을 공제한 나머지를 자녀 또는 그 법정대리인에게 반환할 의무가 있는지 여부(적극) 및 이때 친권자가 자녀를 대신하여 수령한 돈을 정당하게 지출하였다는 점에 대한 증명책임의 소재(=친권자) / 자녀의 친권자에 대한 위와 같은 반환청구권을 자녀의 채권자가 압류할 수 있는지 여부(적극)
【판결요지】
친권자는 자녀가 그 명의로 취득한 특유재산을 관리할 권한이 있는데(민법 제916조), 그 재산 관리 권한이 소멸하면 자녀의 재산에 대한 관리의 계산을 하여야 한다(민법 제923조 제1항). 여기서 '관리의 계산'이란 자녀의 재산을 관리하던 기간의 그 재산에 관한 수입과

234   민 법

지출을 명확히 결산하여 자녀에게 귀속되어야 할 재산과 그 액수를 확정하는 것을 말한다. 친권자의 위와 같은 재산 관리 권한이 소멸한 때에는 위임에 관한 민법 제683조, 제684조가 유추적용되므로, 친권자는 자녀 또는 그 법정대리인에게 위와 같은 계산 결과를 보고하고, 자녀에게 귀속되어야 할 재산을 인도하거나 이전할 의무가 있다.

한편 부모는 자녀를 공동으로 양육할 책임이 있고 양육에 소요되는 비용도 원칙적으로 공동으로 부담하여야 하는 점을 고려할 때, 친권자는 자녀의 특유재산을 자신의 이익을 위하여 임의로 사용할 수 없음은 물론 자녀의 통상적인 양육비용으로도 사용할 수도 없는 것이 원칙이나, 친권자가 자신의 자력으로는 자녀를 부양하거나 생활을 영위하기 곤란한 경우, 친권자의 자산, 수입, 생활수준, 가정상황 등에 비추어 볼 때 통상적인 범위를 넘는 현저한 양육비용이 필요한 경우 등과 같이 정당한 사유가 있는 경우에는 자녀의 특유재산을 그와 같은 목적으로 사용할 수 있다.

따라서 친권자는 자녀에 대한 재산 관리 권한에 기하여 자녀에게 지급되어야 할 돈을 자녀 대신 수령한 경우 그 재산 관리 권한이 소멸하면 그 돈 중 재산 관리 권한 소멸 시까지 위와 같이 정당하게 지출한 부분을 공제한 나머지를 자녀 또는 그 법정대리인에게 반환할 의무가 있다. 이 경우 친권자가 자녀를 대신하여 수령한 돈을 정당하게 지출하였다는 점에 대한 증명책임은 친권자에게 있다.

친권자의 위와 같은 반환의무는 민법 제923조 제1항의 계산의무 이행 여부를 불문하고 그 재산 관리 권한이 소멸한 때 발생한다고 봄이 타당하다. 이에 대응하는 자녀의 친권자에 대한 위와 같은 반환청구권은 재산적 권리로서 일신전속적인 권리라고 볼 수 없으므로, 자녀의 채권자가 그 반환청구권을 압류할 수 있다.

제917조 삭제 〈1990. 1. 13.〉

제918조(제삼자가 무상으로 자에게 수여한 재산의 관리) ① 무상으로 자에게 재산을 수여한 제삼자가 친권자의 관리에 반대하는 의사를 표시한 때에는 친권자는 그 재산을 관리하지 못한다.
② 전항의 경우에 제삼자가 그 재산관리인을 지정하지 아니한 때에는 법원은 재산의 수여를 받은 자 또는 제777조의 규정에 의한 친족의 청구에 의하여 관리인을 선임한다.
③ 제삼자의 지정한 관리인의 권한이 소멸하거나 관리인을 개임할 필요있는 경우에 제삼자가 다시 관리인을 지정하지 아니한 때에도 전항과 같다.
④ 제24조제1항, 제2항, 제4항, 제25조 전단 및 제26조제1항, 제2항의 규정은 전2항의 경우에 준용한다.

제919조(위임에 관한 규정의 준용) 제691조, 제692조의 규정은 전3조의 재산관리에 준용한다.

제920조(자의 재산에 관한 친권자의 대리권) 법정대리인인 친권자는 자의 재산에 관한 법률행위에 대하여 그 자를 대리한다. 그러나 그 자의 행위를 목적으로 하는 채무를 부담할 경우에는 본인의 동의를 얻어야 한다.

제920조의2(공동친권자의 일방이 공동명의로 한 행위의 효력) 부모가 공동으로 친권을

행사하는 경우 부모의 일방이 공동명의로 자를 대리하거나 자의 법률행위에 동의한 때에는 다른 일방의 의사에 반하는 때에도 그 효력이 있다. 그러나 상대방이 악의인 때에는 그러하지 아니한다.
[본조신설 1990. 1. 13.]

제921조(친권자와 그 자간 또는 수인의 자간의 이해상반행위) ① 법정대리인인 친권자와 그 자사이에 이해상반되는 행위를 함에는 친권자는 법원에 그 자의 특별대리인의 선임을 청구하여야 한다.
② 법정대리인인 친권자가 그 친권에 따르는 수인의 자 사이에 이해상반되는 행위를 함에는 법원에 그 자 일방의 특별대리인의 선임을 청구하여야 한다.⟨개정 2005. 3. 31.⟩

공유물분할[친권자가 수인의 미성년자의 법정대리인으로서 소송행위를 한 경우의 효력이 문제된 사건]
[대법원 2024. 7. 11. 선고 2023다301941 판결]

【판시사항】

[1] 민법 제921조에서 정한 '이해상반행위'의 의미 / 수인의 미성년자와 그 친권자가 공유물분할의 소의 당사자가 된 경우, 미성년자마다 특별대리인을 선임하여 그 특별대리인이 미성년자를 대리하여 소송행위를 하여야 하는지 여부(적극) / 이때 친권자가 수인의 미성년자의 법정대리인으로서 한 소송행위의 효력(원칙적 무효)

[2] 미성년자의 법정대리인에게 법정대리권이 흠결된 경우, 법원이 취하여야 할 조치 및 법정대리권의 보정이 항소심에서도 가능한지 여부(적극)

【판결요지】

[1] 민법 제921조의 이해상반행위란 행위의 객관적 성질상 친권자와 그 자(子) 사이 또는 친권에 복종하는 수인의 자 사이에 이해의 대립이 생길 우려가 있는 행위를 가리키고, 친권자의 의도나 그 행위의 결과 실제로 이해의 대립이 생겼는지의 여부는 묻지 않는다. 공유물분할에 관한 절차는 그 절차의 객관적 성질상 공유자들 사이에 이해의 대립이 생길 우려가 있다. 따라서 수인의 미성년자와 그 친권자가 공유물분할의 소의 당사자가 된 경우에는 미성년자마다 특별대리인을 선임하여 그 특별대리인이 미성년자를 대리하여 소송행위를 하여야 한다. 만약 친권자가 수인의 미성년자의 법정대리인으로서 소송행위를 하였다면 이는 민법 제921조에 위반되어 미성년자들의 적법한 추인이 없는 한 무효라고 할 것이다.

[2] 민사소송법 제59조 전단과 제60조는 소송능력·법정대리권 또는 소송행위에 필요한 권한의 수여에 흠이 있는 경우에는 법원은 기간을 정하여 이를 보정하도록 명하여야 하고, 소송능력·법정대리권 또는 소송행위에 필요한 권한의 수여에 흠이 있는 사람이 소송행위를 한 뒤에 보정된 당사자나 법정대리인이 이를 추인한 경우에는 그 소송행위는 이를 한 때에 소급하여 효력이 생긴다고 규정하고 있다. 그러므로 미성년자의 법정대리인에게 법정대리권이 흠결된 경우 법원은 그 흠을 보정할 수 없음이 명백한 때가 아닌 한 기간을 정하여 보정을 명하여야 할 의무가 있고, 법정대리권의 보정은 항소심에서도 가능하다.

제922조(친권자의 주의의무) 친권자가 그 자에 대한 법률행위의 대리권 또는 재산관

리권을 행사함에는 자기의 재산에 관한 행위와 동일한 주의를 하여야 한다.

제922조의2(친권자의 동의를 갈음하는 재판) 가정법원은 친권자의 동의가 필요한 행위에 대하여 친권자가 정당한 이유 없이 동의하지 아니함으로써 자녀의 생명, 신체 또는 재산에 중대한 손해가 발생할 위험이 있는 경우에는 자녀, 자녀의 친족, 검사 또는 지방자치단체의 장의 청구에 의하여 친권자의 동의를 갈음하는 재판을 할 수 있다.
[본조신설 2014. 10. 15.]

제923조(재산관리의 계산) ① 법정대리인인 친권자의 권한이 소멸한 때에는 그 자의 재산에 대한 관리의 계산을 하여야 한다.
② 전항의 경우에 그 자의 재산으로부터 수취한 과실은 그 자의 양육, 재산관리의 비용과 상계한 것으로 본다. 그러나 무상으로 자에게 재산을 수여한 제삼자가 반대의 의사를 표시한 때에는 그 재산에 관하여는 그러하지 아니하다.

제3관 친권의 상실, 일시 정지 및 일부 제한
〈개정 2014. 10. 15.〉

제924조(친권의 상실 또는 일시 정지의 선고) ① 가정법원은 부 또는 모가 친권을 남용하여 자녀의 복리를 현저히 해치거나 해칠 우려가 있는 경우에는 자녀, 자녀의 친족, 검사 또는 지방자치단체의 장의 청구에 의하여 그 친권의 상실 또는 일시 정지를 선고할 수 있다.
② 가정법원은 친권의 일시 정지를 선고할 때에는 자녀의 상태, 양육상황, 그 밖의 사정을 고려하여 그 기간을 정하여야 한다. 이 경우 그 기간은 2년을 넘을 수 없다.
③ 가정법원은 자녀의 복리를 위하여 친권의 일시 정지 기간의 연장이 필요하다고 인정하는 경우에는 자녀, 자녀의 친족, 검사, 지방자치단체의 장, 미성년후견인 또는 미성년후견감독인의 청구에 의하여 2년의 범위에서 그 기간을 한 차례만 연장할 수 있다.
[전문개정 2014. 10. 15.]

제924조의2(친권의 일부 제한의 선고) 가정법원은 거소의 지정이나 그 밖의 신상에 관한 결정 등 특정한 사항에 관하여 친권자가 친권을 행사하는 것이 곤란하거나 부적당한 사유가 있어 자녀의 복리를 해치거나 해칠 우려가 있는 경우에는 자녀, 자녀의 친족, 검사 또는 지방자치단체의 장의 청구에 의하여 구체적인 범위를 정하여 친권의 일부 제한을 선고할 수 있다. 〈개정 2021. 1. 26.〉
[본조신설 2014. 10. 15.]

양육비
[대법원 2021. 5. 27. 자 2019스621 결정]

【판시사항】

[1] 민사법의 실정법 조항의 문리해석 또는 논리해석만으로는 현실적인 법적 분쟁을 해결할 수 없거나 사회적 정의관념에 현저히 반하게 되는 결과가 초래되는 경우, 유추적용을 할 수 있는지 여부(적극)

[2] 가정법원이 민법 제924조의2에 따라 부모의 친권 중 양육권만을 제한하여 미성년후견인으로 하여금 자녀에 대한 양육권을 행사하도록 결정한 경우, 민법 제837조를 유추적용하여 미성년후견인이 비양육친을 상대로 가사소송법 제2조 제1항 제2호 (나)목 3)에 따른 양육비심판을 청구할 수 있는지 여부(적극)

【판결요지】

[1] 민사법의 실정법 조항의 문리해석 또는 논리해석만으로는 현실적인 법적 분쟁을 해결할 수 없거나 사회적 정의관념에 현저히 반하게 되는 결과가 초래되는 경우에는 법원이 실정법의 입법정신을 살려 법적 분쟁을 합리적으로 해결하고 정의관념에 적합한 결과를 도출할 수 있도록 유추적용을 할 수 있다.

[2] 가사소송법 제2조 제1항 제2호 (나)목 3)은 '민법 제837조(동조가 준용되는 경우 포함)에 따른 자녀의 양육에 관한 처분과 그 변경'을 마류 가사비송사건으로 정하고, 민법 제837조는 '양육자의 결정, 양육비용의 부담'을 자의 양육에 관한 사항으로 정하며(제2항), '가정법원은 부·모·자 및 검사의 청구 또는 직권으로 자의 양육에 관한 사항을 변경하거나 다른 적당한 처분을 할 수 있다.'고 정하고 있다(제5항). 가사소송규칙 제99조 제1항은 '자의 양육에 관한 처분과 변경에 관한 심판은 부모 중 일방이 다른 일방을 상대방으로 하여 청구하여야 한다.'고 정하고 있다. 또한 민법은 친권의 상실(제924조), 법률행위 대리권·재산관리권의 상실(제925조)에 관한 규정만을 두고 있었으나, 2014. 10. 15. 법률 제12777호로 개정되면서 가정법원은 친권 상실사유에 이르지 않더라도 미성년 자녀의 복리를 위해서 친권의 일부를 제한할 수 있다는 규정(제924조의2)을 신설하였고, 가정법원은 미성년 자녀의 보호에 공백이 생기는 것을 막기 위해 친권의 일부 제한 등으로 그 제한된 범위의 친권을 행사할 사람이 없는 경우 미성년후견인을 직권으로 선임하며(제932조 제2항, 제928조), 이 경우 미성년후견인의 임무는 제한된 친권의 범위에 속하는 행위에 한정되는 것으로 정하였다(제946조). 이에 따라 가정법원은 부모가 미성년 자녀를 양육하는 것이 오히려 자녀의 복리에 반한다고 판단한 경우 부모의 친권 중 보호·교양에 관한 권리(민법 제913조), 거소지정권(민법 제914조) 등 자녀의 양육과 관련된 권한(이하 '양육권'이라고 한다)만을 제한하여 미성년후견인이 부모를 대신하여 그 자녀를 양육하도록 하는 내용의 결정도 할 수 있게 되었다.

앞서 본 규정 내용과 체계, 민법의 개정 취지 등에 비추어 보면, 가정법원이 민법 제924조의2에 따라 부모의 친권 중 양육권만을 제한하여 미성년후견인으로 하여금 자녀에 대한 양육권을 행사하도록 결정한 경우에 민법 제837조를 유추적용하여 미성년후견인은 비양육친을 상대로 가사소송법 제2조 제1항 제2호 (나)목 3)에 따른 양육비심판을 청구할 수 있다고 봄이 타당하다.

제925조(대리권, 재산관리권 상실의 선고) 가정법원은 법정대리인인 친권자가 부적당한 관리로 인하여 자녀의 재산을 위태롭게 한 경우에는 자녀의 친족, 검사 또는 지방자치단체의 장의 청구에 의하여 그 법률행위의 대리권과 재산관리권의 상실을 선고할 수 있다. 〈개정 2014. 10. 15.〉

[전문개정 2012. 2. 10.]

238   민 법

제925조의2(친권 상실 선고 등의 판단 기준) ① 제924조에 따른 친권 상실의 선고는 같은 조에 따른 친권의 일시 정지, 제924조의2에 따른 친권의 일부 제한, 제925조에 따른 대리권·재산관리권의 상실 선고 또는 그 밖의 다른 조치에 의해서는 자녀의 복리를 충분히 보호할 수 없는 경우에만 할 수 있다.

② 제924조에 따른 친권의 일시 정지, 제924조의2에 따른 친권의 일부 제한 또는 제925조에 따른 대리권·재산관리권의 상실 선고는 제922조의2에 따른 동의를 갈음하는 재판 또는 그 밖의 다른 조치에 의해서는 자녀의 복리를 충분히 보호할 수 없는 경우에만 할 수 있다.

[본조신설 2014. 10. 15.]

제925조의3(부모의 권리와 의무) 제924조와 제924조의2, 제925조에 따라 친권의 상실, 일시 정지, 일부 제한 또는 대리권과 재산관리권의 상실이 선고된 경우에도 부모의 자녀에 대한 그 밖의 권리와 의무는 변경되지 아니한다.

[본조신설 2014. 10. 15.]

제926조(실권 회복의 선고) 가정법원은 제924조, 제924조의2 또는 제925조에 따른 선고의 원인이 소멸된 경우에는 본인, 자녀, 자녀의 친족, 검사 또는 지방자치단체의 장의 청구에 의하여 실권(失權)의 회복을 선고할 수 있다.

[전문개정 2014. 10. 15.]

제927조(대리권, 관리권의 사퇴와 회복) ① 법정대리인인 친권자는 정당한 사유가 있는 때에는 법원의 허가를 얻어 그 법률행위의 대리권과 재산관리권을 사퇴할 수 있다.

② 전항의 사유가 소멸한 때에는 그 친권자는 법원의 허가를 얻어 사퇴한 권리를 회복할 수 있다.

제927조의2(친권의 상실, 일시 정지 또는 일부 제한과 친권자의 지정 등) ① 제909조제4항부터 제6항까지의 규정에 따라 단독 친권자가 된 부 또는 모, 양부모(친양자의 양부모를 제외한다) 쌍방에게 다음 각 호의 어느 하나에 해당하는 사유가 있는 경우에는 제909조의2제1항 및 제3항부터 제5항까지의 규정을 준용한다. 다만, 제1호의3·제2호 및 제3호의 경우 새로 정하여진 친권자 또는 미성년후견인의 임무는 제한된 친권의 범위에 속하는 행위에 한정된다. *〈개정 2014. 10. 15.〉*

1. 제924조에 따른 친권상실의 선고가 있는 경우

1의2. 제924조에 따른 친권 일시 정지의 선고가 있는 경우

1의3. 제924조의2에 따른 친권 일부 제한의 선고가 있는 경우

2. 제925조에 따른 대리권과 재산관리권 상실의 선고가 있는 경우

3. 제927조제1항에 따라 대리권과 재산관리권을 사퇴한 경우

4. 소재불명 등 친권을 행사할 수 없는 중대한 사유가 있는 경우

② 가정법원은 제1항에 따라 친권자가 지정되거나 미성년후견인이 선임된 후 단독

친권자이었던 부 또는 모, 양부모 일방 또는 쌍방에게 다음 각 호의 어느 하나에
해당하는 사유가 있는 경우에는 그 부모 일방 또는 쌍방, 미성년자, 미성년자의
친족의 청구에 의하여 친권자를 새로 지정할 수 있다.
1. 제926조에 따라 실권의 회복이 선고된 경우
2. 제927조제2항에 따라 사퇴한 권리를 회복한 경우
3. 소재불명이던 부 또는 모가 발견되는 등 친권을 행사할 수 있게 된 경우
[본조신설 2011. 5. 19.]
[제목개정 2014. 10. 15.]

제5장 후견

제1절 미성년후견과 성년후견
〈개정 2011. 3. 7.〉

제1관 후견인
〈신설 2011. 3. 7.〉

제928조(미성년자에 대한 후견의 개시) 미성년자에게 친권자가 없거나 친권자가 제
924조, 제924조의2, 제925조 또는 제927조제1항에 따라 친권의 전부 또는 일부를
행사할 수 없는 경우에는 미성년후견인을 두어야 한다. *〈개정 2014. 10. 15.〉*
[전문개정 2011. 3. 7.]

제929조(성년후견심판에 의한 후견의 개시) 가정법원의 성년후견개시심판이 있는 경우
에는 그 심판을 받은 사람의 성년후견인을 두어야 한다.
[전문개정 2011. 3. 7.]

제930조(후견인의 수와 자격) ① 미성년후견인의 수(數)는 한 명으로 한다.
② 성년후견인은 피성년후견인의 신상과 재산에 관한 모든 사정을 고려하여 여러 명
을 둘 수 있다.
③ 법인도 성년후견인이 될 수 있다.
[전문개정 2011. 3. 7.]

제931조(유언에 의한 미성년후견인의 지정 등) ① 미성년자에게 친권을 행사하는 부모
는 유언으로 미성년후견인을 지정할 수 있다. 다만, 법률행위의 대리권과 재산관리권
이 없는 친권자는 그러하지 아니하다.
② 가정법원은 제1항에 따라 미성년후견인이 지정된 경우라도 미성년자의 복리를 위
하여 필요하면 생존하는 부 또는 모, 미성년자의 청구에 의하여 후견을 종료하고

생존하는 부 또는 모를 친권자로 지정할 수 있다.
[전문개정 2011. 5. 19.]

제932조(미성년후견인의 선임) ① 가정법원은 제931조에 따라 지정된 미성년후견인이 없는 경우에는 직권으로 또는 미성년자, 친족, 이해관계인, 검사, 지방자치단체의 장의 청구에 의하여 미성년후견인을 선임한다. 미성년후견인이 없게 된 경우에도 또한 같다.
② 가정법원은 제924조, 제924조의2 및 제925조에 따른 친권의 상실, 일시 정지, 일부 제한의 선고 또는 법률행위의 대리권이나 재산관리권 상실의 선고에 따라 미성년후견인을 선임할 필요가 있는 경우에는 직권으로 미성년후견인을 선임한다. *〈개정 2014. 10. 15.〉*
③ 친권자가 대리권 및 재산관리권을 사퇴한 경우에는 지체 없이 가정법원에 미성년후견인의 선임을 청구하여야 한다.
[전문개정 2011. 3. 7.]

미성년자입양허가[조부모가 미성년 손자녀의 입양허가를 청구하는 사건]
[대법원 2021. 12. 23., 자, 2018스5, 전원합의체 결정]

【판시사항】
조부모가 손자녀를 입양할 수 있는지 여부(적극) / 조부모에 의한 미성년 손자녀 입양의 허가 여부를 판단하는 기준 및 이때 법원이 고려하여야 할 요소

【판결요지】
[다수의견] (가) 입양은 출생이 아니라 법에 정한 절차에 따라 원래는 부모·자녀가 아닌 사람 사이에 부모·자녀 관계를 형성하는 제도이다. 조부모와 손자녀 사이에는 이미 혈족관계가 존재하지만 부모·자녀 관계에 있는 것은 아니다. 민법은 입양의 요건으로 동의와 허가 등에 관하여 규정하고 있을 뿐이고 존속을 제외하고는 혈족의 입양을 금지하고 있지 않다(민법 제877조 참조). 따라서 조부모가 손자녀를 입양하여 부모·자녀 관계를 맺는 것이 입양의 의미와 본질에 부합하지 않거나 불가능하다고 볼 이유가 없다.
조부모가 자녀의 입양허가를 청구하는 경우에 입양의 요건을 갖추고 입양이 자녀의 복리에 부합한다면 이를 허가할 수 있다. 다만 조부모가 자녀를 입양하는 경우에는, 양부모가 될 사람과 자녀 사이에 이미 조손(祖孫)관계가 존재하고 있고 입양 후에도 양부모가 여전히 자녀의 친생부 또는 친생모에 대하여 부모의 지위에 있다는 특수성이 있으므로, 이러한 사정이 자녀의 복리에 미칠 영향에 관하여 세심하게 살필 필요가 있다.
(나) 법원은 조부모가 단순한 양육을 넘어 양친자로서 신분적 생활관계를 형성하려는 실질적인 의사를 가지고 있는지, 입양의 주된 목적이 부모로서 자녀를 안정적·영속적으로 양육·보호하기 위한 것인지, 친생부모의 재혼이나 국적 취득, 그 밖의 다른 혜택 등을 목적으로 한 것은 아닌지를 살펴보아야 한다. 또한 친생부모의 입양동의가 자녀 양육과 입양에 관한 충분한 정보를 제공받은 상태에서 자발적이고 확정적으로 이루어진 것인지를 확인하고 필요한 경우 가사조사, 상담 등을 통해 관련 정보를 제공할 필요가 있다. 그 밖에 조부모가 양육능력이나 양부모로서의 적합성과 같은 일반적인 요건을 갖추는 것 외에도, 자녀와 조부모의 나이, 현재까지의 양육 상황, 입양에 이르게 된 경위, 친생부모의 생존 여부나 교류 관계 등에 비추어 조부모와 자녀 사이에 양친자관계가 자연스럽게 형성될 것을 기대할 수 있는지를 살피고 조부모의 입양이 자녀에게 도움이 되는 사항과 우려되는 사항을 비교·형량

하여, 개별적·구체적인 사안에서 입양이 자녀의 복리에 적합한지를 판단하여야 한다. 심리과정에서는 입양되는 자녀가 13세 미만인 경우에도 자신의 의견을 형성할 능력이 있다면 자녀의 나이와 상황에 비추어 적절한 방법으로 자녀의 의견을 청취하는 것이 바람직하다.

[대법관 조재연, 대법관 민유숙, 대법관 이동원의 반대의견] 2촌 직계혈족인 조부모가 미성년 손자녀를 입양하는 것은 법정 친자관계의 기본적인 의미에 자연스럽게 부합하지 않는데다가, 조부모가 입양 사실을 감추고 친생부모인 것처럼 양육하기 위하여 하는 비밀 입양은 향후 자녀의 정체성 혼란을 야기할 우려가 크다. 국제 규범과 국내 법령은 원가정 양육의 원칙을 천명하고 이를 위한 후견 제도나 각종 사회보장제도가 정비되어 있는데, 친생부모의 가장 가까운 직계존속으로서 친생부모에 의한 원가정 양육을 지지하고 원조하여야 할 조부모가 오히려 사회적·경제적 지위가 열악한 친생부모의 양육능력이 부족하다는 이유로 부모의 지위를 대체하는 것은 바람직하지 않다. 미성년 손자녀의 친생부모가 생존하고 있는데도 조부모가 손자녀의 입양허가를 청구하는 경우 입양허가는 엄격하게 이루어져야 한다. 조부모에게 실질적인 입양 의사가 있다는 사정은 입양허가의 한 요건에 불과하고 앞서 본 여러 가지 우려를 극복하기 어려운 점을 고려하면, 조부모의 입양은 위의 우려가 모두 해소될 수 있음이 밝혀진 경우에 허가할 수 있다. 가정법원은 직권탐지주의에 따라 후견적 입장에서 제반 사정들을 심리한 다음 자녀의 복리를 위하여 입양허가 여부를 결정할 넓은 재량권을 갖는다.

제933조 삭제 〈2011. 3. 7.〉

제934조 삭제 〈2011. 3. 7.〉

제935조 삭제 〈2011. 3. 7.〉

제936조(성년후견인의 선임) ① 제929조에 따른 성년후견인은 가정법원이 직권으로 선임한다.
② 가정법원은 성년후견인이 사망, 결격, 그 밖의 사유로 없게 된 경우에도 직권으로 또는 피성년후견인, 친족, 이해관계인, 검사, 지방자치단체의 장의 청구에 의하여 성년후견인을 선임한다.
③ 가정법원은 성년후견인이 선임된 경우에도 필요하다고 인정하면 직권으로 또는 제2항의 청구권자나 성년후견인의 청구에 의하여 추가로 성년후견인을 선임할 수 있다.
④ 가정법원이 성년후견인을 선임할 때에는 피성년후견인의 의사를 존중하여야 하며, 그 밖에 피성년후견인의 건강, 생활관계, 재산상황, 성년후견인이 될 사람의 직업과 경험, 피성년후견인과의 이해관계의 유무(법인이 성년후견인이 될 때에는 사업의 종류와 내용, 법인이나 그 대표자와 피성년후견인 사이의 이해관계의 유무를 말한다) 등의 사정도 고려하여야 한다.
[전문개정 2011. 3. 7.]

제937조(후견인의 결격사유) 다음 각 호의 어느 하나에 해당하는 자는 후견인이 되지 못한다. 〈개정 2016. 12. 20.〉

1. 미성년자
2. 피성년후견인, 피한정후견인, 피특정후견인, 피임의후견인
3. 회생절차개시결정 또는 파산선고를 받은 자
4. 자격정지 이상의 형의 선고를 받고 그 형기(刑期) 중에 있는 사람
5. 법원에서 해임된 법정대리인
6. 법원에서 해임된 성년후견인, 한정후견인, 특정후견인, 임의후견인과 그 감독인
7. 행방이 불분명한 사람
8. 피후견인을 상대로 소송을 하였거나 하고 있는 사람
9. 제8호에서 정한 사람의 배우자와 직계혈족. 다만, 피후견인의 직계비속은 제외한다.

[전문개정 2011. 3. 7.]

제938조(후견인의 대리권 등) ① 후견인은 피후견인의 법정대리인이 된다.
② 가정법원은 성년후견인이 제1항에 따라 가지는 법정대리권의 범위를 정할 수 있다.
③ 가정법원은 성년후견인이 피성년후견인의 신상에 관하여 결정할 수 있는 권한의 범위를 정할 수 있다.
④ 제2항 및 제3항에 따른 법정대리인의 권한의 범위가 적절하지 아니하게 된 경우에 가정법원은 본인, 배우자, 4촌 이내의 친족, 성년후견인, 성년후견감독인, 검사 또는 지방자치단체의 장의 청구에 의하여 그 범위를 변경할 수 있다.

[전문개정 2011. 3. 7.]

손해배상(의)·병실퇴거등청구

[대법원 2023. 3. 30. 선고 2022재다300253, 782 판결]

【판시사항】

[1] 상고심절차에 관한 특례법 제4조 제1항 제5호에 해당하는 사건을 심리불속행으로 상고기각하였다는 사유가 적법한 재심사유에 해당하는지 여부(소극) 및 상고이유에 관한 주장을 상고심절차에 관한 특례법이 정하는 심리불속행 사유에 해당한다고 보아 상고를 기각한 경우, 상고이유에 대한 판단을 누락하였다고 볼 수 있는지 여부(소극)

[2] 성년후견인이 소송행위에 대하여 후견감독인의 동의를 받은 경우, 민사소송법 제56조 제2항이 정하는 소송행위를 제외하고 일체의 소송행위를 할 수 있는지 여부(원칙적 적극) 및 이러한 취지는 가정법원이 민법 제938조 제2항에 따라 법정대리권의 범위 중 소송행위에 관하여 법원의 허가를 받도록 정한 경우에도 마찬가지인지 여부(적극)

제939조(후견인의 사임) 후견인은 정당한 사유가 있는 경우에는 가정법원의 허가를 받아 사임할 수 있다. 이 경우 그 후견인은 사임청구와 동시에 가정법원에 새로운 후견인의 선임을 청구하여야 한다.

[전문개정 2011. 3. 7.]

제940조(후견인의 변경) 가정법원은 피후견인의 복리를 위하여 후견인을 변경할 필요가 있다고 인정하면 직권으로 또는 피후견인, 친족, 후견감독인, 검사, 지방자치단체의 장의 청구에 의하여 후견인을 변경할 수 있다.

[전문개정 2011. 3. 7.]

제2관 후견감독인

〈*신설 2011. 3. 7.*〉

제940조의2(미성년후견감독인의 지정) 미성년후견인을 지정할 수 있는 사람은 유언으로 미성년후견감독인을 지정할 수 있다.

[본조신설 2011. 3. 7.]

제940조의3(미성년후견감독인의 선임) ① 가정법원은 제940조의2에 따라 지정된 미성년후견감독인이 없는 경우에 필요하다고 인정하면 직권으로 또는 미성년자, 친족, 미성년후견인, 검사, 지방자치단체의 장의 청구에 의하여 미성년후견감독인을 선임할 수 있다.

② 가정법원은 미성년후견감독인이 사망, 결격, 그 밖의 사유로 없게 된 경우에는 직권으로 또는 미성년자, 친족, 미성년후견인, 검사, 지방자치단체의 장의 청구에 의하여 미성년후견감독인을 선임한다.

[본조신설 2011. 3. 7.]

제940조의4(성년후견감독인의 선임) ① 가정법원은 필요하다고 인정하면 직권으로 또는 피성년후견인, 친족, 성년후견인, 검사, 지방자치단체의 장의 청구에 의하여 성년후견감독인을 선임할 수 있다.

② 가정법원은 성년후견감독인이 사망, 결격, 그 밖의 사유로 없게 된 경우에는 직권으로 또는 피성년후견인, 친족, 성년후견인, 검사, 지방자치단체의 장의 청구에 의하여 성년후견감독인을 선임한다.

[본조신설 2011. 3. 7.]

제940조의5(후견감독인의 결격사유) 제779조에 따른 후견인의 가족은 후견감독인이 될 수 없다.

[본조신설 2011. 3. 7.]

제940조의6(후견감독인의 직무) ① 후견감독인은 후견인의 사무를 감독하며, 후견인이 없는 경우 지체 없이 가정법원에 후견인의 선임을 청구하여야 한다.

② 후견감독인은 피후견인의 신상이나 재산에 대하여 급박한 사정이 있는 경우 그의 보호를 위하여 필요한 행위 또는 처분을 할 수 있다.

③ 후견인과 피후견인 사이에 이해가 상반되는 행위에 관하여는 후견감독인이 피후견인을 대리한다.

[본조신설 2011. 3. 7.]

제940조의7(위임 및 후견인 규정의 준용) 후견감독인에 대하여는 제681조, 제691조, 제692조, 제930조제2항·제3항, 제936조제3항·제4항, 제937조, 제939

조, 제940조, 제947조의2제3항부터 제5항까지, 제949조의2, 제955조 및 제
955조의2를 준용한다.
[본조신설 2011. 3. 7.]

제3관 후견인의 임무
〈신설 2011. 3. 7.〉

제941조(재산조사와 목록작성) ① 후견인은 지체 없이 피후견인의 재산을 조사하여 2
개월 내에 그 목록을 작성하여야 한다. 다만, 정당한 사유가 있는 경우에는 법원의
허가를 받아 그 기간을 연장할 수 있다.
② 후견감독인이 있는 경우 제1항에 따른 재산조사와 목록작성은 후견감독인의 참여
가 없으면 효력이 없다.
[전문개정 2011. 3. 7.]

제942조(후견인의 채권·채무의 제시) ① 후견인과 피후견인 사이에 채권·채무의 관
계가 있고 후견감독인이 있는 경우에는 후견인은 재산목록의 작성을 완료하기 전에
그 내용을 후견감독인에게 제시하여야 한다.
② 후견인이 피후견인에 대한 채권이 있음을 알고도 제1항에 따른 제시를 게을리한
경우에는 그 채권을 포기한 것으로 본다.
[전문개정 2011. 3. 7.]

제943조(목록작성전의 권한) 후견인은 재산조사와 목록작성을 완료하기까지는 긴급
필요한 경우가 아니면 그 재산에 관한 권한을 행사하지 못한다. 그러나 이로써 선의
의 제삼자에게 대항하지 못한다.

제944조(피후견인이 취득한 포괄적 재산의 조사 등) 전3조의 규정은 후견인의 취임후
에 피후견인이 포괄적 재산을 취득한 경우에 준용한다.

제945조(미성년자의 신분에 관한 후견인의 권리·의무) 미성년후견인은 제913조 및 제
914조에서 규정한 사항에 관하여는 친권자와 동일한 권리와 의무가 있다. 다만, 다
음 각 호의 어느 하나에 해당하는 경우에는 미성년후견감독인이 있으면 그의 동의를
받아야 한다. 〈개정 2021. 1. 26.〉
  1. 친권자가 정한 교육방법, 양육방법 또는 거소를 변경하는 경우
  2. 삭제〈2021. 1. 26.〉
  3. 친권자가 허락한 영업을 취소하거나 제한하는 경우
[전문개정 2011. 3. 7.]

제946조(친권 중 일부에 한정된 후견) 미성년자의 친권자가 제924조의2, 제925조 또
는 제927조제1항에 따라 친권 중 일부에 한정하여 행사할 수 없는 경우에 미성년후
견인의 임무는 제한된 친권의 범위에 속하는 행위에 한정된다.

[전문개정 2014. 10. 15.]

제947조(피성년후견인의 복리와 의사존중) 성년후견인은 피성년후견인의 재산관리와 신상보호를 할 때 여러 사정을 고려하여 그의 복리에 부합하는 방법으로 사무를 처리하여야 한다. 이 경우 성년후견인은 피성년후견인의 복리에 반하지 아니하면 피성년후견인의 의사를 존중하여야 한다.
[전문개정 2011. 3. 7.]

제947조의2(피성년후견인의 신상결정 등) ① 피성년후견인은 자신의 신상에 관하여 그의 상태가 허락하는 범위에서 단독으로 결정한다.
② 성년후견인이 피성년후견인을 치료 등의 목적으로 정신병원이나 그 밖의 다른 장소에 격리하려는 경우에는 가정법원의 허가를 받아야 한다.
③ 피성년후견인의 신체를 침해하는 의료행위에 대하여 피성년후견인이 동의할 수 없는 경우에는 성년후견인이 그를 대신하여 동의할 수 있다.
④ 제3항의 경우 피성년후견인이 의료행위의 직접적인 결과로 사망하거나 상당한 장애를 입을 위험이 있을 때에는 가정법원의 허가를 받아야 한다. 다만, 허가절차로 의료행위가 지체되어 피성년후견인의 생명에 위험을 초래하거나 심신상의 중대한 장애를 초래할 때에는 사후에 허가를 청구할 수 있다.
⑤ 성년후견인이 피성년후견인을 대리하여 피성년후견인이 거주하고 있는 건물 또는 그 대지에 대하여 매도, 임대, 전세권 설정, 저당권 설정, 임대차의 해지, 전세권의 소멸, 그 밖에 이에 준하는 행위를 하는 경우에는 가정법원의 허가를 받아야 한다.
[본조신설 2011. 3. 7.]

교통사고처리특례법위반(치상)[성년후견인이 의사무능력인 피해자를 대리하여 처벌불원의사를 결정할 수 있는지 여부]
[대법원 2023. 7. 17. 선고 2021도11126 전원합의체 판결]

【판시사항】

[1] 반의사불벌죄에서 성년후견인이 명문의 규정 없이 의사무능력자인 피해자를 대리하여 피고인 또는 피의자에 대하여 처벌을 희망하지 않는다는 의사를 결정하거나 처벌을 희망하는 의사표시를 철회하는 행위를 할 수 있는지 여부(소극) / 이는 성년후견인의 법정대리권 범위에 통상적인 소송행위가 포함되어 있거나 성년후견개시심판에서 정하는 바에 따라 성년후견인이 소송행위를 할 때 가정법원의 허가를 얻더라도 마찬가지인지 여부(적극)

[2] 피고인이 자전거를 운행하던 중 전방주시의무를 게을리하여 보행자인 피해자 甲을 들이받아 중상해를 입게 하였다는 교통사고처리 특례법 위반(치상)의 공소사실로 기소되었고, 위 사고로 의식불명이 된 甲에 대하여 성년후견이 개시되어 성년후견인으로 甲의 법률상 배우자 乙이 선임되었는데, 乙이 피고인 측으로부터 합의금을 수령한 후 제1심 판결선고 전에 甲을 대리하여 처벌불원의사를 표시한 사안에서, 위 특례법 제3조 제2항에서 차의 운전자가 교통사고로 인하여 범한 업무상과실치상죄는 '피해자의 명시적인 의사'에 반하여 공소를 제기할 수 없도록 규정하여 문언상 그 처벌 여부가 '피해자'

의 '명시적'인 의사에 달려 있음이 명백하므로, 乙이 甲을 대신하여 처벌불원의사를 형
성하거나 결정할 수 있다고 해석하는 것은 법의 문언에 반한다고 한 사례

【판결요지】

[1] [다수의견] 반의사불벌죄에서 성년후견인은 명문의 규정이 없는 한 의사무능력자인 피
해자를 대리하여 피고인 또는 피의자에 대하여 처벌을 희망하지 않는다는 의사를 결정
하거나 처벌을 희망하는 의사표시를 철회하는 행위를 할 수 없다. 이는 성년후견인의
법정대리권 범위에 통상적인 소송행위가 포함되어 있거나 성년후견개시심판에서 정하
는 바에 따라 성년후견인이 소송행위를 할 때 가정법원의 허가를 얻었더라도 마찬가지
이다. 구체적인 이유는 아래와 같다.

(가) 형사소송절차 규정을 해석·적용할 때에는 절차적 안정성과 명확성이 무엇보다 중요하
므로 문언의 객관적인 의미에 충실한 해석이 필수적이다. 특히 반의사불벌죄에서 처벌
불원의사와 같이 소송조건과 관련된 규정은 국가소추권·형벌권 발동의 기본 전제가 되
므로, 형사소송절차의 명확성과 안정성, 예측가능성을 확보하기 위해서 법문에 충실한
해석의 필요성이 무엇보다 크다.

교통사고처리 특례법 제3조 제2항에 따르면, 차의 운전자가 교통사고로 인하여 범한
형법 제268조의 업무상과실치상죄는 '피해자의 명시적인 의사'에 반하여 공소를 제기
할 수 없도록 규정하므로, 문언상 그 처벌 여부가 '피해자'의 '명시적'인 의사에 달려
있음이 명백하다. 따라서 제3자가 피해자를 대신하여 처벌불원의사를 형성하거나 결
정할 수 있다고 해석하는 것은 법의 문언에 반한다.

교통사고처리 특례법은 물론 형법·형사소송법에도 반의사불벌죄에서 피해자의 처벌불
원의사에 관하여 대리가 가능하다거나 법정대리인의 대리권에 피해자의 처벌불원 의
사표시가 포함된다는 규정을 두고 있지 않다. 따라서 반의사불벌죄의 처벌불원의사는
원칙적으로 대리가 허용되지 않는다고 보아야 한다.

(나) 형사사법의 목적과 보호적 기능, 국가소추주의 내지 국가형벌독점주의에 대한 예외로
서 반의사불벌죄의 지위 등을 감안하면, 반의사불벌죄에서 피고인 또는 피의자에 대하
여 처벌을 원하지 않거나 처벌희망의 의사표시를 철회하는 의사결정 그 자체는 특별
한 규정이 없는 한 피해자 본인이 하여야 한다.

범죄행위를 하여 처벌을 받아야 할 자에 대해서는 합리적 의심의 여지가 없는 증명이
있음을 전제로 그에 상응한 처벌이 이루어져야 한다는 형사사법의 보호적 기능을 담
보하기 위하여 현행법은 국가소추주의 내지 국가형벌독점주의를 원칙으로 정하고 있
다. 그런데 반의사불벌죄는 특정 유형의 범죄에 관하여 피해자의 의사를 최대한 존중
하는 취지에서 특별히 피해자의 명시적인 의사를 소극적 소추조건으로 규정한 것인바,
이는 우리 법질서가 사인의 형사사법절차에 대한 개입을 예외적으로 인정한 부분이다.
그럼에도 법이 예정한 범위나 정도를 벗어나 사인의 형사사법절차에 대한 개입을 확
대하게 되면, 궁극적으로 형사사법의 보호적 기능이 약화되고 결과적으로 국가형벌권
이 불공평하게 행사되는 결과가 초래될 수 있다. 그러므로 반의사불벌죄를 해석할 때
에는 피해자의 일방적인 의사에 의해 국가의 공적인 형벌기능이 좌우되는 것을 방지
할 수 있도록 국가소추권·형벌권의 공평한 행사, 법익보호와 책임원칙이라는 형사사법
의 대원칙까지 고려하여야 한다.

반의사불벌죄는 피해자의 일방적 의사표시만으로 이미 개시된 국가의 형사사법절차가
일방적으로 중단·소멸되는 강력한 법률효과가 발생한다는 점에서도 처벌불원의사는 피

해자의 진실한 의사에 기한 것이어야 한다.

처벌불원에 관한 법정대리인의 의사표시를 피해자 본인의 의사와 같다고 볼 수는 없다. 법정대리인의 의사표시는 그 자체로 피해자의 의사가 아닐 뿐만 아니라 피해자의 진실한 의사에 부합한다는 점에 관한 담보가 전혀 없기 때문이다. 결국 피해자의 처벌불원의사는 입법적 근거 없이 타인의 의사표시에 의하여 대체될 수 있는 성질의 것이 아니므로, 일신전속적인 특성을 가진다.

(다) 형사소송법은 친고죄의 고소 및 고소취소와 반의사불벌죄의 처벌불원의사를 달리 규정하였으므로, 반의사불벌죄의 처벌불원의사는 친고죄의 고소 또는 고소취소와 동일하게 취급할 수 없다.

형사소송법은 고소 및 고소취소에 관하여, 고소권자에 관한 규정(제223조 내지 제229조), 친고죄의 고소기간에 관한 규정(제230조), 고소취소의 시한과 재고소의 금지에 관한 규정(제232조 제1항, 제2항), 불가분에 관한 규정(제233조) 등 다수의 조문을 두고 있다. 특히 형사소송법 제236조는 "고소 또는 그 취소는 대리인으로 하여금 하게 할 수 있다."라고 하여 대리에 의한 고소 및 고소취소에 관한 명시적 근거규정을 두었다. 반면 반의사불벌죄에 관하여는 형사소송법 제232조 제3항에서 "피해자의 명시한 의사에 반하여 공소를 제기할 수 없는 사건에서 처벌을 원하는 의사표시를 철회한 경우에도 제1항과 제2항을 준용한다."라고 하여 고소취소의 시한과 재고소의 금지에 관한 규정을 준용하는 규정 하나만을 두었을 뿐 반의사불벌죄의 처벌불원의사에 대하여는 대리에 관한 근거규정을 두지 않았고, 대리에 의한 고소 및 고소취소에 관한 형사소송법 제236조를 준용하는 근거규정도 두지 않았다.

친고죄와 반의사불벌죄는 피해자의 의사가 소추조건이 된다는 점에서는 비슷하지만 소추조건으로 하는 이유·방법·효과는 같다고 할 수 없다. 피고인 또는 피의자의 처벌 여부에 관한 피해자의 의사표시가 없는 경우 친고죄는 불처벌을, 반의사불벌죄는 처벌을 원칙으로 하도록 형사소송법이 달리 취급하는 것도 그 때문이라고 할 수 있다.

형사소송법이 친고죄와 달리 반의사불벌죄에 관하여 고소취소의 시한과 재고소의 금지에 관한 규정을 준용하는 규정 외에 다른 근거규정이나 준용규정을 두지 않은 것은 이러한 반의사불벌죄의 특성을 고려하여 고소 및 고소취소에 관한 규정에서 규율하는 법원칙을 반의사불벌죄의 처벌불원의사에 대하여는 적용하지 않겠다는 입법적 결단으로 이해하여야 한다.

피해자가 아닌 제3자에 의한 고소 및 고소취소 또는 처벌불원의사를 허용할 것인지 여부는 친고죄와 반의사불벌죄의 성질상 차이 외에 입법정책의 문제이기도 하다. 이는 반의사불벌죄에서 처벌불원 의사결정 자체는 피해자 본인이 해야 한다는 입법자의 결단이 드러난 것으로, 피해자 본인의 진실한 의사가 확인되지 않는 상황에서는 함부로 피해자의 처벌불원의사가 있는 것으로 추단해서는 아니 됨을 의미한다.

(라) 민법상 성년후견인이 형사소송절차에서 반의사불벌죄의 처벌불원 의사표시를 대리할 수 있다고 보는 것은 피해자 본인을 위한 후견적 역할에 부합한다고 볼 수도 없다.

피해자를 사건본인으로 하는 성년후견개시심판과 피고인 또는 피의자를 당사자로 하는 형사소송절차는 완전히 별개의 절차로, 가정법원에 의한 성년후견인 선임은 형사소송절차에 대한 별도의 고려 없이 가사재판이 추구하는 가치를 충실히 구현할 수 있는 관점에서 이루어진다. 피해자 본인의 의사가 무엇보다 중요한 형사소송절차에서 반의사불벌죄에 대한 처벌불원의사에까지 성년후견인에게 대리를 허용하는 것은 피해자 보호를 비롯한 형사사법이 추구하는 보호적 기능의 구현과 무관할 뿐만 아니라 오히려 이에 역행한다고 볼 여지도 있다.

반의사불벌죄가 아닌 범죄에서 피해자와의 합의 내지 피해자의 처벌불원의사는 유리한 양형참작사유에 해당할 여지가 있으므로, 피고인이나 피의자는 피해자와 합의를 하려는 적극적인 유인이 있고, 이러한 합의는 성년후견인을 통해서도 당연히 가능하다. 그러나 반의사불벌죄에서 피해자의 진실한 처벌불원의사가 확인되지 않음에도 성년후견인에 의한 처벌불원의사의 대리를 허용하는 것은 피해자가 아닌 피고인 또는 피의자의 이익·관점에 지나치게 경도된 것이다.

반의사불벌죄에서 처벌불원의사로 국가의 형사사법기능이 중단되는 것은 그것이 '피해자'의 의사라는 점에서 정당성을 찾을 수 있으므로, 피해자가 의사무능력인 상황에서 성년후견인이 처벌불원의사를 대신 결정할 수 있도록 하는 것이 피해자 복리·보호에 부합한다고 추단할 수는 없다.

(마) 반의사불벌죄는 피해자에 대한 피해회복 등 당사자 사이에 사적인 분쟁해결을 촉진하고 존중하려는 취지도 포함되어 있다. 그러나 피해자의 처벌불원의사의 존부에 지나치게 무게중심을 두는 형사사법절차는 현실적으로 피해자에 대한 2차 가해와 같은 사회적 갈등이나 추가적인 법적 분쟁을 일으키는 주요한 원인이 될 수도 있다. 처벌불원의사를 표시하지 않는 행위가 피고인 또는 피의자에 대한 가혹함으로 치부되어, 결과적으로 피해자가 원치 않는 의사표시를 강요당하는 상황에 처할 수 있기 때문이다.

2023. 7. 1. 시행된 대법원 양형기준은 '처벌불원' 또는 '합의'의 지위를 범죄별로 차등하여 규정하고, 정의 규정을 새롭게 정비함으로써 처벌불원과 합의의 양형인자로서의 기능을 체계적으로 세분화하였다. 새로 시행된 형사공탁제도는 인적사항이 특정되지 않은 상황에서도 피해자에 대한 공탁을 가능하게 함으로써 피해자의 보호라는 형사사법의 목적을 훼손하지 않으면서 피해회복과 유리한 양형인자를 확보할 수 있게 하였다. 이러한 제도적 변화까지 고려하면, 양형기준을 포함한 현행 형사사법 체계 아래에서 성년후견인이 의사무능력자인 피해자를 대리하여 피고인 또는 피의자와 합의를 한 경우에는 이를 소극적인 소추조건이 아니라 양형인자로서 고려하면 충분하다.

[대법관 박정화, 대법관 민유숙, 대법관 이동원, 대법관 이흥구, 대법관 오경미의 반대의견]

(가) 형사소송법은 반의사불벌죄에서 피해자의 의사능력이 결여된 경우 처벌불원 의사표시에 관하여 명시적인 규정을 두고 있지 않은 법률 흠결상태이다. 피해자가 의사무능력인 경우에도 피해자의 자기결정권을 구현하고 피해자의 복리·보호를 위하여 제3자가 피해자의 의사를 지원·보완하는 방법을 통해 처벌불원 의사표시를 하는 것이 필요하므로 피고인에게 유리한 방향으로 형사소송법의 관련 규정들을 유추적용할 필요성이 매우 크다. 그것이 본인의 의사와 잔존능력을 존중하여 가능한 최대한도에서 정상적인 사회의 구성원으로 활동할 수 있도록 새롭게 도입된 성년후견제도의 취지를 반영하는 해석이다.

따라서 반의사불벌죄에서 의사능력이 없는 피해자에게 성년후견이 개시되어 있는 경우 성년후견인이 가정법원의 허가를 받아 처벌불원의 의사표시를 할 수 있다고 보아야 한다.

(나) 형사소송법이 피해자의 의사무능력에 관하여 그 대리에 관한 아무런 규정을 두지 않은 것은 보충이 필요한 법률의 흠결에 해당한다. 성년후견인에 의한 처벌불원 의사표

시의 허용은 피고인에게 불리하지 않으므로 유추해석을 허용하더라도 죄형법정주의에 반하지 않는다. 다수의견은 형사소송법상의 법률의 흠결을 입법정책 내지 입법재량으로만 이해하고 새로운 제도의 도입으로 인한 유추해석의 필요성과 허용성을 지나치게 협소하게 파악하였다. 그러한 해석론은 피해자의 생활반경을 극히 제한적인 영역으로만 한정하면서 성년후견제도의 이용가능성을 원천적으로 봉쇄하여 피해자의 복리와 보호를 후퇴시키고 소극적 소송조건을 부당하게 축소해석함으로써 결과적으로 처벌범위를 확대하는 것이 되어 타당하지 않다.

(다) 성년후견인에 의한 피후견인의 자기결정권에의 지원·보완은 관련 민법 규정들과 성년후견제도에 의하여 허용된다.

의사결정능력이 제한되거나 상실된 사람의 자기결정권 행사를 지원·보완하는 것은 '장애인의 권리에 관한 협약(Convention on the Rights of Persons with Disabilities)'을 비롯하여 국민의 헌법상의 권리인 인간으로서의 존엄과 가치, 행복을 추구할 권리를 보장받기 위한 제도적 장치이다. 형사재판의 피해자라는 이유로 보호에서 제외될 수 없다. 특히 예상하지 못한 사고로 인지능력을 상실한 피해자는 가해자에 대한 민사소송과 가해자를 피고인으로 하는 형사소송 등 여러 법률적 분쟁에 휘말리게 된다. 그런데 위 민사소송과 형사소송은 피해를 입게 된 원인인 역사적 사실이 서로 동일한 점, 따라서 인지능력을 상실한 피해자를 대신하여 각 소송을 수행하는 성년후견인으로서는 민사와 형사를 분리하여 각 소송별로 독자적인 해결책을 모색하기보다는 이들을 통틀어 일체로 파악하여 총체적·전체적 관점에서 피해자의 최선의 이익을 추구하는 방향으로 해결책을 모색할 가능성이 높다는 점에서, 각 소송은 상호 밀접하게 관련되어 있다. 따라서 민사소송에서든 형사소송에서든 성년후견인의 행위는 피해자의 최선의 이익이라는 동일한 지향점 위에 상호 유기적으로 연결되어 있다고 볼 수 있고 양자를 분리하여 파악하는 것은 타당하다고 보기 어렵다. 손해배상금을 수령하는 행위와 처벌불원서를 제출하는 행위는 밀접하게 결합되어 전체적으로 피해자를 법률분쟁으로부터 해방시키는 절차를 구성하는 것이다. 이때 가정법원은 후견감독기관으로서 각 행위를 위한 허가재판에서 피해자의 의사능력결여 정도와 피해자복리 적합성을 심리하여 재판한다. 가정법원의 성년후견심판과 형사재판은 전혀 관계가 없다는 견해는 동의하기 어렵다.

개인의 신상에 관한 의사결정이 본인의 진실된 의사로 이루어져야 한다는 점은 반대의견의 전제이기도 하다. 그러나 인간은 예상하지 못한 사유로 의사능력을 상실할 수 있고 그때에도 여전히 결정하여야 할 대상이 존재한다. 성년후견인에 의한 의사결정권의 지원·보완은 제3자에 의한 의사결정의 대행·대체가 아니라 본인의사에 관한 진지하고 철저한 탐구·확인을 통하여 가정법원이 선임한 공적 지위의 성년후견인으로 하여금 본인의사가 실질적으로 실현된 것과 동일한 법률적 효과를 지향하고 그 과정에서도 법원의 후견감독기능을 개입시켜 본인의 자기결정권 행사를 담보하려는 것이다. 다수의견이 우려하는 피해자 복리와의 충돌, 피해자 의사의 무력화 등의 위험은 가정법원의 허가재판에서 걸러지게 될 것이다.

(라) 다수의견은 의사무능력자인 피해자의 성년후견인이 한 처벌불원의사 내지 형사합의는 양형참작사정으로 고려하는 것으로 충분하다고 한다. 성년후견인이 피해자를 대리하여 손해배상금을 수령하는 행위를 피해변제로 참작할 수 있다는 점에 대하여는 반대의견도 이견이 없다. 피해변제의 측면에서 형사공탁제도의 취지와 도입배경에 관한 다수의

견의 이해 역시 이를 다투지 않는다.

그러나 피해자의 처벌불원의사는 '피해자 본인의 진정한 의사'에 기하여 '상대방을 용서'하는 것이다. 다수의견이 가해자를 용서하고 그의 처벌을 원하지 않는다는 의사의 결정은 의사능력을 갖춘 피해자 본인에 의하여만 할 수 있다고 하면서도 처벌불원서를 양형참작사정으로서 적법유효한 처벌불원의사로 취급하는 것은 수긍하기 어렵다. 이러한 시각은 소극적 소송조건으로서의 처벌불원의사와 양형요소로서 기능할 수 있는 처벌불원의사의 의미를 이원적으로 파악하는 것인데 그와 같은 이원적 취급의 근거를 알기 어렵다. '처벌불원의사'의 의미를 형사소송절차 전반에 걸쳐 동일하게 새겨야 하는 것이 타당함은 다언을 요하지 않을 것이다. '처벌불원의사'의 소송절차상의 지위나 기능을 그 절차적 특성이나 심리의 단계에 따라 다르게 파악하는 것은 '처벌불원의사'의 개념을 정의한 이후에 비로소 논의될 성질의 문제이다. 다수의견은 '처벌불원의사'의 의미를 심리절차에 따라 다르게 파악하고 있다는 점에서 동의하기 어렵다. 이 점에서 피해자 본인의 진실한 의사에 따른 처벌불원서가 항소심에서 제출되는 경우 양형참작사정으로 인정되는 것과는 다르다고 할 것이다.

[2] 피고인이 자전거도로에서 자전거를 운행하던 중 전방주시의무를 게을리하여 보행자인 피해자 甲을 들이받아 중상해를 입게 하였다는 교통사고처리 특례법 위반(치상)의 공소사실로 기소되었고, 위 사고로 의식불명이 된 甲에 대하여 성년후견이 개시되어 성년후견인으로 甲의 법률상 배우자 乙이 선임되었는데, 乙이 피고인 측으로부터 합의금을 수령한 후 제1심 판결선고 전에 甲을 대리하여 처벌불원의사를 표시한 사안에서, 위 특례법 제3조 제2항에서 차의 운전자가 교통사고로 인하여 범한 업무상과실치상죄는 '피해자의 명시적인 의사'에 반하여 공소를 제기할 수 없도록 규정하여 문언상 그 처벌 여부가 '피해자'의 '명시적'인 의사에 달려 있음이 명백하므로, 甲의 성년후견인인 乙이 甲을 대신하여 처벌불원의사를 형성하거나 결정할 수 있다고 해석하는 것은 법의 문언에 반한다는 이유로, 같은 취지에서 공소사실을 유죄로 인정한 원심의 판단이 정당하다고 한 사례.

제948조(미성년자의 친권의 대행) ① 미성년후견인은 미성년자를 갈음하여 미성년자의 자녀에 대한 친권을 행사한다.

② 제1항의 친권행사에는 미성년후견인의 임무에 관한 규정을 준용한다.

[전문개정 2011. 3. 7.]

제949조(재산관리권과 대리권) ①후견인은 피후견인의 재산을 관리하고 그 재산에 관한 법률행위에 대하여 피후견인을 대리한다.

②제920조 단서의 규정은 전항의 법률행위에 준용한다.

제949조의2(성년후견인이 여러 명인 경우 권한의 행사 등) ① 가정법원은 직권으로 여러 명의 성년후견인이 공동으로 또는 사무를 분장하여 그 권한을 행사하도록 정할 수 있다.

② 가정법원은 직권으로 제1항에 따른 결정을 변경하거나 취소할 수 있다.

③ 여러 명의 성년후견인이 공동으로 권한을 행사하여야 하는 경우에 어느 성년후견인이 피성년후견인의 이익이 침해될 우려가 있음에도 법률행위의 대리 등 필요한 권한행사에 협력하지 아니할 때에는 가정법원은 피성년후견인, 성년후견인, 후견감독인 또는 이

해관계인의 청구에 의하여 그 성년후견인의 의사표시를 갈음하는 재판을 할 수 있다.
[본조신설 2011. 3. 7.]

제949조의3(이해상반행위) 후견인에 대하여는 제921조를 준용한다. 다만, 후견감독인이 있는 경우에는 그러하지 아니하다.
[본조신설 2011. 3. 7.]

제950조(후견감독인의 동의를 필요로 하는 행위) ① 후견인이 피후견인을 대리하여 다음 각 호의 어느 하나에 해당하는 행위를 하거나 미성년자의 다음 각 호의 어느 하나에 해당하는 행위에 동의를 할 때는 후견감독인이 있으면 그의 동의를 받아야 한다.
1. 영업에 관한 행위
2. 금전을 빌리는 행위
3. 의무만을 부담하는 행위
4. 부동산 또는 중요한 재산에 관한 권리의 득실변경을 목적으로 하는 행위
5. 소송행위
6. 상속의 승인, 한정승인 또는 포기 및 상속재산의 분할에 관한 협의
② 후견감독인의 동의가 필요한 행위에 대하여 후견감독인이 피후견인의 이익이 침해될 우려가 있음에도 동의를 하지 아니하는 경우에는 가정법원은 후견인의 청구에 의하여 후견감독인의 동의를 갈음하는 허가를 할 수 있다.
③ 후견감독인의 동의가 필요한 법률행위를 후견인이 후견감독인의 동의 없이 하였을 때에는 피후견인 또는 후견감독인이 그 행위를 취소할 수 있다.
[전문개정 2011. 3. 7.]

제951조(피후견인의 재산 등의 양수에 대한 취소) ① 후견인이 피후견인에 대한 제3자의 권리를 양수(讓受)하는 경우에는 피후견인은 이를 취소할 수 있다.
② 제1항에 따른 권리의 양수의 경우 후견감독인이 있으면 후견인은 후견감독인의 동의를 받아야 하고, 후견감독인의 동의가 없는 경우에는 피후견인 또는 후견감독인이 이를 취소할 수 있다.
[전문개정 2011. 3. 7.]

제952조(상대방의 추인 여부 최고) 제950조 및 제951조의 경우에는 제15조를 준용한다.
[전문개정 2011. 3. 7.]

제953조(후견감독인의 후견사무의 감독) 후견감독인은 언제든지 후견인에게 그의 임무 수행에 관한 보고와 재산목록의 제출을 요구할 수 있고 피후견인의 재산상황을 조사할 수 있다.
[전문개정 2011. 3. 7.]

제954조(가정법원의 후견사무에 관한 처분) 가정법원은 직권으로 또는 피후견인, 후견감독인, 제777조에 따른 친족, 그 밖의 이해관계인, 검사, 지방자치단체의 장의 청구

에 의하여 피후견인의 재산상황을 조사하고, 후견인에게 재산관리 등 후견임무 수행에 관하여 필요한 처분을 명할 수 있다.

[전문개정 2011. 3. 7.]

제955조(후견인에 대한 보수) 법원은 후견인의 청구에 의하여 피후견인의 재산상태 기타 사정을 참작하여 피후견인의 재산 중에서 상당한 보수를 후견인에게 수여할 수 있다.

제955조의2(지출금액의 예정과 사무비용) 후견인이 후견사무를 수행하는 데 필요한 비용은 피후견인의 재산 중에서 지출한다.

[본조신설 2011. 3. 7.]

제956조(위임과 친권의 규정의 준용) 제681조 및 제918조의 규정은 후견인에게 이를 준용한다.

제4관 후견의 종료
〈신설 2011. 3. 7.〉

제957조(후견사무의 종료와 관리의 계산) ① 후견인의 임무가 종료된 때에는 후견인 또는 그 상속인은 1개월 내에 피후견인의 재산에 관한 계산을 하여야 한다. 다만, 정당한 사유가 있는 경우에는 법원의 허가를 받아 그 기간을 연장할 수 있다.
② 제1항의 계산은 후견감독인이 있는 경우에는 그가 참여하지 아니하면 효력이 없다.

[전문개정 2011. 3. 7.]

제958조(이자의 부가와 금전소비에 대한 책임) ① 후견인이 피후견인에게 지급할 금액이나 피후견인이 후견인에게 지급할 금액에는 계산종료의 날로부터 이자를 부가하여야 한다.
② 후견인이 자기를 위하여 피후견인의 금전을 소비한 때에는 그 소비한 날로부터 이자를 부가하고 피후견인에게 손해가 있으면 이를 배상하여야 한다.

제959조(위임규정의 준용) 제691조, 제692조의 규정은 후견의 종료에 이를 준용한다.

제2절 한정후견과 특정후견
〈신설 2011. 3. 7.〉

제959조의2(한정후견의 개시) 가정법원의 한정후견개시의 심판이 있는 경우에는 그 심판을 받은 사람의 한정후견인을 두어야 한다.

[본조신설 2011. 3. 7.]

제959조의3(한정후견인의 선임 등) ① 제959조의2에 따른 한정후견인은 가정법원이 직권으로 선임한다.
② 한정후견인에 대하여는 제930조제2항·제3항, 제936조제2항부터 제4항까지, 제

937조, 제939조, 제940조 및 제949조의3을 준용한다.
[본조신설 2011. 3. 7.]

제959조의4(한정후견인의 대리권 등) ① 가정법원은 한정후견인에게 대리권을 수여하는 심판을 할 수 있다.
② 한정후견인의 대리권 등에 관하여는 제938조제3항 및 제4항을 준용한다.
[본조신설 2011. 3. 7.]

제959조의5(한정후견감독인) ① 가정법원은 필요하다고 인정하면 직권으로 또는 피한정후견인, 친족, 한정후견인, 검사, 지방자치단체의 장의 청구에 의하여 한정후견감독인을 선임할 수 있다.
② 한정후견감독인에 대하여는 제681조, 제691조, 제692조, 제930조제2항·제3항, 제936조제3항·제4항, 제937조, 제939조, 제940조, 제940조의3제2항, 제940조의5, 제940조의6, 제947조의2제3항부터 제5항까지, 제949조의2, 제955조 및 제955조의2를 준용한다. 이 경우 제940조의6제3항 중 "피후견인을 대리한다"는 "피한정후견인을 대리하거나 피한정후견인이 그 행위를 하는 데 동의한다"로 본다.
[본조신설 2011. 3. 7.]

제959조의6(한정후견사무) 한정후견의 사무에 관하여는 제681조, 제920조 단서, 제947조, 제947조의2, 제949조, 제949조의2, 제949조의3, 제950조부터 제955조까지 및 제955조의2를 준용한다.
[본조신설 2011. 3. 7.]

제959조의7(한정후견인의 임무의 종료 등) 한정후견인의 임무가 종료한 경우에 관하여는 제691조, 제692조, 제957조 및 제958조를 준용한다.
[본조신설 2011. 3. 7.]

제959조의8(특정후견에 따른 보호조치) 가정법원은 피특정후견인의 후원을 위하여 필요한 처분을 명할 수 있다.
[본조신설 2011. 3. 7.]

제959조의9(특정후견인의 선임 등) ① 가정법원은 제959조의8에 따른 처분으로 피특정후견인을 후원하거나 대리하기 위한 특정후견인을 선임할 수 있다.
② 특정후견인에 대하여는 제930조제2항·제3항, 제936조제2항부터 제4항까지, 제937조, 제939조 및 제940조를 준용한다.
[본조신설 2011. 3. 7.]

제959조의10(특정후견감독인) ① 가정법원은 필요하다고 인정하면 직권으로 또는 피

특정후견인, 친족, 특정후견인, 검사, 지방자치단체의 장의 청구에 의하여 특정후견감
독인을 선임할 수 있다.
② 특정후견감독인에 대하여는 제681조, 제691조, 제692조, 제930조제2항·제3항,
　제936조제3항·제4항, 제937조, 제939조, 제940조, 제940조의5, 제940조의6,
　제949조의2, 제955조 및 제955조의2를 준용한다.
[본조신설 2011. 3. 7.]

제959조의11(특정후견인의 대리권) ① 피특정후견인의 후원을 위하여 필요하다고 인
정하면 가정법원은 기간이나 범위를 정하여 특정후견인에게 대리권을 수여하는 심판
을 할 수 있다.
② 제1항의 경우 가정법원은 특정후견인의 대리권 행사에 가정법원이나 특정후견감
　독인의 동의를 받도록 명할 수 있다.
[본조신설 2011. 3. 7.]

제959조의12(특정후견사무) 특정후견의 사무에 관하여는 제681조, 제920조 단서, 제
947조, 제949조의2, 제953조부터 제955조까지 및 제955조의2를 준용한다.
[본조신설 2011. 3. 7.]

제959조의13(특정후견인의 임무의 종료 등) 특정후견인의 임무가 종료한 경우에 관하
여는 제691조, 제692조, 제957조 및 제958조를 준용한다.
[본조신설 2011. 3. 7.]

제3절 후견계약

⟨신설 2011. 3. 7.⟩

제959조의14(후견계약의 의의와 체결방법 등) ① 후견계약은 질병, 장애, 노령, 그 밖
의 사유로 인한 정신적 제약으로 사무를 처리할 능력이 부족한 상황에 있거나 부족하
게 될 상황에 대비하여 자신의 재산관리 및 신상보호에 관한 사무의 전부 또는 일부를
다른 자에게 위탁하고 그 위탁사무에 관하여 대리권을 수여하는 것을 내용으로 한다.
② 후견계약은 공정증서로 체결하여야 한다.
③ 후견계약은 가정법원이 임의후견감독인을 선임한 때부터 효력이 발생한다.
④ 가정법원, 임의후견인, 임의후견감독인 등은 후견계약을 이행·운영할 때 본인의
　의사를 최대한 존중하여야 한다.
[본조신설 2011. 3. 7.]

제959조의15(임의후견감독인의 선임) ① 가정법원은 후견계약이 등기되어 있고, 본인
이 사무를 처리할 능력이 부족한 상황에 있다고 인정할 때에는 본인, 배우자, 4촌
이내의 친족, 임의후견인, 검사 또는 지방자치단체의 장의 청구에 의하여 임의후견감
독인을 선임한다.

② 제1항의 경우 본인이 아닌 자의 청구에 의하여 가정법원이 임의후견감독인을 선임할 때에는 미리 본인의 동의를 받아야 한다. 다만, 본인이 의사를 표시할 수 없는 때에는 그러하지 아니하다.

③ 가정법원은 임의후견감독인이 없게 된 경우에는 직권으로 또는 본인, 친족, 임의후견인, 검사 또는 지방자치단체의 장의 청구에 의하여 임의후견감독인을 선임한다.

④ 가정법원은 임의후견임감독인이 선임된 경우에도 필요하다고 인정하면 직권으로 또는 제3항의 청구권자의 청구에 의하여 임의후견감독인을 추가로 선임할 수 있다.

⑤ 임의후견감독인에 대하여는 제940조의5를 준용한다.

[본조신설 2011. 3. 7.]

제959조의16(임의후견감독인의 직무 등) ① 임의후견감독인은 임의후견인의 사무를 감독하며 그 사무에 관하여 가정법원에 정기적으로 보고하여야 한다.

② 가정법원은 필요하다고 인정하면 임의후견감독인에게 감독사무에 관한 보고를 요구할 수 있고 임의후견인의 사무 또는 본인의 재산상황에 대한 조사를 명하거나 그 밖에 임의후견감독인의 직무에 관하여 필요한 처분을 명할 수 있다.

③ 임의후견감독인에 대하여는 제940조의6제2항·제3항, 제940조의7 및 제953조를 준용한다.

[본조신설 2011. 3. 7.]

제959조의17(임의후견개시의 제한 등) ① 임의후견인이 제937조 각 호에 해당하는 자 또는 그 밖에 현저한 비행을 하거나 후견계약에서 정한 임무에 적합하지 아니한 사유가 있는 자인 경우에는 가정법원은 임의후견감독인을 선임하지 아니한다.

② 임의후견감독인을 선임한 이후 임의후견인이 현저한 비행을 하거나 그 밖에 그 임무에 적합하지 아니한 사유가 있게 된 경우에는 가정법원은 임의후견감독인, 본인, 친족, 검사 또는 지방자치단체의 장의 청구에 의하여 임의후견인을 해임할 수 있다.

[본조신설 2011. 3. 7.]

제959조의18(후견계약의 종료) ① 임의후견감독인의 선임 전에는 본인 또는 임의후견인은 언제든지 공증인의 인증을 받은 서면으로 후견계약의 의사표시를 철회할 수 있다.

② 임의후견감독인의 선임 이후에는 본인 또는 임의후견인은 정당한 사유가 있는 때에만 가정법원의 허가를 받아 후견계약을 종료할 수 있다.

[본조신설 2011. 3. 7.]

제959조의19(임의후견인의 대리권 소멸과 제3자와의 관계) 임의후견인의 대리권 소멸은 등기하지 아니하면 선의의 제3자에게 대항할 수 없다.

[본조신설 2011. 3. 7.]

제959조의20(후견계약과 성년후견·한정후견·특정후견의 관계) ① 후견계약이 등기되

어 있는 경우에는 가정법원은 본인의 이익을 위하여 특별히 필요할 때에만 임의후견인 또는 임의후견감독인의 청구에 의하여 성년후견, 한정후견 또는 특정후견의 심판을 할 수 있다. 이 경우 후견계약은 본인이 성년후견 또는 한정후견 개시의 심판을 받은 때 종료된다.

② 본인이 피성년후견인, 피한정후견인 또는 피특정후견인인 경우에 가정법원은 임의후견감독인을 선임함에 있어서 종전의 성년후견, 한정후견 또는 특정후견의 종료 심판을 하여야 한다. 다만, 성년후견 또는 한정후견 조치의 계속이 본인의 이익을 위하여 특별히 필요하다고 인정하면 가정법원은 임의후견감독인을 선임하지 아니한다.

[본조신설 2011. 3. 7.]

임의후견감독인의 선임
[대법원 2021. 7. 15., 자, 2020으547, 결정]

【판시사항】

[1] 민법 제959조의20 제1항이 본인에 대해 법정후견 개시심판 청구가 제기된 후 심판이 확정되기 전에 후견계약이 등기된 경우에도 적용되는지 여부(적극) 및 이때 가정법원은 본인의 이익을 위하여 특별히 필요하다고 인정할 때에만 법정후견 개시심판을 할 수 있는지 여부(적극)

[2] 후견계약이 등기된 상태에서 본인의 이익을 위한 특별한 필요성이 인정되어 법정후견 심판을 한 경우, 후견계약이 임의후견감독인의 선임과 관계없이 본인이 성년후견 또는 한정후견 개시의 심판을 받은 때 종료하는지 여부(적극)

[3] 민법 제959조의20 제1항에서 정한 '본인의 이익을 위하여 특별히 필요할 때'의 의미

【판결요지】

[1] 민법 제959조의20 제1항은 "후견계약이 등기되어 있는 경우에는 가정법원은 본인의 이익을 위하여 특별히 필요할 때에만 임의후견인 또는 임의후견감독인의 청구에 의하여 성년후견, 한정후견 또는 특정후견의 심판을 할 수 있다. 이 경우 후견계약은 본인이 성년후견 또는 한정후견 개시의 심판을 받은 때 종료된다."라고 정하고, 제2항은 "본인이 피성년후견인, 피한정후견인 또는 피특정후견인인 경우에 가정법원은 임의후견감독인을 선임함에 있어서 종전의 성년후견, 한정후견 또는 특정후견의 종료 심판을 하여야 한다. 다만 성년후견 또는 한정후견 조치의 계속이 본인의 이익을 위하여 특별히 필요하다고 인정하면 가정법원은 임의후견감독인을 선임하지 아니한다."라고 정하고 있다.

이와 같은 민법 규정은 후견계약이 등기된 경우에는 사적 자치의 원칙에 따라 본인의 의사를 존중하여 후견계약을 우선하도록 하고, 예외적으로 본인의 이익을 위하여 특별히 필요할 때에 한하여 법정후견(성년후견, 한정후견 또는 특정후견을 가리킨다)을 개시할 수 있도록 하고 있다. 민법 제959조의20 제1항에서 후견계약의 등기 시점을 특별히 제한하지 않고 제2항 본문에서 본인에 대해 이미 법정후견이 개시된 경우에는 임의후견감독인을 선임하면서 종전 법정후견의 종료 심판을 하도록 한 점 등에 비추어 보면, 위 제1항은 본인에 대해 법정후견 개시심판 청구가 제기된 후 심판이 확정되기 전에 후견계약이 등기된 경우에도 적용된다고 보아야 하고, 그 경우 가정법원은 본인의 이익을 위하여 특별히 필요하다고 인정할 때에만 법정후견 개시심판을 할 수 있다.

[2] 민법 제959조의20 제1항 전문은 후견계약이 등기된 경우에는 본인의 이익을 위하여 특별히 필요한 때에만 법정후견 심판을 할 수 있다고 정하고 있을 뿐이고 임의후견감독인이 선임되어 있을 것을 요구하고 있지 않다. 또한 법정후견 청구권자로 '임의후견인 또는 임의후견감독인'을 정한 것은 임의후견에서 법정후견으로 원활하게 이행할 수 있도록 민법 제9조 제1항, 제12조 제1항, 제14조의2 제1항에서 정한 법정후견 청구권자 외에 임의후견인 또는 임의후견감독인을 추가한 것이다. 민법 제959조의20 제1항 후문은 "이 경우 후견계약은 성년후견 또는 한정후견 개시의 심판을 받은 때 종료된다."고 정하고 있고, '이 경우'는 같은 항 전문에 따라 법정후견 심판을 한 경우를 가리킨다.

이러한 규정의 문언, 체제와 목적 등에 비추어 보면, 후견계약이 등기된 경우 본인의 이익을 위한 특별한 필요성이 인정되어 민법 제9조 제1항 등에서 정한 법정후견 청구권자, 임의후견인이나 임의후견감독인의 청구에 따라 법정후견 심판을 한 경우 후견계약은 임의후견감독인의 선임과 관계없이 본인이 성년후견 또는 한정후견 개시의 심판을 받은 때 종료한다고 보아야 한다.

[3] 민법 제959조의20 제1항에서 후견계약의 등기에 불구하고 법정후견 심판을 할 수 있는 요건으로 정한 '본인의 이익을 위하여 특별히 필요할 때'란 후견계약의 내용, 후견계약에서 정한 임의후견인이 임무에 적합하지 않은 사유가 있는지, 본인의 정신적 제약 정도, 그 밖에 후견계약과 본인을 둘러싼 여러 사정을 종합하여, 후견계약에 따른 후견이 본인의 보호에 충분하지 않아 법정후견에 의한 보호가 필요하다고 인정되는 경우를 말한다.

제6장 삭제
〈2011. 3. 7.〉

제960조 삭제 〈2011. 3. 7.〉

제961조 삭제 〈2011. 3. 7.〉

제962조 삭제 〈2011. 3. 7.〉

제963조 삭제 〈2011. 3. 7.〉

제964조 삭제 〈2011. 3. 7.〉

제965조 삭제 〈2011. 3. 7.〉

제966조 삭제 〈2011. 3. 7.〉

제967조 삭제 〈2011. 3. 7.〉

제968조 삭제 〈2011. 3. 7.〉

제969조 삭제 〈2011. 3. 7.〉

제970조 삭제 〈2011. 3. 7.〉

제971조 삭제 〈2011. 3. 7.〉

제972조 삭제 〈2011. 3. 7.〉

제973조 삭제 〈2011. 3. 7.〉

제7장 부양

제974조(부양의무) 다음 각호의 친족은 서로 부양의 의무가 있다.
1. 직계혈족 및 그 배우자간
2. 삭제〈1990. 1. 13.〉
3. 기타 친족간(생계를 같이 하는 경우에 한한다.)

제975조(부양의무와 생활능력) 부양의 의무는 부양을 받을 자가 자기의 자력 또는 근로에 의하여 생활을 유지할 수 없는 경우에 한하여 이를 이행할 책임이 있다.

제976조(부양의 순위) ① 부양의 의무있는 자가 수인인 경우에 부양을 할 자의 순위에 관하여 당사자간에 협정이 없는 때에는 법원은 당사자의 청구에 의하여 이를 정한다. 부양을 받을 권리자가 수인인 경우에 부양의무자의 자력이 그 전원을 부양할 수 없는 때에도 같다.
② 전항의 경우에 법원은 수인의 부양의무자 또는 권리자를 선정할 수 있다.

제977조(부양의 정도, 방법) 부양의 정도 또는 방법에 관하여 당사자간에 협정이 없는 때에는 법원은 당사자의 청구에 의하여 부양을 받을 자의 생활정도와 부양의무자의 자력 기타 제반사정을 참작하여 이를 정한다.

제978조(부양관계의 변경 또는 취소) 부양을 할 자 또는 부양을 받을 자의 순위, 부양의 정도 또는 방법에 관한 당사자의 협정이나 법원의 판결이 있은 후 이에 관한 사정변경이 있는 때에는 법원은 당사자의 청구에 의하여 그 협정이나 판결을 취소 또는 변경할 수 있다.

제979조(부양청구권처분의 금지) 부양을 받을 권리는 이를 처분하지 못한다.

제8장 삭제
〈2005. 3. 31.〉

제1절 삭제
〈2005. 3. 31.〉

제980조 삭제 *〈2005. 3. 31.〉*

제981조 삭제 *〈2005. 3. 31.〉*

제982조 삭제 *〈2005. 3. 31.〉*

제983조 삭제 *〈1990. 1. 13.〉*

제2절 삭제
〈2005. 3. 31.〉

제984조 삭제 *〈2005. 3. 31.〉*

제985조 삭제 *〈2005. 3. 31.〉*

제986조 삭제 *〈2005. 3. 31.〉*

제987조 삭제 *〈2005. 3. 31.〉*

제988조 삭제 *〈1990. 1. 13.〉*

제989조 삭제 *〈2005. 3. 31.〉*

제990조 삭제 *〈1990. 1. 13.〉*

제991조 삭제 *〈2005. 3. 31.〉*

제992조 삭제 *〈2005. 3. 31.〉*

제993조 삭제 *〈2005. 3. 31.〉*

제994조 삭제 *〈2005. 3. 31.〉*

제3절 삭제
〈2005. 3. 31.〉

제995조 삭제 *〈2005. 3. 31.〉*

제996조 삭제 *〈1990. 1. 13.〉*

제5편 상속

〈개정 1990. 1. 13.〉

제1장 상속

〈신설 1990. 1. 13.〉

제1절 총칙

〈개정 1990. 1. 13.〉

제997조(상속개시의 원인) 상속은 사망으로 인하여 개시된다. *〈개정 1990. 1. 13.〉*
[제목개정 1990. 1. 13.]

제998조(상속개시의 장소) 상속은 피상속인의 주소지에서 개시한다.
[전문개정 1990. 1. 13.]

제998조의2(상속비용) 상속에 관한 비용은 상속재산 중에서 지급한다.
[본조신설 1990. 1. 13.]

제999조(상속회복청구권) ① 상속권이 참칭상속권자로 인하여 침해된 때에는 상속권
자 또는 그 법정대리인은 상속회복의 소를 제기할 수 있다.
② 제1항의 상속회복청구권은 그 침해를 안 날부터 3년, 상속권의 침해행위가 있은
날부터 10년을 경과하면 소멸된다.*〈개정 2002. 1. 14.〉*
[전문개정 1990. 1. 13.]

상속회복청구등의소
[대법원 2023. 4. 27., 선고, 2020다292626, 판결]

【판시사항】
민법 제1007조에서 정한 '상속분'의 의미(=법정상속분) 및 공동상속인들 사이에서 상속재
산의 분할이 마쳐지지 않았음에도 특정 공동상속인에 대하여 특별수익 등을 고려하면 그의
구체적 상속분이 없다는 등의 이유를 들어 개개의 상속재산에 관하여 법정상속분에 따른
권리승계가 아예 이루어지지 않았다거나, 법정상속분에 따라 마쳐진 상속을 원인으로 한
소유권이전등기가 원인무효라고 주장하는 것이 허용되는지 여부(소극)

【판결요지】
민법 제1007조는 "공동상속인은 각자의 상속분에 응하여 피상속인의 권리·의무를 승계한다."라
고 정하는바, 위 조항에서 정한 '상속분'은 법정상속분을 의미하므로 일단 상속이 개시되면 공
동상속인은 각자의 법정상속분의 비율에 따라 모든 상속재산을 승계한다. 또한 민법 제1006조
는 "상속인이 수인인 때에는 상속재산은 그 공유로 한다."라고 정하므로, 공동상속인들은 상속
이 개시되어 상속재산의 분할이 있을 때까지 민법 제1007조에 기하여 각자의 법정상속분에 따
라서 이를 잠정적으로 공유하다가 특별수익 등을 고려한 구체적 상속분에 따라 상속재산을 분

할함으로써 위와 같은 잠정적 공유상태를 해소하고 최종적으로 개개의 상속재산을 누구에게 귀속시킬 것인지를 확정하게 된다. 그러므로 공동상속인들 사이에서 상속재산의 분할이 마쳐지지 않았음에도 특정 공동상속인에 대하여 특별수익 등을 고려하면 그의 구체적 상속분이 없다는 등의 이유를 들어 그 공동상속인에게는 개개의 상속재산에 관하여 법정상속분에 따른 권리승계가 아예 이루어지지 않았다거나, 부동산인 상속재산에 관하여 법정상속분에 따라 마쳐진 상속을 원인으로 한 소유권이전등기가 원인무효라고 주장하는 것은 허용될 수 없다.

제2절 상속인

⟨개정 1990. 1. 13.⟩

제1000조(상속의 순위) ① 상속에 있어서는 다음 순위로 상속인이 된다. *⟨개정 1990. 1. 13.⟩*
1. 피상속인의 직계비속
2. 피상속인의 직계존속
3. 피상속인의 형제자매
4. 피상속인의 4촌 이내의 방계혈족

② 전항의 경우에 동순위의 상속인이 수인인 때에는 최근친을 선순위로 하고 동친등의 상속인이 수인인 때에는 공동상속인이 된다.
③ 태아는 상속순위에 관하여는 이미 출생한 것으로 본다. *⟨개정 1990. 1. 13.⟩*
[제목개정 1990. 1. 13.]

승계집행문부여에대한이의[승계집행문부여에대한이의 피상속인의 배우자와 자녀 중 자녀 전부가 상속을 포기한 경우 배우자와 손자녀 또는 직계존속이 공동상속인이 되는지, 배우자가 단독상속인이 되는지 여부]
[대법원 2023. 3. 23., 자, 2020그42, 전원합의체 결정]

【판시사항】
피상속인의 배우자와 자녀 중 자녀 전부가 상속을 포기한 경우, 배우자가 단독상속인이 되는지 여부(적극)

【판결요지】
[다수의견]
(가) 우리 민법은 제정 당시부터 배우자 상속을 혈족 상속과 구분되는 특별한 상속으로 규정하지 않았다. 상속에 관한 구 관습도 배우자가 일정한 경우에 단독상속인이 되었을 뿐 배우자 상속과 혈족 상속을 특별히 구분하지 않았다. 위와 같은 입법 연혁에 비추어 보면, 구 관습이 적용될 때는 물론이고 제정 민법 이후 현재에 이르기까지 배우자는 상속인 중 한 사람이고 다른 혈족 상속인과 법률상 지위에서 차이가 없다.
(나) 민법 제1000조부터 제1043조까지 각각의 조문에서 규정하는 '상속인'은 모두 동일한 의미임이 명백하다. 따라서 민법 제1043조의 '상속인이 수인인 경우' 역시 민법 제1000조 제2항의 '상속인이 수인인 때'와 동일한 의미로서 같은 항의 '공동상속인이 되는' 경우에 해당하므로 그 공동상속인에 배우자도 당연히 포함되며, 민법 제1043조에 따라 상속포기자의 상속분이 귀속되는 '다른 상속인'에도 배우자가 포함된다.
이에 따라 공동상속인 배우자와 여러 명의 자녀들 중 일부 또는 전부가 상속을 포기한 경우의 법률효과를 본다. 공동상속인인 배우자와 자녀들 중 자녀 일부만 상속을 포기한 경우에는 민법 제1043조에 따라 상속포기자인 자녀의 상속분이 배우자와 상속을 포기하지 않은 다른 자녀에게 귀속된다. 이와 동일하게 공동상속인인 배우자와 자녀들 중 자녀 전부가 상속을 포기한 경우 민법 제1043조에 따라 상속을 포기한 자녀의 상속분은 남아 있는 '다른 상속인'인 배우자에게 귀속되고, 따라서 배우자가 단독상속인이 된다. 이에 비하여 피상속인의 배우자와 자녀 모두 상속을 포기한 경우 민법 제1043조는 적용되지 않는다. 민법 제1043조는 공동상속인 중 일부가 상속을 포기한 경우만 규율하고 있음이 문언상 명백하기 때문이다.

(다) 특히 상속의 포기는 피상속인의 상속재산 중 소극재산이 적극재산을 초과하는 경우의 상속(이하 '채무상속'이라 한다)에서 중요한 의미를 가진다. 상속을 포기한 피상속인의 자녀들은 피상속인의 채무가 자신은 물론 자신의 자녀에게도 승계되는 효과를 원천적으로 막을 목적으로 상속을 포기한 것이라고 보는 것이 자연스럽다. 상속을 포기한 피상속인의 자녀들이 자신은 피상속인의 채무 승계에서 벗어나고 그 대가로 자신의 자녀들, 즉 피상속인의 손자녀들에게 상속채무를 승계시키려는 의사가 있다고 볼 수는 없다. 그런데 피상속인의 배우자와 자녀들 중 자녀 전부가 상속을 포기하였다는 이유로 피상속인의 배우자와 손자녀 또는 직계존속이 공동상속인이 된다고 보는 것은 위와 같은 당사자들의 기대나 의사에 반하고 사회 일반의 법감정에도 반한다.

(라) 대법원 2015. 5. 14. 선고 2013다48852 판결(이하 '종래 판례'라 한다)에 따라 피상속인의 배우자와 손자녀 또는 직계존속이 공동상속인이 되었더라도 그 이후 피상속인의 손자녀 또는 직계존속이 다시 적법하게 상속을 포기함에 따라 결과적으로는 피상속인의 배우자가 단독상속인이 되는 실무례가 많이 발견된다. 결국 공동상속인들의 의사에 따라 배우자가 단독상속인으로 남게 되는 동일한 결과가 되지만, 피상속인의 손자녀 또는 직계존속에게 별도로 상속포기 재판절차를 거치도록 하고 그 과정에서 상속채권자와 상속인들 모두에게 불필요한 분쟁을 증가시키며 무용한 절차에 시간과 비용을 들이는 결과가 되었다. 따라서 피상속인의 배우자와 자녀 중 자녀 전부가 상속을 포기한 경우 배우자가 단독상속인이 된다고 해석함으로써 법률관계를 간명하게 확정할 수 있다.

(마) 이상에서 살펴본 바와 같이 상속에 관한 입법례와 민법의 입법 연혁, 민법 조문의 문언 및 체계적·논리적 해석, 채무상속에서 상속포기자의 의사, 실무상 문제 등을 종합하여 보면, 피상속인의 배우자와 자녀 중 자녀 전부가 상속을 포기한 경우에는 배우자가 단독상속인이 된다고 봄이 타당하다. 이와 달리 피상속인의 배우자와 자녀 중 자녀 전부가 상속을 포기한 경우 배우자와 피상속인의 손자녀 또는 직계존속이 공동상속인이 된다는 취지의 종래 판례는 이 판결의 견해에 배치되는 범위 내에서 변경하기로 한다.

[대법관 이동원, 대법관 노태악의 반대의견]

(가) 피상속인의 자녀 전부가 상속을 포기한 경우 그 자녀 전부는 처음부터 상속인이 아니었던 것으로 보아야 한다. 혈족 상속인 중 자녀를 처음부터 상속인이 아니었던 것으로 보면 민법 제1000조 제2항에 따라 그다음 순위인 피상속인의 손자녀가 혈족 상속인이 되고, 만약 피상속인에게 손자녀 등 직계비속이 아무도 없다면 민법 제1000조 제1항에 따라 피상속인의 직계존속이 혈족 상속인이 된다. 이는 피상속인에게 배우자가

4

있었던 경우에도 마찬가지로 보아야 한다. 민법 제1000조 제1항, 제2항의 규율은 피상속인에게 배우자가 있는지 여부를 묻지 않고 적용되기 때문이다.

(나) 민법 제1043조는 민법 제1000조, 제1003조에서 규정하는 상속인 결정의 원칙을 전제로 해석하여야 한다. 민법 제1043조의 해석으로 상속인을 변경한다면 민법 제1000조, 제1003조에서 정한 상속인 결정의 원칙이 무너지기 때문이다. 즉 피상속인의 배우자는 피상속인에게 직계비속 또는 직계존속이 있다면 반드시 그들과 공동상속을 하여야 하는데, 피상속인에게 손자녀 또는 직계존속이 있음에도 민법 제1043조를 들어 배우자가 단독상속인이 된다고 해석하는 것은 위와 같은 상속인 결정의 원칙에 반하게 된다. 그렇다면 민법 제1043조에 따라 상속포기자의 상속분이 귀속되는 상속인은 민법 제1000조, 제1003조 등에 따라 정해지는 상속인을 의미하고, 상속포기자의 상속분은 위와 같이 종국적으로 정해진 상속인의 상속분이 민법 제1009조에서 정한 법정상속분의 비율로 산정되도록 해당 상속인에게 귀속되어야 한다고 해석하여야 한다.

(다) 상속을 포기한 상속인의 진정한 의도와 목적이 무엇인지는 외부에서 쉽게 알 수 없다. 따라서 상속포기의 효력은 법률에 규정된 대로만 인정하여야 하고, 상속인의 의사와 목적을 고려하여 상속포기의 효력을 정할 수는 없다. 상속순위와 상속인 결정의 원칙도 당사자의 의사로 변경할 수 없다.

(라) 여러 제도를 통해 상속채무를 승계하는 상속인을 충분히 보호할 수 있으므로, 상속채무를 승계하는 상속인의 보호 문제는 종래 판례를 변경할 이유가 되지 못한다.

(마) 민법 제1009조 제2항이 배우자의 상속분을 고정하지 않고 공동상속인의 수에 따라 달라진다고 정한 것과 민법 제1042조가 상속포기의 소급효를 정한 것이 부당하다고 볼 수 없는 이상 자녀 전부의 상속포기로 인하여 손자녀 또는 직계존속이 배우자와 공동상속인이 되는 경우 그 공동상속인의 수에 따라 배우자의 상속분이 달라지는 것을 두고 부당하다고 평가할 수 없다.

(바) 종래 판례가 피상속인의 배우자와 자녀 중 자녀 전부가 상속을 포기한 경우 배우자와 피상속인의 손자녀 또는 직계존속이 공동상속인이 된다고 한 이후 위 판결에 따라 상속이 이루어진다는 전제에서 오랫동안 법률관계가 형성되어 왔다. 이러한 상황에서 피상속인의 배우자와 자녀 중 자녀 전부가 상속을 포기한 경우 손자녀 또는 직계존속이 있더라도 배우자가 단독상속인이 된다는 내용으로 판례를 변경하게 되면 종래 형성된 법률관계의 안정에 심각한 혼란을 초래하게 된다.

제1001조(대습상속) 전조제1항제1호와 제3호의 규정에 의하여 상속인이 될 직계비속 또는 형제자매가 상속개시전에 사망하거나 결격자가 된 경우에 그 직계비속이 있는 때에는 그 직계비속이 사망하거나 결격된 자의 순위에 갈음하여 상속인이 된다. 〈개정 2014. 12. 30.〉

제1002조 삭제 〈1990. 1. 13.〉

제1003조(배우자의 상속순위) ① 피상속인의 배우자는 제1000조제1항제1호와 제2호의 규정에 의한 상속인이 있는 경우에는 그 상속인과 동순위로 공동상속인이 되고 그 상속인이 없는 때에는 단독상속인이 된다. 〈개정 1990. 1. 13.〉

② 제1001조의 경우에 상속개시전에 사망 또는 결격된 자의 배우자는 동조의 규정에
의한 상속인과 동순위로 공동상속인이 되고 그 상속인이 없는 때에는 단독상속인
이 된다.〈개정 1990. 1. 13.〉
[제목개정 1990. 1. 13.]

제1004조(상속인의 결격사유) 다음 각 호의 어느 하나에 해당한 자는 상속인이 되지
못한다. 〈개정 1990. 1. 13., 2005. 3. 31.〉
　1. 고의로 직계존속, 피상속인, 그 배우자 또는 상속의 선순위나 동순위에 있는 자를 살해하
　　 거나 살해하려한 자
　2. 고의로 직계존속, 피상속인과 그 배우자에게 상해를 가하여 사망에 이르게 한 자
　3. 사기 또는 강박으로 피상속인의 상속에 관한 유언 또는 유언의 철회를 방해한 자
　4. 사기 또는 강박으로 피상속인의 상속에 관한 유언을 하게 한 자
　5. 피상속인의 상속에 관한 유언서를 위조 · 변조 · 파기 또는 은닉한 자

제1004조의2(상속권 상실 선고) ① 피상속인은 상속인이 될 사람이 피상속인의 직계
존속으로서 다음 각 호의 어느 하나에 해당하는 경우에는 제1068조에 따른 공정증
서에 의한 유언으로 상속권 상실의 의사를 표시할 수 있다. 이 경우 유언집행자는
가정법원에 그 사람의 상속권 상실을 청구하여야 한다.
　1. 피상속인에 대한 부양의무(미성년자에 대한 부양의무로 한정한다)를 중대하게 위반한 경우
　2. 피상속인 또는 그 배우자나 피상속인의 직계비속에게 중대한 범죄행위(제1004조의 경우
　　 는 제외한다)를 하거나 그 밖에 심히 부당한 대우를 한 경우
② 제1항의 유언에 따라 상속권 상실의 대상이 될 사람은 유언집행자가 되지 못한다.
③ 제1항에 따른 유언이 없었던 경우 공동상속인은 피상속인의 직계존속으로서 다
　음 각 호의 사유가 있는 사람이 상속인이 되었음을 안 날부터 6개월 이내에 가
　정법원에 그 사람의 상속권 상실을 청구할 수 있다.
　1. 피상속인에 대한 부양의무(미성년자에 대한 부양의무로 한정한다)를 중대하게 위반한 경우
　2. 피상속인에게 중대한 범죄행위(제1004조의 경우는 제외한다)를 하거나 그 밖에 심히 부
　　 당한 대우를 한 경우
④ 제3항의 청구를 할 수 있는 공동상속인이 없거나 모든 공동상속인에게 제3항 각
　호의 사유가 있는 경우에는 상속권 상실 선고의 확정에 의하여 상속인이 될 사
　람이 이를 청구할 수 있다.
⑤ 가정법원은 상속권 상실을 청구하는 원인이 된 사유의 경위와 정도, 상속인과
　피상속인의 관계, 상속재산의 규모와 형성 과정 및 그 밖의 사정을 종합적으로
　고려하여 제1항, 제3항 또는 제4항에 따른 청구를 인용하거나 기각할 수 있다.
⑥ 상속개시 후에 상속권 상실의 선고가 확정된 경우 그 선고를 받은 사람은 상속
　이 개시된 때에 소급하여 상속권을 상실한다. 다만, 이로써 해당 선고가 확정되
　기 전에 취득한 제3자의 권리를 해치지 못한다.
⑦ 가정법원은 제1항, 제3항 또는 제4항에 따른 상속권 상실의 청구를 받은 경우
　이해관계인 또는 검사의 청구에 따라 상속재산관리인을 선임하거나 그 밖에 상
　속재산의 보존 및 관리에 필요한 처분을 명할 수 있다.

⑧ 가정법원이 제7항에 따라 상속재산관리인을 선임한 경우 상속재산관리인의 직무, 권한, 담보제공 및 보수 등에 관하여는 제24조부터 제26조까지를 준용한다.
[본조신설 2024. 9. 20.]
[시행일: 2026. 1. 1.] 제1004조의2

제3절 상속의 효력

〈개정 1990. 1. 13.〉

제1관 일반적 효력

제1005조(상속과 포괄적 권리의무의 승계) 상속인은 상속개시된 때로부터 피상속인의 재산에 관한 포괄적 권리의무를 승계한다. 그러나 피상속인의 일신에 전속한 것은 그러하지 아니하다. 〈개정 1990. 1. 13.〉

제1006조(공동상속과 재산의 공유) 상속인이 수인인 때에는 상속재산은 그 공유로 한다. 〈개정 1990. 1. 13.〉

부당이득금

[대법원 2024. 8. 1. 선고 2023다318857 판결]

【판시사항】

[1] 상속에 따라 임차건물의 소유권을 취득한 자가 상가건물 임대차보호법 제3조 제2항에서 정한 '임차건물의 양수인'에 해당하는지 여부(적극) 및 임대인 지위를 공동으로 승계한 공동임대인들의 임차보증금 반환채무가 불가분채무인지 여부(적극) / 민법 제1007조에서 정한 '상속분'의 의미(=법정상속분) / 임대인 지위를 공동으로 승계한 상속인 중 1인이 변제 등으로 공동면책을 얻은 경우, 다른 공동상속인들을 상대로 법정상속분에 따라 구상할 수 있는지 여부(적극)

[2] 상속재산분할심판에서 분할대상 상속재산 중 특정 상속재산을 공동상속인 중 1인의 단독소유로 하고 그의 구체적 상속분과 그 특정 상속재산의 가액과의 차액을 현금으로 정산하는 방법으로 상속재산을 분할하였는데, 그 특정 상속재산이 상가건물 임대차보호법 제3조 제1항이 정한 대항요건을 갖춘 임대차의 목적물인 경우, 그 공동상속인은 임대차보증금반환채무를 면책적으로 인수하는지 여부(적극) 및 다른 공동상속인들은 임대차관계에서 탈퇴하여 임차인에 대한 임대차보증금반환채무를 면하는지 여부(적극) / 이때 공동상속인들 사이에서 임대차보증금반환채무에 관하여 법정상속분에 따른 내부적 부담부분은 그대로 유지되는지 여부(원칙적 적극) 및 임대차 목적물을 단독소유하게 된 공동상속인이 나중에 임대차보증금을 반환한 경우, 다른 공동상속인들을 상대로 구상할 수 있는지 여부(적극)

[3] 공동상속인들이 각자의 법정상속분에 따라 상속재산을 공유하는 동안 상속재산에 부과된 재산세는 공동상속인들이 연대하여 납부할 의무를 지는지 여부(적극) 및 그중 1인이 위 재산세를 납부함으로써 공동면책을 얻은 경우, 공동상속인이 다른 공동상속인들을 상대로 각자의 법정상속분에 따라 구상할 수 있는지 여부(원칙적 적극) / 구상을 하지 않은 상태에서 진행된 상속재산분할 절차에서 납부된 재산세에 대한 고려가 이루어지지 않은 경우,

그 상속재산을 재산세를 납부한 공동상속인의 단독소유로 하는 내용의 상속재산분할이 이루어졌다고 해도 여전히 다른 공동상속인들을 상대로 구상할 수 있는지 여부(적극)

【판결요지】

[1] 상가건물 임대차보호법 제3조는 '대항력 등'이라는 표제로 제1항에서 대항력의 요건을 정하고, 제2항에서 "임차건물의 양수인(그 밖에 임대할 권리를 승계한 자를 포함한다)은 임대인의 지위를 승계한 것으로 본다."라고 정하고 있다. 상속에 따라 임차건물의 소유권을 취득한 자도 위 조항에서 말하는 임차건물의 양수인에 해당한다. 임대인 지위를 공동으로 승계한 공동임대인들의 임차보증금 반환채무는 성질상 불가분채무에 해당한다. 불가분채무자가 변제 등으로 공동면책을 얻은 때에는 다른 채무자의 부담부분에 대하여 구상할 수 있다. 민법 제1007조는 "공동상속인은 각자의 상속분에 응하여 피상속인의 권리·의무를 승계한다."라고 정하는데 위 조항에서 정한 '상속분'은 법정상속분을 의미한다. 따라서 임대인 지위를 공동으로 승계한 상속인 중 1인이 변제 등으로 공동면책을 얻은 때에는 다른 공동상속인들을 상대로 법정상속분에 따라 구상할 수 있다.

[2] 상속재산분할심판에서 분할대상 상속재산 중 특정 상속재산을 공동상속인 중 1인의 단독소유로 하고 그의 구체적 상속분과 그 특정 상속재산의 가액과의 차액을 현금으로 정산하는 방법(이른바 대상분할의 방법)으로 상속재산을 분할하였는데 그 특정 상속재산이 상가건물 임대차보호법 제3조 제1항이 정한 대항요건을 갖춘 임대차의 목적물인 경우 그 공동상속인은 임대차보증금반환채무를 면책적으로 인수하고 다른 공동상속인들은 임대차관계에서 탈퇴하여 임차인에 대한 임대차보증금반환채무를 면하게 된다. 그런데 상속재산분할심판에서 임대차보증금반환채무가 분할대상에서 제외된 가운데 임대차 목적물을 단독으로 상속받게 된 공동상속인이 그 임대차보증금반환채무를 면책적으로 인수하면서 다른 공동상속인들에게는 이러한 채무인수를 고려하지 않은 방식에 따라 산정된 차액을 지급하게 되면, 그는 본래 상속재산분할에서 의도되었던 것보다 과도한 부담을 안을 수 있어 부당하다. 이러한 경우 다른 공동상속인들이 임대차보증금반환채무를 면하는 것을 정당화할 만한 특별한 사정이 없는 한 공동상속인들 사이에서는 임대차보증금반환채무에 관하여 법정상속분에 따른 내부적 부담부분이 그대로 유지되고, 그 임대차 목적물을 단독소유하게 된 공동상속인이 나중에 임대차보증금을 반환한 때에는 다른 공동상속인들을 상대로 구상할 수 있다.

[3] 민법 제1007조는 "공동상속인은 각자의 상속분에 응하여 피상속인의 권리·의무를 승계한다."라고 정하는데, 위 조항에서 정한 '상속분'은 법정상속분을 의미하므로 일단 상속이 개시되면 공동상속인은 각자의 법정상속분 비율에 따라 모든 상속재산을 승계한다. 또한 민법 제1006조는 "상속인이 수인인 때에는 상속재산은 그 공유로 한다."라고 정하므로, 공동상속인들은 상속이 개시되어 상속재산의 분할이 있을 때까지 민법 제1007조에 기하여 각자의 법정상속분에 따라 이를 공유한다. 그리고 공유물에 관계되는 지방세는 공유자가 연대하여 납부할 의무를 지고, 이에 관하여는 출재채무자의 구상권에 관한 민법 제425조를 준용한다(지방세기본법 제2조 제1항 제22호, 제44조 제1항, 제5항).

한편 민법 제1015조는 "상속재산의 분할은 상속개시된 때에 소급하여 그 효력이 있다. 그러나 제삼자의 권리를 해하지 못한다."라고 규정함으로써 상속재산분할의 소급효를 인정하고 있으나, 상속재산분할에 소급효가 인정된다고 하더라도, 상속개시 이후 공동상속인들이 상속재산의 공유관계에 있었던 사실 자체가 소급하여 소멸하는 것은 아니다.

따라서 위와 같이 공동상속인들이 각자의 법정상속분에 따라 상속재산을 공유하는 동안 상속재산에 부과된 재산세는 공동상속인들이 연대하여 납부할 의무를 지고, 그중 1인이 위 재산세를 납부함으로써 공동면책을 얻었다면 그 공동상속인은 특별한 사정이 없는 한 다른 공동상속인들을 상대로 각자의 법정상속분에 따라 구상할 수 있다. 그리고 구상을 하지 않은 상태에서 상속재산분할 절차가 진행되는 경우 그 절차에서 위와 같이 납부된 재산세가 고려될 수 있으나, 이에 대한 고려가 이루어지지 않았다면 그 상속재산을 재산세를 납부한 공동상속인의 단독소유로 하는 내용의 상속재산분할이 이루어졌다고 해도 여전히 다른 공동상속인들을 상대로 구상할 수 있다.

제1007조(공동상속인의 권리의무승계) 공동상속인은 각자의 상속분에 응하여 피상속인의 권리의무를 승계한다.

제1008조(특별수익자의 상속분) 공동상속인 중에 피상속인으로부터 재산의 증여 또는 유증을 받은 자가 있는 경우에 그 수증재산이 자기의 상속분에 달하지 못한 때에는 그 부족한 부분의 한도에서 상속분이 있다. ⟨개정 1977. 12. 31.⟩

제1008조의2(기여분) ① 공동상속인 중에 상당한 기간 동거·간호 그 밖의 방법으로 피상속인을 특별히 부양하거나 피상속인의 재산의 유지 또는 증가에 특별히 기여한 자가 있을 때에는 상속개시 당시의 피상속인의 재산가액에서 공동상속인의 협의로 정한 그 자의 기여분을 공제한 것을 상속재산으로 보고 제1009조 및 제1010조에 의하여 산정한 상속분에 기여분을 가산한 액으로써 그 자의 상속분으로 한다. ⟨개정 2005. 3. 31.⟩
② 제1항의 협의가 되지 아니하거나 협의할 수 없는 때에는 가정법원은 제1항에 규정된 기여자의 청구에 의하여 기여의 시기·방법 및 정도와 상속재산의 액 기타의 사정을 참작하여 기여분을 정한다.
③ 기여분은 상속이 개시된 때의 피상속인의 재산가액에서 유증의 가액을 공제한 액을 넘지 못한다.
④제2항의 규정에 의한 청구는 제1013조제2항의 규정에 의한 청구가 있을 경우 또는 제1014조에 규정하는 경우에 할 수 있다.
[본조신설 1990. 1. 13.]

제1008조의3(분묘 등의 승계) 분묘에 속한 1정보 이내의 금양임야와 600평 이내의 묘토인 농지, 족보와 제구의 소유권은 제사를 주재하는 자가 이를 승계한다.
[본조신설 1990. 1. 13.]

분묘굴이
[대법원 2023. 6. 29. 선고 2022다302039 판결]

【판시사항】
[1] 망인의 분묘를 승계할 제사주재자를 결정하는 방법

[2] 甲과 乙의 고조부모, 증조부모, 조부모, 부의 분묘가 속한 토지 등에서 산업단지 개발사업을 시행하는 丙 주식회사가 위 각 분묘에 관한 수용재결에 따라 손실보상금 지급대상자가 된 甲을 상대로 손실보상금을 공탁한 다음 분묘굴이를 청구한 사안에서, 위 각 분묘는 설치된 후 약 35년 이상이 지났음이 명백하여 관리처분권이 구 관습법에 따른 제사주재자에게 귀속되므로, 공동상속인들 사이의 협의 유무와 무관하게 甲의 형이자 장남인 乙이 제사주재자로서 분묘의 관리처분권을 가지고, 특별한 사정이 없는 한 甲은 위 각 분묘의 관리처분권자가 될 수 없는데도, 甲이 재결의 대상자로서 손실보상금 증액청구의 소를 제기하였다는 사정만으로 甲을 위 각 분묘의 관리처분권자로 보아 분묘굴이를 명한 원심판단에는 법리오해 등의 잘못이 있다고 한 사례

제2관 상속분

제1009조(법정상속분) ① 동순위의 상속인이 수인인 때에는 그 상속분은 균분으로 한다. 〈개정 1977. 12. 31., 1990. 1. 13.〉

② 피상속인의 배우자의 상속분은 직계비속과 공동으로 상속하는 때에는 직계비속의 상속분의 5할을 가산하고, 직계존속과 공동으로 상속하는 때에는 직계존속의 상속분의 5할을 가산한다. 〈개정 1990. 1. 13.〉

③ 삭제〈1990. 1. 13.〉

상속재산분할·기여분결정
[대법원 2022. 7. 20. 자 2022스597, 598 결정]

【판시사항】
[1] 구체적 상속분의 의미 및 그 산정의 기준 시기(=상속개시 시) / 법원이 상속재산 분할 방법을 후견적 재량으로 결정할 수 있는지 여부(적극) 및 그 한계
[2] 상속개시 당시 상속재산을 구성하던 재산이 그 후 처분되어 상속재산을 구성하지 않게 된 경우, 분할의 대상이 될 수 있는지 여부(원칙적 소극)

제1010조(대습상속분) ① 제1001조의 규정에 의하여 사망 또는 결격된 자에 갈음하여 상속인이 된 자의 상속분은 사망 또는 결격된 자의 상속분에 의한다. 〈개정 2014. 12. 30.〉

② 전항의 경우에 사망 또는 결격된 자의 직계비속이 수인인 때에는 그 상속분은 사망 또는 결격된 자의 상속분의 한도에서 제1009조의 규정에 의하여 이를 정한다. 제1003조제2항의 경우에도 또한 같다.

제1011조(공동상속분의 양수) ① 공동상속인 중에 그 상속분을 제삼자에게 양도한 자가 있는 때에는 다른 공동상속인은 그 가액과 양도비용을 상환하고 그 상속분을 양수할 수 있다.

② 전항의 권리는 그 사유를 안 날로부터 3월, 그 사유있은 날로부터 1년내에 행사하여야 한다.

제3관 상속재산의 분할

제1012조(유언에 의한 분할방법의 지정, 분할금지) 피상속인은 유언으로 상속재산의 분할방법을 정하거나 이를 정할 것을 제삼자에게 위탁할 수 있고 상속개시의 날로부터 5년을 초과하지 아니하는 기간내의 그 분할을 금지할 수 있다.

제1013조(협의에 의한 분할) ① 전조의 경우외에는 공동상속인은 언제든지 그 협의에 의하여 상속재산을 분할할 수 있다.
② 제269조의 규정은 전항의 상속재산의 분할에 준용한다.

제1014조(분할후의 피인지자 등의 청구권) 상속개시후의 인지 또는 재판의 확정에 의하여 공동상속인이 된 자가 상속재산의 분할을 청구할 경우에 다른 공동상속인이 이미 분할 기타 처분을 한 때에는 그 상속분에 상당한 가액의 지급을 청구할 권리가 있다.

제1015조(분할의 소급효) 상속재산의 분할은 상속개시된 때에 소급하여 그 효력이 있다. 그러나 제삼자의 권리를 해하지 못한다.

제1016조(공동상속인의 담보책임) 공동상속인은 다른 공동상속인이 분할로 인하여 취득한 재산에 대하여 그 상속분에 응하여 매도인과 같은 담보책임이 있다.

제1017조(상속채무자의 자력에 대한 담보책임) ① 공동상속인은 다른 상속인이 분할로 인하여 취득한 채권에 대하여 분할당시의 채무자의 자력을 담보한다.
② 변제기에 달하지 아니한 채권이나 정지조건있는 채권에 대하여는 변제를 청구할 수 있는 때의 채무자의 자력을 담보한다.

제1018조(무자력공동상속인의 담보책임의 분담) 담보책임있는 공동상속인 중에 상환의 자력이 없는 자가 있는 때에는 그 부담부분은 구상권자와 자력있는 다른 공동상속인이 그 상속분에 응하여 분담한다. 그러나 구상권자의 과실로 인하여 상환을 받지 못한 때에는 다른 공동상속인에게 분담을 청구하지 못한다.

제4절 상속의 승인 및 포기

〈개정 1990. 1. 13.〉

제1관 총칙

제1019조(승인, 포기의 기간) ① 상속인은 상속개시있음을 안 날로부터 3월내에 단순승인이나 한정승인 또는 포기를 할 수 있다. 그러나 그 기간은 이해관계인 또는 검사의 청구에 의하여 가정법원이 이를 연장할 수 있다. *〈개정 1990. 1. 13.〉*
② 상속인은 제1항의 승인 또는 포기를 하기 전에 상속재산을 조사할 수 있다. *〈개정*

2002. 1. 14.>
③ 제1항에도 불구하고 상속인은 상속채무가 상속재산을 초과하는 사실(이하 이 조에서 "상속채무 초과사실"이라 한다)을 중대한 과실 없이 제1항의 기간 내에 알지 못하고 단순승인(제1026조제1호 및 제2호에 따라 단순승인한 것으로 보는 경우를 포함한다. 이하 이 조에서 같다)을 한 경우에는 그 사실을 안 날부터 3개월 내에 한정승인을 할 수 있다.<개정 2022. 12. 13.>
④ 제1항에도 불구하고 미성년자인 상속인이 상속채무가 상속재산을 초과하는 상속을 성년이 되기 전에 단순승인한 경우에는 성년이 된 후 그 상속의 상속채무 초과사실을 안 날부터 3개월 내에 한정승인을 할 수 있다. 미성년자인 상속인이 제3항에 따른 한정승인을 하지 아니하였거나 할 수 없었던 경우에도 또한 같다.<신설 2022. 12. 13.>

제1020조(제한능력자의 승인·포기의 기간) 상속인이 제한능력자인 경우에는 제1019조제1항의 기간은 그의 친권자 또는 후견인이 상속이 개시된 것을 안 날부터 기산(起算)한다.
[전문개정 2011. 3. 7.]

제1021조(승인, 포기기간의 계산에 관한 특칙) 상속인이 승인이나 포기를 하지 아니하고 제1019조제1항의 기간 내에 사망한 때에는 그의 상속인이 그 자기의 상속개시있음을 안 날로부터 제1019조제1항의 기간을 기산한다.

제1022조(상속재산의 관리) 상속인은 그 고유재산에 대하는 것과 동일한 주의로 상속재산을 관리하여야 한다. 그러나 단순승인 또는 포기한 때에는 그러하지 아니하다.

제1023조(상속재산보존에 필요한 처분) ① 법원은 이해관계인 또는 검사의 청구에 의하여 상속재산의 보존에 필요한 처분을 명할 수 있다.
② 법원이 재산관리인을 선임한 경우에는 제24조 내지 제26조의 규정을 준용한다.

제1024조(승인, 포기의 취소금지) ① 상속의 승인이나 포기는 제1019조제1항의 기간 내에도 이를 취소하지 못한다. <개정 1990. 1. 13.>
② 전항의 규정은 총칙편의 규정에 의한 취소에 영향을 미치지 아니한다. 그러나 그 취소권은 추인할 수 있는 날로부터 3월, 승인 또는 포기한 날로부터 1년내에 행사하지 아니하면 시효로 인하여 소멸된다.

제2관 단순승인

제1025조(단순승인의 효과) 상속인이 단순승인을 한 때에는 제한없이 피상속인의 권리의무를 승계한다. <개정 1990. 1. 13.>

제1026조(법정단순승인) 다음 각호의 사유가 있는 경우에는 상속인이 단순승인을 한 것으로 본다. <개정 2002. 1. 14.>

1. 상속인이 상속재산에 대한 처분행위를 한 때
2. 상속인이 제1019조제1항의 기간내에 한정승인 또는 포기를 하지 아니한 때
3. 상속인이 한정승인 또는 포기를 한 후에 상속재산을 은닉하거나 부정소비하거나 고의로 재산목록에 기입하지 아니한 때
[2002. 1. 14. 법률 제6591호에 의하여 1998. 8. 27. 헌법재판소에서 헌법불합치 결정된 제2호를 신설함]

손해배상(기)
[대법원 2023. 12. 28. 선고 2023다269399 판결]

【판시사항】
상속인이 상속재산에 대한 처분행위를 한 후 상속포기 신고를 하여 그 신고가 수리된 경우, 상속포기로서의 효력이 있는지 여부(소극) / 상속인 중 일부가 상속을 포기하기로 하고 상속포기 신고가 수리되어 고지되기 전에 상속포기의 취지에 따라 상속재산분할 협의 등을 한 경우, 민법 제1026조 제1호에서 규정한 '상속재산에 대한 처분행위를 한 때'에 해당하는지 여부(소극) 및 여기서 상속포기에 관한 사정을 판단할 때 고려하여야 할 사항

제1027조(법정단순승인의 예외) 상속인이 상속을 포기함으로 인하여 차순위 상속인이 상속을 승인한 때에는 전조 제3호의 사유는 상속의 승인으로 보지 아니한다.

제3관 한정승인

제1028조(한정승인의 효과) 상속인은 상속으로 인하여 취득할 재산의 한도에서 피상속인의 채무와 유증을 변제할 것을 조건으로 상속을 승인할 수 있다. 〈개정 1990. 1. 13.〉

제1029조(공동상속인의 한정승인) 상속인이 수인인 때에는 각 상속인은 그 상속분에 응하여 취득할 재산의 한도에서 그 상속분에 의한 피상속인의 채무와 유증을 변제할 것을 조건으로 상속을 승인할 수 있다.

제1030조(한정승인의 방식) ① 상속인이 한정승인을 할 때에는 제1019조제1항·제3항 또는 제4항의 기간 내에 상속재산의 목록을 첨부하여 법원에 한정승인의 신고를 하여야 한다. 〈개정 2005. 3. 31., 2022. 12. 13.〉
② 제1019조제3항 또는 제4항에 따라 한정승인을 한 경우 상속재산 중 이미 처분한 재산이 있는 때에는 그 목록과 가액을 함께 제출하여야 한다.〈신설 2005. 3. 31., 2022. 12. 13.〉

제1031조(한정승인과 재산상 권리의무의 불소멸) 상속인이 한정승인을 한 때에는 피상속인에 대한 상속인의 재산상 권리의무는 소멸하지 아니한다.

구상금·보험금
[대법원 2022. 10. 27. 선고 2022다254154, 254161 판결]

【판시사항】
상속채권자가 피상속인에 대하여는 채권을 보유하면서 상속인에 대하여는 채무를 부담하는

경우, 상속채권자가 상속이 개시된 후 피상속인에 대한 채권을 자동채권으로 하여 상속인에 대한 채무에 대하여 상계하였더라도 이후 상속인이 한정승인을 하면 상계가 소급하여 효력을 상실하는지 여부(적극)

【판결요지】

상속인이 한정승인을 하는 경우에도, 피상속인의 채무와 유증에 대한 책임 범위가 한정될 뿐 상속인은 상속이 개시된 때부터 피상속인의 일신에 전속한 것을 제외한 피상속인의 재산에 관한 포괄적인 권리·의무를 승계하지만(민법 제1005조), 피상속인의 상속재산을 상속인의 고유재산으로부터 분리하여 청산하려는 한정승인 제도의 취지에 따라 상속인의 피상속인에 대한 재산상 권리·의무는 소멸하지 아니한다(민법 제1031조).

그러므로 상속채권자가 피상속인에 대하여는 채권을 보유하면서 상속인에 대하여는 채무를 부담하는 경우, 상속이 개시되면 위 채권 및 채무가 모두 상속인에게 귀속되어 상계적상이 생기지만, 상속인이 한정승인을 하면 상속이 개시된 때부터 민법 제1031조에 따라 피상속인의 상속재산과 상속인의 고유재산이 분리되는 결과가 발생하므로, 상속채권자의 피상속인에 대한 채권과 상속인에 대한 채무 사이의 상계는 제3자의 상계에 해당하여 허용될 수 없다. 즉, 상속채권자가 상속이 개시된 후 한정승인 이전에 피상속인에 대한 채권을 자동채권으로 하여 상속인에 대한 채무에 대하여 상계하였더라도, 그 이후 상속인이 한정승인을 하는 경우에는 민법 제1031조의 취지에 따라 상계가 소급하여 효력을 상실하고, 상계의 자동채권인 상속채권자의 피상속인에 대한 채권과 수동채권인 상속인에 대한 채무는 모두 부활한다.

제1032조(채권자에 대한 공고, 최고) ① 한정승인자는 한정승인을 한 날로부터 5일내에 일반상속채권자와 유증받은 자에 대하여 한정승인의 사실과 일정한 기간 내에 그 채권 또는 수증을 신고할 것을 공고하여야 한다. 그 기간은 2월 이상이어야 한다.
② 제88조제2항, 제3항과 제89조의 규정은 전항의 경우에 준용한다.

제1033조(최고기간 중의 변제거절) 한정승인자는 전조제1항의 기간만료전에는 상속채권의 변제를 거절할 수 있다.

제1034조(배당변제) ① 한정승인자는 제1032조제1항의 기간만료후에 상속재산으로서 그 기간 내에 신고한 채권자와 한정승인자가 알고 있는 채권자에 대하여 각 채권액의 비율로 변제하여야 한다. 그러나 우선권있는 채권자의 권리를 해하지 못한다.
② 제1019조제3항 또는 제4항에 따라 한정승인을 한 경우에는 그 상속인은 상속재산 중에서 남아있는 상속재산과 함께 이미 처분한 재산의 가액을 합하여 제1항의 변제를 하여야 한다. 다만, 한정승인을 하기 전에 상속채권자나 유증받은 자에 대하여 변제한 가액은 이미 처분한 재산의 가액에서 제외한다.⟨신설 2005. 3. 31., 2022. 12. 13.⟩

제1035조(변제기전의 채무 등의 변제) ① 한정승인자는 변제기에 이르지 아니한 채권에 대하여도 전조의 규정에 의하여 변제하여야 한다.
② 조건있는 채권이나 존속기간의 불확정한 채권은 법원의 선임한 감정인의 평가에 의하여 변제하여야 한다.

제1036조(수증자에의 변제) 한정승인자는 전2조의 규정에 의하여 상속채권자에 대한 변제를 완료한 후가 아니면 유증받은 자에게 변제하지 못한다.

제1037조(상속재산의 경매) 전3조의 규정에 의한 변제를 하기 위하여 상속재산의 전부나 일부를 매각할 필요가 있는 때에는 민사집행법에 의하여 경매하여야 한다. 〈개정 1997. 12. 13., 2001. 12. 29.〉

제1038조(부당변제 등으로 인한 책임) ① 한정승인자가 제1032조의 규정에 의한 공고나 최고를 해태하거나 제1033조 내지 제1036조의 규정에 위반하여 어느 상속채권자나 유증받은 자에게 변제함으로 인하여 다른 상속채권자나 유증받은 자에 대하여 변제할 수 없게 된 때에는 한정승인자는 그 손해를 배상하여야 한다. 제1019조제3항의 규정에 의하여 한정승인을 한 경우 그 이전에 상속채무가 상속재산을 초과함을 알지 못한 데 과실이 있는 상속인이 상속채권자나 유증받은 자에게 변제한 때에도 또한 같다. 〈개정 2005. 3. 31.〉
② 제1항 전단의 경우에 변제를 받지 못한 상속채권자나 유증받은 자는 그 사정을 알고 변제를 받은 상속채권자나 유증받은 자에 대하여 구상권을 행사할 수 있다. 제1019조제3항 또는 제4항에 따라 한정승인을 한 경우 그 이전에 상속채무가 상속재산을 초과함을 알고 변제받은 상속채권자나 유증받은 자가 있는 때에도 또한 같다. 〈개정 2005. 3. 31., 2022. 12. 13.〉
③ 제766조의 규정은 제1항 및 제2항의 경우에 준용한다. 〈개정 2005. 3. 31.〉
[제목개정 2005. 3. 31.]

제1039조(신고하지 않은 채권자 등) 제1032조제1항의 기간내에 신고하지 아니한 상속채권자 및 유증받은 자로서 한정승인자가 알지 못한 자는 상속재산의 잔여가 있는 경우에 한하여 그 변제를 받을 수 있다. 그러나 상속재산에 대하여 특별담보권있는 때에는 그러하지 아니하다.

제1040조(공동상속재산과 그 관리인의 선임) ① 상속인이 수인인 경우에는 법원은 각 상속인 기타 이해관계인의 청구에 의하여 공동상속인 중에서 상속재산관리인을 선임할 수 있다.
② 법원이 선임한 관리인은 공동상속인을 대표하여 상속재산의 관리와 채무의 변제에 관한 모든 행위를 할 권리의무가 있다.
③ 제1022조, 제1032조 내지 전조의 규정은 전항의 관리인에 준용한다. 그러나 제1032조의 규정에 의하여 공고할 5일의 기간은 관리인이 그 선임을 안 날로부터 기산한다.

제4관 포기

제1041조(포기의 방식) 상속인이 상속을 포기할 때에는 제1019조제1항의 기간내에 가정법원에 포기의 신고를 하여야 한다. 〈개정 1990. 1. 13.〉

제1042조(포기의 소급효) 상속의 포기는 상속개시된 때에 소급하여 그 효력이 있다.

[대법원 2023. 3. 23. 자 2020그42 전원합의체 결정]

【판시사항】

피상속인의 배우자와 자녀 중 자녀 전부가 상속을 포기한 경우, 배우자가 단독상속인이 되는지 여부(적극)

【판결요지】

[다수의견] (가) 우리 민법은 제정 당시부터 배우자 상속을 혈족 상속과 구분되는 특별한 상속으로 규정하지 않았다. 상속에 관한 구 관습도 배우자가 일정한 경우에 단독상속인이 되었을 뿐 배우자 상속과 혈족 상속을 특별히 구분하지 않았다. 위와 같은 입법 연혁에 비추어 보면, 구 관습이 적용될 때는 물론이고 제정 민법 이후 현재에 이르기까지 배우자는 상속인 중 한 사람이고 다른 혈족 상속인과 법률상 지위에서 차이가 없다.

(나) 민법 제1000조부터 제1043조까지 각각의 조문에서 규정하는 '상속인'은 모두 동일한 의미임이 명백하다. 따라서 민법 제1043조의 '상속인이 수인인 경우' 역시 민법 제1000조 제2항의 '상속인이 수인인 때'와 동일한 의미로서 같은 항의 '공동상속인이 되는' 경우에 해당하므로 그 공동상속인에 배우자도 당연히 포함되며, 민법 제1043조에 따라 상속포기자의 상속분이 귀속되는 '다른 상속인'에도 배우자가 포함된다.

이에 따라 공동상속인인 배우자와 여러 명의 자녀들 중 일부 또는 전부가 상속을 포기한 경우의 법률효과를 본다. 공동상속인인 배우자와 자녀들 중 자녀 일부만 상속을 포기한 경우에는 민법 제1043조에 따라 상속포기자인 자녀의 상속분이 배우자와 상속을 포기하지 않은 다른 자녀에게 귀속된다. 이와 동일하게 공동상속인인 배우자와 자녀들 중 자녀 전부가 상속을 포기한 경우 민법 제1043조에 따라 상속을 포기한 자녀의 상속분은 남아 있는 '다른 상속인'인 배우자에게 귀속되고, 따라서 배우자가 단독상속인이 된다. 이에 비하여 피상속인의 배우자와 자녀 모두 상속을 포기한 경우 민법 제1043조는 적용되지 않는다. 민법 제1043조는 공동상속인 중 일부가 상속을 포기한 경우만 규율하고 있음이 문언상 명백하기 때문이다.

(다) 특히 상속의 포기는 피상속인의 상속재산 중 소극재산이 적극재산을 초과하는 경우의 상속(이하 '채무상속'이라 한다)에서 중요한 의미를 가진다. 상속을 포기한 피상속인의 자녀들은 피상속인의 채무가 자신은 물론 자신의 자녀에게도 승계되는 효과를 원천적으로 막을 목적으로 상속을 포기한 것이라고 보는 것이 자연스럽다. 상속을 포기한 피상속인의 자녀들이 자신은 피상속인의 채무 승계에서 벗어나고 그 대가로 자신의 자녀들, 즉 피상속인의 손자녀들에게 상속채무를 승계시키려는 의사가 있다고 볼 수는 없다. 그런데 피상속인의 배우자와 자녀들 중 자녀 전부가 상속을 포기하였다는 이유로 피상속인의 배우자와 손자녀 또는 직계존속이 공동상속인이 된다고 보는 것은 위와 같은 당사자들의 기대나 의사에 반하고 사회 일반의 법감정에도 반한다.

(라) 대법원 2015. 5. 14. 선고 2013다48852 판결(이하 '종래 판례'라 한다)에 따라 피상속인의 배우자와 손자녀 또는 직계존속이 공동상속인이 되었더라도 그 이후 피상속인의 손자녀 또는 직계존속이 다시 적법하게 상속을 포기함에 따라 결과적으로는 피상

속인의 배우자가 단독상속인이 되는 실무례가 많이 발견된다. 결국 공동상속인들의 의사에 따라 배우자가 단독상속인으로 남게 되는 동일한 결과가 되지만, 피상속인의 손자녀 또는 직계존속에게 별도로 상속포기 재판절차를 거치도록 하고 그 과정에서 상속채권자와 상속인들 모두에게 불필요한 분쟁을 증가시키며 무용한 절차에 시간과 비용을 들이는 결과가 되었다. 따라서 피상속인의 배우자와 자녀 중 자녀 전부가 상속을 포기한 경우 배우자가 단독상속인이 된다고 해석함으로써 법률관계를 간명하게 확정할 수 있다.

(마) 이상에서 살펴본 바와 같이 상속에 관한 입법례와 민법의 입법 연혁, 민법 조문의 문언 및 체계적·논리적 해석, 채무상속에서 상속포기자의 의사, 실무상 문제 등을 종합하여 보면, 피상속인의 배우자와 자녀 중 자녀 전부가 상속을 포기한 경우에는 배우자가 단독상속인이 된다고 봄이 타당하다. 이와 달리 피상속인의 배우자와 자녀 중 자녀 전부가 상속을 포기한 경우 배우자와 피상속인의 손자녀 또는 직계존속이 공동상속인이 된다는 취지의 종래 판례는 이 판결의 견해에 배치되는 범위 내에서 변경하기로 한다.

[대법관 이동원, 대법관 노태악의 반대의견] (가) 피상속인의 자녀 전부가 상속을 포기한 경우 그 자녀 전부는 처음부터 상속인이 아니었던 것으로 보아야 한다. 혈족 상속인 중 자녀를 처음부터 상속인이 아니었던 것으로 보면 민법 제1000조 제2항에 따라 그 다음 순위인 피상속인의 손자녀가 혈족 상속인이 되고, 만약 피상속인에게 손자녀 등 직계비속이 아무도 없다면 민법 제1000조 제1항에 따라 피상속인의 직계존속이 혈족 상속인이 된다. 이는 피상속인에게 배우자가 있었던 경우에도 마찬가지로 보아야 한다. 민법 제1000조 제1항, 제2항의 규율은 피상속인에게 배우자가 있는지 여부를 묻지 않고 적용되기 때문이다.

(나) 민법 제1043조는 민법 제1000조, 제1003조에서 규정하는 상속인 결정의 원칙을 전제로 해석하여야 한다. 민법 제1043조의 해석으로 상속인을 변경한다면 민법 제1000조, 제1003조에서 정한 상속인 결정의 원칙이 무너지기 때문이다. 즉 피상속인의 배우자는 피상속인에게 직계비속 또는 직계존속이 있다면 반드시 그들과 공동상속을 하여야 하는데, 피상속인에게 손자녀 또는 직계존속이 있음에도 민법 제1043조를 들어 배우자가 단독상속인이 된다고 해석하는 것은 위와 같은 상속인 결정의 원칙에 반하게 된다. 그렇다면 민법 제1043조에 따라 상속포기자의 상속분이 귀속되는 상속인은 민법 제1000조, 제1003조 등에 따라 정해지는 상속인을 의미하고, 상속포기자의 상속분은 위와 같이 종국적으로 정해진 상속인의 상속분이 민법 제1009조에서 정한 법정상속분의 비율로 산정되도록 해당 상속인에게 귀속되어야 한다고 해석하여야 한다.

(다) 상속을 포기한 상속인의 진정한 의도와 목적이 무엇인지는 외부에서 쉽게 알 수 없다. 따라서 상속포기의 효력은 법률에 규정된 대로만 인정하여야 하고, 상속인의 의사와 목적을 고려하여 상속포기의 효력을 정할 수는 없다. 상속순위와 상속인 결정의 원칙도 당사자의 의사로 변경할 수 없다.

(라) 여러 제도를 통해 상속채무를 승계하는 상속인을 충분히 보호할 수 있으므로, 상속채무를 승계하는 상속인의 보호 문제는 종래 판례를 변경할 이유가 되지 못한다.

(마) 민법 제1009조 제2항이 배우자의 상속분을 고정하지 않고 공동상속인의 수에 따라 달라진다고 정한 것과 민법 제1042조가 상속포기의 소급효를 정한 것이 부당하다고 볼 수 없는 이상 자녀 전부의 상속포기로 인하여 손자녀 또는 직계존속이 배우자와 공동상속인이 되는 경우 그 공동상속인의 수에 따라 배우자의 상속분이 달라지는 것

> 을 두고 부당하다고 평가할 수 없다.
>
> (바) 종래 판례가 피상속인의 배우자와 자녀 중 자녀 전부가 상속을 포기한 경우 배우자와 피상속인의 손자녀 또는 직계존속이 공동상속인이 된다고 한 이후 위 판결에 따라 상속이 이루어진다는 전제에서 오랫동안 법률관계가 형성되어 왔다. 이러한 상황에서 피상속인의 배우자와 자녀 중 자녀 전부가 상속을 포기한 경우 손자녀 또는 직계존속이 있더라도 배우자가 단독상속인이 된다는 내용으로 판례를 변경하게 되면 종래 형성된 법률관계의 안정에 심각한 혼란을 초래하게 된다.

제1043조(포기한 상속재산의 귀속) 상속인이 수인인 경우에 어느 상속인이 상속을 포기한 때에는 그 상속분은 다른 상속인의 상속분의 비율로 그 상속인에게 귀속된다.

제1044조(포기한 상속재산의 관리계속의무) ① 상속을 포기한 자는 그 포기로 인하여 상속인이 된 자가 상속재산을 관리할 수 있을 때까지 그 재산의 관리를 계속하여야 한다.
② 제1022조와 제1023조의 규정은 전항의 재산관리에 준용한다.

제5절 재산의 분리

제1045조(상속재산의 분리청구권) ① 상속채권자나 유증받은 자 또는 상속인의 채권자는 상속개시된 날로부터 3월내에 상속재산과 상속인의 고유재산의 분리를 법원에 청구할 수 있다.
② 상속인이 상속의 승인이나 포기를 하지 아니한 동안은 전항의 기간경과후에도 재산의 분리를 청구할 수 있다.〈개정 1990. 1. 13.〉

제1046조(분리명령과 채권자 등에 대한 공고, 최고) ① 법원이 전조의 청구에 의하여 재산의 분리를 명한 때에는 그 청구자는 5일내에 일반상속채권자와 유증받은 자에 대하여 재산분리의 명령있은 사실과 일정한 기간내에 그 채권 또는 수증을 신고할 것을 공고하여야 한다. 그 기간은 2월 이상이어야 한다.
② 제88조제2항, 제3항과 제89조의 규정은 전항의 경우에 준용한다.

제1047조(분리후의 상속재산의 관리) ① 법원이 재산의 분리를 명한 때에는 상속재산의 관리에 관하여 필요한 처분을 명할 수 있다.
② 법원이 재산관리인을 선임한 경우에는 제24조 내지 제26조의 규정을 준용한다.

제1048조(분리후의 상속인의 관리의무) ① 상속인이 단순승인을 한 후에도 재산분리의 명령이 있는 때에는 상속재산에 대하여 자기의 고유재산과 동일한 주의로 관리하여야 한다.
② 제683조 내지 제685조 및 제688조제1항, 제2항의 규정은 전항의 재산관리에 준용한다.

제1049조(재산분리의 대항요건) 재산의 분리는 상속재산인 부동산에 관하여는 이를 등기하지 아니하면 제삼자에게 대항하지 못한다.

제1050조(재산분리와 권리의무의 불소멸) 재산분리의 명령이 있는 때에는 피상속인에 대한 상속인의 재산상 권리의무는 소멸하지 아니한다.

제1051조(변제의 거절과 배당변제) ① 상속인은 제1045조 및 제1046조의 기간만료전에는 상속채권자와 유증받은 자에 대하여 변제를 거절할 수 있다.
② 전항의 기간만료후에 상속인은 상속재산으로써 재산분리의 청구 또는 그 기간내에 신고한 상속채권자, 유증받은 자와 상속인이 알고 있는 상속채권자, 유증받은 자에 대하여 각 채권액 또는 수증액의 비율로 변제하여야 한다. 그러나 우선권있는 채권자의 권리를 해하지 못한다.
③ 제1035조 내지 제1038조의 규정은 전항의 경우에 준용한다.

제1052조(고유재산으로부터의 변제) ① 전조의 규정에 의한 상속채권자와 유증받은 자는 상속재산으로써 전액의 변제를 받을 수 없는 경우에 한하여 상속인의 고유재산으로부터 그 변제를 받을 수 있다.
② 전항의 경우에 상속인의 채권자는 상속인의 고유재산으로부터 우선변제를 받을 권리가 있다.

제6절 상속인의 부존재

〈개정 1990. 1. 13.〉

제1053조(상속인없는 재산의 관리인) ① 상속인의 존부가 분명하지 아니한 때에는 법원은 제777조의 규정에 의한 피상속인의 친족 기타 이해관계인 또는 검사의 청구에 의하여 상속재산관리인을 선임하고 지체없이 이를 공고하여야 한다. 〈개정 1990. 1. 13.〉
② 제24조 내지 제26조의 규정은 전항의 재산관리인에 준용한다.

상속재산관리인선임

[대법원 2022. 10. 14. 자 2022스625 결정]

【판시사항】
민법 제1023조 또는 민법 제1053조에 따른 상속재산관리인 선임청구 심판이 '라류 가사비송사건'에 속하는지 여부(적극) 및 특히 이해관계인이 '상속인의 존부' 자체를 알 수 없어 오직 법원의 재판을 통하여 이를 확정하고 상속재산의 청산절차를 이행하고자 하는 경우, '법원이 재판자료의 수집과 제출을 주도적으로 할 책무를 진다.'는 직권탐지주의가 강하게 요구되는지 여부(적극)

제1054조(재산목록제시와 상황보고) 관리인은 상속채권자나 유증받은 자의 청구가 있는 때에는 언제든지 상속재산의 목록을 제시하고 그 상황을 보고하여야 한다.

제1055조(상속인의 존재가 분명하여진 경우) ① 관리인의 임무는 그 상속인이 상속의 승인을 한 때에 종료한다.
② 전항의 경우에는 관리인은 지체없이 그 상속인에 대하여 관리의 계산을 하여야 한다.

제1056조(상속인없는 재산의 청산) ① 제1053조제1항의 공고있은 날로부터 3월내에 상속인의 존부를 알 수 없는 때에는 관리인은 지체없이 일반상속채권자와 유증받은 자에 대하여 일정한 기간 내에 그 채권 또는 수증을 신고할 것을 공고하여야 한다. 그 기간은 2월 이상이어야 한다.
② 제88조제2항, 제3항, 제89조, 제1033조 내지 제1039조의 규정은 전항의 경우에 준용한다.

제1057조(상속인수색의 공고) 제1056조제1항의 기간이 경과하여도 상속인의 존부를 알 수 없는 때에는 법원은 관리인의 청구에 의하여 상속인이 있으면 일정한 기간내에 그 권리를 주장할 것을 공고하여야 한다. 그 기간은 1년 이상이어야 한다. 〈개정 2005. 3. 31.〉

제1057조의2(특별연고자에 대한 분여) ① 제1057조의 기간내에 상속권을 주장하는 자가 없는 때에는 가정법원은 피상속인과 생계를 같이 하고 있던 자, 피상속인의 요양간호를 한 자 기타 피상속인과 특별한 연고가 있던 자의 청구에 의하여 상속재산의 전부 또는 일부를 분여할 수 있다. 〈개정 2005. 3. 31.〉
② 제1항의 청구는 제1057조의 기간의 만료후 2월 이내에 하여야 한다.〈개정 2005. 3. 31.〉
[본조신설 1990. 1. 13.]

제1058조(상속재산의 국가귀속) ① 제1057조의2의 규정에 의하여 분여(分與)되지 아니한 때에는 상속재산은 국가에 귀속한다. 〈개정 2005. 3. 31.〉
② 제1055조제2항의 규정은 제1항의 경우에 준용한다.〈개정 2005. 3. 31.〉

제1059조(국가귀속재산에 대한 변제청구의 금지) 전조제1항의 경우에는 상속재산으로 변제를 받지 못한 상속채권자나 유증을 받은 자가 있는 때에도 국가에 대하여 그 변제를 청구하지 못한다.

제2장 유언

제1절 총칙

제1060조(유언의 요식성) 유언은 본법의 정한 방식에 의하지 아니하면 효력이 생하지 아니한다.

유언효력확인의소
[대법원 2022. 12. 1., 선고, 2022다261237, 판결]

【판시사항】
[1] 후견심판 사건에서 가사소송법 제62조 제1항에 따른 사전처분으로 후견심판이 확정될 때까지 임시후견인이 선임된 경우, 임시후견인의 동의 없이도 사건본인이 유언을 할 수 있는지 여부(원칙적 적극) 및 아직 성년후견이 개시되기 전인 경우, 의사가 유언서에 심신 회복 상태를 부기하고 서명날인하도록 요구한 민법 제1063조 제2항이 적용되는지 여부(소극)

[2] '의사능력'의 의미 및 의사무능력을 이유로 법률행위의 무효를 주장하는 경우, 그에 대한 증명책임의 소재(=무효를 주장하는 측)

【판결요지】

[1] 가사소송법 제62조 제1항은 후견심판이 확정될 때까지 사건본인의 보호 및 재산의 관리·보전을 위하여 임시후견인 선임 등 사전처분을 할 수 있음을 정하였고, 가사소송규칙 제32조 제4항은 가사사건의 재판·조정 절차에 관한 필요한 사항에 대하여 대법원규칙으로 정하도록 한 위임 규정(가사소송법 제11조) 및 그 취지(가사소송규칙 제1조)에 따라 '가사소송법 제62조에 따른 사전처분으로 임시후견인을 선임한 경우, 성년후견 및 한정후견에 관한 사건의 임시후견인에 대하여는 특별한 규정이 없는 이상 한정후견인에 관한 규정을 준용한다.'고 정하였다.

가정법원은 피한정후견인에 대하여 한정후견인의 동의를 받아야 하는 행위를 정할 수 있고(민법 제13조 제1항), 피한정후견인이 한정후견인의 동의가 필요한 법률행위를 동의 없이 하였을 때는 이를 취소할 수 있다(같은 조 제4항).

한편 민법 제1060조는 '유언은 본법의 정한 방식에 의하지 아니하면 효력이 발생하지 아니한다.'고 정하여 유언에 관하여 엄격한 요식성을 요구하고 있으나, 피성년후견인과 피한정후견인의 유언에 관하여는 행위능력에 관한 민법 제10조 및 제13조가 적용되지 않으므로(민법 제1062조), 피성년후견인 또는 피한정후견인은 의사능력이 있는 한 성년후견인 또는 한정후견인의 동의 없이도 유언을 할 수 있다.

위와 같은 규정의 내용과 체계 및 취지에 비추어 보면, 후견심판 사건에서 가사소송법 제62조 제1항에 따른 사전처분으로 후견심판이 확정될 때까지 임시후견인이 선임된 경우, 사건본인은 의사능력이 있는 한 임시후견인의 동의가 없이도 유언을 할 수 있다고 보아야 하고, 아직 성년후견이 개시되기 전이라면 의사가 유언서에 심신 회복 상태를 부기하고 서명날인하도록 요구한 민법 제1063조 제2항은 적용되지 않는다고 보아야 한다.

[2] 의사능력이란 자기 행위의 의미나 결과를 정상적인 인식력과 예기력을 바탕으로 합리적으로 판단할 수 있는 정신적 능력이나 지능을 말하고, 의사무능력을 이유로 법률행위의 무효를 주장하는 측은 그에 대하여 증명책임을 부담한다.

제1061조(유언적령) 17세에 달하지 못한 자는 유언을 하지 못한다. 〈개정 2022. 12. 27.〉

제1062조(제한능력자의 유언) 유언에 관하여는 제5조, 제10조 및 제13조를 적용하지 아니한다.
[전문개정 2011. 3. 7.]

제1063조(피성년후견인의 유언능력) ① 피성년후견인은 의사능력이 회복된 때에만 유언을 할 수 있다.
② 제1항의 경우에는 의사가 심신 회복의 상태를 유언서에 부기(附記)하고 서명날인하여야 한다.
[전문개정 2011. 3. 7.]

제1064조(유언과 태아, 상속결격자) 제1000조제3항, 제1004조의 규정은 수증자에 준용한다. 〈개정 1990. 1. 13.〉

제2절 유언의 방식

제1065조(유언의 보통방식) 유언의 방식은 자필증서, 녹음, 공정증서, 비밀증서와 구수증서의 5종으로 한다.

제1066조(자필증서에 의한 유언) ① 자필증서에 의한 유언은 유언자가 그 전문과 연월일, 주소, 성명을 자서하고 날인하여야 한다.
② 전항의 증서에 문자의 삽입, 삭제 또는 변경을 함에는 유언자가 이를 자서하고 날인하여야 한다.

제1067조(녹음에 의한 유언) 녹음에 의한 유언은 유언자가 유언의 취지, 그 성명과 연월일을 구술하고 이에 참여한 증인이 유언의 정확함과 그 성명을 구술하여야 한다.

유언효력확인의소[녹음에 의한 유언의 효력 확인을 구한 사건]
[대법원 2023. 6. 1. 선고 2023다217534 판결]

【판시사항】

[1] 유언증서가 성립한 후에 멸실되거나 분실된 경우, 이해관계인이 유언증서의 내용을 증명하여 유언의 유효를 주장할 수 있는지 여부(적극) 및 이는 녹음에 의한 유언이 성립한 후에 녹음테이프나 녹음파일 등이 멸실 또는 분실된 경우에도 마찬가지인지 여부(적극) / 원본의 존재 및 원본 성립의 진정에 관하여 다툼이 있고 사본을 원본의 대용으로 하는 것에 대하여 상대방으로부터 이의가 있는 경우, 사본으로써 원본을 대신할 수 있는지 여부(소극) 및 서증으로서 사본 제출의 효과 / 서증 제출에 있어 원본을 제출할 필요가 없는 경우 및 그 주장·증명책임의 소재(=해당 서증의 신청당사자)

[2] 감정인의 감정 결과의 증명력

【판결요지】

[1] 유언증서가 성립한 후에 멸실되거나 분실되었다는 사유만으로 유언이 실효되는 것은 아니고 이해관계인은 유언증서의 내용을 증명하여 유언의 유효를 주장할 수 있다. 이는 녹음에 의한 유언이 성립한 후에 녹음테이프나 녹음파일 등이 멸실 또는 분실된 경우에도 마찬가지이다.

문서의 제출은 원본으로 하여야 하는 것이고, 원본이 아니고 단순히 사본만으로 한 증거의 제출은 정확성의 보증이 없어 원칙적으로 부적법하므로, 원본의 존재 및 원본의 성립의 진정에 관하여 다툼이 있고 사본을 원본의 대용으로 하는 것에 대하여 상대방으로부터 이의가 있는 경우에는 사본으로써 원본을 대신할 수 없다. 반면에 사본을 원본으로서 제출하는 경우에는 그 사본이 독립한 서증이 되는 것이나 그 대신 이로써 원본이 제출된 것으로 되지는 아니하고, 이때에는 증거에 의하여 사본과 같은 원본이 존재하고 그 원본이 진정하게 성립하였음이 인정되지 않는 한 그와 같은 내용의 사본이 존재한다는 것 이상의 증거가치는 없다. 다만 서증사본의 신청 당사자가 문서 원본을 분실하였다든가, 선의로 이를 훼손한 경우, 문서제출명령에 응할 의무가 없는 제3자가 해당 문서의 원본을 소지하고 있는 경우, 원본이 방대한 양의 문서인 경우 등 원본 문서의 제출이 불가능하거나 곤란한 상황에서는 원본을 제출할 필요가 없지만, 그러한 경우라면 해당 서증의 신청당사자가 원본을 제출하지 못하는 것을 정당화할 수 있는 구체적 사유를 주장·증명하여야 한다.

[2] 감정인의 감정 결과는 그 감정방법 등이 경험칙에 반하거나 합리성이 없는 등의 현저한 잘못이 없는 한 이를 존중하여야 한다.

제1068조(공정증서에 의한 유언) 공정증서에 의한 유언은 유언자가 증인 2인이 참여한 공증인의 면전에서 유언의 취지를 구수하고 공증인이 이를 필기낭독하여 유언자와 증인이 그 정확함을 승인한 후 각자 서명 또는 기명날인하여야 한다.

제1069조(비밀증서에 의한 유언) ① 비밀증서에 의한 유언은 유언자가 필자의 성명을 기입한 증서를 엄봉날인하고 이를 2인 이상의 증인의 면전에 제출하여 자기의 유언서임을 표시한 후 그 봉서표면에 제출연월일을 기재하고 유언자와 증인이 각자 서명 또는 기명날인하여야 한다.

② 전항의 방식에 의한 유언봉서는 그 표면에 기재된 날로부터 5일내에 공증인 또는 법원서기에게 제출하여 그 봉인상에 확정일자인을 받아야 한다.

제1070조(구수증서에 의한 유언) ① 구수증서에 의한 유언은 질병 기타 급박한 사유로 인하여 전4조의 방식에 의할 수 없는 경우에 유언자가 2인 이상의 증인의 참여로 그 1인에게 유언의 취지를 구수하고 그 구수를 받은 자가 이를 필기낭독하여 유언자의 증인이 그 정확함을 승인한 후 각자 서명 또는 기명날인하여야 한다.

② 전항의 방식에 의한 유언은 그 증인 또는 이해관계인이 급박한 사유의 종료한 날로부터 7일내에 법원에 그 검인을 신청하여야 한다.

③ 제1063조제2항의 규정은 구수증서에 의한 유언에 적용하지 아니한다.

제1071조(비밀증서에 의한 유언의 전환) 비밀증서에 의한 유언이 그 방식에 흠결이 있는 경우에 그 증서가 자필증서의 방식에 적합한 때에는 자필증서에 의한 유언으로 본다.

제1072조(증인의 결격사유) ① 다음 각 호의 어느 하나에 해당하는 사람은 유언에 참여하는 증인이 되지 못한다.

1. 미성년자
2. 피성년후견인과 피한정후견인
3. 유언으로 이익을 받을 사람, 그의 배우자와 직계혈족

② 공정증서에 의한 유언에는 「공증인법」에 따른 결격자는 증인이 되지 못한다.

[전문개정 2011. 3. 7.]

제3절 유언의 효력

제1073조(유언의 효력발생시기) ① 유언은 유언자가 사망한 때로부터 그 효력이 생긴다.

② 유언에 정지조건이 있는 경우에 그 조건이 유언자의 사망후에 성취한 때에는 그 조건성취한 때로부터 유언의 효력이 생긴다.

유언효력확인의소[녹음에 의한 유언의 효력 확인을 구한 사건]
[대법원 2023. 6. 1. 선고 2023다217534 판결]

【판시사항】

[1] 유언증서가 성립한 후에 멸실되거나 분실된 경우, 이해관계인이 유언증서의 내용을 증명하여 유언의 유효를 주장할 수 있는지 여부(적극) 및 이는 녹음에 의한 유언이 성립한 후에 녹음테이프나 녹음파일 등이 멸실 또는 분실된 경우에도 마찬가지인지 여부(적극) / 원본의 존재 및 원본 성립의 진정에 관하여 다툼이 있고 사본을 원본의 대용으로 하는 것에 대하여 상대방으로부터 이의가 있는 경우, 사본으로써 원본을 대신할 수 있는지 여부(소극) 및 서증으로서 사본 제출의 효과 / 서증 제출에 있어 원본을 제출할 필요가 없는 경우 및 그 주장·증명책임의 소재(=해당 서증의 신청당사자)

[2] 감정인의 감정 결과의 증명력

【판결요지】

[1] 유언증서가 성립한 후에 멸실되거나 분실되었다는 사유만으로 유언이 실효되는 것은 아니고 이해관계인은 유언증서의 내용을 증명하여 유언의 유효를 주장할 수 있다. 이는 녹음에 의한 유언이 성립한 후에 녹음테이프나 녹음파일 등이 멸실 또는 분실된 경우에도 마찬가지이다.

문서의 제출은 원본으로 하여야 하는 것이고, 원본이 아니고 단순히 사본만으로 한 증거의 제출은 정확성의 보증이 없어 원칙적으로 부적법하므로, 원본의 존재 및 원본의 성립의 진정에 관하여 다툼이 있고 사본을 원본의 대용으로 하는 것에 대하여 상대방으로부터 이의가 있는 경우에는 사본으로써 원본을 대신할 수 없다. 반면에 사본을 원본으로서 제출하는 경우에는 그 사본이 독립한 서증이 되는 것이나 그 대신 이로써 원본이 제출된 것으로 되지는 아니하고, 이때에는 증거에 의하여 사본과 같은 원본이 존재하고 그 원본이 진정하게 성립하였음이 인정되지 않는 한 그와 같은 내용의 사본이 존재한다는 것 이상의 증거가치는 없다. 다만 서증사본의 신청 당사자가 문서 원본을 분실하였다든가, 선의로 이를 훼손한 경우, 문서제출명령에 응할 의무가 없는 제3자가 해당 문서의 원본을 소지하고 있는 경우, 원본이 방대한 양의 문서인 경우 등 원본 문서의 제출이 불가능하거나 곤란한 상황에서는 원본을 제출할 필요가 없지만, 그러한 경우라면 해당 서증의 신청당사자가 원본을 제출하지 못하는 것을 정당화할 수 있는 구체적 사유를 주장·증명하여야 한다.

[2] 감정인의 감정 결과는 그 감정방법 등이 경험칙에 반하거나 합리성이 없는 등의 현저한 잘못이 없는 한 이를 존중하여야 한다.

제1074조(유증의 승인, 포기) ① 유증을 받을 자는 유언자의 사망후에 언제든지 유증을 승인 또는 포기할 수 있다.
② 전항의 승인이나 포기는 유언자의 사망한 때에 소급하여 그 효력이 있다.

제1075조(유증의 승인, 포기의 취소금지) ① 유증의 승인이나 포기는 취소하지 못한다.
② 제1024조제2항의 규정은 유증의 승인과 포기에 준용한다.

제1076조(수증자의 상속인의 승인, 포기) 수증자가 승인이나 포기를 하지 아니하고 사

망한 때에는 그 상속인은 상속분의 한도에서 승인 또는 포기할 수 있다. 그러나 유언자가 유언으로 다른 의사를 표시한 때에는 그 의사에 의한다.

제1077조(유증의무자의 최고권) ① 유증의무자나 이해관계인은 상당한 기간을 정하여 그 기간 내에 승인 또는 포기를 확답할 것을 수증자 또는 그 상속인에게 최고할 수 있다.
② 전항의 기간내에 수증자 또는 상속인이 유증의무자에 대하여 최고에 대한 확답을 하지 아니한 때에는 유증을 승인한 것으로 본다.

제1078조(포괄적 수증자의 권리의무) 포괄적 유증을 받은 자는 상속인과 동일한 권리의무가 있다. 〈개정 1990. 1. 13.〉

유류분반환청구의소
[대법원 2022. 1. 27. 선고 2017다265884 판결]

【판시사항】

[1] 유류분권리자의 유류분 부족액 산정 방법 / 유류분권리자의 구체적인 상속분보다 유류분권리자가 부담하는 상속채무가 더 많은 경우, 그 초과분을 유류분액에 가산하여 유류분 부족액을 산정하여야 하는지 여부(적극)

[2] 유언자가 임차권 또는 근저당권이 설정된 목적물을 특정유증하면서 유증을 받은 자가 임대차보증금반환채무 또는 피담보채무를 인수할 것을 부담으로 정한 경우, 특정유증으로 유류분권리자가 얻은 순상속분액은 없다고 보아 유류분 부족액을 산정하여야 하는지 여부(적극) 및 특정유증을 받은 자가 임대차보증금반환채무 또는 피담보채무를 변제한 경우, 상속인에 대하여 구상권을 행사할 수 있는지 여부(소극) / 이러한 법리는 유증 목적물에 관한 임대차계약에 대항력이 있는지와 무관하게 적용되는지 여부(적극)

[3] 유언자가 임차권 또는 근저당권이 설정된 목적물을 특정유증한 경우, 유증을 받은 자가 임대보증금반환채무 또는 피담보채무를 인수할 것을 부담으로 정하여 유증한 것으로 볼 수 있는지 여부(원칙적 적극)

【판결요지】

[1] 유류분권리자의 유류분 부족액은 유류분액에서 특별수익액과 순상속분액을 공제하는 방법으로 산정하는데, 피상속인이 상속개시 시에 채무를 부담하고 있던 경우 유류분액은 민법 제1113조 제1항에 따라 피상속인이 상속개시 시에 가진 재산의 가액에 증여재산의 가액을 가산하고 채무의 전액을 공제하여 유류분 산정의 기초가 되는 재산액을 확정한 다음, 거기에 민법 제1112조에서 정한 유류분 비율을 곱하여 산정한다. 그리고 유류분액에서 공제할 순상속분액은 특별수익을 고려한 구체적인 상속분에서 유류분권리자가 부담하는 상속채무를 공제하여 산정하고, 이때 유류분권리자의 구체적인 상속분보다 유류분권리자가 부담하는 상속채무가 더 많다면 그 초과분을 유류분액에 가산하여 유류분 부족액을 산정하여야 한다.

[2] 유언자가 자신의 재산 전부 또는 전 재산의 비율적 일부가 아니라 일부 재산을 특정하여 유증한 특정유증의 경우에는, 유증 목적인 재산은 일단 상속재산으로서 상속인에게 귀속되고 유증을 받은 자는 유증의무자에 대하여 유증을 이행할 것을 청구할 수 있는 채권을 취득하게 된다. 유언자가 임차권 또는 근저당권이 설정된 목적물을 특정유증하면서 유증을 받은 자가 그 임대차보증금반환채무 또는 피담보채무를 인수할 것

을 부담으로 정한 경우에도 상속인이 상속개시 시에 유증 목적물과 그에 관한 임대차
보증금반환채무 또는 피담보채무를 상속하므로 이를 전제로 유류분 산정의 기초가 되
는 재산액을 확정하여 유류분액을 산정하여야 한다. 이 경우 상속인은 유증을 이행할
의무를 부담함과 동시에 유증을 받은 자에게 유증 목적물에 관한 임대차보증금반환채
무 등을 인수할 것을 요구할 수 있는 이익 또한 얻었다고 할 수 있으므로, 결국 그
특정유증으로 인해 유류분권리자가 얻은 순상속분액은 없다고 보아 유류분 부족액을
산정하여야 한다. 나아가 위와 같은 경우에 특정유증을 받은 자가 유증 목적물에 관
한 임대차보증금반환채무 또는 피담보채무를 임차인 또는 근저당권자에게 변제하였다
고 하더라도 상속인에 대한 관계에서는 자신의 채무 또는 장차 인수하여야 할 채무를
변제한 것이므로 상속인에 대하여 구상권을 행사할 수 없다고 봄이 타당하다. 위와
같은 법리는 유증 목적물에 관한 임대차계약에 대항력이 있는지 여부와 무관하게 적
용된다.

[3] 유언자가 부담부 유증을 하였는지는 유언에 사용한 문언 및 그 외 제반 사정을 종합적
으로 고려하여 탐구된 유언자의 의사에 따라 결정되어야 하는데, 유언자가 임차권 또
는 근저당권이 설정된 목적물을 특정유증하였다면 특별한 사정이 없는 한 유증을 받은
자가 그 임대보증금반환채무 또는 피담보채무를 인수할 것을 부담으로 정하여 유증하
였다고 볼 수 있다.

제1079조(수증자의 과실취득권) 수증자는 유증의 이행을 청구할 수 있는 때로부터 그
목적물의 과실을 취득한다. 그러나 유언자가 유언으로 다른 의사를 표시한 때에는
그 의사에 의한다.

제1080조(과실수취비용의 상환청구권) 유증의무자가 유언자의 사망후에 그 목적물의
과실을 수취하기 위하여 필요비를 지출한 때에는 그 과실의 가액의 한도에서 과실을
취득한 수증자에게 상환을 청구할 수 있다.

제1081조(유증의무자의 비용상환청구권) 유증의무자가 유증자의 사망후에 그 목적물에
대하여 비용을 지출한 때에는 제325조의 규정을 준용한다.

제1082조(불특정물유증의무자의 담보책임) ① 불특정물을 유증의 목적으로 한 경우에
는 유증의무자는 그 목적물에 대하여 매도인과 같은 담보책임이 있다.
② 전항의 경우에 목적물에 하자가 있는 때에는 유증의무자는 하자없는 물건으로 인도하여야 한다.

제1083조(유증의 물상대위성) 유증자가 유증목적물의 멸실, 훼손 또는 점유의 침해로 인하여
제삼자에게 손해배상을 청구할 권리가 있는 때에는 그 권리를 유증의 목적으로 한 것으로 본다.

제1084조(채권의 유증의 물상대위성) ① 채권을 유증의 목적으로 한 경우에 유언자가 그
변제를 받은 물건이 상속재산 중에 있는 때에는 그 물건을 유증의 목적으로 한 것으로 본다.
② 전항의 채권이 금전을 목적으로 한 경우에는 그 변제받은 채권액에 상당한 금전
이 상속재산중에 없는 때에도 그 금액을 유증의 목적으로 한 것으로 본다.

제1085조(제삼자의 권리의 목적인 물건 또는 권리의 유증) 유증의 목적인 물건이나 권리가 유언자의 사망 당시에 제삼자의 권리의 목적인 경우에는 수증자는 유증의무자에 대하여 그 제삼자의 권리를 소멸시킬 것을 청구하지 못한다.

제1086조(유언자가 다른 의사표시를 한 경우) 전3조의 경우에 유언자가 유언으로 다른 의사를 표시한 때에는 그 의사에 의한다.

제1087조(상속재산에 속하지 아니한 권리의 유증) ① 유언의 목적이 된 권리가 유언자의 사망당시에 상속재산에 속하지 아니한 때에는 유언은 그 효력이 없다. 그러나 유언자가 자기의 사망당시에 그 목적물이 상속재산에 속하지 아니한 경우에도 유언의 효력이 있게 할 의사인 때에는 유증의무자는 그 권리를 취득하여 수증자에게 이전할 의무가 있다.
② 전항 단서의 경우에 그 권리를 취득할 수 없거나 그 취득에 과다한 비용을 요할 때에는 그 가액으로 변상할 수 있다.

제1088조(부담있는 유증과 수증자의 책임) ① 부담있는 유증을 받은 자는 유증의 목적의 가액을 초과하지 아니한 한도에서 부담한 의무를 이행할 책임이 있다.
② 유증의 목적의 가액이 한정승인 또는 재산분리로 인하여 감소된 때에는 수증자는 그 감소된 한도에서 부담할 의무를 면한다.

소유권이전등기
[대법원 2022. 9. 29. 선고 2022다203583 판결]

【판시사항】
[1] 유언자가 임차권 또는 근저당권이 설정된 목적물을 특정유증하면서 유증을 받은 자가 그 임대차보증금반환채무 또는 피담보채무를 인수할 것을 부담으로 정한 경우, 유류분액을 산정하는 방법 / 부담부유증의 경우 유류분액을 산정함에 있어 반환의무자가 유증받은 재산의 시가 산정의 기준시기(=상속개시 시) 및 원물반환이 불가능하여 가액반환을 명하는 경우, 가액 산정의 기준시기(=사실심 변론종결 시)
[2] 유류분반환청구권의 행사로 인하여 생기는 원물반환의무 또는 가액반환의무에 대한 지체책임의 발생시기
[3] 甲이 乙을 상대로 유류분반환청구의 소를 제기하면서 원물반환을 주장하다가 청구취지 및 청구원인 변경신청서에 의하여 가액반환 청구를 예비적으로 추가하였는데, 원심이 가액반환을 명하면서 가액반환으로 인용한 원금 전부에 대하여 소장 부본 송달 다음 날부터 지연손해금의 지급을 명한 사안에서, 乙이 가액반환의무에 관하여 청구취지 및 청구원인 변경신청서 송달 다음 날부터 지체책임을 지는데도, 이와 달리 본 원심판단에 법리오해의 잘못이 있다고 한 사례

제1089조(유증효력발생전의 수증자의 사망) ① 유증은 유언자의 사망전에 수증자가 사망한 때에는 그 효력이 생기지 아니한다.
② 정지조건있는 유증은 수증자가 그 조건성취전에 사망한 때에는 그 효력이 생기지 아니한다.

제1090조(유증의 무효, 실효의 경우와 목적재산의 귀속) 유증이 그 효력이 생기지 아니하거나 수증자가 이를 포기한 때에는 유증의 목적인 재산은 상속인에게 귀속한다. 그러나 유언자가 유언으로 다른 의사를 표시한 때에는 그 의사에 의한다.

제4절 유언의 집행

제1091조(유언증서, 녹음의 검인) ① 유언의 증서나 녹음을 보관한 자 또는 이를 발견한 자는 유언자의 사망후 지체없이 법원에 제출하여 그 검인을 청구하여야 한다.
② 전항의 규정은 공정증서나 구수증서에 의한 유언에 적용하지 아니한다.

제1092조(유언증서의 개봉) 법원이 봉인된 유언증서를 개봉할 때에는 유언자의 상속인, 그 대리인 기타 이해관계인의 참여가 있어야 한다.

제1093조(유언집행자의 지정) 유언자는 유언으로 유언집행자를 지정할 수 있고 그 지정을 제삼자에게 위탁할 수 있다.

제1094조(위탁에 의한 유언집행자의 지정) ① 전조의 위탁을 받은 제삼자는 그 위탁 있음을 안 후 지체없이 유언집행자를 지정하여 상속인에게 통지하여야 하며 그 위탁을 사퇴할 때에는 이를 상속인에게 통지하여야 한다.
② 상속인 기타 이해관계인은 상당한 기간을 정하여 그 기간내에 유언집행자를 지정할 것을 위탁 받은 자에게 최고할 수 있다. 그 기간내에 지정의 통지를 받지 못한 때에는 그 지정의 위탁을 사퇴한 것으로 본다.

제1095조(지정유언집행자가 없는 경우) 전2조의 규정에 의하여 지정된 유언집행자가 없는 때에는 상속인이 유언집행자가 된다.

제1096조(법원에 의한 유언집행자의 선임) ① 유언집행자가 없거나 사망, 결격 기타 사유로 인하여 없게 된 때에는 법원은 이해관계인의 청구에 의하여 유언집행자를 선임하여야 한다.
② 법원이 유언집행자를 선임한 경우에는 그 임무에 관하여 필요한 처분을 명할 수 있다.

제1097조(유언집행자의 승낙, 사퇴) ① 지정에 의한 유언집행자는 유언자의 사망후 지체없이 이를 승낙하거나 사퇴할 것을 상속인에게 통지하여야 한다.
② 선임에 의한 유언집행자는 선임의 통지를 받은 후 지체없이 이를 승낙하거나 사퇴할 것을 법원에 통지하여야 한다.
③ 상속인 기타 이해관계인은 상당한 기간을 정하여 그 기간내에 승낙여부를 확답할 것을 지정 또는 선임에 의한 유언집행자에게 최고할 수 있다. 그 기간내에 최고에 대한 확답을 받지 못한 때에는 유언집행자가 그 취임을 승낙한 것으로 본다.

제1098조(유언집행자의 결격사유) 제한능력자와 파산선고를 받은 자는 유언집행자가 되지 못한다.
[전문개정 2011. 3. 7.]

제1099조(유언집행자의 임무착수) 유언집행자가 그 취임을 승낙한 때에는 지체없이 그 임무를 이행하여야 한다.

제1100조(재산목록작성) ① 유언이 재산에 관한 것인 때에는 지정 또는 선임에 의한 유언집행자는 지체없이 그 재산목록을 작성하여 상속인에게 교부하여야 한다.
② 상속인의 청구가 있는 때에는 전항의 재산목록작성에 상속인을 참여하게 하여야 한다.

제1101조(유언집행자의 권리의무) 유언집행자는 유증의 목적인 재산의 관리 기타 유언의 집행에 필요한 행위를 할 권리의무가 있다.

제1102조(공동유언집행) 유언집행자가 수인인 경우에는 임무의 집행은 그 과반수의 찬성으로써 결정한다. 그러나 보존행위는 각자가 이를 할 수 있다.

제1103조(유언집행자의 지위) ① 지정 또는 선임에 의한 유언집행자는 상속인의 대리인으로 본다.
② 제681조 내지 제685조, 제687조, 제691조와 제692조의 규정은 유언집행자에 준용한다.

제1104조(유언집행자의 보수) ① 유언자가 유언으로 그 집행자의 보수를 정하지 아니한 경우에는 법원은 상속재산의 상황 기타 사정을 참작하여 지정 또는 선임에 의한 유언집행자의 보수를 정할 수 있다.
② 유언집행자가 보수를 받는 경우에는 제686조제2항, 제3항의 규정을 준용한다.

제1105조(유언집행자의 사퇴) 지정 또는 선임에 의한 유언집행자는 정당한 사유있는 때에는 법원의 허가를 얻어 그 임무를 사퇴할 수 있다.

제1106조(유언집행자의 해임) 지정 또는 선임에 의한 유언집행자에 그 임무를 해태하거나 적당하지 아니한 사유가 있는 때에는 법원은 상속인 기타 이해관계인의 청구에 의하여 유언집행자를 해임할 수 있다.

제1107조(유언집행의 비용) 유언의 집행에 관한 비용은 상속재산 중에서 이를 지급한다.

제5절 유언의 철회

제1108조(유언의 철회) ① 유언자는 언제든지 유언 또는 생전행위로써 유언의 전부나 일부를 철회할 수 있다.
② 유언자는 그 유언을 철회할 권리를 포기하지 못한다.

근저당권말소

[원고가 사인증여를 하면서 사인증여 대상인 부동산에 관하여 근저당권설정등기를 마쳐주었는데 이후 사인증여를 철회하면서 위 근저당권설정등기의 말소를 구한 사건]

[대법원 2022. 7. 28., 선고, 2017다245330, 판결]

【판시사항】

유증의 철회에 관한 민법 제1108조 제1항이 사인증여에 준용되는지 여부(원칙적 적극)

【판결요지】

민법 제562조는 사인증여에는 유증에 관한 규정을 준용한다고 정하고 있고, 민법 제1108조 제1항은 유증자는 유증의 효력이 발생하기 전에 언제든지 유언 또는 생전행위로써 유증 전부나 일부를 철회할 수 있다고 정하고 있다. 사인증여는 증여자의 사망으로 인하여 효력이 발생하는 무상행위로 실제적 기능이 유증과 다르지 않으므로, 증여자의 사망 후 재산 처분에 관하여 유증과 같이 증여자의 최종적인 의사를 존중할 필요가 있다. 또한 증여자가 사망하지 않아 사인증여의 효력이 발생하기 전임에도 사인증여가 계약이라는 이유만으로 법적 성질상 철회가 인정되지 않는다고 볼 것은 아니다. 이러한 사정을 고려하면 특별한 사정이 없는 한 유증의 철회에 관한 민법 제1108조 제1항은 사인증여에 준용된다고 해석함이 타당하다.

제1109조(유언의 저촉) 전후의 유언이 저촉되거나 유언후의 생전행위가 유언과 저촉되는 경우에는 그 저촉된 부분의 전유언은 이를 철회한 것으로 본다.

제1110조(파훼로 인한 유언의 철회) 유언자가 고의로 유언증서 또는 유증의 목적물을 파훼한 때에는 그 파훼한 부분에 관한 유언은 이를 철회한 것으로 본다.

제1111조(부담있는 유언의 취소) 부담있는 유증을 받은 자가 그 부담의무를 이행하지 아니한 때에는 상속인 또는 유언집행자는 상당한 기간을 정하여 이행할 것을 최고하고 그 기간내에 이행하지 아니한 때에는 법원에 유언의 취소를 청구할 수 있다. 그러나 제삼자의 이익을 해하지 못한다.

제3장 유류분

〈개정 1990. 1. 13.〉

제1112조(유류분의 권리자와 유류분) 상속인의 유류분은 다음 각 호에 의한다. 〈개정 2024. 9. 20.〉

1. 피상속인의 직계비속은 그 법정상속분의 2분의 1
2. 피상속인의 배우자는 그 법정상속분의 2분의 1
3. 피상속인의 직계존속은 그 법정상속분의 3분의 1
4. 삭제 〈2024. 9. 20.〉

[본조신설 1977. 12. 31.]

[제목개정 2024. 9. 20.]

[2024. 9. 20. 법률 제20432호에 의하여 2024.4.25 헌법재판소에서 위헌 결정된 이 조 제4호를 삭제함.]

[헌법불합치, 2020헌가4, 2024.4.25, 민법(1977. 12. 31. 법률 제3051호로 개정된 것) 제1112조 제1호부터 제3호 및 제1118조는 모두 헌법에 합치되지 아니한다. 위 조항들은 2025. 12. 31.을 시한으로 입법자가 개정할 때까지 계속 적용된다.]

제1113조(유류분의 산정) ① 유류분은 피상속인의 상속개시시에 있어서 가진 재산의 가액에 증여재산의 가액을 가산하고 채무의 전액을 공제하여 이를 산정한다.
② 조건부의 권리 또는 존속기간이 불확정한 권리는 가정법원이 선임한 감정인의 평가에 의하여 그 가격을 정한다.
[본조신설 1977. 12. 31.]

제1114조(산입될 증여) 증여는 상속개시전의 1년간에 행한 것에 한하여 제1113조의 규정에 의하여 그 가액을 산정한다. 당사자 쌍방이 유류분권리자에 손해를 가할 것을 알고 증여를 한 때에는 1년전에 한 것도 같다.
[본조신설 1977. 12. 31.]

소유권이전등기
[대법원 2023. 6. 15. 선고 2023다203894 판결]

【판시사항】
[1] 공동상속인이 아닌 제3자에 대한 증여 당시 법정상속분의 2분의 1을 유류분으로 갖는 배우자나 직계비속이 공동상속인으로서 유류분권리자가 되리라고 예상할 수 있는 경우, 위 증여가 유류분권리자에게 손해를 가할 것을 알고 행해진 것이라고 보기 위한 요건
[2] 유류분반환청구권 단기소멸시효의 기산점으로서 민법 제1117조에서 정한 '반환하여야 할 증여 또는 유증을 한 사실을 안 때'의 의미
[3] 유류분권리자가 피상속인으로부터 부동산의 등기를 이전받은 제3자를 상대로 등기의 무효 사유를 주장하며 소유권이전등기의 말소를 구하는 소를 제기하였으나 오히려 증여된 것으로 인정하는 판결이 선고되어 확정된 경우, 판결이 확정된 때 증여가 있었다는 사실 및 그것이 반환하여야 할 것임을 알았다고 보아야 하는지 여부(원칙적 적극)
[4] 유류분권리자가 반환을 청구할 수 있는 유류분 부족액 산정 방법

판결요지】
[1] 공동상속인이 아닌 제3자에 대한 증여가 상속개시 1년 전에 한 것이라도 당사자 쌍방이 증여 당시에 유류분권리자에게 손해를 가할 것을 알고 증여한 경우에는 그에 대한 유류분반환청구가 허용된다(민법 제1114조 참조). 증여 당시 법정상속분의 2분의 1을 유류분으로 갖는 배우자나 직계비속이 공동상속인으로서 유류분권리자가 되리라고 예상할 수 있는 경우에, 제3자에 대한 증여가 유류분권리자에게 손해를 가할 것을 알고 행해진 것이라고 보기 위해서는, 당사자 쌍방이 증여 당시 증여재산의 가액이 증여하고 남은 재산의 가액을 초과한다는 점을 알았던 사정뿐만 아니라, 장래 상속개시일에 이르기까지 피상속인의 재산이 증가하지 않으리라는 점까지 예견하고 증여를 행한 사정이 인정되어야 한다.
[2] 유류분반환청구권은 유류분권리자가 상속의 개시와 반환하여야 할 증여 또는 유증을 한 사실을 안 때로부터 1년 내에 하지 아니하면 시효에 의하여 소멸한다(민법 제1117조). 이러한 유류분반환청구권 단기소멸시효의 기산점으로서 '반환하여야 할 증여 또는 유

증을 한 사실을 안 때'는 증여 또는 유증이 있었다는 사실 및 그것이 반환하여야 할 것임을 안 때라고 해석하여야 한다.

[3] 유류분권리자가 피상속인으로부터 그 소유 부동산의 등기를 이전받은 제3자를 상대로 등기의 무효 사유를 주장하며 소유권이전등기의 말소를 구하는 소를 제기하고 관련 증거를 제출하였으나, 오히려 증여된 것으로 인정되어 무효 주장이 배척된 판결이 선고되어 확정된 경우라면, 특별한 사정이 없는 한 그러한 판결이 확정된 때에 비로소 증여가 있었다는 사실 및 그것이 반환하여야 할 것임을 알았다고 보아야 한다.

[4] 상속이 개시되면 일정 범위의 상속인은 피상속인의 재산에 대해서 일정한 비율을 확보할 수 있는 유류분권을 가진다. 피상속인의 유증 또는 증여로 인하여 유류분권리자가 그 유류분에 미치지 못하는 상속재산을 받게 된 때에는 그 유증 또는 증여를 받은 사람에 대하여 부족한 한도에서 반환을 청구할 수 있다(민법 제1115조 제1항 참조). '유류분액'은 민법 제1113조 제1항에 따라 피상속인이 상속개시 시에 가진 재산의 가액에 증여재산의 가액을 가산하고 피상속인이 상속개시 시에 부담하고 있던 채무가 있다면 그 전액을 공제하여 유류분 산정의 기초가 되는 재산액을 확정한 다음, 거기에 민법 제1112조에서 정한 유류분 비율을 곱하여 산정한다.

유류분권리자가 반환을 청구할 수 있는 '유류분 부족액'은 위와 같이 산정한 '유류분액'에서 유류분권리자가 받은 특별수익액과 순상속분액을 공제하는 방법으로 산정한다.

제1115조(유류분의 보전) ① 유류분권리자가 피상속인의 제1114조에 규정된 증여 및 유증으로 인하여 그 유류분에 부족이 생긴 때에는 부족한 한도에서 그 재산의 반환을 청구할 수 있다.
② 제1항의 경우에 증여 및 유증을 받은 자가 수인인 때에는 각자가 얻은 유증가액의 비례로 반환하여야 한다.
[본조신설 1977. 12. 31.]

제1116조(반환의 순서) 증여에 대하여는 유증을 반환받은 후가 아니면 이것을 청구할 수 없다.
[본조신설 1977. 12. 31.]

제1117조(소멸시효) 반환의 청구권은 유류분권리자가 상속의 개시와 반환하여야 할 증여 또는 유증을 한 사실을 안 때로부터 1년내에 하지 아니하면 시효에 의하여 소멸한다. 상속이 개시한 때로부터 10년을 경과한 때도 같다.
[본조신설 1977. 12. 31.]

제1118조(준용규정) 제1001조, 제1008조, 제1010조의 규정은 유류분에 이를 준용한다.
[본조신설 1977. 12. 31.]

유류분반환청구의소
[대법원 2024. 6. 13. 선고 2023다304568 판결]

【판시사항】
[1] 피상속인의 재산처분행위가 유류분 산정의 기초재산에 산입되는 증여에 해당하는지 판

단하는 방법

[2] 계약명의신탁약정이 부동산 실권리자명의 등기에 관한 법률 시행 후에 이루어진 경우, 위 약정의 무효로 명의수탁자가 명의신탁자에게 반환하여야 할 부당이득의 대상(=매수자금) 및 명의수탁자가 완전한 소유권 취득을 전제로 사후적으로 명의신탁자와 매수자금반환의무의 이행을 갈음하여 명의신탁된 부동산을 양도하기로 합의하고 이에 기해 명의신탁자 앞으로 소유권이전등기를 마쳐준 경우, 그 소유권이전등기의 효력(원칙적 유효)

【판결요지】

[1] 유류분제도는 피상속인의 재산처분행위로부터 유족의 생존권을 보호하고 법정상속분의 일정비율에 해당하는 부분을 유류분으로 산정하여 상속인의 상속재산 형성에 대한 기여와 상속재산에 대한 기대를 보장하는 데 그 목적이 있다. 민법 제1118조에 따라 준용되는 민법 제1008조는 공동상속인 중에 피상속인으로부터 재산의 증여 또는 유증을 받은 특별수익자가 있는 경우에 공동상속인들 사이의 공평을 기하기 위하여 그 수증재산을 상속분의 선급으로 다루어 구체적인 상속분을 산정하는 데 참작하도록 하려는 데 그 취지가 있다. 이러한 유류분제도의 입법 목적과 민법 제1008조의 취지에 비추어 보면, 유류분 산정의 기초재산에 산입되는 증여에 해당하는지 여부를 판단할 때에는 피상속인의 재산처분행위의 법적 성질을 형식적·추상적으로 파악하는 데 그쳐서는 안 되고, 재산처분행위가 실질적인 관점에서 피상속인의 재산을 감소시키는 무상처분에 해당하는지 여부에 따라 판단하여야 한다.

[2] 이른바 계약명의신탁약정이 '부동산 실권리자명의 등기에 관한 법률' 시행 후에 이루어진 경우에는 명의신탁자는 애초부터 당해 부동산의 소유권을 취득할 수 없었으므로 위 명의신탁약정의 무효로 인하여 명의신탁자가 입은 손해는 당해 부동산 자체가 아니라 명의수탁자에게 제공한 매수자금이라 할 것이고, 따라서 명의수탁자는 당해 부동산 자체가 아니라 명의신탁자로부터 제공받은 매수자금만을 부당이득한다고 할 것이다. 그러나 그 경우에도 명의수탁자가 명의수탁자의 완전한 소유권 취득을 전제로 하여 사후적으로 명의신탁자와의 사이에 위에서 본 매수자금반환의무의 이행을 갈음하여 명의신탁된 부동산 자체를 양도하기로 합의하고 그에 기하여 명의신탁자 앞으로 소유권이전등기를 마쳐준 경우에는 그 소유권이전등기는 새로운 소유권 이전의 원인인 대물급부의 약정에 기한 것이므로 그 약정이 무효인 명의신탁약정을 명의신탁자를 위하여 사후에 보완하는 방책에 불과한 등의 다른 특별한 사정이 없는 한 유효하다.

부칙

〈법률 제19098호, 2022. 12. 27.〉

이 법은 공포 후 6개월이 경과한 날부터 시행한다.

부칙

〈법률 제19409호, 2023. 5. 16.〉(국가유산기본법)

제1조(시행일) 이 법은 공포 후 1년이 경과한 날부터 시행한다.

제2조 생략

제3조(다른 법률의 개정) ①부터 ⑯까지 생략
⑰ 민법 일부를 다음과 같이 개정한다.
제255조의 제목 중 "문화재"를 "「국가유산기본법」 제3조에 따른 국가유산"으로 한다.
⑱부터 ㉖까지 생략

부칙

〈법률 제20432호, 2024. 9. 20.〉

제1조(시행일) 이 법은 2025년 1월 31일부터 시행한다. 다만, 제1004조의2의 개정규정 및 부칙 제4조는 2026년 1월 1일부터 시행한다.

제2조(상속권 상실 선고에 관한 적용례) 제1004조의2의 개정규정은 2024년 4월 25일 이후 상속이 개시되는 경우로서 같은 개정규정 시행 전에 같은 조 제1항 또는 제3항 각 호에 해당하는 행위가 있었던 경우에 대해서도 적용한다.

제3조(상속권 상실 선고에 관한 특례) 2024년 4월 25일 이후 제1004조의2의 개정규정의 시행일인 2026년 1월 1일 전에 상속이 개시된 경우로서 제1004조의2제3항 각 호의 사유가 있는 사람이 상속인이 되었음을 같은 개정규정 시행 전에 안 공동상속인은 같은 조 제3항 각 호 외의 부분에도 불구하고 같은 개정규정 시행일부터 6개월 이내에 상속권 상실 청구를 할 수 있다. 같은 조 제4항에 따라 상속인이 될 사람 또한 같다.

제4조(다른 법률의 개정) 가사소송법 일부를 다음과 같이 개정한다.

제2조제1항제1호나목에 15)를 다음과 같이 신설한다.
15) 상속권 상실 선고

제2조제1항제2호가목에 29)를 다음과 같이 신설한다.
29)「민법」제1004조의2제7항에 따른 상속재산의 보존 및 관리를 위한 처분

■ 편 저 대한법률콘텐츠연구회 ■

(연구회 발행도서)
· 형법·형소법 지식사전
· 헌법 지식사전
· 민사집행 지식정보법전
· 민사소송 지식정보법전
· 법률용어사전
· 2025년 판례와 같이보는 소법전
· 노동관계법 지식사전

2025 법률과 최신판례를 같이보는
민법 지식사전

2025년 01월 20일 24판 인쇄
2025년 01월 25일 24판 발행

편 저   대한법률콘텐츠연구회
발행인   김현호
발행처   법문북스
공급처   법률미디어

주소   서울 구로구 경인로 54길4(구로동 636-62)
전화   02)2636-2911~2, 팩스 02)2636-3012
홈페이지   www.lawb.co.kr

등록일자   1979년 8월 27일
등록번호   제5-22호

ISBN   979-11-93350-85-0 (93360)

정가   24,000원